U0796983

国防特色教材·船舶与海洋工程

Marine Navigation Systems

船舶导航定位系统

赵 琳 程建华 赵玉新 编著

哈尔滨工程大学出版社

北京航空航天大学出版社 北京理工大学出版社
哈尔滨工业大学出版社 西北工业大学出版社

内容简介

本书是国防科工委“十一五”国防特色学科专业教材。本书结合国内外最新学术进展和作者从事船舶导航定位技术的研究成果，系统地阐述了国际、国内各种不同类型的船舶导航定位系统。全书共分10章：第1，2章介绍了船舶导航定位系统的发展历史、现状以及导航定位的基础知识；第3章介绍了推算航行系统；第4，5章分别阐述了地文导航系统和天文导航系统；第6章介绍了惯性导航系统；第7，8章分别介绍了陆基无线电导航系统和卫星导航系统；第9章介绍了最新的电子海图系统；第10章介绍了几种现代先进的船舶导航定位系统。

本书是为测控技术与仪器专业的本科生和导航、制导与控制专业的研究生编写的教材，也可作为大专院校教师、工程技术人员从事船舶导航定位技术教学与科研的参考书。

图书在版编目(CIP)数据

船舶导航定位系统/赵琳，程建华，赵玉新编著. —哈尔滨：哈尔滨工程大学出版社，2010.12(2014.6 重印)

ISBN 978-7-81133-765-5

Ⅰ.①船…　Ⅱ.①赵…②程…③赵…　Ⅲ.①船舶导航②船舶定位　Ⅳ.①U675.7②U675.6

中国版本图书馆 CIP 数据核字(2010)第 257921 号

船舶导航定位系统

赵　琳　程建华　赵玉新　编著

薛　力　责任编辑

*

哈尔滨工程大学出版社出版发行

哈尔滨市南岗区东大直街124号　发行部电话：0451-82519328　传真：0451-82519699

http://www.hrbeupress.com　E-mail:heupress@hrbeu.edu.cn

黑龙江省地质测绘印制中心　各地书店经销

*

开本：787×960　1/16　印张：23.5　字数：499千字

2011年1月第1版　2014年6月第2次印刷

ISBN 978-7-81133-765-5　　定价：49.00元

前　言

“导航定位”是人类从事政治、经济、军事、文化活动必不可少的信息技术，是航海、航天、航空和武器系统的重要组成部分。纵观人类历史发展，很多科学发现和技术发明是为满足人类导航的需要而产生的，另一方面，人类的许多科学发现和技术发明，如测量学、天文学、无线电技术、计算机技术、卡尔曼滤波技术、卫星技术、微机电技术等等，都率先在导航领域得到应用。

船舶导航定位是一门既古老又年轻的技术，它的历史可以追溯到远古时代，而最新的成就诞生在21世纪。近年来，船舶导航定位技术发展十分迅速，结合作者长期从事船舶导航定位技术教学和科研成果，在对1991版《船舶导航定位系统》一书部分内容进行修订的基础上，重点针对现代导航技术如惯性导航、卫星导航、电子海图等进行了深入的探讨，特别是融入了船舶导航领域国内外最新进展，介绍了诸如欧洲Galileo、我国的北斗卫星导航系统、先进的水声导航技术、气象导航技术、无源导航技术等。

本书共分10章：第1章为绪论，简要叙述了船舶导航定位系统的发展历史和现状、船舶导航系统的类型等；第2章介绍了与船舶导航定位技术相关的基础知识，包括地球形状描述、坐标系统、时间系统和海图基础知识；第3章介绍了推算航行系统，包括系统组成、推算算法和推算误差分析；第4章介绍了地文导航系统的发展简史、定位原理、定位方法和陆标船位误差，并进行了实例设计；第5章主要介绍了天文导航系统的发展简史、定位基础、定位原理、定位方法和误差分析，并进行了实例设计；第6章介绍了惯性导航系统，包括惯性元件工作原理、陀螺罗经、平台罗经，以及目前较为成熟的平台式惯导系统的定位原理、算法以及提高系统精度的各种校准技术，并简要介绍了捷联式惯导系统的基本知识；第7章介绍了陆基无线电导航系统，包括系统构成、测向系统、测距系统和测距差系统的基本原理及系统分析；第8章主要介绍了卫星导航系统的基础知识、系统配置以及伪距定位、载波相位定位的基本原理；第9章主要介绍了电子海图系统的相关标准、设计原理以及与船用雷达、船舶自动识别系统的集成技术；第10章介绍了几种先进的导航定位系统，包括地形匹配导航系统、水声导航系统、气象导航系统和无源导航系统的发展简史、基本原理等有关内容。

本书的第 1 章、第 2 章、第 8 章和第 10 章无源导航系统中的重力、磁力辅助导航技术由赵琳教授编写；第 3 章、第 6 章、第 7 章和第 10 章的水声导航系统由程建华副研究员编写；第 4 章、第 5 章、第 9 章和第 10 章的气象导航、无源导航系统中的地形辅助导航技术由赵玉新副教授编写；全书由赵琳教授规划和统稿。

本书作为国防科工委"十一五"国防特色学科专业教材，为更好地配合"导航、制导与控制"国防特色学科教学，力求做到物理概念清晰、数学分析详尽、前沿跟踪迅速、图形描述细致，使教材内容图文并茂、深入浅出。同时，本书引入了一定程度的双语教材环节，能有效促进学生专业英语词汇量和阅读能力的提高。

在编写和出版过程中，杨功流教授和郝燕玲教授在百忙之中对书稿进行了认真细致的审阅，并提出了许多宝贵的意见和建议，特此表示感谢。

感谢哈尔滨工程大学出版社薛力同志对本书的热情支持和认真审校。

感谢工业和信息化部对本书出版的大力支持。

由于作者水平有限，不妥和错误之处在所难免，敬请读者批评指正。

编　者

2010 年 8 月

目　　录

第1章 绪　论

The art of finding the way safely and efficiently for vehicles and human beings from one place to another is called navigation. The navigation of rivers, lakes and oceans can go back before recorded history. The word "navigate" comes from the Latin *navis* (meaning "ship") and *agere* (meaning "to move or conduct"). Until the 20th century, the term referred mainly to guiding ships across the seas. But today, the word also encompasses the guidance of travel on land, in the air, and in inner and outer space.

Typically, ancient mariner remained close to shore and used geographic landmarks to guide them. During day time and clear night, the Sun and stars moving across the cloudless sky gave ancient mariners direction and quarter. The quarters we know today as east and west, the Phoenicians knew as Asu (sunrise) and Ereb (sunset), which are now recognized by Asia and Europe. The great art of navigation developed by Greeks and Phoenicians remained in use for thousands of years. Also a simplified Dead Reckoning was used by Mediterranean mariners, where the ship's speed was determined by watching seaweed or driftwood, travel time by an hourglass, and heading by guesswork and institution, until around 1100 AD, when the Chinese created the first magnetized needle compass. Perhaps this is the greatest advance in navigation ever since the third millennium B.C. In 12th and 13th centuries, the European brought several navigational improvements, such as nautical charts, celestial almanacs, astrolabe and cross-staff. And the celestial navigation techniques were greatly improved. Transatlantic expeditions and circumnavigations led by Italian Columbus, Portuguese Magellan and Chinese Zheng He respectively boomed in this period of time.

After a period of relative quiescence, the 20th century brought an unprecedented wave of navigational advances. First of all, the Italian Marconi demonstrated the practicality of worldwide wireless communication by sending a signal across the Atlantic in 1901. In 1907 American Sperry introduced the gyroscopic compass which points to true north. These advances resulted in radio navigation and inertial navigation techniques successively. Especially, a satellite system initiated in 1973 by the United States, called Global Positioning System, has been providing continuous worldwide coverage with precision of 10m approximately. Coming into 21st century, China is joining the leading trend by building its own Compass satellite navigation system.

But the story is far from over. As civilization reaches farther into space, more and more new navigational techniques will be still required. In this chapter, the main story of navigation development is reviewed briefly.

1.1 导航的历史与发展

1.1.1 导航的概念和发展历史

导航，英文叫做 Navigation，源自拉丁文 *Navigare*（*navis* 表示船，*agere* 表示指引），原意为“引导船舶航行”，现代引申为引导包括舰船、飞机、航天器、车辆等在内的运载体以及个人自出发地准确、高效、安全地到达目的地的过程。

导航的历史可以追溯到人类新石器时代晚期。社会文明进步的两大驱动力——商业的利益和征服的欲望，一直是导航技术发展的原动力，导航是人类从事政治、经济和军事活动所必不可少的信息技术。纵观导航的发展历史可以毫不夸张地说，导航发展史就是人类文明发展史的写照。一方面，很多科学发现和技术发明是由于人类导航的需要而产生的；另一方面，大量科学技术的新进展，如数学、地理学、天文学、气象学、海洋学、制图学、无线电技术、计算机技术、卡尔曼滤波技术、卫星技术、微机电技术等等，都率先在导航领域得到成功应用，极大地促进了导航技术的发展。

人类的航海活动始终既深刻反映着又严格地受制约于一定历史时期的政治、经济、文化、贸易等状况，航海的历史始终与人类的文明活动紧密联系在一起。导航在历史上可以明显地分为两个阶段，即传统导航阶段和近现代导航阶段。

传统导航阶段（史前—19 世纪末）：这个阶段主要是为了满足人类航海的需求。人类活动的主要范围从远古的黄河流域、地中海和波斯湾沿岸、印度河流域逐步向邻近区域扩展 14 世纪末叶新大陆的发现、从欧洲绕过好望角到东方的海上航路的开辟，使得人类活动从凭借陆路、内河、近海交通发展延伸到几乎全世界的海上交通。然而直到 19 世纪中叶，交通运输总的来说还主要依靠人力、畜力和风力，因此导航技术的发展也是较为缓慢的。19 世纪初蒸汽动力在火车和轮船上得到成功应用，海上运输和铁路运输得到了极大的发展。这一阶段的导航技术采用较为粗放的古典导航方式，以传统的陆标定位和天文导航为主，辅之以较为粗糙的推算航法，依赖的最重要的导航信息是航向。其间人类发明的指南针、六分仪、天象仪、计时器等仪器和许多经典导航方法，是人类认识自然环境、探索科学奥秘的重要成就，一直沿用至今。中国人民和世界人民一道，为这些科学技术成就的取得作出了卓越贡献。美国科技史学者罗伯特·坦布尔（Robert K.G.Temple）在《西方受惠于中国》一书的序言中写道：“如果没有从中国引进的船尾舵、指南针和多重桅杆等改进航海和导航的技术，欧洲绝不会有导致地理大发现的航行，哥伦布也不可能远航到美洲，欧洲人也就不可能建立那些殖民帝国”。中国在与海外通过陆上和海上两条“丝绸之路”不断交流的过程中，既出口了大量的瓷器、丝绸，也引进了药物、玻璃、金银器皿等异域珍奇，还包括星历学、医药学、建筑学甚至宗教等文化产品。

近现代导航阶段(20世纪初—至今):19世纪末叶,汽车的大量投入使用使陆路运输进一步繁荣起来,20世纪初航空运输的兴起,大大加快了人类经济和军事活动的节奏。时至今日,人类活动的领域不仅包括了地球表面的七大洲、四大洋、南北两极、陆上、空中,还包括了水下和外层空间,导航需求也扩展至为各式各样的运载器如车辆、舰船、飞机、火箭、卫星、航天器及各种武器提供相应的导航服务。这一阶段导航的功能从主要向载体提供航向信息,转变为主要提供实时、高精度、连续的位置信息,甚至包括载体姿态信息和时间信息。

20世纪初无线电导航技术的发明,使导航系统成为航行中真正可以依赖的工具,具有划时代的历史意义,也标志着近代导航史的开端。这一阶段的两个标志性导航成就是惯性导航技术和卫星导航技术,它们都为导航技术史无前例的革命奠定了基础。当前,集高精度、全天候导航、定位、授时、测速、测姿于一体,导航、测绘和交通技术呈现出极大的融合态势,导航技术已成为名副其实的跨学科、跨行业、广用途、高效益的综合性高新技术,这一趋势将持续深入地发展下去。

1.1.2 传统导航方式

早在大约5 500年以前,地中海地区和古埃及的商人就发现利用船只运送货物是最方便和有效的运输方式,当然他们的航行局限于近海岸或沿着河流进行,导航方法也极为简单,今天我们称之为近岸航行法或引航(Piloting)。据传在公元前2 600年左右,黄帝部落与蚩尤部落在涿鹿发生大战,由于有指南车的指引,黄帝的军队取得了战争的胜利,这种指南车是有记载以来最早指示方向的机械导航装置。

古希腊和与犹太人比邻的地中海沿岸腓尼基人(Phoenicians)为船舶导航作出了重要贡献,他们的许多导航方法沿用至今。例如,腓尼基人可能是最早利用太阳和北极星(Polar Star)进行海上导航的民族,他们驾驶着引以为豪的鸟头鱼尾平底船,出没在东地中海、爱琴海上,发现了欧洲大陆和北非。腓尼基人还用整整三年的时间,利用沿岸地形地貌成功地完成了人类首次环非洲大陆航行,开拓了连接红海与地中海的新航线。古希腊人和腓尼基人还在一些重要沿岸港口点燃篝火,方便往来船舶夜间航行,很显然,这些方法就是我们称之为陆标定位(Terrestrial Fixing)的导航方法。

地中海居民(Mediterranean)很早就掌握了通过船舶航向、航速和航行时间确定位置的方法,就是我们今天所熟知的推算航法(Dead Reckoning)。当然,他们的方法很原始,航向主要靠直觉判断,航速的测量主要利用船上抛出的海草或漂浮的木块(Driftwood),时间的测量则依赖于沙漏(Hourglass)。这样的定位结果虽然不可能精确,但在当时却是一种行之有效的估算方法。这种方法在今天已经演化成为多种导航技术的基础,如惯性导航(Inertial Navigation)等。中国和印度洋区域的居民甚至还利用了相对稳定的季候风确定航向,从而使得一年两次的远航成为可能。

早在公元27—97年间，我国就已有关于地磁指南工具的记载。最初的指南针叫做“司南”，它利用磁铁指示地球磁场的特性来指示地理方向，当时仅限于陆地上的应用。随着这项技术的普及和装置的不断完善，公元1040—1117年之间中国人率先在世界上使用磁罗盘(Magnetic Compass)进行海上导航。沈括成书于1085年的《梦溪笔谈》以及朱彧成书于1119年的《萍洲可谈》都对指南浮针的制作和应用作了具体、细致的介绍。到了12世纪，指南针经由阿拉伯传到了欧洲，欧洲航海家开始使用类似的磁罗盘，并且绘制了略为精确的海图(Nautical Chart)和天文历书(Celestial Almanacs)，重新复制了古希腊人曾经使用过的星盘(Astrolabe)和直角仪(Cross-staff)，用于观测天体高度角，从而粗略确定当地纬度。

此前的导航主要依赖的是航向信息，因为只要不出现“南其辕而北其辙”的情况，便终归可以到达目的地。这段时期天文导航技术也有所发展，通过观察太阳、星体和星座的位置变化确定方位，以及根据北极星的高度角确定概略纬度信息。远洋航行的导航方式基本是，在出发之前确定所在港口的纬度(实际上是确定出发地的北极星高度角)，然后利用航向信息和其他信息航行至目的地，返航时先在南北方向上航行到与出发港口同纬度(与出发地相同北极星高度角)的位置，然后再沿东或西方向等纬度航行保持北极星高度角不变，回到出发地。在南纬度地区，当北极星不可见时，葡萄牙人发现了太阳的运行规律，采用类似的方法对太阳进行观测，然后作适当的修正，满足确定纬度的要求。

航海技术的不断进步，使得15—16世纪成为东西方航海事业蓬勃发展的时期，史称“大航海时代”。1487年葡萄牙人迪亚士(Bartolomeu Dias)航行到了非洲最南端，命名这个耸立在大西洋中陡峭的大岬角为好望角(Cape of Good Hope)。1492年意大利航海家哥伦布(Christopher Columbus)发现了美洲大陆，对世界历史和文明的进程产生了深刻的影响。1497年达·伽马(Vasco da Gama)率船队从里斯本出发绕过好望角抵达印度，葡萄牙借此逐渐控制了印度洋。1499—1500年，意大利航海家亚美利哥(Amerigo Vespucci)两次登上美洲大陆，证实这片陆地不是哥伦布当年认为的印度岛屿，而是新发现的大陆，故命名为亚美利加洲。1520—1521年葡萄牙航海家麦哲伦(Ferdinand Magellan)完成了首次环球航行的壮举，大大拓展了欧洲人的地理视野。1569年地理学家墨卡托(Gerardus Mercator)发明的投影方式成为现代海图绘制的基础。公元1405—1433年，中国航海家郑和率领由200多艘船只、27 000多人组成的船队七下西洋，所谓“涉沧溟十万余里，若履通衢”，本着“怀柔远人、和顺万邦、宾服四海”的宗旨，历经30多个国家和地区，实现了世界航海史上的创举。他当时采用的导航技术就已经包括航用海图(郑和航海图)、航路指南和航迹推算与修正等地文航海技术以及过洋牵星术等天文航海技术，甚至包括了季风气象导航技术。郑和下西洋不仅在时间上领先了欧洲航海家几十到上百年不等，而且无论在船队规模、航域航程、船只数量及吨位、航海技术等方面，都远远领先于欧洲航海家。

这段时期，四分仪(Quadrant)的应用达到鼎盛，在葡萄牙航海家和探险家之间极为流行，这是一种可以较为精确地测量天体高度的仪器，尽管在摇摆的甲板上使用起来并不方便，而且风浪较大时四分仪的铅锤会偏离重力垂线位置。海图、四分仪、磁罗盘、沙漏计时器以及拖板式计程仪(Chip Log)等装置和天文、地文、推算等导航方法的成功应用在很大程度上解决了远航时的导航问题，特别是成功解决了纬度测量问题。然而，经度的确定依旧困扰着当时的航海人员。由于地球的自转，很难直接利用观测天体的办法确定经度。英帝国政府甚至在1714年专门成立了经度局(Board of Latitude)，悬赏征集经度测量的解决方法，最终英国钟表匠哈里逊(John Harrison)成功发明了一种可以在船上使用的每天误差不超过1s的精密计时器(Chronometer)。这样，如果能够确定船上当地地方时，并精确知道地球上某已知位置(如格林尼治)的时间，那么通过这个时差便可以确定两地的经度差，从而测算出船舶所在经度。

18到19世纪远洋航行、甚至环球航行日益频繁，探索新大陆、建立殖民地、追逐商业利益的欲望日益强烈，对航海技术的探索和发展起到了极大的促进作用。1731年英国数学家、发明家哈得利(John Hadley)和费城的发明家高德弗雷(Thomas Godfrey)先后独立发明了六分仪(Sextant)，与15世纪的四分仪相比，这种仪器不仅精度更高，而且更便于在摇摆的甲板上使用，这种设备沿用至今。英国探险家库克(James Cook)在1772—1775年深入南极，越过南纬70度，首次完成自西向东高纬度的环球航行，英国借此获得了澳大利亚的实际统治权。正是在这种背景下，人们对全球统一的时间和地理坐标系的需求极为迫切，1884年英国伦敦格林尼治(Greenwich)天文台所在地被确定为本初子午线(Prime Meridian)，在此之前西方各主要国家都有自己的基准子午线和当地时间标准。天文导航在18世纪发明了天文钟之后，解决了天文观测无法求取经度的问题，而法国航海家圣·希勒尔(St. Hilaire)于1875年提出的截距法(Intercept Method)或称为高度差法(Altitude Difference Method)解决了天文船位圆绘图问题，奠定了天文航海的理论基础，并在实践中得到了广泛应用。

1.1.3 近现代导航方式

20世纪是人类导航技术发展突飞猛进的时代。首先无线电导航技术在半个多世纪的时间里从萌芽状态迅猛发展为海、陆、空导航的基本手段。早在1891年无线电报就出现在海洋中航行的船舶上，1902年美国数学家斯通(John Stone)发明了无线电测向技术，1906年装备于美国海军运输船，1912年研制出世界上第一个无线电导航设备，即无线电测向器(Radio Direction Finder)，也称无线电罗盘(Radio Compass)，并在20世纪30、40年代得到广泛应用。1921年美国建立了第一座无线电导航塔。1935年法国首先在商船上装备了VHF频段的雷达，以观测海岸和附近的船只，用于近岸航行和船间避碰。英国在1937年提出建立低频连续波相位无线电导航系统台卡(Decca)，并于1946年投入使用。1942年11月由美国麻省理工学院无线电实验室(Radiation Laboratory)研制的具有四个台站的Loran-A(Long Range Navigation System)系统正式启用，它的改进型Loran-C台链随后于1957年由美国海岸警卫队建成。Loran-C是一种脉冲体制的双曲线型陆基中远程无线电导航系统，1975年被美国政府批准为标准航海导航系统，在航海、航空、陆地以及军事方面都有成功应用。我国在1988年建成了第一个远程无线电导航系统南海台组,1990年起正式向国内用户开放使用,称作“长河二号”。鉴于所有其他无线电导航系统都达不到全球覆盖的目的,美国政府于1968年还批准研制奥米伽(Omega)甚低频双曲线全球导航系统,并于1971年开始运行,它由分布在全球的八个甚低频地面发射台组成,由于信号工作频率低,因而传播距离远,还可深入水下十几米,既可以为边远地区的远洋作业和飞机越洋飞行提供导航,也可以为潜艇水下位置校正提供信息。其不足之处在于信号传播易受干扰、定位精度和数据更新率较低,1997年9月30日美国政府宣布关闭了奥米伽系统。

其次,在20世纪上半叶惯性导航技术也得到了迅猛发展。惯性导航的理论基础是牛顿力学定律,其发展要追溯到19世纪初。1817年德国测量学的先驱博耐伯格(Frederick von Bohnenberger)研制了世界上第一只陀螺仪。法国科学家傅科(Jean Bernard Léon Foucault)试图利用陀螺的定轴性验证地球的旋转,在1852年发明了可实用的陀螺仪,配上简单的修正装置和阻尼装置后,制成了世界上第一台试验用陀螺罗经,他用希腊文 *gyros*(意即“旋转”)和 *skopein*(意即“观察”)两个词命名了“陀螺仪”(Gyroscope),意思是“用以观测地球旋转的装置”。1890年美国科学家霍普金斯(G. M. Hopkins)演示了第一个电动陀螺仪(Electrically-driven Gyroscope)。德国科学家安修茨(Hermann Anschütz-Kaempfe)在1903年设计了第一个陀螺罗经(Gyrocompass)。他和美国人斯佩里(Elmer Ambrose Sperry)分别于1908年和1911年先后制成了船用陀螺罗经。德国哥廷根大学(Göttingen University)数学家舒勒(Max Schuler)在1923年提出固有振荡周期为84.4分钟的机械装置不受其在地球表面运动加速度的影响,从理论上和技术上完善了罗经的设计和结构,大大提高了导航精度。20世纪20年代起,飞机上先后出现了陀螺地平仪和陀螺方位仪。20世纪40年代中期,由冯·布劳恩(Wernher Von Braun)领导的德国科学家首次在V-2火箭上安装了初级的惯性制导装置,利用陀螺仪稳定火箭的水平和航向姿态,沿火箭纵轴方向安装了陀螺积分加速度计,用以提供火箭入轨的初始速度,这是人类导航定位史上的一次革命。第二次世界大战后,尤其是20世纪50年代中后期,制造工艺和计算机技术得到飞速发展,美国现代惯性制导之父德雷珀(Charles Stark Draper)领导的MIT仪表实验室率先在陀螺精度上取得突破,研制出惯性级的陀螺仪和惯导系统,1953年利用平台式惯导系统首次在B-29轰炸机上成功地进行了横贯北美大陆的试飞,1954年进行了潜艇惯导系统(Submarine Inertial Navigation System)的海上试验。美国海军鹦鹉螺号潜艇(USS NAUTILUS SSN571)装备了北美航空公司机电工程部(Autonetics)研制的N6A(MK1)型惯性导航系统和MK-19型平台罗经,在1957年开始水下探索北冰洋,并在1958年8月3日成功水下穿越北极,历时21天,航程8146海里,定位误差仅为20海里。这一震惊世界的成功,充分显示了惯性导航系统有别于其他导航系统的独特优点:自主性、隐蔽性、信息的完备性,这些特点在军事应用中尤为重要。德雷珀教授1961年开始主持研制具有历史意义的Apollo登月计划的制导系统,在1970年第三次登月途中,Apollo-13服务舱氧气系统爆炸,指令舱的电源遭到破坏,主惯导系统无法正常工作,正是利用该实验室研制的用作备份的捷联式制导系统才得以安全返航。

到了 20 世纪 80 年代，随着计算机技术的发展、激光陀螺和光纤陀螺等新型陀螺的出现以及基础加工制造工艺的日益完善，捷联式惯性导航系统应运而生，它省去了复杂的物理实体平台，结构简单、体积小、成本低、维护简单，正在各个领域逐步取代平台式惯性导航系统。

也是在 20 世纪中期，1957 年前苏联首次发射了人造地球卫星 Sputnik，之后不久诞生了由约翰·霍普金斯大学应用物理实验室（Applied Physics Lab，John Hopkins Univ）研制的人类第一个卫星导航系统——美国海军导航卫星系统（Navy Navigation Satellite System），又称作子午仪（Transit）系统，它预示着经典的导航定位技术面临着一场重大的变革，在导航技术的发展史上具有划时代的意义。该系统于 1964 年正式建成，共有七颗导航卫星，美国政府 1967 年批准该系统解密提供民间使用。1973—1996 年美国采用扩频通信体制建立了由 24 颗卫星构成的全球定位系统 GPS，它可以提供全球、全天时、全天候的高精度多维连续定位、测速和授时功能，实时定位速度快，是继惯性导航系统成功应用于导航领域后的又一次重大技术突破，被誉为 20 世纪导航技术史上的又一次革命。在这期间，前苏联 - 俄罗斯也先后研制了两代卫星导航系统，分别是 1965 年研制的 CICADA 系统和 1995 年正式启用的 GLONASS 系统，它们在系统配置、定位机理、信号频段、导航精度等方面与美国的两代卫星导航系统极为相似。GLONASS 的建成和公开化打破了美国对卫星导航独家经营的局面，既可为民间用户提供独立的导航服务，又可与 GPS 组合提供更好的卫星几何位置。

鉴于卫星导航在军事、民用等各个领域的成功应用和巨大发展潜力，欧洲在 2002 年正式批准了 Galileo 卫星导航系统的研制计划，中国也于 2002 年完成了北斗一号卫星导航系统的建设，投入试运行。卫星导航对人类活动的影响极大，应用价值极高，一经推出便风靡全球，无论是航空、航天、陆地、海洋，还是交通、测绘、农业、旅游，各行各业都有其广阔的应用前景。

1.2　导航的分类

导航的分类方式有很多种。比如，按测量的参数可以分为测距、测角、测距差、测多普勒频移等；按工作区域可以分为全球导航系统、区域导航系统等；按用户是否发射信号可以分类为有源系统和无源系统等等。

1.2.1　按定位方法分类

按定位方法的不同，导航系统可以分为两大类，一类是直接定位系统，如天文导航、无线电导航、卫星导航、陆标定位等，这类导航定位系统的定位误差不积累，精度与定位时间无关，但其定位依赖于外部条件，如天文定位需要在良好的天候和气象条件下观测天体，无线电和卫星导航需要能接收到岸台或卫星发射的无线电信号，因此这类导航系统也称为非自主式的导航系统。另一类导航定位系统依赖推算方法来确定载体位置，如由罗经和计程仪构成的推算系统、惯性导航系统等,称作自主式导航系统。这类系统的最大优点在于不依赖于任何外部信息,因而具有独立自主、安全、隐蔽的特点,非常适合于军事目的的应用,但这类系统的误差是随时间积累的,必须经常进行校正。

1.2.2 按定位原理分类

根据导航的技术机理不同,导航技术可以分为以下类型。

1.陆标定位(Terrestrial Fixing)

陆标定位,有时也称地文导航,一般是在船舶近海航行时使用的导航方法。陆标是指海上或岸边的明显固定的标志物,如灯塔、山顶、礁石、建筑物等。陆标定位就是根据陆标的位置坐标及其相对载体的距离和方位关系确定船舶位置的方法。因为这些标志物的位置是确定且精确已知的(或可在海图上查找出来),测量出陆标的距离或方位参数,就可以用计算或作图的方法确定船位。

2.天文导航(Celestial Navigation)

天文导航可能是人类最古老的导航方法之一,它利用光学仪器(如六分仪)人工观测天体(日、月、星等的统称)高度角和方位角,通过计算或作图确定载体的位置。目前已出现利用光学或射电望远镜接收星体发射的电磁波来测量天体高度角和方位角的星体跟踪器。天文导航既可以为航海导航,也可以为航空和航天运载器提供导航服务。甚至,天文导航对宇宙航行也是比较理想的,因为它可以避免航海时受到的天候和气象条件限制。有学者形容天文导航"起源于航海,发展于航空,辉煌于航天"。

3.推算航法(Dead Reckoning)

根据测量得到的载体速度和航向信息,在已知前一时刻载体位置的情况下,考虑风、流引起的位置偏差影响,解算载体位置的方法,称为推算航法。在船舶导航时还称为船位推算、航迹绘算。推算航法的特点是简单易行,但定位精度较低,误差随时间积累,只能给出载体的概略位置,一般需要通过其他导航方式经常地对其位置进行修正。

4.无线电导航(Radio Navigation)

无线电导航是利用无线电电波在理想均匀媒质中按直线传播,且速度为常数,并在任何两种媒质界面上产生反射的传播规律,测定运动载体位置的导航方法。无线电导航的类型较多,按测量方式可分为测向(测角)、测距、测距离差以及测距测向等;按作用距离可分为:近程 100~500 km,中程 500~1 000 km,远程 3 000 km 以内,超远程 10 000 km 以上;按信号发射形式可分为振幅式、频率式、脉冲式、相位式、混合式无线电导航系统等;按信号发射频率可以分为甚低频、低频、中频、高频、甚高频无线电导航系统等。无线电导航具有测量速度快、精度高、可靠性好的特点,不足之处在于其信号容易受到外界干扰。典型的无线电导航系统包括:(1)伏尔(VHF Omnidirectional Range,VOR);(2)测距器(Distance Measuring Equipment,DME);(3)塔康(Tactical Air Navigation,TACAN);(4)无线电定向机(Radio Direction Finder,RDF);(5)仪表着陆系统(Instrument Landing System,ILS);(6)罗兰系统(Long - range Navigation,LORAN);(7)奥米伽系统(Omega)等。由于以上系统的信号发射台均在陆地,因此也被称为陆基无线电导航系统。

5.卫星导航(Satellite Navigation)

卫星导航系统通过测定运载体到导航卫星的距离或距离差等参数,并结合获取的或计算得到的导航卫星瞬时位置来确定载体位置。现代卫星导航方法是近代科学技术,如航天技术、天文和地球物理学、精密时间和时间同步技术、扩频通信技术、信号处理技术、计算机和微电子技术、导航定位技术等相结合的产物。从本质上讲,卫星导航系统是无线电导航系统的一种,属于空基无线电导航系统。但由于其独特的定位方式和广泛的应用背景,一般把它从无线电导航系统里单列出来,作为独立分类。根据定位方法的不同,卫星导航可以分为多普勒定位、伪距定位、载波相位定位等多种形式。

6.惯性导航(Inertial Navigation)

惯性导航系统(简称惯导系统)利用惯性敏感元件(陀螺、加速度计)测量载体相对惯性空间的线运动和角运动参数,在给定的运动初始条件下,根据牛顿运动定律,推算载体的瞬时速度和位置,一般还可获得载体姿态信息。从本质上讲,它属于推算航法。它是一种自主式的导航系统,无需接收或发射任何外部信息即可定位。根据惯性敏感元件在载体上的安装方式不同,惯导系统可以分为平台式惯性导航系统(Platform Inertial Navigation System)和捷联式惯性导航系统(Strapdown Inertial Navigation System)两大类。

7.雷达导航(Radar navigation)

在船舶上安装的雷达通过对目标发射电磁波并接收回波,可以探索物标并测定物标的距离和方位,据此在海图上标绘出或通过计算求出船位,从而实现定位的目的。从本质上讲,这是陆标定位的一种具体实现方式。除此以外,雷达导航还常用作船舶避碰的手段之一。当船舶在沿岸航行,特别是进入港区、岛礁区、海峡和江河等狭窄水道航行时,地形复杂、危险物多、往来船只频繁,利用自动雷达标绘仪 ARPA(Automatic Radar Plotting Aid)捕获目标、自动跟踪并以矢量形式显示目标的航向和航速,自动以各种方式提醒驾驶员采取避让措施。

在航空的应用上,基于多普勒测速的基本原理,雷达测量出发射电磁波的回波信号多普勒频移,解算出飞机相对于地面的地速和偏流角(即飞机的三维速度分量),采用推算航法求得飞机的实际位置。从本质上讲，这是推算航法的一种具体实现。随着全天候、高分辨率合成孔径雷达 SAR(Synthetic Aperture Radar)技术的不断成熟，雷达图像目标的匹配定位也必将得到飞速发展和广泛应用。

8.组合导航(Integrated Navigation)

组合导航，也称为综合导航，是20世纪后半叶兴起的提高导航定位精度和可靠性的技术。它以导航计算机为核心，充分利用各导航系统的资源，发挥各导航系统的优势，克服单个导航系统的不足，将装备在载体上的各导航信息有机地组合在一起，通过数字滤波等信号处理技术，为用户提供更加精确、可靠的导航信息。组合导航技术可以克服单一导航设备各自的缺点，扬长避短，使得导航能力、精度、可靠性和自动化程度大大提高。

组合导航系统的产生和发展离不开导航技术和信息融合技术的进步。随着众多的不同原理、不同性能的导航设备的出现，INS/GPS、地形辅助 INS、Loran-C/DR 等一大批组合导航系统相继投入使用。同时，以 Kalman 滤波为代表的信息融合技术进展也十分迅速，特别是为解决集中滤波问题而产生的联邦滤波、为解决非线性问题的粒子滤波等正在受到普遍关注。

1.3 发展中的现代导航技术

进入21世纪，导航技术正以前所未有的速度迅猛发展。

在卫星导航领域，美国旨在提升全球定位系统精度、安全性、抗干扰能力和实现军民用信号分离的 GPS 现代化进程正在大力推进当中。欧盟也一直致力于一个雄心勃勃的民用全球导航卫星系统(GNSS)计划，估计到2020年全世界将有四大全球导航卫星系统，即现有的美国 GPS 和俄罗斯 GLONASS，欧盟计划在2013年建成的伽利略系统(Galileo)和我国正在建设的第二代卫星导航系统(COMPASS)，届时天空中将有超过100颗导航卫星为各类用户提供导航服务。GNSS 实际上泛指卫星导航系统，包括全球星座、区域星座以及相关的星基增强系统。根据 ICAO 国际民航公约的规定，GNSS 的增强系统共分为三类，即陆基增强系统 GBAS(Ground Based Augmentation System)、星基增强系统 SBAS(Satellite Based Augmentation System)和机载增强系统 ABAS(Aircraft Based Augmentation System)。除了上述的四个全球系统及其增强系统(美国的 WAAS、欧洲的 EGNOS 和俄国的 SDCM)外，其他一些国家也在建设自己的区域系统和增强系统，如日本的 QZSS(准天顶卫星系统)和 MSAS(多功能卫星增强系统)，印度的 IRNSS(印度无线电导航卫星系统)和 GAGAN(GPS 与 GEO 静地增强导航)，以及尼日利亚运用通信卫星搭载实现的 NICOMSAT-1 星基增强等等。未来的全球导航卫星系统将会呈现多层次增强、多系统兼容、多模化应用以及多手段集成的趋势，形成一个以 GNSS 为主体的应用服务体系，实现全时段、全空间的无缝服务，推动产业的全球化、规模化、规范化和大众化发展。

在惯性导航领域，随着计算机技术、光学陀螺技术、微机电系统(MEMS)技术、甚至纳米机电系统(NEMS)技术的发展,捷联式惯导系统逐渐受到人们的瞩目。捷联式惯导系统将惯性传感器直接固联于载体,用“数学平台”取代了复杂的陀螺机械稳定平台,具有结构简单、成本低等许多优点,当代计算机技术,尤其是微型计算机的优良性能,为捷联式惯导提供了实时高效的运算工具,光学陀螺(包括激光陀螺和光纤陀螺)的出现又为捷联式惯导提供了理想的敏感元件。光学陀螺具有结构简单、体积小、角速率动态范围宽、启动时间特别短和可靠性高等优点,采用光学陀螺的捷联惯导系统被认为是一种极有发展前途的导航系统。同时,随着MEMS技术的发展,微机械惯性技术应运而生,与传统的惯性器件相比,微机械惯性器件具有微型化、集成化的优点,其尺寸达到微米数量级,而且测量范围大、可靠性好、功耗低,易于实现数字化。目前虽然精度较低,但由于其无可比拟的优点,在军用和民用领域受到普遍的重视,具有广阔的应用前景。

同时,新兴的无源定位技术,也称作地球物理导航,利用载体上的设备敏感地形、重力场、重力梯度场以及地球磁场的变化,通过与已有数据库进行匹配达到导航的目的,这一技术也正在被广泛关注,成为导航技术领域的一朵奇葩。还应该提及的是,组合导航技术在新世纪里也受到从未有过的重视,美国、英国、法国等工业技术先进国家在微机和电子集成化技术的推动下,竞相发展各种用途的组合导航系统,先后装备于各种航空、航天、航海运载体上。目前,随着信息融合技术的发展,特别是组合滤波技术的发展,组合导航技术正在突破单一导航设备的局限性,成为导航技术发展的方向之一,为航行提供更高精度、更高可靠性、更加安全的导航信息。

总之,人类对导航技术的探索还远没有结束。随着人类探索海洋世界和太空步伐的加快,完全崭新的世界在等待着我们去发现,更多导航科学、技术和设备等待着我们去研究。很多我们过去所熟悉的基本概念在迅速发生着变化,比如,在太空导航中“水平”和“垂直”的概念就失去了意义。正如几千年来航海人员所经历的艰难险阻一样,人类在探索太空导航技术领域仍然面临着巨大的挑战。我们相信,一代又一代年轻学者会踏着先人们的足迹不断奉献奇迹。

第 2 章　导航定位基础

Throughout the history of navigation, numerous terms and conventions have been established. In this chapter, the fundamental materials of marine navigation are introduced in details.

The earth is an oblate spheroid (a sphere flattened at the poles). Several ellipsoids are introduced to describe the earth. Terrestrial Coordinate System, termed latitude and longitude, can define any position on earth. Inertial coordinate, geodetic coordinate and Earth-Centered Earth-Fixed coordinate are among those frames that express positions on earth. Latitude is the angular distance from the equator, measured northward or southward along a meridian. Longitude is the angular distance between the prime meridian and the meridian of a point on the earth, measured eastward or westward. And direction is the position of one point relative to another. Navigators express direction as the angular difference in degrees from a reference direction, usually north or the ship's head. Course is the horizontal direction in which a vessel is steered, expressed as angular distance from north clockwise through 360°.

Nautical Charts are one of the most indispensable tools for navigators nowadays. A nautical chart represents part of the spherical earth on a plane surface, i.e., a two dimensional representation of a 3 - dimensional world. It shows water depth, the shoreline of adjacent land, topographic features, aids to navigation, and other navigational information. As we all know, a sphere cannot be transferred to a flat surface without any distortion. Certain kind of projection must come into use. A Mercator projection, classified as a cylindrical projection upon a plane, is the most common one, because the following distinguishing requirements can be met in Mercator Charts:

(1) The angles between three objects in the chart should be the same as the angles between the real objects which they represent.

(2) A straight course should appear as a straight line in the chart.

Also, some other projections such as Gauss - Kruger projection are presented as well in this chapter.

2.1　坐标、方向和距离

2.1.1　地球的形状

人类认识地球的形状经历了漫长的岁月和艰难的历程。“地球是球形”这一概念最先是公元前 6 世纪的古希腊哲学家毕达哥拉斯(Pythagoras)提出的，不过这种看法仅是因为他认为圆球在所有几何形体中最完美，而不是根据任何客观事实得出的。公元前 4 世纪，亚里士多德（Aristotle）根据月食时月面出现的地影是圆形的，给出了地球是球形的第一个科学证据。公元前 3 世纪，古希腊天文学家埃拉托斯特尼（Eratosthenes）根据正午阳光射向不同地点的木杆阴影长度不同和两观测地的距离，第一次算出地球的周长。公元 726 年我国唐代天文学家张遂（僧一行）主持了全国天文大地测量，利用北极高度、二分（春分、秋分）、二至（夏至、冬至）、正午时分八尺之表的日影长度以及昼夜长短计算出了子午线一度之长和地球的周长。1622 年葡萄牙航海家麦哲仑（Ferdinand Magellan）领导的环球航行证明了地球确实是球形的。17 世纪末，牛顿研究了地球自转对地球形态的影响，认为地球应是一个赤道略为隆起，两极略为扁平的椭球体。1733 年巴黎天文台派出两个考察队，分别前往南纬 2°的秘鲁和北纬 66°的芬兰拉普兰德（Lapland）进行大地测量，结果证实了牛顿的推测。随着人造地球卫星的发射成功和现代空间大地测量学的建立，人类目前正迈向前所未有的数字地球新阶段。

地球是一个不规则的几何体，它的自然表面形状非常复杂，有陆地、有海洋，有高达 8844.43 米的珠穆朗玛峰（Qomolangma），有深达 11034 米的马里亚纳海沟（Mariana Trench），两者相差近两万米。在这种自然表面上建立坐标、研究和解算有关测量、制图和导航问题是非常困难的，甚至是不可能的，必须由一个数学表面来代替地球的自然表面才能够定量地研究航海问题。

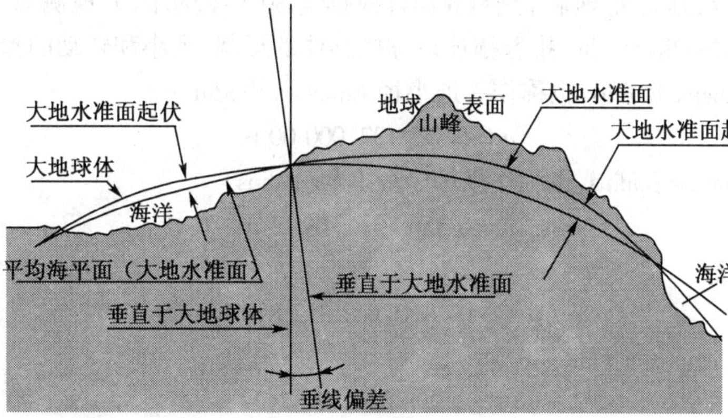

图 2.1　大地水准面、大地球体、地球表面以及垂线偏差示意图

Fig.2.1　Geiod, ellipsoid, topographic surface of the earth, and deflection of the vertical

地球半径约为6 370 km，珠穆朗玛峰虽高，但也仅约为地球半径的千分之一。可见，尽管地球自然表面高低不平，但这些局部起伏与地球半径相比是微不足道的。同时，占地球表面积 71%的是海洋，可以想象一个处于静止平衡状态的、与平均海面相吻合的水准面（地面上，处处与重力方向垂直的连续曲面称为水准面），把它延伸至陆地内部，在延伸中始终保持此面处处与当地的铅垂线正交，这样形成的一个连续的、光滑的、封闭的不规则曲面，叫做大地水准面

(Geoid),如图 2.1 所示。大地水准面是描述地球形状最重要的一个水准面,也是海拔高程系统的起算面。被大地水准面所包围的球体称为大地球体,用它代表地球的自然形状和大小。大地球体非常接近地球的真实形状,并且具有长期的稳定性和唯一性,因此,航海学上通常采用大地球体来代替地球进行描述。大地测量学结果表明,虽然大地水准面很不规则,甚至南北两半球也不对称,北极略凸出,南极则扁平,但大地水准面与同它最相逼近的参考旋转椭球非常接近,北极处大地水准面高出参考椭圆体约 10 m,南极的大地水准面低于参考椭圆体约 30 m,两者最大误差也仅在 100 m 左右,垂线偏差一般在 10″之内。

由于地球内部物质构造分布不均匀及地球表面起伏的影响,水准面各处重力线方向是不规则的,大地球体依然是一个起伏变化的不规则几何体,大地水准面并不是一个简单的数学曲面。为了便于测量、制图和导航等问题的计算,根据不同应用目的,一般选择圆球体或椭球体来近似大地球体。在一般工程技术应用中,以半径为 R 的地球圆球体(Terrestrial Sphere)来近似大地球体的,称为第一近似;在大地测量、海图学和需要较为精确的导航计算中,以旋转椭球体①(Ellipsoid of Revolution,即 Spheroid)来近似大地球体的,称为第二近似,该旋转椭球体也叫做地球椭圆体(Earth Ellipsoid);如果考虑与赤道平行的各纬度圈也是椭圆,即用地球椭球体来近似大地球体的,称为第三近似,由于各纬度圈椭圆的扁率极小,约为 1/32 000,因此在航海实际应用中,一般无须采用第三近似。

国际大地测量与地球物理联合会(IUGG)根据 1980 年公布的大地测量参考系(Geodetic Reference System,GRS)测量结果,推荐描述地球椭圆体的形状、大小和转动的参数如下。

长半轴(Semi-major Radius,也称作赤道半径 Equatorial radius)

$$a = 6\ 378\ 137.000\ 00\ \text{m}$$

短半轴(Semi-minor Radius,也称作极轴半径 Polar radius)

$$b = 6\ 356\ 752.314\ 14\ \text{m}$$

扁率(Flattening)

$$f = (a - b)/a = 0.003\ 352\ 810\ 681\ 18$$

扁率的倒数(Reciprocal Flattening)

$$1/f = 298.257\ 222\ 101$$

第一偏心率(First Eccentricity)

$$e^2 = (a^2 - b^2)/a^2 = 0.006\ 694\ 380\ 022\ 90$$

第二偏心率(Second Eccentricity)

$$e'^2 = (a^2 - b^2)/b^2 = 0.006\ 739\ 496\ 775\ 48$$

自转角速度(Angular Velocity of Rotation)

① 全国自然科学名词审定委员会在 1996 公布的《航海科技名词》中,将该旋转椭球体称为“地球椭圆体(Earth Ellipsoid)”。

$$\omega = 7.292\ 115\ 8 \times 10^{-5}\ \text{rad/s}$$

地心引力常数(Geocentric Gravitational Constant)

$$GM = 3\ 986\ 005 \times 10^{8}\ \text{m}^3/\text{s}^2$$

重力场二阶带谐系数(Dynamical Form Factor)

$$J_2 = 108\ 263 \times 10^{-8}$$

地球平均半径(Mean Radius)

$$R = (2a + b)/3 = 6\ 371\ 008.771\ 4\ \text{m}$$

过去一般采用地球的形状参数(长半轴 a,扁率 f)和物理参数(地心引力常数 GM 和旋转角速度 ω)描述地球的几何和物理特征,目前通常选择四个基本参数来描述,即赤道半径 a、重力场二阶带谐系数 J_2、地心引力常数 GM 以及地球自转的角速度 ω。其中,J_2 是衡量地球动力扁率的物理量,它同地球的几何扁率有确定的关系。基本参数的选择反映了大地测量学的不断发展,目前基本参数的确定均依赖于空间技术:扁率可从卫星轨道摄动所确定的 J_2 中推得,根据开普勒第三定律和对月球、星际间飞行器或深空探测器的观测求得 GM,根据多普勒效应、激光测距和测高技术可求得 a 值。

地球椭圆体参数是根据大地测量的结果确定的,由于各国所处地区和测量年代不同,所采用的测量仪器、测量数据、数据质量及计算方法不同,因此所测得的地球椭圆体的参数也不完全一致,表 2.1 所列是近 200 年来几个较为著名的地球椭圆体参数。

表 2.1　部分地球椭圆体参数

Table 2.1　Parameters of earth ellipsoids

椭圆体名称	年份	长半轴/m	扁率倒数/(1/f)	主要使用国家及说明
白塞尔 Bessel	1841	6 377 397.155	299.152 8	欧洲、日本
克拉克 Clarke	1866	6 378 206.4	294.978 698 2	北美
海福特 Hayford	1910	6 378 388.0	297.0	美国
克拉索夫斯基 Krasovsky	1940	6 378 245.0	298.299 738 1	原苏联、东欧、中国
南美 South American	1969	6 378 160.0	298.25	南美
WGS-72	1972	6 378 135.0	298.26	美国/DoD
GRS 1975	1975	6 378 140.0	298.257	16 届 IUGG 推荐
GRS 1980	1979	6 378 137.0	298.257 222 101	17 届 IUGG 推荐
NAD	1983	6 378 137.0	298.257 024 899	北美
WGS-84	1984	6 378 137.0	298.257 223 563	GPS 全球定位系统
IERS	2003	6 378 136.6	298.256 42	Global ITRS

我国最早采用的是海福特参考椭圆体,1952 年选用白塞尔地球椭圆体参数,1954 年改用克拉索夫斯基地球椭圆体参数,1980 年采用了 IUGG(1975)推荐的地球椭圆体参数,2008 年启用的国家大地坐标系 CGCS2000 更新为 GRS 1980 地球椭圆体参数。

2.1.2 地理坐标

我们知道,地球环绕中心天体太阳运动,同时绕轴自转。地球的自转轴叫做地轴(Earth axis),或称极轴。地轴通过地心,与大地球体表面有两个交点,分别叫做北极 P_N(North Pole)和南极 P_S(South Pole)。通过地心的平面与地球表面相截的交线,称为大圆(Great Circle)。大圆把地球分为相等的两部分,通过南北极的大圆称为子午圈,其中由北极到南极的半个椭圆,叫做子午线(Meridian)或经线,通过英国格林尼治天文台(Greenwich Observatory)的子午线叫做格林(尼治)子午线(Greenwich Meridian),也称为本初子午线,它把地球分成了东西两个半球(Hemisphere)。与地轴垂直的大圆是赤道(Equator),它把地球分为南北两个半球,含北极的半球称为北半球,含南极的半球称为南半球。和赤道平面平行的平面与地球椭圆体表面的交线是小圆(Small Circle),称为纬度圈(Parallel of Latitude),如图 2.2 所示。在第二近似中,地球赤道和纬度圈都是正圆,而所有子午圈都是椭圆。

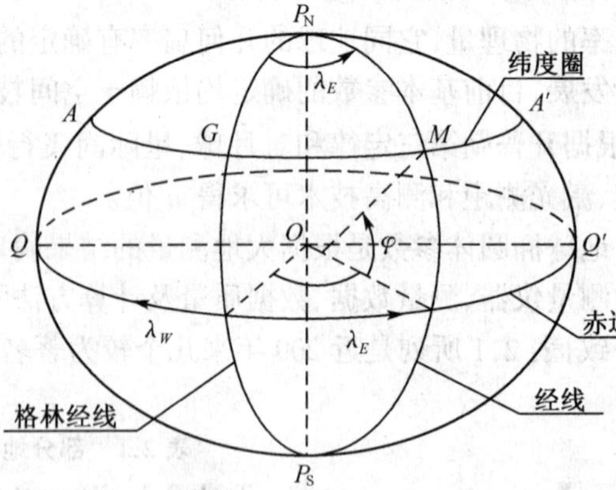

图 2.2 地理坐标

Fig.2.2 Geographic coordinate

1.经度和纬度

地球椭圆体表面任意一点的位置,可以用地理坐标(Geographic Coordinate)来描述。地理坐标的原点是赤道与格林子午线的交点,经线和纬度圈构成坐标线图网(Grid)。地理坐标是建立在地球椭圆体上的,用纬度和经度来表示。

(1)经度(Longitude)

地球上某点所在子午面与格林子午面在赤道上所夹的劣弧长,或该劣弧所对应的球心角,称为该点的地理经度,简称经度,用符号“λ”或“Long”表示。可见,经度是一种两面角,起始面是本初子午面,终止面是本地子午面。经度一般在赤道上自地理坐标原点向东西两个方向度量:本初子午线以东叫做东经(以字母 E 表示),本初子午线以西叫做西经(以字母 W 表示),各从 0°到 180°计算。如北京某地的经度为东经 116°28.2′,按照航海习惯记作 λ116°28′.2E。

(2)纬度(Latitude)

采用第一近似时,大地球体近似为半径为 R 的正圆球体,纬度定义为地球表面上一点与地心连线和赤道平面的夹角,该夹角就是该点垂线方向与赤道平面的夹角。可见,纬度是一种线面角,即直线同平面的交角。纬度在本地经线上量度,赤道面是起始面,所在地是终止点。由于赤道把地球分为南北两个半球,以赤道为基准(0°),分别向北和向南计算到 90°,赤道以北的称为北纬(以字母 N 表示),赤道以南的称为南纬(以字母 S 表示)。如北京某地的纬度为北纬 39°54.4′,按照航海习惯记作 φ39°54′.4N。人们通常以南北纬 30°和 60°为界,把纬度分成低纬度、中纬度和高纬度三部分。北纬 66°33′39″的纬线以北称为北极圈(Arctic Circle),南纬 66°33′39″的纬线以南称为南极圈(Antarctic Circle)。人们把夏至日和冬至日太阳垂直于地球海平面的光线达到的地球最北端和最南端的位置分别称为北回归线(Tropic of Cancer)和南回归线(Tropic of Capricorn)。回归线的纬度等于黄赤交角,其位置并非固定不变,只是在南北纬 23.5±1°的范围内变化,在 1976 年第 16 届国际天文学联合会决定将 2000 年的回归线位置定为 23°26′21.448″。

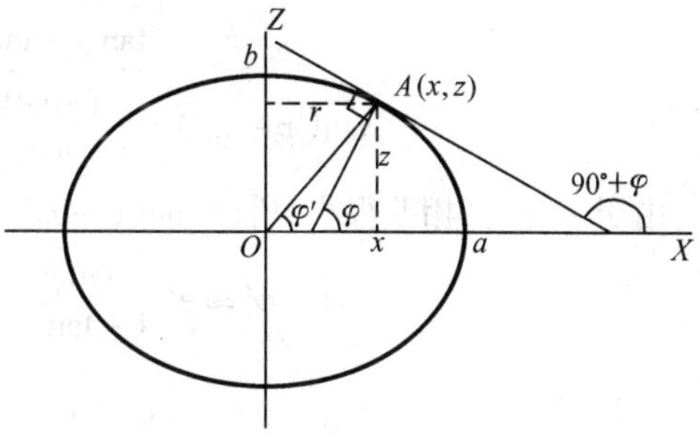

图 2.3　地心纬度与地理纬度的关系

Fig.2.3　Relationship between geographical latitude and geocentric latitude

当采用地球椭圆体近似大地球体时,如图 2.3 所示,纬度的定义有两种方法。

①地理纬度(Geographical Latitude):地球椭圆体表面上某点的法线与赤道平面的交角,叫做该点的地理纬度,简称纬度,用符号"φ"或"Lat"表示。

②地心纬度(Geocentric Latitude):地球椭圆体表面上某点的向径(该点和地心的连线)与赤道平面的交角,称为该点的地心纬度,用符号"φ'"表示。

在地球椭圆体上,除了在赤道和两极的点上法线通过椭球中心外,其他位置的地理纬度 φ 和地心纬度 φ' 都不相等,两者之间有如下的关系。

设在地球椭圆体表面上有一点 A,如图 2.3 所示,过 A 点的椭圆子午圈中心为 O,A 点的直角坐标为(x,z)。子午圈椭圆方程为

$$\frac{x^2}{a^2}+\frac{z^2}{b^2}=1 \tag{2.1}$$

等式两边对 x 求导得

$$\frac{2x}{a^2}+\frac{2z}{b^2}\cdot\frac{\mathrm{d}z}{\mathrm{d}x}=0$$

因为

$$\frac{dz}{dx} = \tan(90° + \varphi) = -\cot\varphi \tag{2.2}$$

所以

$$\cot\varphi = \left(\frac{b}{a}\right)^2 \cdot \frac{x}{z} \tag{2.3}$$

又因为

$$\frac{x}{z} = \cot\varphi'$$

$$\cot\varphi = \left(\frac{b}{a}\right)^2 \cdot \cot\varphi' = (1 - e^2)\cdot\cot\varphi'$$

$$\tan\varphi' = (1 - e^2)\cdot\tan\varphi$$

$$\tan\varphi - \tan\varphi' = e^2\cdot\tan\varphi$$

$$\tan(\varphi - \varphi') = \frac{\tan\varphi - \tan\varphi'}{1 + \tan\varphi\cdot\tan\varphi'} = e^2\cdot\frac{\tan\varphi}{1 + \tan\varphi\cdot\tan\varphi'}$$

由于 φ 和 φ' 相差很小,所以 $\tan(\varphi - \varphi') \approx (\varphi - \varphi')$,$\tan\varphi'\cdot\tan\varphi \approx \tan^2\varphi$,则得

$$\varphi - \varphi' \approx e^2 \frac{\tan\varphi}{1 + \tan^2\varphi} = e^2\sin\varphi\cos\varphi = \frac{1}{2}e^2\sin 2\varphi$$

$$\varphi - \varphi' = \frac{1}{2}e^2 \times \sin 2\varphi \tag{2.4}$$

如果 $\varphi - \varphi'$ 以角秒为单位,并将 IUGG(1980)推荐椭球参数代入上式,得

$$\varphi - \varphi' = 690.4'' \times \sin 2\varphi \tag{2.5}$$

地理纬度与地心纬度之差,称为地心纬度改正量(Correction of Geocentric Latitude)。由式(2.5)可知,地心纬度改正量在赤道和两极为零;在 $\varphi = 45°$时,达到最大值,约为 11.5′。除赤道和两极外,$\varphi > \varphi'$。

在航海导航中,人们关心的是当地地平面或海平面,而不是地心所在方向,因此,一般情况下都使用地理纬度。

根据经纬度的定义可以看出,同一纬度圈上任一点的纬度都是相等的,同一经线上任一点的经度也都是相等的。因此,经线与纬度圈构成的图网是坐标的等值线图网,即坐标线图网。

2.经度差、纬度差和东西距

经度和纬度确定了地面上任意点的位置,而地面上两个点 $A(\varphi_1, \lambda_1)$和 $B(\varphi_2, \lambda_2)$之间的位置关系,或者载体从出发地(Departure)A 运动至到达点(Destination)B 的位置变化,航海上常用经度差和纬度差来表示。

(1)经度差(Difference of Longitude)是表示两地之间经度的代数差,用符号 $D\lambda$ 表示为

$$D\lambda = \lambda_2 - \lambda_1 \tag{2.6}$$

经度差有方向性,其确定的原则是:以起始点的经度为基准,当到达点在起始点的东面称为东经差,用E标示;当到达点在起始点的西面称为西经差,用W标示。运算中规定东经差为"+",西经差为"-"。当 $D\lambda=0$ 时表示载体沿子午线南北向航行。经度差的绝对值不能大于180°,当计算结果大于180°时,则用下式计算:

$$D\lambda=\begin{cases}\lambda_2-\lambda_1 & \left|\lambda_2-\lambda_1\right|\leqslant 180^\circ\\ \lambda_2-\lambda_1+360^\circ & (\lambda_2-\lambda_1)<-180^\circ\\ \lambda_2-\lambda_1-360^\circ & (\lambda_2-\lambda_1)>180^\circ\end{cases}\tag{2.7}$$

(2)纬度差(Difference of Latitude)是表示两地之间纬度的代数差,用符号 $D\varphi$ 表示为

$$D\varphi=\varphi_2-\varphi_1\tag{2.8}$$

纬度差也有方向性,其确定的原则是:以起始点的纬度为基准,当到达点在起始点的北面称为北纬差,用N标示;当到达点在起始点的南面称为南纬差,用S标示。运算中规定北纬差为"+",南纬差为"-"。当 $D\varphi=0$ 时表示载体沿纬度圈作等纬度航行。

(3)东西距(Departure)

地球上任意两点(A 和 B)的经度线在某一纬度圈上所夹的劣弧长,称为该纬度圈的东西距,用符号 Dep 表示,如图2.4所示。由于经度线是向两极收敛的,因而两条经度线在不同纬度上所夹的弧长是不等的,即当经度差一定时,不同纬度圈的东西距是不等的。东西距与经度差之间的关系式为

$$D\lambda=Dep\cdot\sec\varphi\tag{2.9}$$

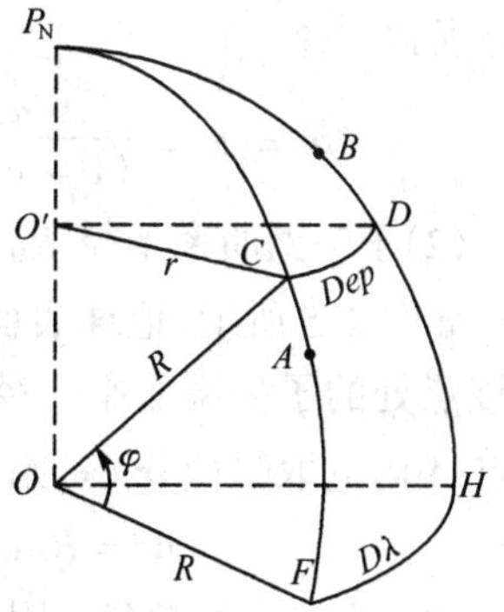

图2.4　东西距与经度差

Fig.2.4　Departure and difference of longitude

设地球为一圆球体,$\overset{\frown}{FH}$为经度差,$\overset{\frown}{CD}$为东西距。由几何定理可知,在不等圆中相同圆心角所对应弧长之比等于其半径之比,即

$$\frac{\overset{\frown}{FH}}{\overset{\frown}{CD}}=\frac{D\lambda}{Dep}=\frac{R}{r}$$

在直角三角形 $OO'C$ 中,

$$\frac{R}{r}=\sec\varphi$$

因此,得到如式(2.9)所示的东西距与经度差的关系式。

3.纬度圈半径和主曲率半径

把大地球体近似为旋转椭圆体,赤道和各纬度圈均是正圆,纬度圈半径随纬度增加而变小;子午圈是一个扁平的椭圆,在数学上描述曲线弯曲变化程度的参量是曲率和曲率半径(Radius of Curvature),子午圈上曲率半径随纬度变化而不同。子午圈曲率半径和后面介绍的卯

西圈曲率半径统称为地球主曲率半径,它们在解算以椭圆体为基础的导航和制图等问题中起着重要作用,是不可缺少的基本要素。

(1)纬度圈半径 r(Radius of Parallel)

设地球椭圆体长半轴为 a,短半轴为 b,则赤道的半径就是椭圆体长半轴 a。如图 2.3 所示的以地心为原点的直角坐标系中,纬度圈半径 r 即是 A 点的横坐标 x。由式(2.3)可知

$$z = \left(\frac{b}{a}\right)^2 \cdot \tan\varphi \cdot x$$

代入椭圆方程式(2.1)中,得

$$\frac{x^2}{a^2} + \frac{b^2}{a^4}\tan^2\varphi \cdot x^2 = 1$$

整理得

$$x^2 + \left(\frac{b}{a}\right)^2 \tan^2\varphi \cdot x^2 = a^2$$

$$x^2(1 - e^2\sin^2\varphi) = a^2\cos^2\varphi$$

所以

$$r = x = \frac{a\cos\varphi}{(1 - e^2\sin^2\varphi)^{1/2}} \tag{2.10}$$

(2)子午圈曲率半径 R_M

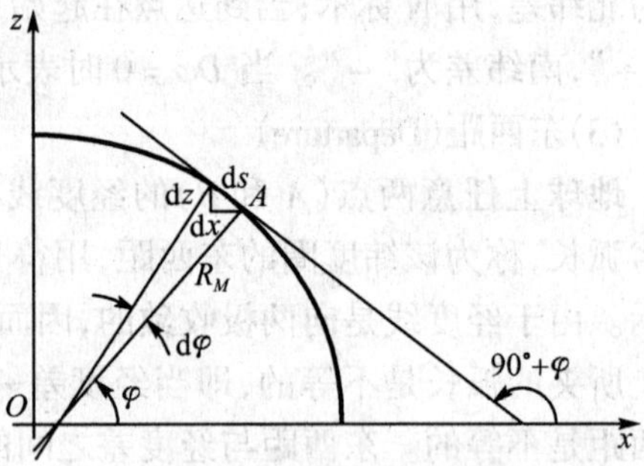

图 2.5 子午圈曲率半径

Fig.2.5 Radius of meridian

如图 2.5 所示,地球表面点 A 的地理纬度为 φ,该点处的子午圈曲率半径记为 R_M。在子午圈上点 A 附近取弧微分 $\mathrm{d}s$,则

$$\mathrm{d}s = R_M \mathrm{d}\varphi$$

式中,$\mathrm{d}\varphi$ 为纬度的微分。因为

$$\mathrm{d}s = [(\mathrm{d}x)^2 + (\mathrm{d}z)^2]^{1/2} = (\mathrm{d}x)\left[1 + \left(\frac{\mathrm{d}z}{\mathrm{d}x}\right)^2\right]^{1/2} \tag{2.11}$$

由式(2.2)知

$$\frac{\mathrm{d}z}{\mathrm{d}x} = -\cot\varphi$$

代入式(2.11)得

$$\mathrm{d}s = \mathrm{d}x(1 + \cot^2\varphi)^{1/2} = \csc\varphi \cdot \mathrm{d}x$$

所以

$$R_M = \csc\varphi \cdot \frac{\mathrm{d}x}{\mathrm{d}\varphi} \tag{2.12}$$

式中,$\frac{\mathrm{d}x}{\mathrm{d}\varphi}$为纬度圈半径 r 对纬度的导数。由式(2.10)求导并经整理得

$$\frac{\mathrm{d}x}{\mathrm{d}\varphi}=\frac{-a(1-e^2)\sin\varphi}{(1-e^2\sin^2\varphi)^{3/2}}$$

代入式(2.12),并注意到 R_M 是子午圈曲率半径,故不考虑其符号,得到

$$R_M=\frac{a(1-e^2)}{(1-e^2\sin^2\varphi)^{3/2}} \tag{2.13}$$

由式(2.13)可以看出,R_M 是随纬度而变化的。当 $\varphi=0°$时,

$$R_{M0}=a(1-e^2)=b\cdot\frac{b}{a}<b \tag{2.14}$$

当纬度 $\varphi=90°$时,

$$R_{M90}=\frac{a}{(1-e^2)^{1/2}}=a\cdot\frac{a}{b}>a \tag{2.15}$$

可见,子午圈曲率半径 R_M 随纬度增加而增大,在赤道处,子午圈弯曲程度最大,曲率半径最小,R_{M0}小于地球短半轴 b;在极点处,子午圈弯曲程度最小,曲率半径最大,R_{M90}大于地球长半轴 a。

(2)卯酉圈曲率半径 R_N

在地球椭圆体上,包含点 A 的法线且与该点子午面垂直的平面,与地球椭圆体表面的交线,也是一个椭圆,称为卯酉圈(Prime Vertical),如图 2.6 所示。卯酉圈的曲率半径用 R_N 表示。显然,除了在极点处以外,地球表面某点 A 的子午圈曲率半径和卯酉圈曲率半径是不相等的。数学上可以证明,卯酉圈曲率半径的端点必然落在地球椭圆体的短轴上。卯酉圈曲率半径($R_N=An$)与纬度圈半径(r)的关系为

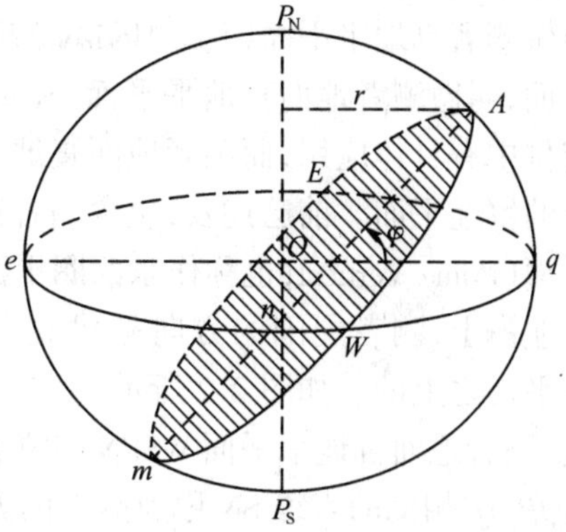

图 2.6　卯酉圈曲率半径

Fig.2.6　Radius of prime vertical

$$r=R_N\cos\varphi \tag{2.16}$$

把纬度圈半径 r 公式(2.10)代入,得

$$R_N=\frac{a}{(1-e^2\sin^2\varphi)^{1/2}} \tag{2.17}$$

由式(2.17)可知,当 $\varphi=0°$时,$R_{N0}=a$,即在赤道平面内,卯酉圈曲率半径 R_{N0}等于地球椭圆体长半轴 a;当 $\varphi=90°$时,$R_{N90}=a\cdot a/b=R_{M90}$,即在极点处,$R_{N90}$达到最大,且与子午圈曲率半径 R_{M90}相等。

比较式(2.13)和式(2.17)可得

$$\frac{R_N}{R_M}=\frac{\dfrac{a}{(1-e^2\sin^2\varphi)^{1/2}}}{\dfrac{a(1-e^2)}{(1-e^2\sin^2\varphi)^{3/2}}}=\frac{1-e^2\sin^2\varphi}{1-e^2}=1+\frac{e^2\cos^2\varphi}{1-e^2} \tag{2.18}$$

由式(2.18)可以看出,除了在 $\varphi=90°$处 $R_N=R_M$ 外,在其他任何纬度上,$R_N>R_M$。

2.1.3 航向与方位

1.方向的确定和表示

通过测者眼睛,并与该点重力方向重合的直线叫做测者铅垂线(Plumb Line),凡与测者铅垂线相垂直的平面,称为测者地平平面(Horizon)。地平平面有无数个,其中通过地心的地平平面叫做测者真地平平面(True Horizon)或天文地平平面(Celestial Horizon)。通过测者眼睛的地平平面,叫做测者地面真地平平面(Sensible Horizon)。测者真地平平面是一个不可见面,在天文定位中有具体应用,而测者地面真地平平面是一个可见的有真实表象的平面,即船舶正浮状态时的罗经平面。前已述及,包含测者铅垂线,并与测者子午圈平面相垂直的平面,叫做卯酉圈平面(Prime Vertical,也称作东西圈平面)。

航海上,测者周围的方向是建立在测者地面真地平平面之上的。如图 2.7 所示,$A'O$ 为测者 A 的铅垂线,测者地面真地平平面 WSEN 与测者子午圈平面 $P_N AQP_S Q'$ 相交的直线 SN 称为测者的方向基准线—南北线,其中,靠近地理北极 P_N 的一方是测者的正北方向,靠近地理南极 P_S 的一方是测者的正南方向。测者地面真地平平面与测者卯酉圈平面相交的直线 WE 称为测者的东西线,当测者面北背南时,测者东西线的右手方向为正东方向,左手方向为正西方向。位于地球上不同地点的测者,由于具有不同的测者铅垂线和真地平平面,其方向基准各不相同。位于两极的测者无法确定其方向基准,因为对于南极的测者,其任意方向都是正北方向,而位于北极的测者,其任意方向都是正南方向。

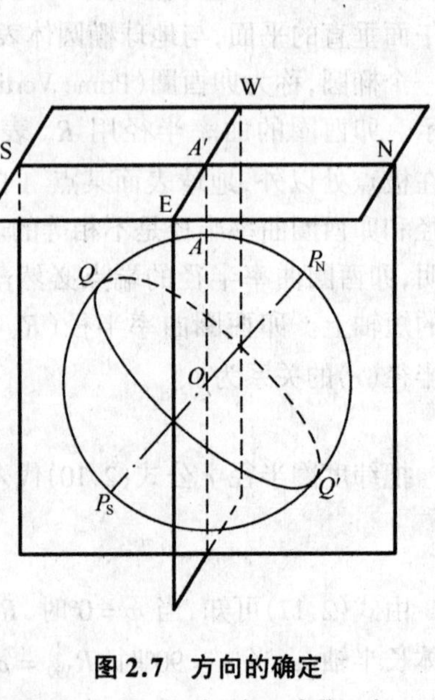

图 2.7 方向的确定

Fig.2.7 Determination of direction

确定了测者地面真地平平面上的四个基本方向以后,可以采用以下三种方法划分和表征其他的各个方向。

(1)圆周法(Three-figure Method)

以正北方向为基准 000°,按顺时针方向计量到正东为 090°,正南为 180°,正西为 270°,再计量到正北方向为 360°或 000°。圆周法始终用 3 位数字表示,是航海上最常用的表示方向的方法。

(2)半圆法(Semicircular Method)

以正北(或正南)为方向基准,分别向东或向西计量到正南(或正北),计量范围 0°—180°。半圆法表示方向时,除度数外,还必须标明起算点和计量方向,如 30°NE 与 150°SE、45°SW 与 135°NW 分别表示的是同一方向。度数后缀的两个字母,前者表示该方向是由北点(N)还是由南点(S)起算的,而后者则表示该方向是向东(E)还是向西(W)计算的。可见,任何一个地平平面方向都可以用两种半圆法表示。在天文航海中,常用半圆法来表示天体的方位。

(3)罗经点法(Compass Point Method)

如图 2.8 所示,罗经点法以正北(N)、正东(E)、正南(S)、正西(W)四个基本方向为基点(Cardinal Point);将相邻基点之间的角平分线方向称为隅点(Intercardinal Point),即东北(NE)、东南(SE)、西南(SW)和西北(NW)4 个方向;将相邻基点和隅点之间的角平分线方向称为三字点(Intermediate Point),其表示法由基点名称之后加上隅点名称两部分组成,即北北东(NNE)、东北东(ENE)、东南东(ESE)和南南东(SSE)等共 8 个方向;再将平分相邻基点或隅点与三字点之间的 16 个方向称为偏点(By Point),其表示法由基点名称或隅点名称之后加上偏向的方向组成,如北偏东(N/E)、东北偏北(NE/N)、东偏北(E/N)等。

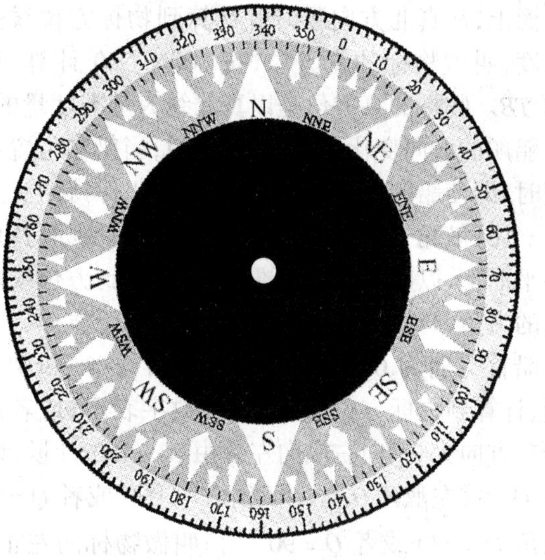

图 2.8　罗经点方向

Fig.2.8　Compass point

这样,4 个基点、4 个隅点、8 个三字点和 16 个偏点,共计 32 个方向点,叫做三十二个罗经点。罗经点也可以被认为是两个相邻的罗经点方向之间的角度。过去,由于测向精度较低,罗经点法曾在航海领域得到过广泛使用,目前仅用来表示风、流等大概方向。

2.航向(Course)和方位(Bearing)

在地平平面上,以真北为基准按圆周法计算的船舶航行方向(称为航向)和目标方向(称为方位),统称为向位。如图 2.9 所示,与向位有关的几个定义如下。

(1)航向线(Course Line):当船舶正浮无横倾时,船舶首尾方向的连线在测者地面真地平平面上的投影,叫做船首尾线(Fore and Aft Line)。船首尾线向船首方向的延长线,叫做航向线,

记作 *CL*。

(2)真航向(True Course):船舶航行时,在测者地面真地平平面上,从真北(True North)方向顺时针计算到航向线的角度叫做船舶的真航向,按000°—360°计算,记作 *TC*。

(3)船首向(Heading):指在任何情况下,船舶某一瞬间的船首方向,记作 *Hdg*。

(4)方位线(Bearing Line):在地球表面连接测者与物标的大圆叫做物标的方位圈。物标的方位圈平面与测者地面真地平平面的交线称为物标方位线,记作 *BL*。在图2.9中,*AM* 为物标 *M* 的方位圈,*A′M′* 为物标 *M* 的方位线。

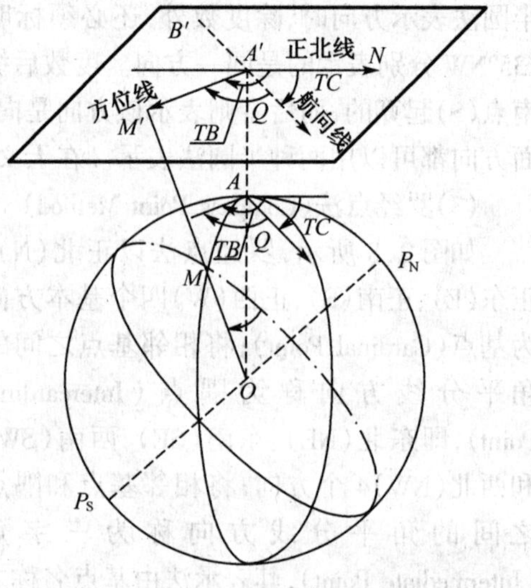

图2.9 航向、方位和舷角

Fig.2.9 Course, bearing and relative bearing

(5)真方位(True Bearing):在测者地面真地平平面上,从真北方向顺时针计算到物标方位线的角度,叫做物标的真方位,按000°—360°计算,记作 *TB*。物标的真方位是以真北线为基准度量的,与船舶的航向变化无关,也就是说,当船舶位置不变时,即使船舶转向,物标的真方位仍保持不变。

(6)舷角(Relative Bearing):在测者地面真地平面上,以航向线为基准,从航向线到方位线之间的夹角,叫做物标舷角或相对方位,记作 *Q*。它以船首方向为0°,按顺时针方向由000°—360°计量,计算到物标方位线,用3位数字表示;或者以船首方向为0°,向右或向左各由0°—180°计量,计算到物标方位线,它们分别叫做物标的右舷角 $Q_{右}$ 或左舷角 $Q_{左}$。当舷角 $Q=090°$ 或者 $Q=90_{右}$ 时,叫做物标的右正横(Starboard Beam);当舷角 $Q=270°$ 或者 $Q=90_{左}$ 时,叫做物标的左正横(Port Beam),两者统称为正横(Abeam)。物标舷角是以船首尾线为基准度量的,因此即使船舶位置和物标位置均不变,但船舶航向改变后,舷角也随之改变。

真航向、真方位与舷角之间的关系如下

$$TB = TC + Q°$$

或

$$TB = TC + Q° \begin{cases} Q_{右} \text{ 为正}(+) \\ Q_{左} \text{ 为负}(-) \end{cases}$$

2.1.4 速度与距离

1.海上长度

航海上最常用的距离单位是海里(Nautical Mile,也作 n mile,或 nm),它等于地球椭圆子午线上纬度 1 分所对应的弧长,海里习惯用“′”表示,例如 2 n mile 可记作 2′。

设子午线上纬度 1′的弧长为 S',从图 2.5 并根据式(2.13)可知

$$S' = R_M \times \text{arc}1' = \frac{a(1-e^2)}{(1-e^2\sin^2\varphi)^{3/2}} \times \text{arc}1' \tag{2.19}$$

将 $(1-e^2\sin^2\varphi)^{-3/2}$ 按牛顿二项式展开

$$(1-e^2\sin^2\varphi)^{-\frac{3}{2}} = 1 + \frac{3}{2}e^2\sin^2\varphi + \frac{15}{8}e^4\sin^4\varphi + \cdots$$

略去 e^4、$\sin^4\varphi$ 和更高次项,整理得

$$S' = a\cdot\text{arc}1'\left(1-e^2+\frac{3}{2}e^2\sin^2\varphi\right) = a\cdot\text{arc}1'\left(1-e^2+\frac{3}{4}e^2(1-\cos2\varphi)\right)$$

$$= a\cdot\text{arc}1'\left(1-\frac{1}{4}e^2-\frac{3}{4}e^2\cos2\varphi\right)$$

将 IUGG 推荐的椭球参数 a、e^2 和 arc1′之值代入上式,得

$$S' = 1\ 852.25 - 9.31\cos2\varphi \quad (\text{m}) \tag{2.20}$$

从式(2.20)可以看出,海里的长度是个变量,它在赤道最短,为 1 843.2 m;而在两极最长,为1 861.6 m;在纬度 45°处,则为1 852.3 m。为了方便航海上的实际应用,一般采用一个固定值作为 1 n mile 的标准长度。目前,我国和世界上许多国家均采用 1929 年国际水文地理学会议推荐的1 852 m作为 1 n mile 的标准长度值。采用1 852 m作为标准海里的国家还有德国、法国、瑞典和俄罗斯等,美国采用1 853.25 m,英国、日本等国则采用1 853.18 m 作为 1 海里。

除海里外,航海上还可能用到下列一些长度单位:

米(Meter,简作 m):国际标准长度单位

链(Cable,简作 cab):1 cab = 0.1 n mile ≈ 185 m

英尺(Feet,简作 ft):1 ft = 0.304 8 m

码(Yard,简作 yd):1 yd = 3 ft = 0.914 4 m

英寻(Fathom,简作 fm,过去译作拓):1 fm = 6 ft = 1.828 8 m

航海上,常使用海里和链作为度量距离的单位;米在航海上常作高程和水深的单位;在某些较早出版的英制海图资料中,高程和海深的单位也有用英寻和英尺标注的。

2.船舶航速

船速(Ship's speed)是船舶在无风、流情况下单位时间内航行的距离,它的方向与真航向一

致。航行中的船舶一般是利用计程仪(Speed Log)测定航行速度的,因此它测量的是船舶受到环境影响后的航速。航海上,将船舶在风、流影响后的相对于海底的航行速度叫做实际航速(Speed over Ground),将在航迹推算中考虑风、流影响或预配风、流压后的航速,叫做推算航速(Speed Made Good)或计划航速(Speed of Advance)。

国际上通用的航海速度单位是节(Knot),用 kn 表示,1 kn = 1 n mile/h,也可以用来度量风速和流速。其他可能用到的速度单位还有千米/小时(km/h)和米/秒(m/s)。

船舶是由主机带动推进器螺旋桨推水的反作用力使船舶前进的,因此推进器的转速,即每分钟的转数(Revolutions per Minute,rpm),也可以直接表征船舶的运行速度,称为主机转速或艉轴转速。

3.海上能见距离

(1)测者能见地平距离(Distance to the Horizon from Height of Eye, D_e)

在海上,眼高为 e 的测者 A 向周围大海远望,所能看到的最远处,水天似乎相交成一圆圈 BB',这个圆圈所在的地平平面,或将测者至 BB' 这一小块球面,叫做测者能见地平平面或视地平平面(Visible Horizon),而圆圈 BB' 就是测者能见地平或视地平,俗称水天线,如图 2.10 所示。

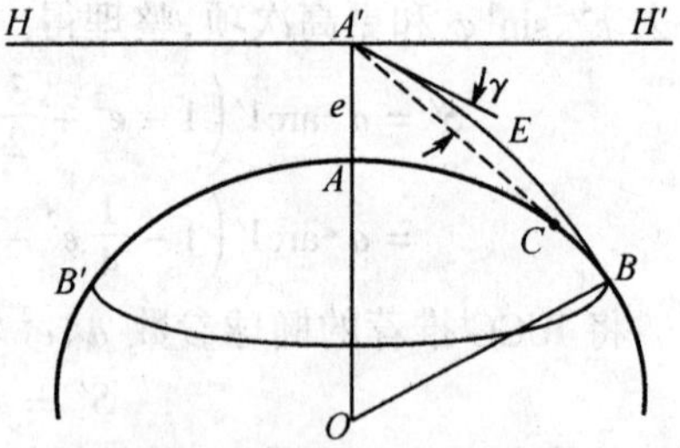

图 2.10 测者能见地平距离

Fig.2.10 Distance to the horizontal from height of eye

自测者 A 至测者能见地平的曲面距离 AB,称为测者能见地平距离,用 D_e 表示。由于地球表面处于大气的包围之中,通常大气密度随高度的增加而逐渐减小,当光线通过不同密度的大气层时将发生折射,因此测者眼睛的视线不是以直线 $A'C$ 到达 C 点,而是沿弧线 $A'B$ 到达 B 点的。$A'B$ 的切线方向 $A'E$ 与 $A'C$(虚线)之间的夹角称为地面蒙气差 γ(Refraction)。γ 越大,测者能见地平距离越大;反之,γ 越小,测者能见地平距离也越小。

测者能见地平距离还与测者眼高和地面曲率有关,把地球看作圆球体,经推导可以得到

$$D_e(\text{n mile}) = 2.09\sqrt{e(m)} \tag{2.21}$$

式中 D_e——测者能见地平距离,单位为 n mile;

e——测者眼高,单位为 m。

(2)物标能见地平距离(Distance to the Horizon from Object, D_h)

假如将测者眼睛放在物标的顶端,则此时测者的能见地平距离就称为物标能见地平距离,用 D_h 表示。它也等于当测者眼高为零时,在能见度良好的情况下,理论上测者能够看到物标

的最大距离。

与测者能见地平距离一样，物标能见地平距离可由下式求得

$$D_h(\text{n mile}) = 2.09\sqrt{H(m)} \tag{2.22}$$

式中　D_h——物标能见地平距离，单位为 n mile；

H——物标顶端距海平面的高度，单位为 m。

(3)物标地理能见距离(Geographical Range of an Object, D_o)

实际上，观测者总是有一定的眼高的，因此观测者理论上能够看到物标的最大距离，要比物标能见地平距离大。当能见度良好时，仅由于地球曲率和地面蒙气差的影响，测者理论上所能看到物标的最大距离叫做物标地理能见距离，用 D_o 表示。由图 2.11 可知，物标地理能见距离可由下面公式求得

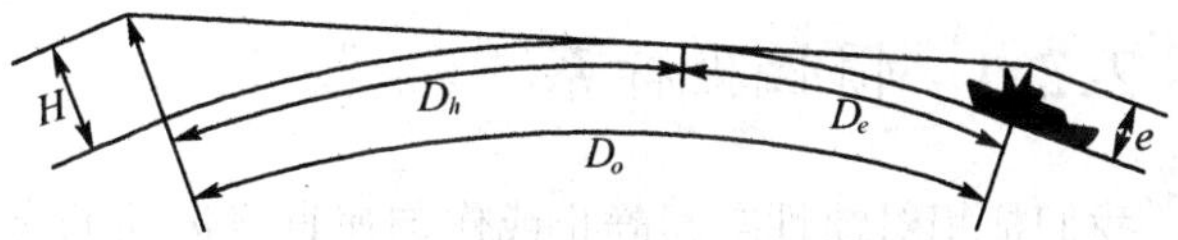

图 2.11　物标地理能见距离

Fig.2.11　Geographical range of an object

$$D_o(\text{n mile}) = D_e + D_h = 2.09\sqrt{e(m)} + 2.09\sqrt{H(m)} \tag{2.23}$$

式中　D_o——物标地理能见距离，单位为 n mile；

H——物标高度，单位为 m；

e——测者眼高，单位为 m。

实际上，测者所能看见物标的最远距离还与当时的能见度，即大气透明度和人们眼睛能发现物标的分辨率等有关。因此，白天发现物标的最远距离往往要小于物标的地理能见距离。

2.2　坐标系及其转换

物体的运动都是相对某个参考系而言的。导航的任务就是确定载体的运动参数，即确定载体在某坐标系的位置和位置变化率以及姿态，所以在研究导航问题时，首先要确定坐标系。

坐标系的分类方法有很多种，按坐标系相对惯性空间运动与否，坐标系可以分为惯性坐标系和非惯性坐标系；按选取的坐标原点位置不同，坐标系可以分为银心坐标系(以银河系的中心为原点)、日心坐标系(以太阳中心为原点)、地心坐标系(以地球质心为原点)、站心坐标系(以地面上测站为原点)等；按坐标系是否与地球自转同步运动，坐标系可以分为地固坐标系和非地固坐标系；按照坐标系表征参数不同，坐标系可以分为空间直角坐标系(也称为笛卡尔坐标系)和空间大地坐标系等；按照地球参考椭球体定位方法的不同，坐标系可以分为参心坐标系和地心坐标系；当然，按照不同的地球参考椭球体可以将坐标系种类分的更多。

必须注意的是，在导航和测绘两个领域，个别坐标系的命名和定义出现了歧义甚至是冲突

的现象。如在导航领域,地理坐标系意味着原点在运载体质心、三轴分别指向当地东北天或北西天的坐标系;而在测绘领域,地理坐标系指的却是采用经度、纬度、高度描述的由特定椭球和地图投影构成的坐标系。再比如地心坐标系,导航领域仅仅是为了和日心坐标系相区分;而测绘领域却是和参心坐标系相对应。本节在介绍这些坐标系时,以航海传统为主,兼顾测绘领域的技术术语。读者在阅读本书和其他有关文献时,应该注意加以区分。

本节将对不同坐标系的定义及不同坐标系之间的转换进行讨论,还有一些坐标系如天球坐标系、载体坐标系等将在后续天文导航和惯性导航等相关章节中介绍。

2.2.1 惯性坐标系

我们把相对惯性空间静止或作匀速直线运动的参考坐标系称为惯性坐标系;把坐标原点取在太阳质心的称为太阳中心惯性坐标系(简记为 s),而把坐标原点取在地球质心的称为地心惯性坐标系(简记为 i)。

1.太阳中心惯性坐标系

太阳中心惯性坐标系根据坐标轴的取向不同,又可以分为太阳中心赤道坐标系和太阳中心黄道坐标系。恒星周日视运动可以定义地球的自转轴,从而决定赤道;同样,由太阳周年视运动可以定义黄道,赤道和黄道有两个的交点,其中太阳从南向北穿过赤道的一点称为春分点。

(1)太阳中心赤道坐标系

太阳中心赤道坐标系的 Z_s 轴垂直于地球赤道平面,即平行于地球的自转轴,X_s 轴在赤道平面和黄道平面的交线且经过春分点,Y_s 轴与 X_s,Z_s 轴构成右手直角坐标系。

(2) 太阳中心黄道坐标系

太阳中心黄道坐标系的 Z'_s 轴垂直于黄道平面,X'_s 轴在赤道平面和黄道平面内与 X_s 轴重合,Y'_s 轴与 X'_s,Z'_s 轴构成右手直角坐标系。

2.地心惯性坐标系

把太阳中心赤道坐标系的原点移到地球质心,就变为地心惯性坐标系,亦即 Z_i 轴与地球自转轴一致,X_i,Y_i 轴在赤道平面内,构成右手直角坐标系。地心惯性坐标系不参与地球的自转运动,即其三根坐标轴在惯性空间的方向保持不变,但原点位置随地球绕太阳公转而移动。忽略地球的公转角速度时,可将它近似看成是一个惯性坐标系,这对我们所涉及的地球表面的导航问题是完全适用的。

应当指出,地球围绕太阳公转,太阳绕银河系中心运动,它们都不是固定不动或作匀速直线运动的。坐标轴的指向也难以固定在惯性空间某一方向上,所有的恒星和其他星系也都在转动。所以严格地说,以地心或日心为坐标原点的坐标系并不是惯性坐标系,进一步说,理想的惯性坐标系并不存在。在实际应用中只要坐标原点和参照物的移动、转动远远小于惯性测量对参数要求的精确度，就可以将其近似地看作惯性坐标系。

2.2.2　地球坐标系（简记为 e）

在航海上，地球坐标系以地球质心为坐标原点，Z_e 轴与地球自转轴方向一致，X_e，Y_e 轴在地球赤道平面内，X_e 轴与格林尼治子午面和赤道平面的交线重合，Y_e 轴与 X_e，Z_e 轴构成右手直角坐标系。地球坐标系与地球固连一起转动，故也称为地心地固坐标系（Earth-Centered-Earth-Fixed，ECEF 坐标系）。

2.2.3　地理坐标系（简记为 t）

地理坐标系是载体水平和方位的基准，它的原点位于载体质量中心在地球表面的投影点，Z_t 轴沿地心与坐标系原点的连线并指向天顶，垂直于当地水平面，X_t，Y_t 轴在当地水平面内，分别指东和指北，三轴构成右手直角坐标系。地理坐标系不仅随地球自转相对惯性空间运动，而且还随载体的运动而发生变化，其原点位置由纬度 φ 和经度 λ 确定。上述定义的地理坐标系也可以称为东北天坐标系（ENU）。在航空、航天领域应用时，地理坐标系三轴的指向也常常选作北西天或北东地，它们相应地称为北西天坐标系（NWU）或北东地坐标系（NED）。在有的文献上，它们也称为导航坐标系。

2.2.4　地心坐标系和参心坐标系

大地坐标系是建立在一定大地基准上的用于描述地球表面空间位置及其相对关系的数学参照系，这里所说的大地基准指的是能够最佳拟合地球形状的地球椭圆体参数及其定位定向。椭圆体定位是指确定椭圆体中心的位置，可分为两类：局部定位和地心定位。局部定位要求在一定范围内椭圆体表面与大地水准面有最佳的吻合，而对椭圆体中心位置无特殊要求。地心定位要求在全球范围内椭圆体表面与大地水准面有最佳的吻合，而且要求椭圆体中心与地球质心重合。椭圆体定向是指确定椭圆体旋转轴的方向，不论是局部定位还是地心定位，椭圆体短轴都必须平行于地球自转轴。具有确定参数（长半轴和扁率），经过局部定位和定向，同某一地区大地水准面最佳拟合的地球椭圆体叫做参考椭圆体。除了满足地心定位和平行条件外，在确定椭圆体参数时能使它在全球范围内与大地体最佳密合的地球椭圆体，叫做总地球椭圆体。以总地球椭圆体为基准的坐标系，叫做地心坐标系。以参考椭圆体为基准的坐标系，叫做参心坐标系。

1.地心坐标系

地心坐标系通常采用协议地极 CTP（Conventional Terrestrial Pole）和 BIH（Bureau International

I'Heure)经度零点[①] 来定义。从理论上来说,协议地心坐标系是一个全球统一的坐标系,它对航天技术、远程武器发射和地球科学研究等具有十分重要的作用。

虽然协议地心坐标系的定义是唯一的,但要精确地建立这样一个坐标系却需要全球实测数据,并满足以下三个条件。

(1)确定地球椭圆体。这个椭球的大小要同地球体最佳吻合,同时它又具有能代表地球质量 M 和引力常数 G 的物理特性,而且椭球扁率 f 等价于地球二阶带谐系数 J_2,椭球旋转角速度等于地球旋转角速度 ω。

(2)地心定位与定向。坐标系原点应建立于地球质心,X 轴指向经度零点,Z 轴同国际协议地极 CTP 的极轴重合。

(3)尺度。采用标准的国际米作为测量长度的基本单位。

进行这样精确的测量,在人造地球卫星发射成功以前是很困难的。随着空间技术的发展,各国都在进行洲际间天文大地网联测和各种卫星测地工作。由于各国的测量方法不同,测量精度也有所差别,因而实际建立的坐标系各不相同。目前应用较为广泛的有美国的世界大地坐标系 WGS 系列,法、德联合研究组的 GRIM 系列等,我国从 20 世纪 70 年代后期开始先后公布使用的 DX 系列和 CGCS2000 坐标系也属于地心坐标系。

2.参心坐标系

为了处理大地测量的结果、测绘地图,各个国家或地区需要建立一个适合本国或本地区的大地坐标系。其建立的方法通常是选用一个大小和形状与地球相近、与本国或本地区地表最为接近的椭球作为基本参考面,选择一个参考点作为大地测量的参考点(称为大地原点),按椭球体短轴与地球自转轴相平行、椭球面与本地区的大地水准面充分密合的条件,将椭球体在地球内部的位置和方向确定下来。显然,这样建立的坐标系是以椭球中心为坐标原点,一般不会与地球质心重合,故称为参心坐标系。

目前,世界上 100 多个国家和地区已建立了 200 多个参心坐标系。这些坐标系所选用的参考椭球参数不同,椭球的定位和定向不同,坐标原点也不相同,因而它不是全球统一的坐标系。参心坐标系只适合于本地区使用,故又称为局部大地坐标系。

2.2.5 不同坐标系之间的坐标转换

定义空间坐标系的三个要素是:(1)坐标系原点的位置;(2)坐标系轴的定向;(3)在所属坐标系中以什么参数来确定某点的位置。在对导航系统的研究分析过程中,会用到多种坐标系,

① BIH 经度零点是 1968 年由国际时间局 BIH 确定的,采用通过国际协议原点和格林尼治天文台的子午线作为起始子午线,该子午线与协议赤道面的交点作为经度零点。

而且经常需要研究各种坐标系之间的关系。这些坐标系之间并不是相互孤立的，通过坐标变换可以完成空间两坐标系的转换。

1.大地坐标系与笛卡尔坐标系的变换

根据坐标系所选参数不同，坐标系有两种表示方法：笛卡尔坐标系和大地坐标系，如图2.12所示。

显然，任意一点 P 在直角坐标系和大地坐标系可分别表示为 (X, Y, Z) 和 (φ, λ, h)，二者是等价的。它们之间的转换关系可通过下面的公式表示。

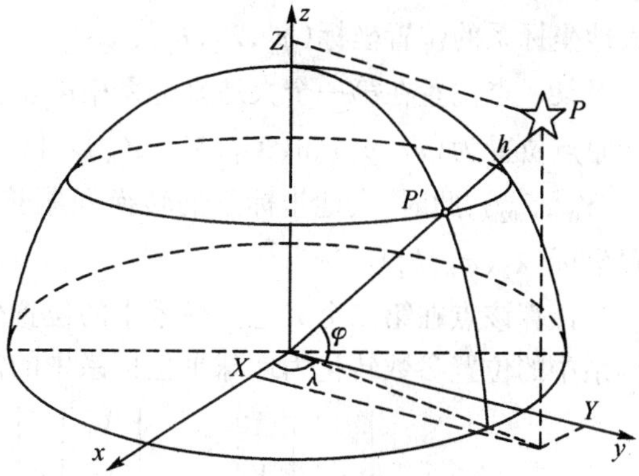

图2.12　地球坐标系的两种表示方法

Fig.2.12　Two notations for the earth coordinate

(1)大地坐标系转换到笛卡尔坐标系

$$\begin{cases} X = (R_N + h)\cos\varphi\cos\lambda \\ Y = (R_N + h)\cos\varphi\sin\lambda \\ Z = [R_N(1 - e^2) + h]\sin\varphi \end{cases} \tag{2.24}$$

(2)笛卡尔坐标系转换到大地坐标系

$$\begin{cases} \varphi = \arctan\left[\dfrac{Z}{\sqrt{X^2 + Y^2}}\left(1 + \dfrac{ae^2}{Z} \cdot \dfrac{\sin\varphi}{(1 - e^2\sin^2\varphi)^{1/2}}\right)\right] \\ \lambda = \arctan\left[\dfrac{Y}{X}\right] \\ h = \dfrac{\sqrt{X^2 + Y^2}}{\cos\varphi} - R_N \end{cases} \tag{2.25}$$

式中　R_N——地球椭圆体卯酉圈曲率半径；

e——地球椭圆体第一偏心率；

a, b——分别为地球长、短半轴。

2.大地坐标系的转换

不同国家和地区，采用相对定位时建立了各自的坐标系，而由于选定的地球椭圆体的形状、大小和定位不同，形成了各自独立的大地坐标系统。即对应同一地面点，在两个不同的大地坐标系中，其经纬度值是不相同的。若已知某一点在第一坐标系的坐标 $(\varphi_1, \lambda_1, h_1)$，两组坐标系的椭球体参数 (e_1, a_1)，(e_2, a_2) 及两组坐标系参考椭球中心的坐标原点位置 (X_{01}, Y_{01}, Z_{01})，(X_{02}, Y_{02}, Z_{02})，则必须进行转换计算得到该点在第二坐标系的坐标 $(\varphi_2, \lambda_2, h_2)$，才能在第二坐标系中使用。即大地坐标系的转换问题转化为如何根据已知参数求取某一地面点在第二大地坐标系的位置坐标(φ_2,λ_2,h_2)。

设某一点位置在第一个大地坐标系中的坐标是(λ_1,φ_1,h_1),该坐标选取的椭球体参数及坐标原点位置为(e_1,a_1)和(X_{01},Y_{01},Z_{01})。同时已知第二个大地坐标系的参数为(e_2,a_2)和(X_{02},Y_{02},Z_{02}),此时,大地坐标系的转换问题转化为如何求取该点在第二个大地坐标系中的位置坐标(λ_2,φ_2,h_2)。

为计算该点在第二个大地坐标系中的位置坐标,可首先将该点的位置坐标在第一个大地坐标系中的位置参数转化为地球平坐标系中的笛卡尔坐标,即

$$\boldsymbol{R}_i=\begin{bmatrix}X\\Y\\Z\end{bmatrix}_{A\cdot T}=\begin{bmatrix}X_{01}\\Y_{01}\\Z_{01}\end{bmatrix}+\begin{bmatrix}(R_{N1}+h_1)\cos\varphi_1\cdot\cos\lambda_1\\(R_{N1}+h_1)\cos\varphi_1\cdot\sin\lambda_1\\(R_{N1}b_1^2/a_1^2+h_1)\cdot\sin\varphi_1\end{bmatrix}\tag{2.26}$$

假设位置坐标(λ_2,φ_2,h_2)已知,此时可按照式(2.26)进行转化,即

$$\boldsymbol{R}_i=\begin{bmatrix}X\\Y\\Z\end{bmatrix}_{A\cdot T}=\begin{bmatrix}X_{02}\\Y_{02}\\Z_{02}\end{bmatrix}+\begin{bmatrix}(R_{N2}+h_2)\cos\varphi_2\cdot\cos\lambda_2\\(R_{N2}+h_2)\cos\varphi_2\cdot\sin\lambda_2\\(R_{N2}b_2^2/a_2^2+h_2)\cdot\sin\varphi_2\end{bmatrix}\tag{2.27}$$

利用式(2.26)和(2.27)相等的约束条件,便可以求出该位置点在第二个大地坐标系的位置坐标。具体计算方法可参考相关的专业书籍。

3.坐标系轴向的变换

空间两正交坐标系由于坐标系轴的指向不同,可通过坐标轴的旋转实现坐标变换。如图2.13所示的两个空间直角坐标系 $oxyz$ 和 $ox_0y_0z_0$,前者可以通过后者绕坐标轴的3次旋转来得到。

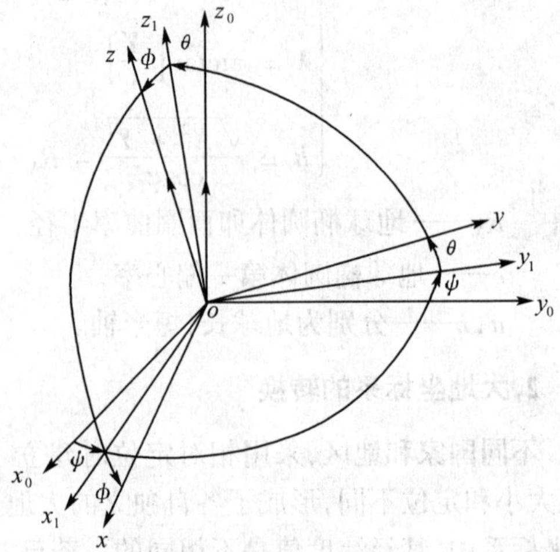

图 2.13 坐标系旋转示意图

Fig.2.13 Sketch diagram of the coordinate rotation

对应图2.13所示的坐标系旋转示意图,可得两坐标系的旋转顺序为:$ox_0y_0z_0$(绕 z_0 轴旋转 ψ 角)→$ox_1y_1z_0$(绕 x_1 轴旋转 θ 角)→ox_1yz_1(绕 y 轴旋转 ϕ 角)→$oxyz$,对应3次旋转的坐标变换矩阵分别为 C_0,C_1 和 C_2。

设空间一矢量 $\boldsymbol{r}$ 在 $oxyz$ 和 $ox_0y_0z_0$ 坐标轴上的分量分别为:r_x,r_y,r_z 和 r_{x0},r_{y0},r_{z0},则矢量 $\boldsymbol{r}$ 在两坐标系坐标轴上的分量可用坐标变

换矩阵($C_2 \cdot C_1 \cdot C_0$)描述,即

$$\begin{bmatrix} r_x \\ r_y \\ r_z \end{bmatrix} = \begin{bmatrix} \cos\phi\cos\psi - \sin\phi\sin\theta\sin\psi & \cos\phi\sin\psi + \sin\phi\sin\theta\cos\psi & -\sin\phi\cos\theta \\ -\cos\theta\sin\psi & \cos\theta\cos\psi & \sin\theta \\ \sin\phi\cos\psi + \cos\phi\sin\theta\sin\psi & \sin\phi\sin\psi - \cos\phi\sin\theta\cos\psi & \cos\phi\cos\theta \end{bmatrix} \cdot \begin{bmatrix} r_{x0} \\ r_{y0} \\ r_{z0} \end{bmatrix} \tag{2.28}$$

由式(2.28)可知,只要知道了空间两直角正交坐标系的变换矩阵,便可以实现两坐标系的转化。例如,在捷联式惯性导航系统中,需要将加速度计测量的沿载体坐标系的比力投影至地理坐标系,只要知道了载体的姿态角,便可代入式(2.28)所示的坐标变换矩阵完成投影变换。

2.2.6　几种常用的坐标系

1.WGS-84 坐标系

GPS 系统自 1985 年 10 月起采用 WGS-84(World Geodetic System,1984)坐标系。它是美国国防部确定的全球性大地坐标系,其几何定义是:坐标原点在地球质心,Z 轴指向 BIH1984.0 定义的协议地极方向,X 轴指向 BIH1984.0 的零子午面和 CTP 赤道的交点,Y 轴与 X 轴、Z 轴构成右手直角坐标系。对应于 WGS-84 坐标系的地球椭圆体基本常数为

长半轴:$a = 6\ 378\ 137 \pm 2$ m

椭球扁率倒数:$1/f = 298.257\ 223\ 563$

椭球第一偏心率:$e^2 = 0.006\ 694\ 379\ 990\ 13$

地球(含大气层)引力常数:$GM = 3\ 986\ 005 \pm 0.6 \times 10^8\ \mathrm{m^3/s^2}$

2.1980 年国家大地坐标系 C80

我国的 1980 年国家大地坐标系(简称 C80)也称为西安 80 坐标系,是为了进行全国天文大地网平差而建立的。其大地原点在陕西省泾阳县永乐镇,位于西安市西北方向约 60 km 处,基准面采用青岛大港验潮站 1952—1979 年确定的黄海平均海平面(即 1985 国家高程基准)。该坐标系是参心坐标系,在我国境内椭球面和大地水准面最佳密合。地球椭圆体参数选用 IUGG-75 参数:

长半轴:$a = 6\ 378\ 140 \pm 2$ m

椭球扁率倒数:$1/f = 298.257$

地球(含大气层)引力常数:$GM = 3\ 986\ 005 \pm 3 \times 10^8\ \mathrm{m^3/s^2}$

二阶带谐系数:$J_2 = (108\ 263 \pm 1) \times 10^{-8}$

地球自转角速度:$\omega = 7.292\ 115 \times 10^{-5}$ rad/s

3.1954 年北京坐标系 P54

该坐标系是通过与原苏联 1942 年坐标系联测而建立的，是参心坐标系。大地原点在原苏联的普尔科沃(Pulkovo)，采用克拉索夫斯基椭球作为参考椭球，通过联网的大地坐标计算，推算出北京点的坐标，并定名为 1954 年北京坐标系，习惯上称为旧北京 54 坐标系。该坐标系参考椭球仅有两个参数，椭球基准轴定向不明确，椭球面与我国大地水准面吻合不够理想且点位坐标的精度不均匀。

P54 坐标系参考椭球的几何参数是

长半轴：$a = 6\ 378\ 245$ m

椭球扁率倒数：$1/f = 298.3$

1980 年国家大地坐标系整体平差完成后，理论上应该使用该平差结果，但考虑到实用中许多部门和单位有大量测绘成果是原 P54 的，因此将 C80 内的空间直角坐标系经三个平移参数变换至克拉索夫斯基椭球中心，从而得到所谓的新 P54 坐标系。该坐标系是旧 P54 到 C80 坐标系的过渡。

4.PZ－90 坐标系

GLONASS 系统在 1993 年以前采用的是前苏联 1985 年地心坐标系(1985 Soviet Geodetic System)，简称 SGS－85 坐标系。1993 年以后改用 PZ－90 坐标系(Parametry Zemli 1990)，它是俄罗斯进行地面网与空间网联合平差后建立的坐标系，其 Z 轴指向由国际天文联合会和国际大地测量协会测定的平北极，X 轴位于地球赤道平面上，并取经度零点位置，Y 轴与 Z，X 轴构成右手直角坐标系。对应于 PZ－90 坐标系的 PZ－90 椭球的基本常数为

长半轴：$a = 6\ 378\ 136$ m

椭球扁率：$1/f = 298.257\ 839\ 303$

地球引力常数：$GM = 3\ 986\ 004.4 \times 10^8\ \mathrm{m^3/s^2}$

二阶带谐系数：$J_2 = 108\ 263 \times 10^{-8}$

地球自转角速度：$\omega = 7.292\ 115 \times 10^{-5}$ rad/s

5.2000 国家大地坐标系 CGCS2000

2000 国家大地坐标系(China Geodetic Coordinate System 2000，简称 CGCS2000)是和国际通用大地测量参考系一致的现代化大地测量坐标系，2008 年 7 月 1 日由中国政府颁布实施。CGCS2000 是地心坐标系，原点、坐标尺度、坐标轴定向的定义和国际通用地球参考系(ITRS)的定义原则上保持一致，其参考椭圆体的定义常数和 GRS80 基本一致，但考虑到空间技术的新成就，对 GM 作出一些改变，同时在保持椭圆体扁率不变的前提下，对 J_2 值进行了一些修正。

长半轴：$a = 6\ 378\ 137.0$ m

椭球扁率倒数：$1/f = 298.257\ 222\ 101$

自转角速度：$\omega = 7.292\ 115 \times 10^{-5}$ rad/s

地心引力常数：$GM = 3\ 986\ 004.418 \times 10^{8}\ \mathrm{m^3/s^2}$

二阶带谐系数：$J_2 = 108\ 262.983\ 222\ 6 \times 10^{-8}$

2.3　时 间 系 统

时间系统已成为现代科学技术的一个重要组成部分。在天文学和空间科学技术中，时间系统是精确描述天体和航天器运行位置及其相互关系的重要基准，也是人们利用卫星进行导航、定位和通信的重要基准。在卫星导航和卫星测量中，时间是最重要、最基本的物理量之一。首先，卫星的所有信号都是由高精度原子钟提供的。其次，卫星导航定位系统（如 GPS 和 GLONASS）的测距实际上是通过精确测定信号传播时间来实现的。因此，了解有关时间系统的基本知识是十分必要的。

时间的含义有两个：时间间隔和时刻，它们既有区别又有联系。时间间隔是指客观物质运动过程所经历的时间历程，而时刻是指客观物质运动某一状态发生的瞬间，通常以离开时间坐标轴原点的距离来表示。因此时间间隔测量也称为相对时间测量，而时刻测量相应地被称为绝对时间测量。

时间系统与其他坐标系统一样，其定义应具有原点（起始历元）和测量尺度（时间的单位）。一般来说，任何一个周期运动，只要具备下列条件，都可以作为确定时间的基准：(1) 运动的周期具有充分的稳定性，即在不同时期该基准所表征的运动周期必须一致；(2) 周期运动必须具有复现性，即要求在任何地方、任何时间，该基准所表征的运动周期在实验中或观测中能够复现，提供使用。

物质的周期运动可以满足上述定义时间和测量时间的要求。到目前为止，在实践中用以定义和测量时间的周期运动可以分为三大类。

(1)转动体的自由旋转

人们很早就利用地球自转运动来进行时间测量。一般在天球上选取两个参考点——春分点和平太阳，借助于测站子午圈相对于这些参考点的运动来度量，用天文学方法测定地球自转而分别导出了恒星时和世界时。

(2)开普勒运动

地球自转速率的不均匀，动摇了世界时作为时间测量系统的地位。作为时间测量基准，理论上要求严格地均匀，这就迫使人们寻求另外的周期运动。美国天文学家纽康（Simon Newcomb）根据地球绕太阳公转运动，定义了新的时间度量系统的基准，编制了太阳历表，从而建立了历书时。

(3)谐波振荡

由于历书时的观测误差太大,人们根据现代科学的发现选用谐波振荡周期作为更新时间测量系统的基准,绝大多数机械钟和电子钟的振荡都属于这一类,其中原子钟最为精确,并据此导出了原子时。

无论采用哪种运动周期来建立时间系统,均匀性都是一个重要的技术指标。所谓均匀性,就是指时间尺度上各间隔要保持相等。当然,均匀性同其他任何物理参数一样,不可能是绝对的,它总是针对满足一定精度要求而言。在时间测量中,人们总是根据一定历史阶段内科学技术所能达到的最高水平来选择不同的时间测量基准,从而建立最佳的时间系统。

2.3.1 世界时(Universal Time—UT)

人类建立的第一个科学时间系统是以地球自转运动为基准的世界时系统。根据观察地球自转运动时所选的空间参考点不同,世界时系统又分为:

1.恒星时(Sidereal Time—ST)

恒星时以春分点为参考点,由春分点周日视运动确定恒星日。显然,恒星时是地方时,在同一瞬间各地的恒星时不同。由于岁差和章动的影响,同一瞬间有瞬时真春分点和瞬时平春分点之分,因此,相应的恒星时也分为真恒星时和平恒星时。

2.平太阳时(Mean Solar Time—MT)

恒星时与地球自转的角度有一定的对应关系,这虽然符合以地球自转为基准的时间测量标准的要求,但它不能满足科学技术的需要。于是人们又选用了以真太阳周日视运动的平均速度为基准的平太阳时,这样可以避免因地球公转的轨道为椭圆而造成的真太阳周日视运动不均匀的问题。纽康引进了一个假想的参考点——平太阳,它在天球赤道上作匀速运动,其速度与真太阳的平均速度相等。由此定义的时间系统称为平太阳时。

3.世界时(Universal Time—UT)

平太阳时的基本单位是平太阳日,一个平太阳日包含24个平太阳小时。以平子夜作为零时的格林尼治平太阳时,称为世界时。为了使用方便,将地球按子午线划分24个时区,每个时区以中央子午线的平太阳时为该区的区时。于是,零时区的平太阳时即为世界时。

由于极移现象,地球自转轴在地球内部的位置是不固定的,而且地球自转速度也是不均匀的,它不仅包含有长期的减缓趋势,还含有短周期的变化、季节性的变化以及不规则的变化。为了解决这个问题,国际上从1956年开始,便在世界时中引进极移改正 $\Delta\lambda$ 和自转速率季节性变化改正 ΔT_s。未经改正的世界时一般以 $UT0$ 表示,改正后的世界时分别称为 $UT1$ 和 $UT2$。

它们之间的关系为

$$\begin{cases} UT1 = UT0 + \Delta\lambda \\ UT2 = UT1 + \Delta Ts = UT0 + \Delta\lambda + \Delta Ts \end{cases}$$

尽管世界时系统和地球自转有着密切的关系，在天文学、大地测量学和空间技术中有着广泛的应用，但我们应该注意到，即使是经过修正后的 $UT2$ 仍然包含有地球自转速率的长期变化和不规则的影响，所以还不是一个严格均匀的时间系统。

2.3.2　历书时(Ephemeris Time—ET)

描述天体运动方程式中采用的时间系统或天体星历表中应用的时间，称为历书时。

地球公转运动周期能满足作为时间测量基准的两个要求，目前尚未发现它有不均匀的现象，所以自然地想到，采用地球公转周期来取代自转周期，以地球公转运动作为定义时间测量的基准，于是产生了历书时。实际上，这样定义的历书时等于理想化了平太阳时，即没有地球自转速率不均匀的影响。

2.3.3　原子时(Atomic Time—TA①)

现代科学技术的发展对时间系统的准确度和稳定度提出了越来越高的要求。从 20 世纪 50 年代起，人们建立了以物质内部原子运动的特征为基准的原子时系统。因为物质内部的原子跃迁所辐射和吸收的电磁波频率具有极高的稳定性和复现性，所以由此而建立的原子时，便成为当代最理想的时间系统。

1.原子时定义

1967 年 10 月，第 13 届国际度量衡会议通过了新的国际制秒(SI)的时间单位——原子时秒长。其定义为：位于海平面上的铯[133]原子基态两个超精细能级在零磁场中跃迁辐射的电磁振荡 9 192 631 770 周所持续的时间，为 1 原子秒。

2.原子时起点

为保证与世界时的衔接这种习惯，国际时间局将原子时起点选定在 1958 年 1 月 1 日世界时零时的瞬间，此后由原子钟连续运行，独立地累计原子时。由于技术上的原因，事后发现这一定义没有达到，实际原子时的原点为

$$TA = UT2 - 0.003\,9 \quad (\mathrm{s})$$

---

① 按国际习惯，原子时(Temps Atomique)一般简写为 TA。

这一差值作为历史事实被保留下来,国际计量委员会后来对此时间起点予以确认。

3.国际原子时

原子时是用高精度原子钟来保持的,任何原子钟在确定起始历元后,都可以提供原子时,由各个实验室中大型标准铯原子钟导出的原子时称为地方原子时。目前国际上约有100台原子钟通过各种方法互相进行比对,并由国际时间局进行数据处理,推算出全世界统一的原子时,称为国际原子时TAI(Temps Atomique International)。

2.3.4 协调世界时(Coordinate Universal Time—UTC)

原子时建立后,由于原子时秒非常稳定,这对于那些要求时间间隔非常均匀的使用部门来说是很重要的。然而,原子时的时刻却没有实际的物理意义。对于大地测量、天文、导航等与地球自转有关的工作部门来说,很需要世界时。因为世界时的时刻反映着地球自转的位置,与人们的日常生活息息相关。因此,世界时并不因原子时的建立而失去它的特有作用。

由于地球自转的不均匀性,世界时UT1比原子时一年大约要慢一秒,随着时间的推移,两者的差别将越来越大。为了兼顾这两种性质不同的要求,国际天文学会和国际无线电咨询委员会决定采用一种新的时间标准,即以原子时秒长为基础,在时刻上尽量接近于世界时的一种时间测量基准。这种时间是在原子时和世界时之间加以人为协调的结果,因此称为协调世界时,用UTC表示。

协调世界时采用原子时秒长,而时刻则和世界时之差保持在±0.9 s之内。当超过时,采用跳秒(Leap second,也称闰秒)的办法加以调整。增加一秒叫做正跳秒,反之去掉一秒叫做负跳秒。跳秒一般规定在6月30日或12月31日最后一秒调整,具体日期由国际时间局在两个月前通知各国授时台。目前,世界各国发播的时号均以UTC为基准。

2.4 海　图

海图(Nautical Chart)是为适应航海的需要而绘制的一种地图,它以海洋及其毗邻的陆地为描述对象,详细标绘了和航海有关的各种资料,如海岸线(Coast line)、港口(Habour)、岛屿、礁石、浅滩、障碍物、海流、潮汐、水深、底质及助航标志等。海图可用于研究航海和作战海区的地理水文情况,在船舶航行前可用于拟定计划航线、制定航行计划;航行中可用于航迹推算、定位与导航;航行结束后可用于总结航行经验,如发生海事可用于判断事故责任。可见,海图是航海人员必备的航行资料和不可缺少的工具。

本节将简要介绍海图绘制的基本概念以及墨卡托海图和高斯海图的基本知识。

2.4.1 地图的投影与分类

地球是一个旋转椭圆体,它的表面是一个曲面。要在一个平面上绘制出地球表面的地理信息,就必须把曲面图形转化到平面上去。地图投影(Map Projection)就是按一定的数学法则,把地球表面一部分或全部按照一定的比例尺绘制到平面上,形成地图经纬线图网的方法。

用投影的办法把曲面上的地球表面图形绘制到平面上,解决了地球曲面与地图平面之间的转化问题,但投影必然会产生某种变形。采用不同的投影方法,产生的变形也不一样。地图投影可以根据投影的变形或根据绘制图网的方法进行分类。

1.按变形的性质分类

地图投影可以按变形的性质分为3类。

(1)等角投影(Equiangle Projection)

等角投影是指投影面上任意两方向的夹角与地面上对应的夹角相等的投影方法,又称正形投影(Conformal Projection),如图2.14所示。可以看出,这种投影的地图对于有一定面积的图形,只满足对应角相等的条件,而对应边成比例的条件并不满足。所以等角投影只在无限小的面积上同时满足等角和对应边成比例的条件。常用的墨卡托海图属等角投影。

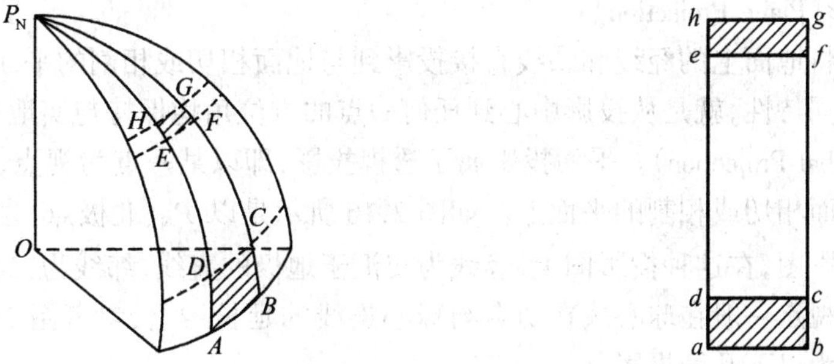

图2.14 等角投影示意图

Fig.2.14 Equiangle projection

(2)等积投影(Equalarea Projection)

等积投影是保持地球上图形的面积与地图上图形的面积成恒定比例的投影。如2.15所示,假设地面上图形 A 的面积是图形 B 的面积的4倍,在投影图上 a 面积仍然是 b 面积的4倍。图形相似与面积相等不能同时满足。有关自然和经济地理图形等采用此种等积投影。

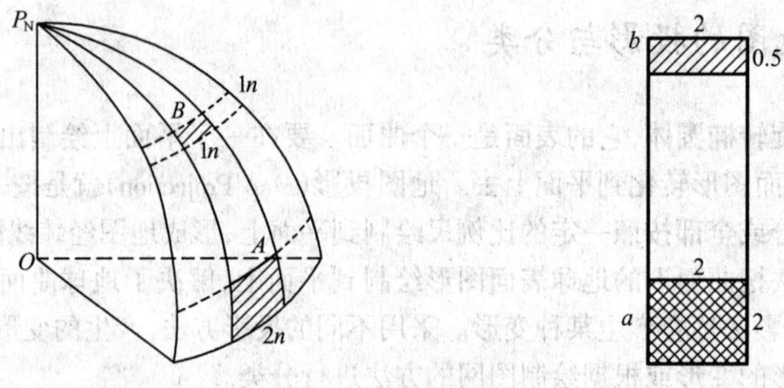

图 2.15 等积投影示意图

Fig.2.15 Equalarea projection

(3)任意投影

任意投影是指既不满足等角条件也不满足等面积条件的其他投影,如日晷投影图就不具备等角、等面积的特性,但它具有球面上大圆弧在投影图上是直线的特性。航海上采用“大圆航法”时,就需要这种海图。

2.按绘制地图网方法分类

(1)平面投影(Plane Projection)

平面投影是将地面上的经线和纬线直接投影到与地面相切或相割的平面上。由于各种平面投影有一个共同特性,就是从投影中心到任何一点的方位角均保持与实地相等,所以又称为方位投影(Azimuthal Projection)。平面投影属于透视投影,即以某一点为视点,将球面上的图像直接投影到与球面相切或相割的平面上。如图 2.16 所示是以 P_N(北极点)为切点(投影中心)在极点的方位投影图,在这种投影图上,经线为交汇于地极的直线,纬线为二次曲线 。

方位投影的视点一般在球心或在切点与球心连线的延长线上,参考图 2.16 所示,根据视点位置不同可分为以下几种投影。

心射投影(Gnomonic Projection):视点在球心上,又叫日晷投影。因为这种投影图上任意的直线都是地球上的大圆,所以航海上常用它来设计大圆航线,某些大比例尺港湾图及极区海图也可采用心射投影。

极射投影(Stereographic Projection):视点位于与投影中心点对称的另一侧球面上。

正射投影(Orthographic Projection):视点位于离球心无限远处。

(2) 圆锥投影(Conic Projection)

用一个圆锥面与地球相切或相割,以球心为视点将地面上的经线和纬线投影到圆锥面上,再沿圆锥面母线切开展平,即为圆锥投影。根据圆锥轴与地球自转轴重合、垂直或斜交 3 种位

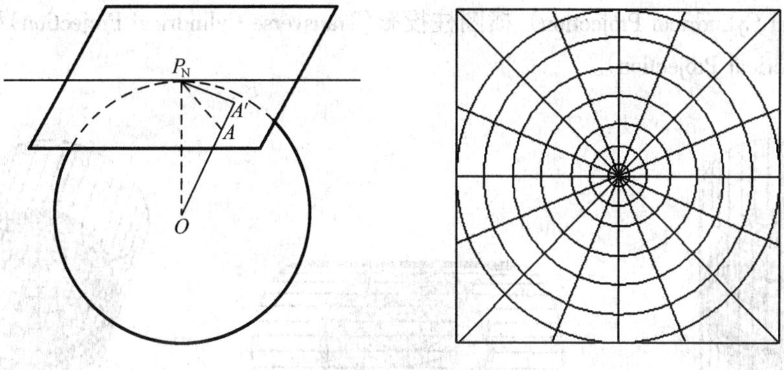

图 2.16　平面投影示意图

Fig.2.16　Plane projection

置关系，可将圆锥投影分为：正圆锥投影（Conic Projection）、横圆锥投影（Transverse Conic Projection）和斜圆锥投影（Oblique Conic Projection），如图 2.17 所示。

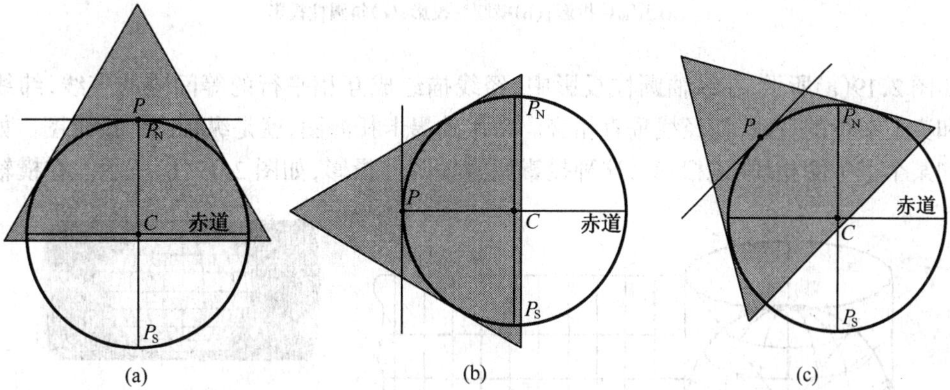

图 2.17　圆锥投影

Fig.2.17　Conic projection

(a)正圆锥投影；(b)横圆锥投影；(c)斜圆锥投影

在实际使用中，圆锥投影一般是将一定图网形状与一定的变形性质结合起来的，例如等积正圆锥投影或等角正圆锥投影等，中华人民共和国地图、天气图等常采用圆锥投影。

(3)圆柱投影（Cylindrical Projection）

圆柱投影相当于用一圆柱筒套于地球上，并与地球表面相切（或相割），视点位于球心，将地球经线和纬线投影到圆柱筒上，然后沿圆柱筒母线切开展平，即为圆柱投影图网。根据圆柱轴与地球自转轴重合、垂直或斜交三种位置关系，如图 2.18 所示，可将圆柱投影分为：纵圆柱投影(Equatorial Cylindrical Projection)、横圆柱投影(Transverse Cylindrical Projection)和斜圆柱投影(Oblique Cylindrical Projection)。

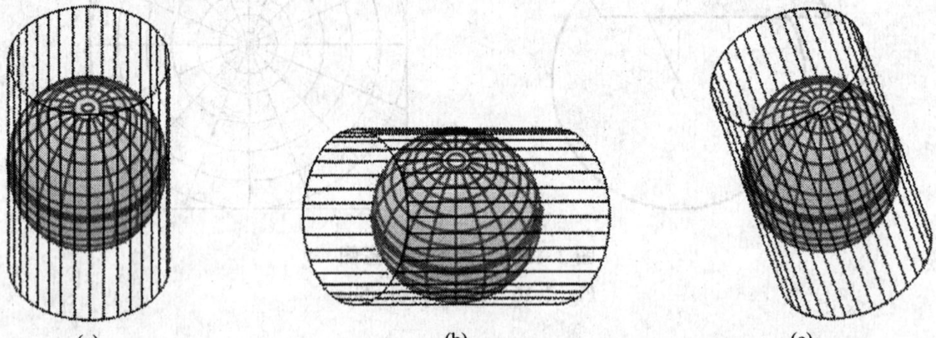

图 2.18　圆柱投影

Fig.2.18　Cylindrical projection

(a)纵圆柱投影；(b)横圆柱投影；(c)斜圆柱投影

如图 2.19(a)所示，在纵轴圆柱投影中，经线描绘成互相平行的等间隔的直线，纬线被描绘成和赤道平行的直线，与经线垂直相交。常用的墨卡托海图，就是纵轴圆柱投影图。如果圆柱筒和某个子午圈相切(或相割)，这种投影叫横轴圆柱投影，如图 2.19(b)所示。在横轴圆柱

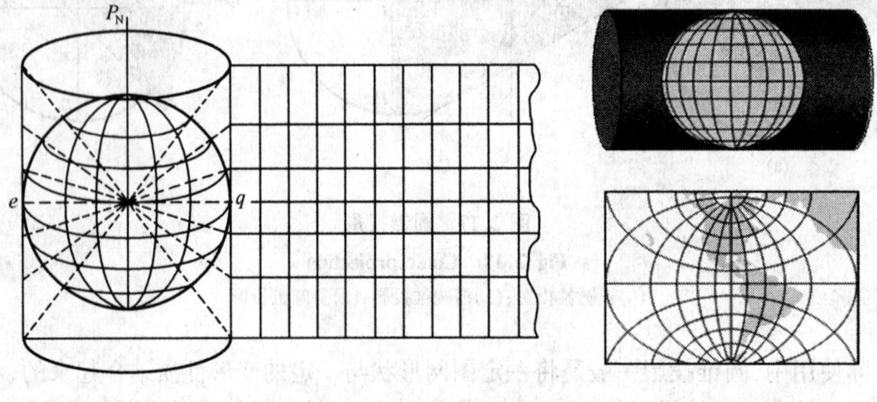

图 2.19　圆柱投影经纬线网格示意图

Fig.2.19　Grid of cylindrical projection

(a)纵轴圆柱投影；(b)横轴圆柱投影

投影图上，地极 P_N，P_S 将形成两个中心点，纬圈是以极点为中心的椭圆族，经线是连接两中心的曲线。横轴圆柱投影图常用于某些军用地图、港湾图中，如高斯投影图。

2.4.2　海图比例尺和海图分类

任何一张地图都是把实际的地球表面缩小以后经投影绘制而成的，其缩小的程度用比例尺表示。比例尺的定义为：设在图上任意点 a，沿一定方向作任意小的线段 ab，与图上 ab 相对应的地面线段为 AB，当 AB 趋于零时，ab 与 AB 的比值称为 a 点在 ab 方向上的局部比例尺，即

$$c = \lim_{AB \to 0} \frac{ab}{AB}$$

比例尺用数字或线段两种形式表达。自然比例尺(Natural Scale)是用分数或比例式表示的比例尺，如 1∶250 000或$\frac{1}{250\,000}$，表示图上 1 mm 长度等于地面实际长度 250 m (250 000 mm)。图示比例尺(Graphic Scale)是用线段长度表示的比例尺，在地图上画有一定长度的线段，用截线将之分割成许多部分，每一部分代表地面对应的实际长度。应用图示比例尺可直接量度图上两点间的距离。

由于把地面图形投影到平面图上不可避免地存在投影变形，因此图上各点缩小的程度是不相同的，即图上各点的比例尺并不相等，有些图上甚至同一点各个方向上的比例尺也不一样，因此在绘制地图时，必须规定以某一点或某条线的局部比例尺作为计算和表达的基准。我们把作为计算和表达基准的局部比例尺称为基准比例尺。在海图中往往以某一纬度的局部比例尺作为基准比例尺，除标明比例尺数值外，一般还注明作为基准比例尺的纬度，它称为该图的主纬度或基准纬度。我国比例尺小于 1∶100 000 的海区海图均以北纬 30°作为基准纬度。

航海保证部门根据航海的需要，绘制出版了多种不同比例尺的海图。海图的比例尺越小，同样面积的一幅海图，所包含的海区范围就越大，标绘的图形越简要；反之，海图比例尺越大，则包含的海区范围越小，标绘的图形也越详细和精确。

海图按用途可分为航用海图(Navigational Charts)和非航用海图(Non-navigational Charts)两大类。其中航用海图通常简称海图，供船舶进行航迹推算、船位测绘和航线设计等。非航用海图一般比例尺较小，如供拟定大洋航线参考的气象、海流、海区磁差图等。各国航用海图分类方法大同小异，以我国为例，海图可分为以下三类。

(1)海区总图(General Charts)。主要作为远洋航行计划和远洋航海使用，它包括的海区很大，全部航行的海域可以一目了然。比例尺一般为 1∶300 万或更小。

(2)航行图(Sailing Charts)。主要供船舶航行作业使用，比例尺在 1∶10 万—1∶299 万之间。其中航洋图为 1∶100 万—1∶299 万；近海航行图为 1∶50 万—1∶99 万；近岸航行图为 1∶20 万—1∶49 万；沿岸航行图一般为 1∶10 万—1∶19 万。

(3)港湾图(Harbor Charts)。主要供船舶进出港湾、锚地、通过狭窄水道及港湾施工、管理等使用。比例尺一般大于1∶10万。

2.4.3 墨卡托海图

1.恒向线

船舶在海上航行时,为了操纵方便,在一段时间内总是保持航向不变。保持航向不变(即保持航向线与经线之间的夹角不变)的航线叫做恒向线或等角航线(Rhumb Line)。可见,子午线是航向为000°或180°时的恒向线,而赤道或者纬度圈是航向为090°或270°时的恒向线。除了上述情况,恒向线在地球表面表现为一条与所有子午线相交成恒定角度的、具有双重曲率的对数螺旋曲线(Logarithmic Spiral),它趋向地极,但不能到达地极,如图2.20(a)所示。将地球视为圆球体时,地面上两点之间的最短连线,并不是通过这两点的恒向线,而是连接这两点的大圆航线,如图2.20(b)所示。但是,大圆航线与所有的子午线交成不等的角度,也就是说,如果驾驶船舶沿着大圆航线航行,就必须不断地改变航向。所以,在航程不太长和纬度不太高的海区航行时,一般采用沿着两点之间的恒向线航行的方法。只有在横跨大洋航行时才考虑是否采用大圆航线航行。即使采用大圆航线,它也是由局部分段的恒向线构成的。

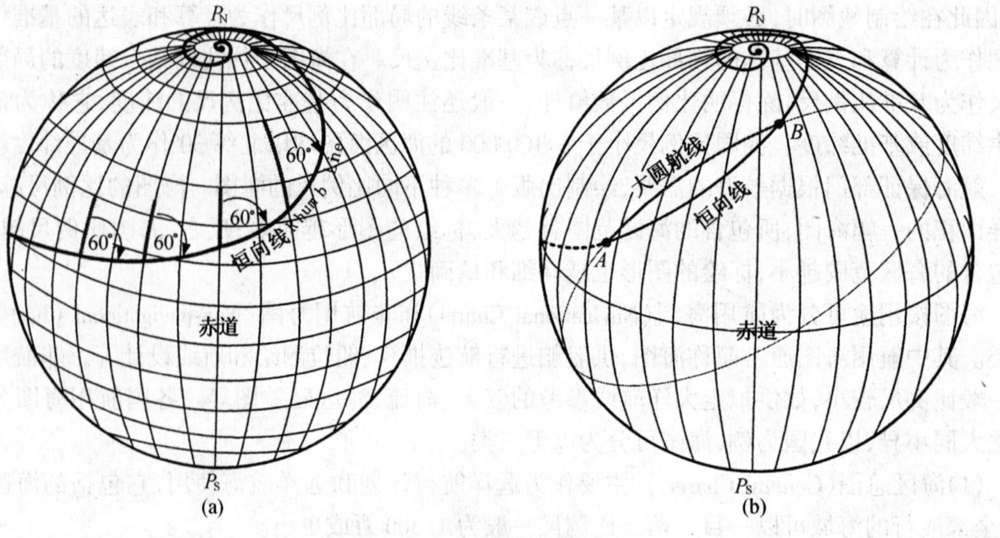

图 2.20 恒向线与大圆航线

Fig.2.20 Rhumb line and great circle

2.航用海图应具备的条件

对于航海上使用的海图,有两个基本的要求。

(1)恒向线在海图上是一条直线

在实际航海中,船舶在一定的时间段内都是按固定航向航行的,一般情况下为船舶设计的航线也是恒向线,而且在海图上绘制直线既是最简便的也是最经常的。所以要求航用海图上的恒向线是直线。

(2)海图投影的性质是等角的,即正形投影

在海图上进行航海作业时,无论是画航向线,还是画目标方位线,都要用到角度。如果在海图上量得的角度与地面上相对应的角度保持相等,那么就可以直接根据求得的真航向角或真方位的读数,在海图上画出航向线或目标的方位线。

如果要求舰船的恒向线在海图上画成一条直线,那么当航向为 0°或 180°时,恒向线应当就是子午线,这就要求子午线在海图上的投影必须是直线。当舰船以一固定航向航行时,航向线与经线构成夹角是一个固定值。如果要求恒向线是一条直线,且与经线的夹角不变,则经线必然是一组互相平行的直线。另外赤道与子午线相垂直,纬度圈又与赤道平行,这就要求在海图上赤道线与纬度线相平行,且与经度线相垂直。

1569 年荷兰制图学家墨卡托(Gerardus Mercator)发现了能同时满足上述两个条件的投影方法,即纵轴圆柱投影。为了纪念这位伟大的制图先驱,凡是用这种投影方法制成的海图,都被称为墨卡托海图。

3.渐长纬度

我们知道,墨卡托海图的图网线,纵向是互相平行的经度线,横向是互相平行的纬度线,纵向线与横向线互相垂直。投影时,纵轴圆柱筒与地球赤道相切,地球赤道上 1′的长度就是海图上赤道 1′的长度。在海图赤道上,每隔 1′画出与赤道垂直的平行线,就得到经线图网。但是经过投影变换后,纬线已不像经线那样是一簇等间隔的平行线了,其间距随纬度的升高而逐渐变大。

设椭球体表面任一点 $B(\varphi_B,\lambda_B)$,如图 2.21 所示,$P_N GBE$ 为过 B 点的经线。BC 为过 B 点的纬线,EH 为赤道,b 为 B 在海图上的投影点,$be = D$。

设 B 点的纬度和经度有无限小的增量 $\mathrm{d}\varphi$ 和 $\mathrm{d}\lambda$,画出新的经线 $P_N FCH$ 和新的纬线 GF,$BCFG$ 构成椭球面上一个无限小的梯形。为了满足等角条件,图上经纬线要互相垂直,且两个方向的长度比要相等,即两个无限小的矩形的对应边成比例,两个矩形相似。于是有

$$\frac{bg}{BG} = \frac{bc}{BC} \tag{2.29}$$

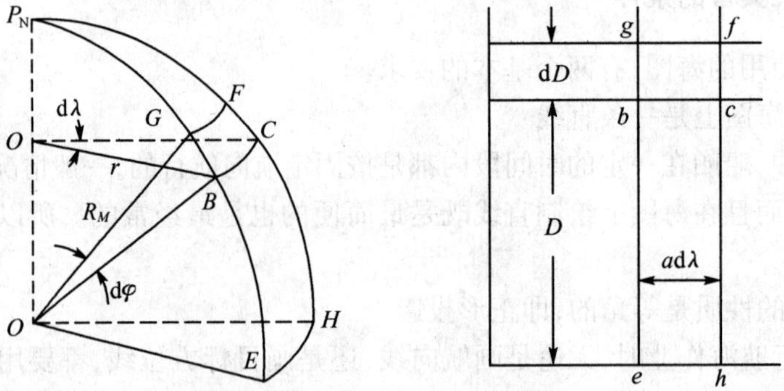

图 2.21　渐长纬度计算示意图

Fig.2.21　The calculation of meridional parts

因为

$$\left.\begin{aligned} BG &= R_M \cdot \mathrm{d}\varphi \\ bg &= \mathrm{d}D \\ BC &= r \cdot \mathrm{d}\lambda \\ bc = eh = EH &= a \cdot \mathrm{d}\lambda \end{aligned}\right\}$$

所以

$$bg = \mathrm{d}D = \frac{a}{r} R_M \cdot \mathrm{d}\varphi \tag{2.30}$$

式中　r——B 点所在纬度圈半径；

R_M——子午圈曲率半径。

把计算纬度圈半径 r 的式(2.10)和计算子午圈曲率半径 R_M 的式(2.13)代入式(2.30)，得

$$\mathrm{d}D = \frac{a(1-e^2)}{(1-e^2\sin^2\varphi)\cos\varphi}\mathrm{d}\varphi \tag{2.31}$$

求积分

$$D = \int_0^D \mathrm{d}D = a\int_0^\varphi \frac{(1-e^2)}{(1-e^2\sin^2\varphi)\cos\varphi}\mathrm{d}\varphi \tag{2.32}$$

因为

$$\frac{(1-e^2)}{(1-e^2\sin^2\varphi)\cos\varphi} = \frac{1}{\cos\varphi} - \frac{e^2}{1-e^2\sin^2\varphi} = \frac{1}{\cos\varphi} - \frac{e^2\cos\varphi}{2(1-e\sin\varphi)} - \frac{e^2\cos\varphi}{2(1+e\sin\varphi)}$$

代入式(2.32)

$$D = a\left[\int_0^\varphi \frac{\mathrm{d}\varphi}{\cos\varphi} - \frac{e}{2}\int_0^\varphi \frac{e\cos\varphi\mathrm{d}\varphi}{(1-e\sin\varphi)} - \frac{e}{2}\int_0^\varphi \frac{e\cos\varphi\mathrm{d}\varphi}{(1+e\sin\varphi)}\right]$$

$$= a\left[\int_0^{\varphi}\frac{\mathrm{d}\varphi}{\cos\varphi}+\frac{e}{2}\int_0^{\varphi}\frac{\mathrm{d}(1-e\sin\varphi)}{(1-e\sin\varphi)}-\frac{e}{2}\int_0^{\varphi}\frac{\mathrm{d}(1+e\sin\varphi)}{(1+e\sin\varphi)}\right]$$

得

$$D = a\ln\left[\left(\frac{1-e\sin\varphi}{1+e\sin\varphi}\right)^{e/2}\tan\left(45^\circ+\frac{\varphi}{2}\right)\right] \tag{2.33}$$

如果把赤道上1′的长度记作1赤道海里，则1赤道海里 $= a \times \mathrm{arc}1'$。如果用赤道海里作 D 的单位，将它代入上式并把自然对数换为常用对数，则得

$$D = 7\,915.704\,47'\lg\left[\left(\frac{1-e\sin\varphi}{1+e\sin\varphi}\right)^{e/2}\tan\left(45^\circ+\frac{\varphi}{2}\right)\right] \tag{2.34}$$

该公式在海图制作时非常重要，墨卡托海图上任意纬度线到赤道的子午线图长符合由式(2.34)计算的 D 赤道海里。可以看出，在墨卡托海图上每1′经度的图长是相等的，即1赤道海里，但图上每1′纬度的图长是不等的，而是随着纬度的升高逐渐变长的，所以一般将 D 称为渐长纬度(Meridional Parts)，而墨卡托海图也被称为纬度渐长图。可以证明，在墨卡托海图上，除了能保持等角正形外，图上的直线是恒向线。

如果将地球当作正圆球体，可以用类似的方法推导出渐长纬度的公式为

$$D = 7\,915.704\,47'\lg\tan\left(45^\circ+\frac{\varphi}{2}\right) \tag{2.35}$$

2.4.4 高斯投影图

我国沿海及港口某些大比例尺海图或航道图是采用高斯投影法的，也称高斯—克吕格投影(Gauss-Kruger Projection)，它是等角横圆柱投影，如图2.19(b)所示。圆柱筒和某一经线相切，该经线称为中央经线。平行中央经线作一系列平行圆，垂直中央经线作一系列大圆，则地球上任一点 A 的位置都可以用纵坐标 x 和横坐标 y 来表示。采用横轴投影的方法，将球面等角投影到圆柱面且把圆柱面展开成平面，这时与中央经线平行的小圆投影成纵向的直线，球面上的 X，Y 坐标投影到图上成平面直角坐标 x，y，称为高斯直角坐标，如图2.22(a)所示。图上这种正交的坐标网，称为高斯公里网。

1. 高斯投影的特点

高斯投影具有如下特性：

(1)投影是等角的。图上无限小图形的形状与椭球体表面上相应的形状相似。

(2)中央经线描绘成直线。在中央经线上无投影变形，离中央经线越远，投影变形越大。在同一条经线上离赤道越远，变形越大。

(3)公里线网(x，y 坐标网)是相互垂直的直角坐标网。

(4)除了中央经线和赤道是正交的直线外，其他的经线、纬线被投影成正交的曲线。经线

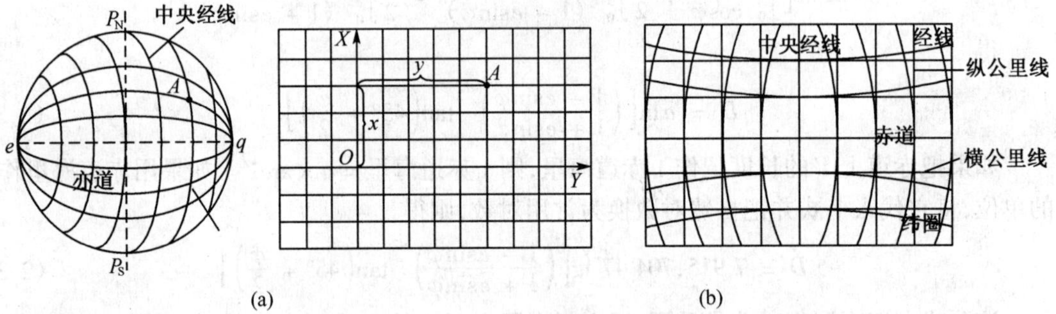

图 2.22 高斯投影与高斯公里网

Fig.2.22 Gauss projection and Gauss grid

是凹向中央经线的曲线,以中央经线为对称轴东西对称,纬线是凸向赤道的曲线,以赤道为对称轴南北对称。如图 2.22(b)所示。

(5)中央经线附近长度变形很小,因此适合于描绘经差小而纬差大的狭长地带。

(6)图上极区的变形也较小,因此也适合于描绘高纬度地区的地图。

(7)图上有两种图网:经纬线图网与公里线图网,后者主要用在测量和军事用途上。

由于高斯投影图上经纬线的投影是曲线,恒向线也不是直线,所以一般不宜作航海用图。对于 1:25 000 或更大比例尺的图,因为图的范围很小,在此范围内经、纬线接近于直线。陆地上地形测量一般都是用高斯坐标,为了与测量的坐标系统一致,在不妨碍使用的原则下,大比例尺的港湾图或江河图一般采用高斯投影。

2.高斯直角坐标

高斯图上的位置用高斯直角坐标 x 和 y 来表示,纵坐标 x 表示通过该点的横坐标线与中央经线的交点沿中央经线到赤道的距离(m),如图 2.22 所示。x 坐标值从赤道算起,向北为正,向南为负。我国位于北半球,纵坐标值恒为正号。通常正号可以省略,但负号不能省略。

横坐标 y 表示该点沿横坐标线到中央经线的距离(m)。从中央经线算起,向东为正,按常理,向西则为负。为了避免出现负值,人为规定把横坐标值加上 500 km 的数值,即横坐标原点不为零,而为 500 km。于是中央经线以东的横坐标 y 值都大于 500 km,中央经线以西各点的横坐标 y 值都小于 500 km。

理论上,采用横轴圆柱投影可以取任一条经线与圆柱筒相切作为中央经线,不过距中央经线越远,变形越大。为了将高斯投影的变形控制在允许的范围内,高斯投影采用分带投影的方法,国际上采用 6°分带制,把全球按经度分割成 60 个带。每个带的顺序编号是第 1 带,0° ~ 6°E,第 2 带 6° ~ 12°E,……,第 60 带是 6°W ~ 0°,并规定在每一带中,取中间的经度值为中央经线，如第 1 带取 3°E，第 2 带取 9°E，……，第 60 带取 3°W 为中央经线。

采取分带投影的方法，控制了高斯投影的变形。为了区分某点在不同带内的坐标值，规定横坐标 y 用 7～8 位数字表示，前 1 位或 2 位表示该点所在的带号，后 6 位表示横坐标值(m)。例如，某点的坐标为 $x = 4\ 560\ 240$ m，$y = 17\ 640\ 200$ m，则 x 值表明该点在北半球，通过该点的横坐标线与中央经线的交点，沿中央经线至赤道的距离是4 560 240 m；y 值表明该点位于第十七带，再把640 200 m减去500 000 m，得140 200 m，表示该点位于中央经线以东，沿横坐标到中央经线的距离是140 200 m。

为了进一步减小变形，在绘制大比例尺图时，有时把投影带宽缩小到 3°，这时边缘离中央经线只有 1.5°，变形更小。

第3章　推算航行系统

The mariners who steered these trading vessels needed accurate navigation to get to the next port safely. In ancient times, mariners navigated by the guidance of the Sun, stars and landmarks along the coast. The Phoenicians were probably the most daring of the ancient navigators. They built large ships and, traveling out of sight of land by day and by night, probably circumnavigated Africa. The Polynesians navigated from island to island with the help of guide stars, knowledge of which was passed from generation to generation. Typically, they remained close to shore and used geographic landmarks to guide them—a technique known as piloting. If they needed to venture out into the open water, they could make crude approximations of time and latitude by observing the height of the Sun. When they traveled at night (which was uncommon), they used the moon, stars, and planets as celestial guides – assuming the sky was clear.

As an important type of marine navigation system, Dead reckoning (DR) determines position by advancing a known position for courses and distances. A position so determined is called a dead reckoning (DR) position. It is generally accepted that only course and speed determine the DR position. Correcting the DR position for leeway, current effects, and steering error result in an estimated position (EP).

Dead reckoning allows a navigator to determine his present position by projecting his past courses steered and speeds over ground from a known past position. He can also determine his future position by projecting an ordered course and speed of advance from a known present position. The DR position is only an approximate position because it does not allow for the effect of leeway, current, helmsman error, or gyro error.

Properly maintaining a DR plot is important for ship safety. The DR allows the navigator to examine a future position in relation to a planned track. It allows the navigator to anticipate charted hazards and plan appropriate action to avoid them. Using a concept called fix expansion compensates for the DR's inaccuracy and allows the navigator to use the DR more effectively to anticipate and avoid danger.

Dead reckoning helps in determining sunrise and sunset; in predicting landfall, sighting lights and predicting arrival times; and in evaluating the accuracy of electronic positioning information. It also helps in predicting which celestial bodies will be available for future observation.

This chapter first introduced two types of important equipments. One of the important equipments is the north – seeking devices including Magnetic Compass, Gyrocompass, Stabilized Gyrocompass and Inertial Navigation System. The other important equipment is the speed measurement devices including Pitometer log, Electromegnatic log, Doppler log and Acoustic correlation log. The basic calculation method of DR is very easy. Its calculation core is how to estimate the position according the course, distance and the present position. But DR will bring large estimate position error because the ship is often influenced by Sea wind and ocean current. The influence on precision and the error compensation technique become the next subject of this chapter. With the development of modern technology, new navigation and mathematic method are being used to enhance the precision of DR system.

船舶的活动范围主要是在海平面或近水面,为保证其安全航行,需要连续得到船舶的瞬时位置以及在未来时刻的大概位置。在后续的章节中我们会知道,可以提供定位功能的系统有很多,如推算航行系统、地文导航系统、天文导航系统、无线电导航系统、惯性导航系统等。其中“航向+速度”的推算航行系统(Dead Reckoning System,简称 DR)是一种简单、实用的船舶导航定位方法,它根据罗经系统的航向、计程仪航程(或计程仪速度和时间)以及风、流要素等进行航迹绘算,并求出船舶位置,至今仍是船舶导航最基本的方法。这种方法有两个优点:一是连续定位且给出航迹(Track),二是可以估计出未来某时刻的船位(Ship Position)。

本章将主要介绍推算航行系统组成、推算航法和推算航行误差三部分内容。

3.1 推算航行系统组成

根据推算航行系统的定义可知,要完成推算航行的任务,两个最主要的信息是必需的:一是航向信息,二是航程信息。这两个信息分别是由航向、测速设备完成的,其中航向设备包括磁罗经、陀螺罗经、平台罗经、惯性导航系统等;测速设备包括水压计程仪、电磁计程仪、多普勒计程仪、声相关计程仪等,下面将分别介绍这些测量设备。

3.1.1 航向测量设备

船舶在海上航行时,确定船舶的航行方向和目标方位是保证船舶航行安全的基本要求之一。

在海上,船舶是使用罗经或惯导系统来测定向位的。虽然船舶首尾线是客观存在的,但要在舰船运动的情况下找出真北方向,则是比较困难的,一般都用专门的航向测量设备来指示真北方向。目前,包括水下、水面各类舰船使用的航向测量设备主要有以下四种类型:磁罗经、陀螺罗经、平台罗经和惯导系统。

陀螺仪是陀螺罗经、平台罗经和惯性导航系统的核心惯性器件,利用其转子高速旋转时的定轴性以及进动性(目前也出现了采用新型固态陀螺仪构成的捷联式惯性系统),为惯性系统稳定平台提供精确测量基准。采用不同的配置方法和不同的控制方案,可构成不同的航向测量设备。由于陀螺罗经、平台罗经和惯导系统将在后续进行详细介绍,本节只对其定义进行简单描述。

磁罗经(Magnetic Compass):利用自由支撑的磁针在地磁作用下稳定指北的特性而制成的航海指向仪器。磁罗经是由中国的司南、指南针逐步发展而成的。磁罗经主要由平行排列的磁针系统所构成,磁针系统置于浮动的罗经盘上,罗经盘可在轴针上自由旋转,当磁针受到磁场作用,会使磁罗经指示出磁场的磁力线方向,如图 2.8 所示。

中国古代四大发明之一的指南针,就是初级阶段的磁罗经,其应用于航海的最早记载见于北宋朱彧的《萍州可谈》(1119 年),书中说:"舟师识地理,夜则观星,昼则观日,阴晦观指南针"。用于航海的指南针又称罗盘。

磁罗经具有构造简单、体积小、不需要电源、随时可用且不易发生故障等优点,至今仍被国际海事组织(International Maritime Organization,简称 IMO)和 SOLAS 国际公约规定为船舶必须强制配备的航海仪器,如图 3.1 所示。

图 3.1 磁罗经系统

Fig.3.1 Magnetic compass system

磁罗经测量的是地球磁场,地面上各点的磁力线方向是不相同的,磁力线方向垂直于地球表面的点称为地磁磁极(Geomagnetic Pole)。地磁场有两个极,靠近地理北极的称为地磁北极,靠近地理南极的称为地磁南极。地磁磁极在地球表面的位置不是固定的,而是绕着地极缓慢地做有规律的位移,大约 650 年绕地极移动一周。据测,1980 年地磁北极约在加拿大巴瑟斯特岛(Bathurst Island)西北部,其位置约为 78°12′N,102°54′W。受到地球磁场和舰船磁场的影响,磁罗经指向一般偏离真子午线,产生磁罗经误差,磁罗经误差包含磁差和自差两部分。

当磁罗经仅受地磁影响时,其磁针的指北端指向地磁北极,该方向在测者地面真地平平面上的投影方向,称为磁北(Magnetic North, N_M)。以磁北为基准的航向和方位分别称为磁航向(Magnetic Course,MC)和磁方位(Magnetic Bearing,MB)。由于地理北极和地磁北极并不重合,因此地球上某点的磁北线和真北线往往不重合,从真北线向东或向西计量到磁北线的夹角叫做磁差(Magnetic Variation,Var),按 0°~180°计算。由于地质结构不均匀,使得地面上磁力线的分布相当复杂,磁差因地理位置不同而存在较大差异。磁差小的地方可为 0°,越接近地磁磁极磁差越大,最大可达 180°。所以在极区航行时,磁罗经无法使用。不仅如此,磁差还随着磁极的缓慢移动而不停发生变化,海图上一般会给出某海域近几年内磁差的平均值。另外,地下磁性矿物产生的地磁异常和太阳黑子活动等造成的磁暴都会对磁差的大小产生影响,在船舶航行时应尽可能采用新版海图查取当地的磁差资料。

除了磁差的影响以外，安装在钢制船舶上的磁罗经还受到船磁（船上钢铁受地磁磁化后形成的磁场）以及磁罗经附近的电气设备形成的电磁场的影响，使磁罗经磁针指向偏开磁北 N_M 而指向罗北 N_C。罗北偏开磁北的角度称为磁罗经自差（Deviation，记作 Dev 或 δ），它以磁北为基准，向东或向西计量到罗北线，按 0°～180°计算。磁罗经的自差会随着罗航向的改变而发生变化，还可能因船舶装载钢铁和磁性矿物、磁罗经附近的铁器、电气设备位置的改变而发生变化。因此船舶制造完毕或每隔一段时间都要对磁罗经的自差进行消磁处理，将剩余的自差制成自差表或自差曲线，供航海人员查取。

由于磁罗经受地理环境和地球磁极的影响很大，用来精确测量方位是很困难的。随着人类活动范围的不断扩大，尤其是航海事业的发展，铁壳轮船、军舰代替了木质船体，传统的磁罗经已无法在轮船军舰上正常使用，迫切需要一种能够准确指示航向的仪器。陀螺罗经就是一种能够准确寻找地理北向的导航仪器，它不像磁罗经那样敏感地磁信息，而是敏感测量和跟踪地球自转角速度，从而实现指北。

陀螺罗经（Gyrocompass）：又称电罗经，是利用陀螺仪的两个基本特性即定轴性和进动性，结合地球自转矢量和重力矢量，借助控制设备和阻尼设备而制成的提供真北基准的一种指向仪器。

磁罗经和电罗经均有指北的特性，但是由于指北原理、仪器构造及工作环境等原因，罗经刻度盘 0°所指示的方向和真北方向并不一致，在罗经刻度盘上读取的航向与方位也不是真航向和真方位。其中，磁罗经刻度盘上 0°所指方向称为罗北（Compass North，N_C）；陀螺罗经刻度盘上 0°所指方向称为陀螺北（Gyrocompass North，N_G）。以罗北为基准的航向和方位分别称为罗航向（Compass Course，*CC*）和罗方位（Compass Bearing，*CB*）；以陀螺北为基准的航向和方位分别称为陀螺航向（Gyrocompass Course，*GC*）和陀螺方位（Gyrocompass Bearing，*GB*）。罗航向、陀螺航向、罗方位与陀螺方位统称为罗经向位。

从真北线向东或向西计量到罗北的夹角称为罗经差（Compass Error），记作 ΔC，按 0°～180°计算，罗北偏在真北以东时为正（+），以西为负（-）；从真北线向东或向西计量到陀螺北的夹角称为陀螺差（Gyrocompass Error），记作 ΔG，按 0°～180°计算，陀螺北偏在真北以东时为正（+），以西为负（-）。

航向的精度对船舶安全航行十分重要。航行中用磁罗经或陀螺罗经测量的航向和方位是罗航向（*CC*）、罗方位（*CB*）或陀螺航向（*GC*）、陀螺方位（*GB*），而在海图上都是用真北作为方向基准的，因此在不同的向位之间必须进行正确的向位换算（Conversion of Directions）。

如图 3.2 所示，陀螺罗经向位换算的基本公式为：

$$TC = GC + \Delta G \qquad TB = GB + \Delta G$$

如图 3.3 所示，磁罗经向位换算的基本公式为：

$$TC = CG + \Delta C \qquad TC = CB + \Delta C$$

$$TC = MC + Var \qquad TB = MB + Var$$

$$MC = CG + Dev = TC - Var \qquad MB = CB + Dev = TB - Var$$

式中 TC——真航向；

TB——真方位。

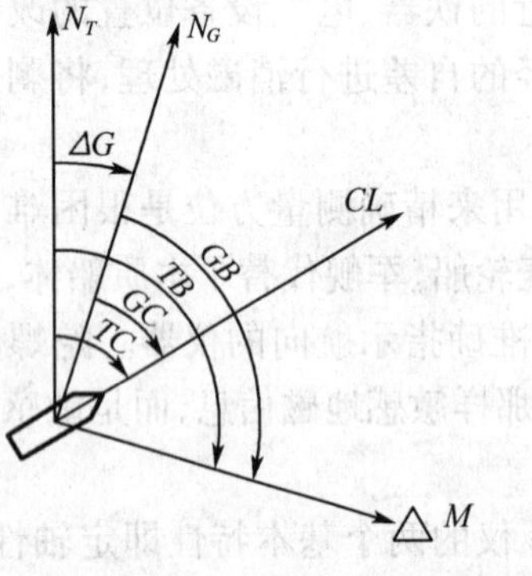

图 3.2 陀螺罗经向位换算示意图

Fig.3.2 Direction conversion of gyrocompass

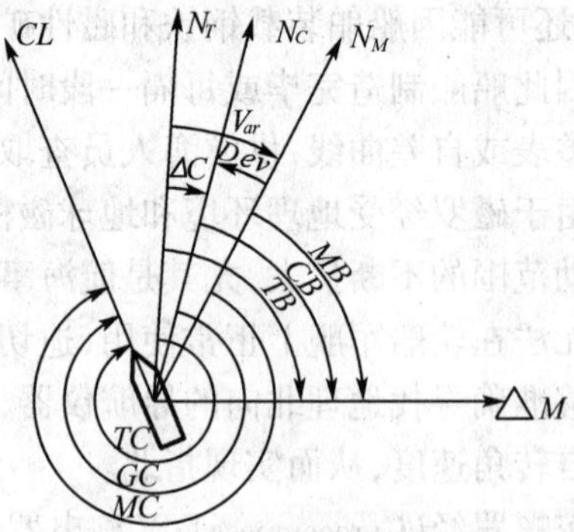

图 3.3 磁罗经向位换算示意图

Fig.3.3 Direction conversion of magnetic compass

平台罗经(Stabilized Gyrocompass)：平台罗经是将电磁控制和稳定平台结合起来的一种新型的陀螺导航设备，平台罗经采用两个二自由度陀螺仪(或三个单自由度陀螺仪)和三个加速度计构成北向水平、东向水平和方位回路。其中，方位回路和北向水平回路利用其耦合关系和合适的控制方案，实现方位与当地子午线一致、北向水平回路与当地水平一致；东向水平回路利用加速度计敏感惯性平台与当地水平的差角，形成控制信号控制陀螺仪，从而保证惯性平台水平指北，具体工作原理参见6.3节。

惯性导航系统(Inertial Navigation System)：惯性导航系统(简称惯导系统)的基本硬件配置与平台罗经相同。与陀螺罗经和平台罗经相比，惯导系统不仅可以提供高精度三维姿态信息，而且可以给出船舶相对地球的速度和位置。其原理可以描述为：如图3.4所示，利用惯性敏感器件(陀螺仪和加速度计)测量载体相对惯性空间的线运动和角运动参数，在给定的运动初始条件下，根据牛顿运动定律，推算载体的瞬时速度和位置，具体工作原理参见6.4节。

3.1.2 速度测量设备

计程仪(Log)也是非常重要的导航设备之一，它不仅能测量出船舶的速度并输出航程，还能将航速信息输入到ARPA、电子海图、综合导航仪等设备，大大提高了船舶自动化程度。计程仪的种类很多，历史也很悠久，公元3世纪三国时代东吴万震的《南州异物志》记载：在船头把木块投入海中，然后向船尾跑去，其速度要与木块同时从船头到达船尾，这就是传统的流木

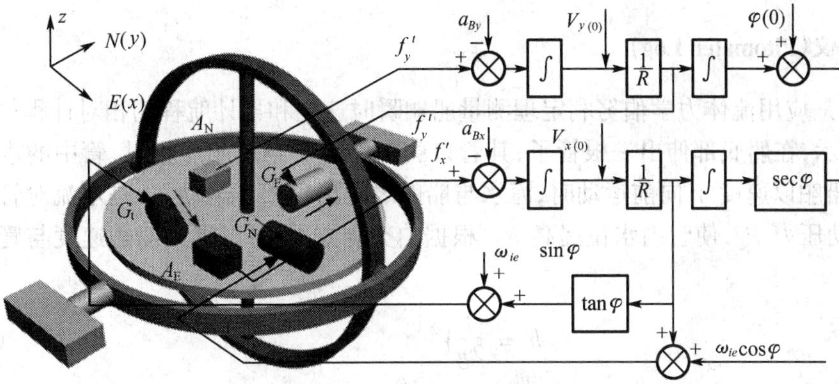

图 3.4 惯性导航系统简化原理图

Fig.3.4 The simplified principle diagram of INS

法测算航速和航程。16世纪初,荷兰的流木法用计量流木通过一个船长的时间来核算航速和航程。稍后,在一个较长的时期内使用沙漏计程法,此法是利用一个14秒或28秒的沙漏计计时,另以木板连接一根绳索,在绳索上等距打结,两结之间称为一节(Knot)。如用14秒沙漏计,两结之间距离为23英尺7.5英寸。观测每14秒内放出的节数,即表示船舶每小时航行的海里数(1海里约等于6 076英尺)。

19世纪出现近代计程仪,得到广泛使用的有梅西式和沃克式拖曳计程仪。20世纪30年代出现萨尔式水压计程仪和契尔尼克夫式转轮计程仪(Mechanical Log),50年代出现电磁计程仪,70年代研制的多普勒计程仪和声相关计程仪,在一定水深内可以直接测量船舶相对于水底的航速和航程,使计程仪发展到一个新的水平。

船用计程仪按其测量参考点不同分为相对计程仪(Relative Log)和绝对计程仪(Absolute Log)两大类。相对计程仪的测量参考点为水,其航速、航程均为相对水的测量值。绝对计程仪在航行区域海水较浅时,其测量值为相对海底的绝对值;当航行水深很深时,其发射能量不能到达海底,测量参考点只能选择浅水层,此时其测量精度受水流影响。表3.1介绍了几种常用计程仪性能指标。

表 3.1 常用的速度测量设备性能指标

Table 3.1 Performance index of the log

类 型	水压计程仪	电磁计程仪	多普勒计程仪	声相关计程仪
测速下限	3~5节	0.1节	0.01节	0.1节
测速误差	3%	1%	0.2%~0.5%	0.2%
测量参考点	相对于水	相对于水	一定水深内相对于水底	一定水深内相对于水底

1.水压计程仪(Pitometer Log)

水压计程仪是应用流体力学伯努利定理测量船舶瞬时速度和累计航程的相对计程仪。

如图3.5所示,在船底部伸出一根管子,其管口朝向船首。当船舶静止时,管中的水位与船吃水相同;当船舶以速度 V 向前运动时,海水与船舶之间出现相对运动,于是水流对管口有一压力,称其为动压力 P_d,使管内水位提高 h。根据伯努利方程,可以得到船舶速度与管内水位高度的关系为

$$h = \frac{1}{2g}V^2 \tag{3.1}$$

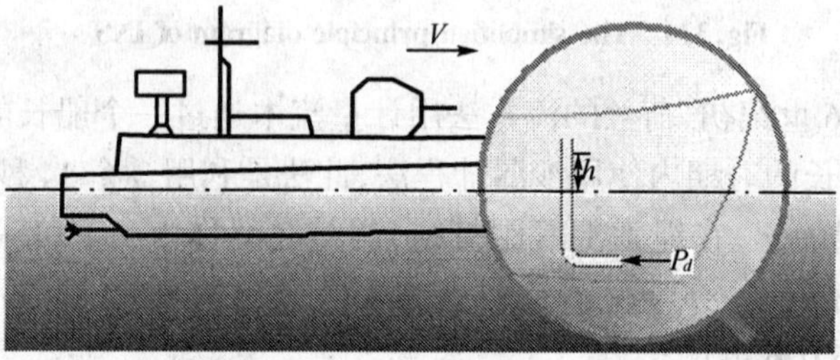

图3.5 舰船运动的动压力

Fig.3.5 Dynamic pressure caused by ship motion

设海水密度为 γ,则单位面积的动压力为

$$P_d = h \cdot \gamma = \frac{\gamma}{2g}V^2 \tag{3.2}$$

由于海水密度和重力加速度可认为是常数,因此如果能测出动压力 P_d 或水位上升高度 h,就可以测量出舰船相对海水的速度。

2.电磁计程仪(Electromegnatic Log)

电磁计程仪是根据电磁感应原理,将非电量的航速转换成电量的航速信号,从而实现船舶瞬时速度和累计航程测量的相对计程仪。

电磁计程仪一般由传感器、放大器和指示器组成。其传感器分为平面式和导杆式两种,虽然结构不同,但工作原理相同,即根据法拉第电磁感应定律,将船舶相对水的运动速度转换为感应电势,图3.6为一平面式传感器结构图,主要由倒“山”字型铁芯、激磁绕组、信号电极等组成。当船舶航行时,水流以船舶航速相反的方向流过船底,两电极之间的海水流动切割传感器磁力线,使两个电极产生感应电势

$$E_{gM} = B_M \cdot L \cdot V \qquad (3.3)$$

式中　B_M——传感器的磁感应强度；

L——两个电极的水平距离；

V——水流流速。

令 $K = 1/(B_M L)$，可得到

$$V = K \cdot E_{gM} \qquad (3.4)$$

由式(3.4)可知，传感器两电极输出的电压信号与船舶航速 V 成正比。显然，只要能测出感应电势 E_{gM}，便可测量出船舶航速 V。

电磁传感器输出的电压信号通常仅有几毫伏，且易受到外界杂散磁场的干扰，放大器的任务就是将来自电磁传感器的微弱航速信号放大，经相敏整流、干扰信号抑制和变换，输出一个与航速成正比的直流信号，送至航速表指示相应航速。

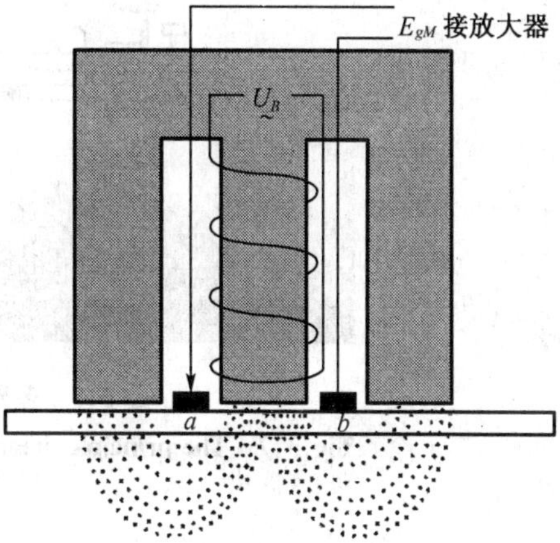

图 3.6　电磁计程仪测速原理图

Fig.3.6　The principle diagram of electro-magnetic log velocity measurement

水压计程仪和电磁计程仪均属于相对计程仪，其特点是计风不计流，即风对航速和航程的影响可以从计程仪上反映出来，而水流对航速、航程的影响则不能在计程仪上反映。当船舶航行于有水流的海区时，相对计程仪测量的航速、航程与实际值有偏差，此时应进行流速、流向的补偿，从而提高推算船位的精度。

3. 多普勒计程仪(Doppler Log)

多普勒计程仪是应用多普勒效应进行测速和累计航程的一种水声导航仪器，属于绝对计程仪。多普勒效应(Doppler Effect)是奥地利物理学家 C. J. Doppler 在 1842 年发现的一种物理现象：当声源与接收点存在相对运动时，接收点所收到的声波频率与声源频率不相同。当两者相互靠近时，接收到的频率将升高；两者相互远离时，接收到的频率将降低。接收频率与声源频率的差值 Δf 称为多普勒频移(Doppler Shift)。

多普勒频移 Δf 的大小与声源的频率 f_0、声波在介质中的传播速度 c 和声源与接收点之间的相对速度 V 有关，它们之间的关系可表示为

$$\Delta f = \frac{V}{c} f_0 \qquad (3.5)$$

根据式(3.5)，当声源频率和传播速度 c 为常数时，可通过测定多普勒频移来进行测速。如图 3.7 所示，在船底安装一个发射与接收兼用的换能器(Transducer)，换能器以 f_0 向海底发射超声波脉冲，声波束发射方向与船舶航行方向成 θ 角。

当船舶以速度 V 向前航行，换能器发出的超声波经海底反射，此时换能器接收到的反射回波经历了二次多普勒频移(海底可视为二次发射的声源)。因此所测得的多普勒频移 Δf 为

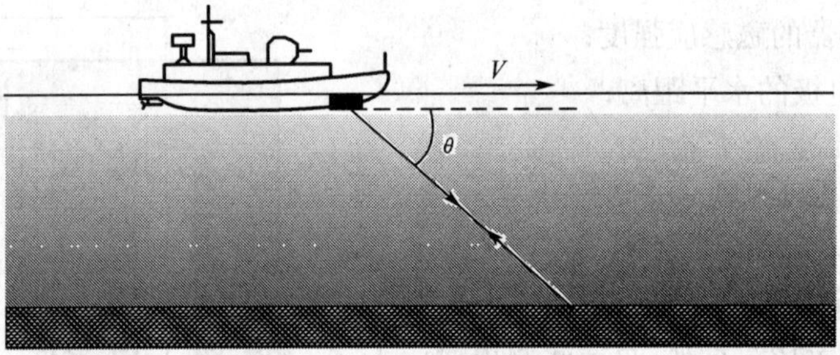

图 3.7 多普勒计程仪测速原理图

Fig.3.7 The principle diagram of Doppler log velocity measurement

$$\Delta f = \frac{2f_0 V\cos\theta}{c} \tag{3.6}$$

由此得到船舶速度为

$$V = \frac{1}{2} \cdot \frac{c}{f_0\cos\theta} \cdot \Delta f \tag{3.7}$$

上述介绍的计程仪只有一个向前发射的声波束,此类计程仪称为单波束多普勒计程仪。在实际使用中,船舶受海浪的作用,会产生垂荡运动(此运动造成短周期变化的垂向速度 u),结果会造成在波束发射方向上的合成速度为 $V\cos\theta - u\sin\theta$,此时单波束多普勒频移公式变为

$$\Delta f = \frac{2f_0}{c}(V\cos\theta - u\sin\theta) \tag{3.8}$$

为消除船舶垂向速度所产生的测速误差,船用多普勒计程仪已普遍采用多波束系统,主要有三种类型。

(1)双波束系统

又称一元多普勒计程仪(Monogenesis Doppler Log),它以相同的发射俯角同时向船首和船尾发射前后对称的两个超声波束,可以测量船舶纵向速度并累计航程,完全消除由于船舶垂向运动引入的测量误差。

朝船首向波束的多普勒频移

$$\Delta f_1 = \frac{2f_0}{c}(V\cos\theta - u\sin\theta)$$

朝船尾向波束的多普勒频移

$$\Delta f_2 = \frac{2f_0}{c}(-V\cos\theta - u\sin\theta)$$

频移差为

$$\Delta f = \Delta f_1 - \Delta f_2 = \frac{4f_0}{c} V\cos\theta \tag{3.9}$$

(2)四波束系统

换能器能向四个方向发射波束,又称二元多普勒计程仪(Dual Doppler Log),可以测量船舶纵向速度和横向速度。4个波束的取向可以有不同的配置方式,如图3.8所示的十字形配置和图3.9所示的X形波束配置。在实际应用中,十字形配置对纵向速度分量较敏感,对横向速度分量不敏感,会导致在船舶横向速度较小时难以准确测量。而使用X形配置时,可测的纵向速度范围较十字形配置大,因此实际使用时常采用X形配置。

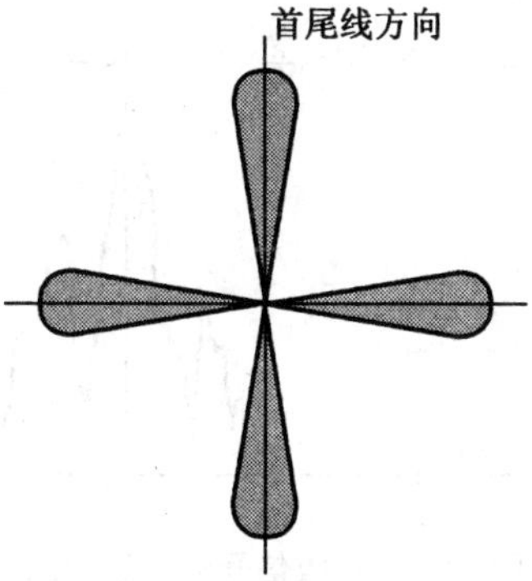

图3.8　十字形配置

Fig.3.8　The cross configuration

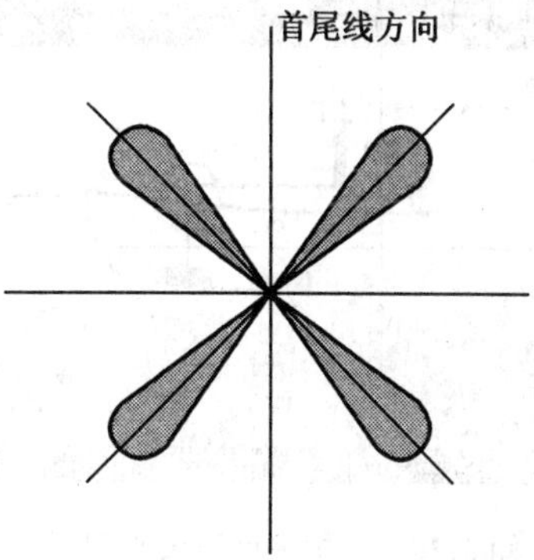

图3.9　X形波束配置

Fig.3.9　The X-shaped wave configuration

(3)六波束系统

又称三元多普勒计程仪(Ternary Doppler Log),即在船首部配置四波束换能器基础上,在船尾部增设一对向左右方向发射波束的换能器。六波束系统既能测量船舶纵向速度,又能测量船首部和尾部的横向速度。

4.声相关计程仪(Acoustic Correlation Log)

声相关计程仪是应用相关技术处理水声信息测量船舶航速并累计航程的一种水声导航仪器,属于绝对计程仪。其工作原理是通过发射和接收超声波信号,并对回波信号的幅度包络进行相关信息处理来实现测速。

如图3.10所示,在船底沿纵向等间距安装有发射换能器 T,接收换能器 R_f 和 R_a,R_f 在前,R_a 在后,其间距为定值 S。T 位于 R_f 与 R_a 中心连线的中点,并经一定时间间隔向海底发射超声波脉冲,经海底反射的回波被接收换能器 R_f 和 R_a 所接收。

对于航速为 V 的船舶,在 $t = t_1$ 时,R_f 接收来自海底反射源 A 的反射回波。经一段时间间隔 τ,R_a 也接收到来自海底同一反射源 A 的反射回波。如图3.11所示,R_f 和 R_a 两个接收换能器所接收的回波信号 $U_1(t)$和 $U_2(t)$波形几乎完全相同,所不同的是 $U_2(t)$比 $U_1(t)$在接收时间上延迟一个 τ,通过相关器便可以完成其相关函数 $R_{1,2}(\tau)$及延时 τ 的测取。

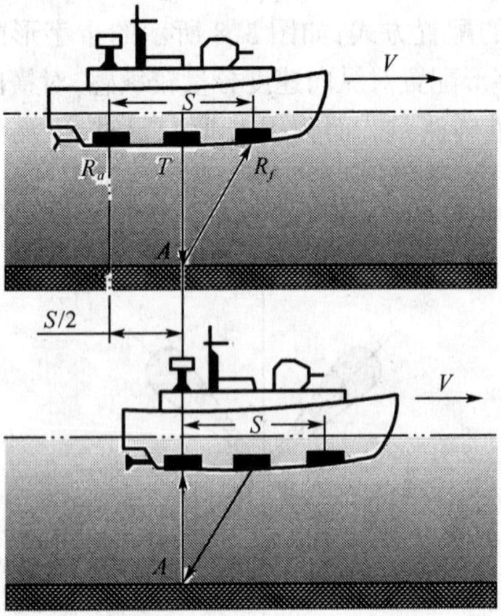

图 3.10 声相关计程仪原理图

Fig.3.10 The principle diagram of acoustic correlation log

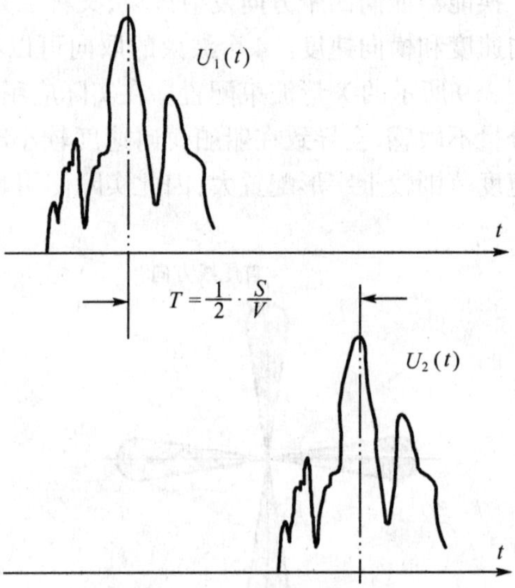

图 3.11 接收信号包络波形图

Fig.3.11 Received signal envelope oscillogram

相关函数 $R_{1,2}(\tau)$

$$R_{1,2}(\tau) = \frac{1}{T}\int_0^T U_1(t)U_2(t-\tau)\mathrm{d}t$$

由于时间间隔 τ 可以用下式表示

$$\tau = \frac{1}{2}\cdot\frac{S}{V} \tag{3.10}$$

因此根据式(3.10),应用相关技术测量得到时间间隔 τ 后,就可以求得船速 $V=S/(2\tau)$。

3.2 推算航法计算

推算航法是根据舰船航向、航程(Distance Run)和出航点所在位置(经度和纬度),利用数学公式计算或查表求取到达地点位置信息的一种推算航行方法,当然,也包括根据舰船出航点和到达点位置反求舰船航向和航程的计算。推算航法多用于大洋和机动不频繁航行时求船位,这是因为小比例尺海图作业误差大,且机动频繁将无法进行海图作业。

3.2.1　推算航法计算原理

假设舰船出航点为 $A(\varphi_1, \lambda_1)$，沿航向 K 航行 S 后，到达点 $B(\varphi_2, \lambda_2)$。由出航点和到达点之间的纬度差 $\Delta\varphi$ 和经度差 $\Delta\lambda$，可得

$$\begin{cases} \varphi_2 = \varphi_1 + \Delta\varphi \\ \lambda_2 = \lambda_1 + \Delta\lambda \end{cases} \tag{3.11}$$

由式(3.11)可以看出，要想知道到达点 B 的位置信息，只需根据已知的舰船航向 K、航速 V 和出航点位置等已知条件求出经度差和纬度差即可，这就是推算航法需要解决的最基本问题。

首先对经纬度差值与舰船航行已知条件之间相互关系进行分析和数学推导。

设地球为圆球体，舰船在地球表面航行，从出航点 A 出发，以航向 K 航行至到达点 B，恒向线 AB 的长度等于航程 S，如图 3.12 所示。

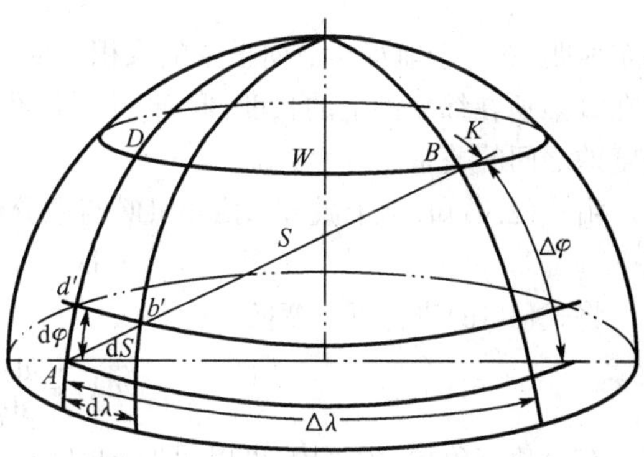

图 3.12　舰船地球表面运动航迹

Fig.3.12　The movement track of ship on the earth surface

由于地球为圆球体，舰船在地球表面的运动航程 AB 为一段圆弧，无法直接计算或测量。通常将整个航程划分成 m 个微小等份，并以 dS 表示每一等份的航程长度。当 m 很大时，dS 将变得非常短，可以近似为平面内的一条微小直线，考虑到子午线和纬度圈在地球表面垂直相交，这样便可以把上述球面三角形转化为平面内一个个以微分航程 dS、微分纬度差 $d\varphi$ 和微分东西距离 dW 这三者构成的直角三角形来分析。

取图 3.12 所示的微小直角三角形 $Ab'd'$，$Ad' = d\varphi$，$Ab' = dS$，$b'd' = dW$，Ab' 与 Ad' 的夹角为航向 K，则有

$$d\varphi = dS \cdot \cos K \tag{3.12}$$

$$dW = dS \cdot \sin K \tag{3.13}$$

到达点和出航点之间的纬度差 $\Delta\varphi$ 为子午线上的弧长 AD，它的值为微分纬度差的总和，即对式(3.12)左右两边同时取积分可以得到

$$\int_{\varphi_1}^{\varphi_2} d\varphi = \int_0^S \cos K dS$$

由于 $\int_{\varphi_1}^{\varphi_2} d\varphi = \varphi_2 - \varphi_1 = \Delta\varphi$，$\int_0^S \cos K dS = S \cdot \cos K$，则有

$$\Delta\varphi = S \cdot \cos K \tag{3.14}$$

即纬度差 $\Delta\varphi$ 等于航程与航向余弦的乘积。

东西距是舰船在纬度圈上东西方向的距离,以 W 来表示,它的值是微分东西距离 $\mathrm{d}W$ 的总和,对式(3.13)左右两边同时取积分可以得到

$$\int_0^W \mathrm{d}W = \int_0^S \sin K \mathrm{d}S$$

由于 $\int_0^W \mathrm{d}W = W, \int_0^S \sin K \mathrm{d}S = S \cdot \sin K$,则有

$$W = S \cdot \sin K \tag{3.15}$$

即东西距 W 等于航程与航向正弦的乘积。求得的东西距是出航点 A 和到达点 B 所在子午线间在 B 点所在纬度圈上的长度,但 W 并不是经度差(在赤道上的长度)。下面来分析东西距与经度差之间的关系。

由式(2.9)知,由于微分东西距 $\mathrm{d}W$ 与微分经度差 $\mathrm{d}\lambda$ 存在以下关系

$$\mathrm{d}\lambda = \mathrm{d}W / \cos\varphi \tag{3.16}$$

将式(3.16)进行以下变换

$$\mathrm{d}\lambda = \frac{\mathrm{d}W}{\mathrm{d}\varphi} \cdot \frac{\mathrm{d}\varphi}{\cos\varphi} \tag{3.17}$$

在直角三角形 $Ab'd'$ 中,可以得到 $\mathrm{d}W/\mathrm{d}\varphi = \tan K$,此时式(3.17)转变为

$$\mathrm{d}\lambda = \tan K \cdot \frac{\mathrm{d}\varphi}{\cos\varphi} \tag{3.18}$$

对式(3.18)左右两边同时取积分

$$\int_{\lambda_1}^{\lambda_2} \mathrm{d}\lambda = \int_{\varphi_1}^{\varphi_2} \tan K \cdot \frac{\mathrm{d}\varphi}{\cos\varphi} = \tan K \int_{\varphi_1}^{\varphi_2} \sec\varphi \cdot \mathrm{d}\varphi \tag{3.19}$$

令

$$\int_{\varphi_1}^{\varphi_2} \sec\varphi \cdot \mathrm{d}\varphi = D_2 - D_1 = \Delta D \tag{3.20}$$

由于 $\int_{\lambda_1}^{\lambda_2} \mathrm{d}\lambda = \lambda_2 - \lambda_1 = \Delta\lambda$,则式(3.19)转变为

$$\Delta\lambda = \tan K \cdot \Delta D \tag{3.21}$$

我们称 ΔD 为以赤道海里为单位的渐长纬度差,D_1,D_2 分别为 φ_1,φ_2 的渐长纬度。经度差 $\Delta\lambda$ 等于渐长纬度差与航向正切值的乘积。

综合上面的分析可知,求解到达点经度和纬度的计算方法和顺序为:

(1)根据已知舰船的航向 K 和航程 S,采用式(3.14)计算求得纬度差 $\Delta\varphi$;

(2)根据舰船出航点的纬度值 φ_1,采用式(3.11)计算到达点的纬度值 φ_2;并将 φ_1,φ_2 代入式(3.20)计算渐长纬度差 ΔD;

(3)根据式(3.21)求解经度差 $\Delta\lambda$;在已知船舶出航点的经度值 λ_1 的基础上,采用式(3.11)计算到达点的经度值 λ_2。

当舰船航行的纬度差较大,或者跨赤道航行,或者对纬度差计算精度要求较高时,计算渐长纬度采用如下公式来计算

$$\Delta D = \int_{\varphi_1}^{\varphi_2} \sec\varphi \cdot \mathrm{d}\varphi = \ln\tan\left(45° + \frac{\varphi_2}{2}\right) - \ln\tan\left(45° + \frac{\varphi_1}{2}\right) \tag{3.22}$$

在经度差的计算过程中,还可以通过引入中分纬度的方法来进行计算。由于 $\sec\varphi$ 在 $\left(-\frac{\pi}{2},\frac{\pi}{2}\right)$ 区间内连续,且在 $\left(-\frac{\pi}{2},0\right)\left(0,\frac{\pi}{2}\right)$ 区间内单调变化,根据中值定理,在单调区间内,φ_1 与 φ_2 之间一定存在唯一的一点 φ_n,使得下式成立

$$\int_{\varphi_1}^{\varphi_2} \sec\varphi \cdot \mathrm{d}\varphi = \sec\varphi_n(\varphi_2 - \varphi_1) = \sec\varphi_n \cdot \Delta\varphi \tag{3.23}$$

对比式(3.20)和式(3.23)可以得到

$$\Delta D = \sec\varphi_n \cdot \Delta\varphi \tag{3.24}$$

即

$$\sec\varphi_n = \frac{\Delta D}{\Delta\varphi} \tag{3.25}$$

其中,φ_n 称为中分纬度,根据式(3.25)可知,它的正割值等于渐长纬度差与纬度差的比值。

将式(3.14),式(3.21)与式(3.24)联立,可以得到

$$\Delta\lambda = S \cdot \sin K \cdot \sec\varphi_n \tag{3.26}$$

此时,经度差 $\Delta\lambda$ 等于航程、航向正弦值和中分纬度正割值三者的乘积。

为了简便起见,在一般船舶航海计算时,特别是在舰船的航程较短、航行地区纬度较低时,多采用平均纬度 φ_m 来代替中分纬度进行计算。平均纬度的定义为

$$\varphi_m = (\varphi_1 + \varphi_2)/2 \tag{3.27}$$

此时,计算经度差的公式变为

$$\Delta\lambda = S \cdot \sin K \cdot \sec\varphi_m \tag{3.28}$$

与采用中分纬度相比,采用平均纬度计算经度差在一定范围内所引起的误差较小,在低纬($\varphi_m \leqslant 20°$)纬度差不超过 20°或高纬($\varphi_m > 60°$)纬度差不超过 10°、航程不超过 600 n mile 的情况下,计算的经度差不超过 4.6‰。

上述公式的推导是把地球当作圆球体来分析的,不可以用椭球体的渐长纬度带入计算,否则在低纬度地区计算将会出现较大的误差。

舰船以两个或两个以上的多航向航行时,计算到达点的位置不再采用简单的计算方法,而采用组合计算方法或复杂计算方法来进行分析。当舰船各个航向上航程不太长时,采用组合计算方法;当舰船每个航向上航程很长时,采用复杂计算方法。与简单计算方法相比,组合计

算方法应先求出各个航向上纬度差的代数和,即总纬度差,同时求出各个航向上的东西距代数和,即总东西距,再采用平均纬度求出经度差,最后计算到达点位置;复杂计算方法则需要计算每个航向转向点的纬度差和东西距,并计算出经度差,经度差的代数和称为总经度差,按总纬度差和总东西距差求得的至到达点航向叫总航向,总航向上起点和终点间的航程称为总航程。

推算航法需要解决的另一个常见问题是根据已知舰船出航点和到达点的位置反求舰船航向和航程,根据前面的分析可以得到其计算顺序为:

(1)根据出航点和到达点的位置采用式(3.11)反求出纬度差 $\Delta\varphi$ 和经度差 $\Delta\lambda$,同时采用式(3.27)求出平均纬度 φ_m;

(2)采用式(3.24)或直接采用式(3.22)计算得到渐长纬度差 ΔD;

(3)根据式(3.21)所示关系求得航向 K,再利用式(3.14)或式(3.28)求得航程 S。

3.2.2 在风、流中推算航法计算

舰船在海上航行不可避免地要受到风、流等因素的影响,使舰船偏离计划航线和改变预定的航速。为了保证舰船航海安全和完成战斗、训练任务,必须研究风、流对舰船航行的具体影响,解决在风、流影响下推算航法计算的理论和方法等问题。

1.风对舰船航行的影响

舰船在风中航行时,由于受到风向和风力的影响,舰船会在计划航线和预定航速上产生不同程度的偏离。通常,舰船在顶风或顺风航行时,航行方向上的偏离很小,主要影响航速;在横风中航行时,主要使航行方向发生偏离;而在既不是顶风、顺风,又不是横风中航行时,则对舰船航行方向和航速都将产生偏离影响。

如图 3.13 所示,舰船以航速 $\boldsymbol{V}$ 航行,风以风速 $\boldsymbol{U}$ 作用于舰船上,形成视风矢量 $\boldsymbol{W}$。

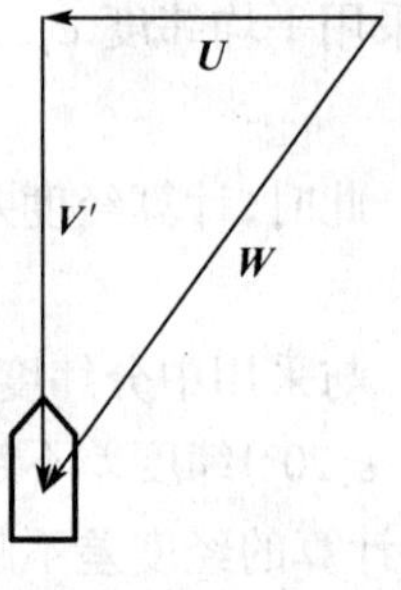

图 3.13 视风矢量图
Fig.3.13 Vector diagram of apparent wind
V′—与航速矢量 V 相反的矢量

舰船受视风矢量 $\boldsymbol{W}$ 的作用,产生对水的速度矢量 $\boldsymbol{V}_W$,我们称之为漂移速度。一般由于舰船外形结构复杂且不规则,漂移速度 $\boldsymbol{V}_W$ 的方向与视风矢量 $\boldsymbol{W}$ 不一致。漂移速度 $\boldsymbol{V}_W$ 可以分解为 $\boldsymbol{V}_{Wx}$, $\boldsymbol{V}_{Wy}$ 两个分量, $\boldsymbol{V}_{Wx}$ 使舰船偏离计划航线, $\boldsymbol{V}_{Wy}$ 使舰船预定航速改变。舰船在风力和自身推力的合力作用下实际速度为漂移速度 $\boldsymbol{V}_W$ 和自身航速 $\boldsymbol{V}$ 的合速度 $\boldsymbol{V}_\alpha$,称为风中航速。实际风中航行的轨迹称为风中航迹线,即图 3.14 中的 OA。舰船在风中航行是沿风中航迹线的,但因其操纵的航向未变,其首尾方向仍然保持在真航向线方向不变。

风中航迹线与真北线的夹角称为风中航迹向,用 K_α 来表示;风中

航迹线与真航向线的夹角称为风压差角,用 α 来表示。真航向 K、风中航迹向 K_α 与风压差角 α 之间具有如下关系

$$\alpha = K_\alpha - K \tag{3.29}$$

采用式(3.29)计算风压差角时,若左舷受风,则风中航迹向偏向航向线的右边,$K_\alpha > K$,α 取正,反之为负。风压差角反映了舰船在风中航行时风对其航向的影响,风压差角的大小主要与以下因素有关。

(1)风舷角　风向与航向线间的夹角为风舷角,以船首为 0°,向左、右各计算到 180°。顶风(左右 0°~10°),顺风(左右 170°~180°),风压差为零。正横风(左右 80°~100°内)时风压差角最大。

(2)风速　风速越大,风压差角就越大,反之越小。

(3)航速　航速越大,风压差角就越小,反之越大。

(4)船体形状　干舷高、吃水浅、平底的舰船,风压差角大,反之则小。

风对舰船航行速度的影响,通常顶风航行时,舰船实际航速会降低;顺风航行时,舰船航速会增加;其他风舷角情况下,对舰船航速的影响介于两者之间。但是当风浪较大时,由于波浪对舰船航行的阻力增大,因此即使舰船顺风航行,实际航速也会降低,此外还将伴随舰船偏荡现象的产生,如图 3.15 所示。

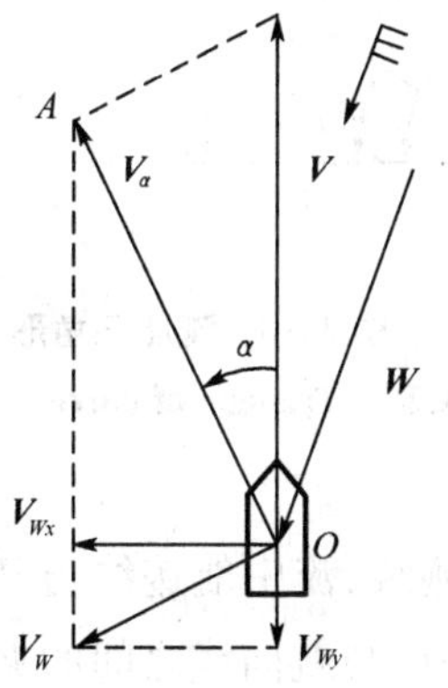

图 3.14　风压差

Fig.3.14　Angle of leeway

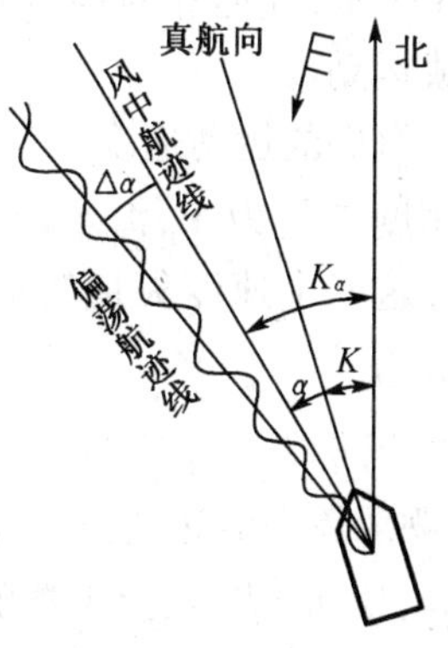

图 3.15　偏荡航迹

Fig.3.15　Yawing track

舰船偏荡是由于风对舰船航向影响而产生的航迹和航速偏差。舰船在大风浪中航行,依据航向操舵时,由于受到大风浪的影响,使船首在预定的航向线两侧产生左右剧烈摆动,而且在一般情况下,船首向左和向右摆动的幅度和时间不等,从而造成航迹偏差和航速降低的偏荡现象。舰船偏荡现象比较复杂,它与舰船结构和操舵手在风浪中操舵的习惯等因素有关。通常,风浪从正横之前来,舰船表现为顺风偏;风浪从正横之后来,舰船则表现为逆风偏,但有时

也会出现与上述相反的现象。

由于舰船偏荡产生的风压差角误差，称为偏航角 $\Delta\alpha$，它是舰船偏荡航行中实际航行轨迹线（即偏荡航迹线）与风中航迹线的夹角，它在一定程度上反映了舰船偏荡的摆动程度。在实际的航行中，常将偏荡角合并在风压差角里加以考虑。

舰船偏荡对舰船航速的影响是显著的，在浪高超过 3 m(5 级浪)时，无论顺逆风，航速都要降低；浪高超过 3.5 m(6 级浪)时，航速明显下降。

2.流对舰船航行的影响

海流是海洋中水团的移动，漂流在水面上的一切物体都将随着海流的方向按流速的大小而移动，这里就涉及到海流的两个要素：流向和流速。流向是海流流去的方向与真北的夹角，以度(°)表示；流速表示的是海水相对海底的流动速度。一般在航海上，按照海流的稳定性不同将流分为潮流、定海流和风生流三种，各种海流都有各自的特点，且都随着海水深度的不同而有所变化。

舰船在流中航行时，实际上存在三种运动：舰船相对海水的运动，海水相对海底的运动和舰船相对海底的运动，这三种运动构成一个矢量三角形，如图 3.16 所示，舰船相对海底的运动是前两种运动的合成运动。

设舰船对海底的运动速度矢量为 $\boldsymbol{V}_\beta$，舰船对海水的运动速度矢量为 $\boldsymbol{V}$，海水对海底的运动速度矢量为 $\boldsymbol{V}_c$，这三个速度矢量构成流压三角形，其矢量关系式为

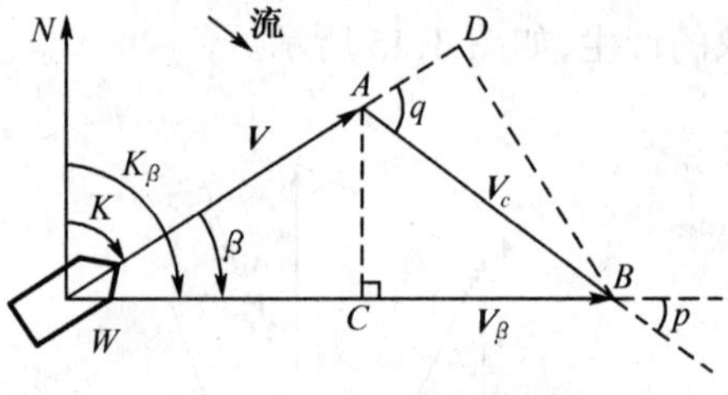

图 3.16 流压三角形

Fig.3.16 Triangle of current pressure

$$\boldsymbol{V}_\beta = \boldsymbol{V} + \boldsymbol{V}_c \tag{3.30}$$

$\boldsymbol{V}_\beta$ 即为舰船流中航速，它所指的方向即为舰船流中航迹线，流中航迹线与真北的夹角称为流中航迹向，用 K_β 表示；由于流的影响所造成的流中航迹线与航向线之间的夹角称为流压差角，用 β 表示，它与航向角 K 和流中航迹向角 K_β 的关系为

$$\beta = K_\beta - K \tag{3.31}$$

流压差角反映了舰船在流中航行时流对其航向的影响。计算流压差角时，以航向线为基准，左舷受流，流中航迹向偏在航向线的右边，$K_\beta > K$，β 取正，反之为负。舰船在流中航行是沿流中航迹线运动的，但因其操纵的航向未变，其首尾方向仍然保持在真航向线方向不变。

流压三角形包括有流向、流速和舰船航向、航速、流中航迹向和流中航速六个要素。只要知道其中的任意四个要素，就可以根据流压三角形所示关系求出另外两个要素。解算流压三角形是解决流中航行绘算问题的基本算法，这类问题主要分为两类。

(1)计算流压问题,即已知舰船航向、航速和海流流向、流速,求解舰船流中航迹向和流中航速问题,可采用作图法、计算法和实际测定法来求解。

(2)修正流压问题,它是计算流压问题的逆运算,又分为两种情况:一是已知舰船流中航迹向、航速和海流流向、流速,求解舰船航向和流中航速问题;二是已知舰船流中航迹向、流中航速和海流流向、流速,求解舰船航向和航速问题,可采用作图法和计算法来求解。

下面将主要对上述计算流压和修正流压这两类问题的计算方法进行具体介绍。

首先分析流压三角形中各矢量之间的相互关系。在如图 3.16 所示的流压三角形△*WAB* 中,从流速矢量 *AB* 的两个端点 *A*,*B* 分别作流中航迹线 *WB* 和航向线 *WA* 的垂线 *AC* 和 *BD*,其交点分别为 *C*,*D*,并设海流流向与舰船航向的夹角为 q,海流流向与舰船流中航迹向的夹角为 p,则有

$$\begin{cases} V_\beta \cos\beta = V + V_c \cos q \\ V_\beta \sin\beta = V_c \sin q \\ V\sin\beta = V_c \sin p \end{cases} \tag{3.32}$$

令 $m = V_c / V$, $k = V_\beta / V$,将式(3.32)中各分式左右两边同时除以 V,可以转化为

$$k\cos\beta = 1 + m\cos q \tag{3.33}$$

$$k\sin\beta = m\sin q \tag{3.34}$$

$$\sin\beta = m\sin p \tag{3.35}$$

将式(3.34)和式(3.33)相除得到

$$\tan\beta = \frac{m\sin q}{1 + m\cos q} \tag{3.36}$$

将式(3.33)和式(3.34)两式分别平方后相加,再开方得到

$$k = \sqrt{1 + 2m\cos q + m^2} \tag{3.37}$$

这样,在求解计算流压问题时,由于已知舰船航向 K、航速 V、海流流向和流速 V_c,便可以知道海流流向与舰船航向的夹角 q,再根据 V_c/V 得到 m;然后根据式(3.36)和式(3.37)计算出 k 和流压差角 β;在得到 k 和 β 的值之后,便可以采用式(3.32)和 m,K 计算出舰船流中航迹向角 K_β 和流中航速 V_β。

在求解修正流压问题时,若已知舰船流中航迹向 K_β、航速 V、海流流向和流速 V_c,求解舰船航向 K 和流中航速 V_β,其计算顺序为:

(1)根据舰船流中航迹向和海流流向得到夹角 p,再由 V_c/V 得到 m;

(2)根据式(3.35)计算出流压差角 β,再采用式(3.31)计算舰船航向 K;

(3)根据舰船航向 K 求出它与海流流向的夹角 q,采用式(3.37)计算得到 k,最后由 K,V 计算得到舰船流中航速 V_β。

由于在流压三角形中,舰船流中航迹向和海流流向夹角 p、舰船航向和海流流向夹角 q 与

流压差角β之间满足$q=\beta+p$。因此,若已知舰船流中航迹向$\boldsymbol{K}_\beta$、流中航速$\boldsymbol{V}_\beta$和海流流向、流速$\boldsymbol{V}_c$,可求解舰船航向K和航速,其计算顺序为:

(1)根据已知条件求出角p,将式(3.32)中的$\boldsymbol{V}_\beta\sin\beta=\boldsymbol{V}_c\sin q$与$q=\beta+p$联立求解得到角$q$和流压差角$\beta$;

(2)采用式(3.31)计算舰船航向K;

(3)将β,p和流速$\boldsymbol{V}_c$代入式(3.32)中的$\boldsymbol{V}\sin\beta=\boldsymbol{V}_c\sin p$,计算得到舰船航速$\boldsymbol{V}$。

3.风、流对舰船航行的综合影响

舰船在航行过程中,往往伴随着风和流的综合作用影响,研究风、流对舰船运动的综合影响具有非常实际的指导意义。风和流对舰船航行的综合影响如图3.17所示。

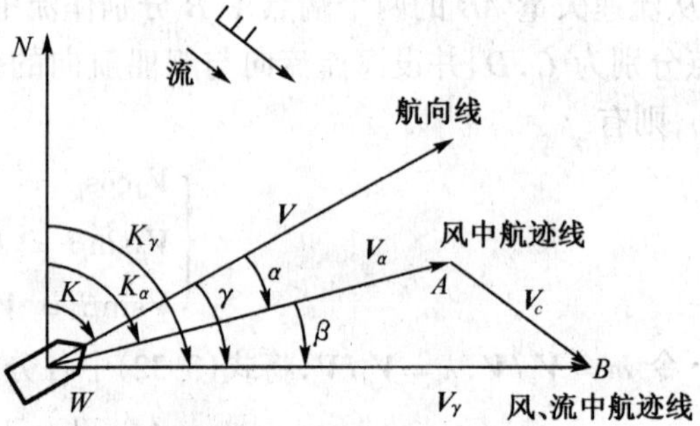

图3.17 风和流对舰船航行的综合影响

Fig.3.17 The comprehensive influence by wave and current on ship movement

舰船以航向K、航速$\boldsymbol{V}$相对海水运动,受到风的作用而产生风压差角α,使航速和航向改变;以风中航迹向K_α和风中航速$\boldsymbol{V}_\alpha$相对海水运动,再受到流的作用使舰船又产生流压差角β,使航向和航速再次发生变化,最后舰船在风、流的综合影响下,产生了风、流合压差角,并沿风、流中航迹线航行。风、流中航速是舰船沿风、流中航迹线的速度,采用$\boldsymbol{V}_\gamma$表示,风、流合压差角是风、流中航迹线与航向线的夹角,采用γ表示,风、流中航迹向是风、流中航迹线与真北的夹角,采用K_γ表示。风、流合压差角满足

$$\gamma=\alpha+\beta=K_\gamma-K \tag{3.38}$$

计算风、流合压差角γ时,以舰船航向线为基准,风、流中航迹线偏在航向线的右边,γ取正,反之取负。舰船在风、流的综合影响下,虽然沿着风、流中航迹线运动,但是由于其操纵的航向未变,其首尾方向仍然保持在真航向线方向不变。

同样,解决风、流中舰船航行绘算问题也分为计算风、流压和修正风、流压两类。计算风、流压是在已知真航向、风和流要素的情况下,求风、流中航迹向和风、流中航速。首先根据风的要素计算风压差,得到风中航迹向和风中航速;再根据流的要素计算出风、流中航迹向和风、流中航速。如果需要,还可以根据风、流中的航速、航迹向及起始点的位置计算得到推算船位坐标。修正风、流压是计算风、流压的逆运算,即在已知风、流中航迹向和风、流要素条件下,求真航向和风、流中航速。通常是先计算出风中航迹向,再根据风的要素计算出风压差,二者的差值就是真航向。在计算风中航迹向过程中,根据流压三角形$\triangle WAB$的关系可以得到风、流中航速。

舰船在风和流的综合影响下航行时，航海人员需要掌握舰船航迹向和航速。在定向定速航行时，用连续测陆标等方法可求出风、流压差和航迹向。

3.2.3　风、流压差的测算

舰船在风、流综合影响下航行时，会产生风、流压差，准确掌握风、流压差对提高航迹推算精度至关重要。只要条件允许，应尽量通过实际观测求取风、流压差，从而提高推算精度。

舰船一般是在有风、流影响的情况下航行，此时将产生风、流合压差 γ。如果舰船航行在有风无流的水域，则该差值就是风压差 α；而当舰船在有流无风的水域航行时，该差值就是流压差 β。航海上通常实测航迹向来确定风、流压差，常用的测量方法有以下几种。

1.连续观测定位法

如图 3.18 所示，连续观测定位法是在一定时间内，连续测出 3～5 个观测船位，根据平差法用直线连接各实测船位（使各观测船位点到该直线的距离平方和为最小值），该直线即为船舶在这段时间内的实际航迹，其方向为实际航迹向。此时风、流压差的测算结果为

$$\gamma = CG - TC \tag{3.39}$$

2.叠标导航法

如图 3.19 所示，A 和 B 点为一组方位叠标的前后两个标志，两标连线的延伸线为叠标的引导线（Leading Line）。操纵船舶沿该叠标线航行，则该引导线即为船舶的实际航迹线，引导线与船舶航向线 TC 的夹角即为风、流压差 γ。

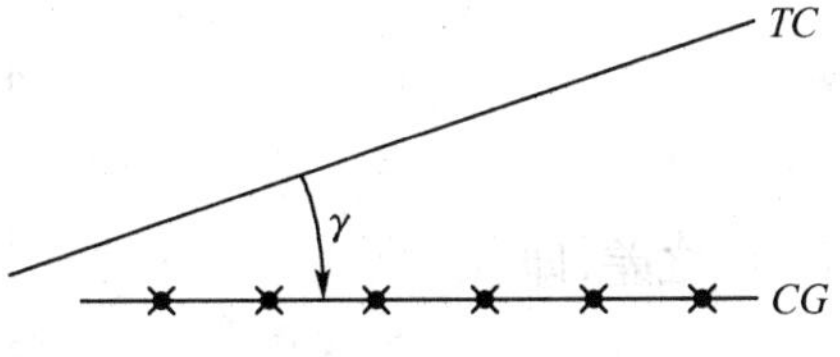

图 3.18　连续观测定位法

Fig.3.18　Continuous observation locating method

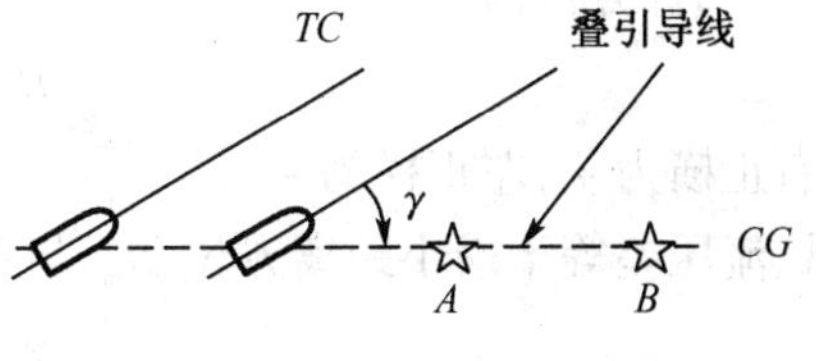

图 3.19　叠标导航法

Fig.3.19　Range mark navigation method

3.雷达观测法

如图 3.20 所示，雷达屏幕上的船首标志线代表船首线。通过观测某一孤立的固定点状物的运动轨迹来确定船舶航迹向，即在无风、流时，回波轨迹线在屏幕上的轨迹应与船首标志线

平行;而当回波与船首标志线存在夹角时,说明风、流压差不为零。

在一段时间内,由物标回波点 $a_1, a_2, a_3, \cdots$可以确定一条运动轨迹,转动方位标尺使其与回波轨迹线平行,则方位标尺在固定刻度盘上所示的读数即为风、流压差 γ。

4.最小距离方位与正横方位法

如图 3.21 所示,物标的最小方位为

$$B_{\min} = CG \pm 90° \tag{3.40}$$

式中,右舷物标为 +,左舷物标为 -。

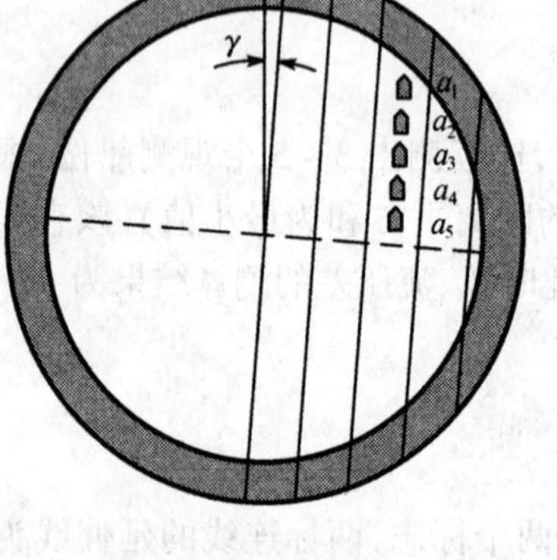

图 3.20 雷达观测法

Fig.3.20 Radar observation method

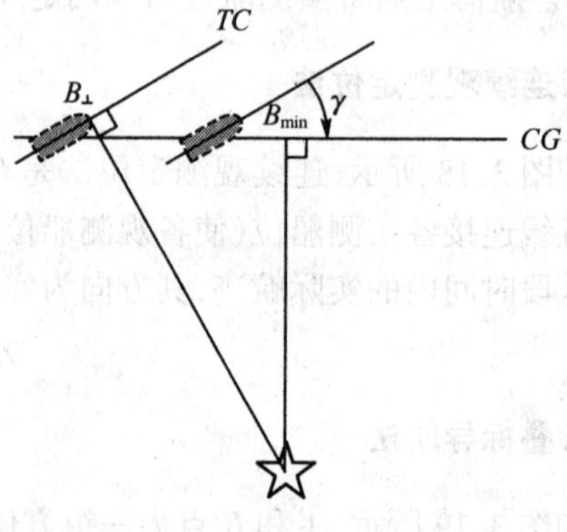

图 3.21 最小距离方位与正横方位法

Fig.3.21 Minimum distance bearing and beam bearing method

正横物标方位为

$$B_{\perp} = TC \pm 90° \tag{3.41}$$

式中,右正横为 +,左正横为 -。

风、流压差等于最小距离方位 $B_{\min}$与正横物标方位 $B_{\perp}$之差,即

$$\gamma = B_{\min} - B_{\perp} \tag{3.42}$$

测量时,首先在物标正横前连续观测物标的方位和距离,并在物标正横时测定其方位。再根据一系列的物标方位,推断出物标的最小距离方位,进而可以根据式(3.42)求得风、流合压差 γ。

物标最小距离方位与正横方位法求实际航迹向或风、流压差,在传统的航海实践中运用较为普遍,特别是在沿岸航行中,当可见的物标较少时,不失为一种较好的方法。

5.单标三方位求航迹向法

当船舶航行海区有一可供观测其方位的固定物标时,不论其坐标是否已知,若采用匀速航行，间隔一定时间观测该物标的三个方位，即可求出风、流合压差和航迹向。

如图3.22所示，M为可视范围的物标，ABC为实际航迹，V为航速，B_1M，B_2M，B_3M为观测物标M的三条方位线，T_1，T_2是三次观测的间隔时间。

作直线abc平行于ABC，由△Mab及△Mbc可以得到

$$Mb = \frac{ab\sin(q_2 - \theta_1)}{\sin\theta_1} = \frac{bc\sin(q_2 + \theta_2)}{\sin\theta_2} \tag{3.43}$$

根据图3.22可知

$$\frac{ab}{bc} = \frac{AB}{BC} = \frac{VT_1}{VT_2} = \frac{T_1}{T_2} \tag{3.44}$$

代入式(3.43)展开，可求得

$$\cot q_2 = \frac{T_1}{T_1 + T_2}\cot\theta_1 - \frac{T_2}{T_1 + T_2}\cot\theta_2 \tag{3.45}$$

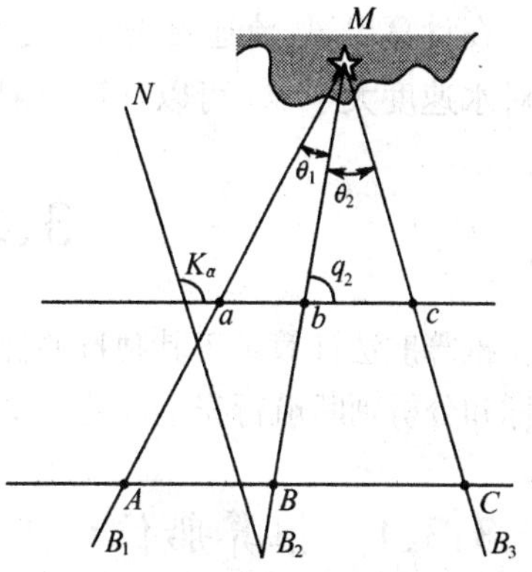

图3.22　单标三方位求航迹向法

Fig.3.22　Ship track calculation method by single mark with three bearings

其中，T_1，T_2已知，θ_1，θ_2分别为相邻两次观测物标的方位差，也是已知的。由△NB_2b可得航迹向

$$K_\alpha = \angle NB_2M + \angle q_2 \tag{3.46}$$

式中，物标在左舷时q_2为正，物标在右舷时q_2为负。

根据求得的航迹向K_α和船舶航向K可求得风、流合压差为

$$\gamma = K_\alpha - K \tag{3.47}$$

以上方法都是在实际航海中用来测量风、流压差大小的，但这些方法都无法测量风、流矢量的大小。

如果船舶航行在无风、流影响的水域，船舶对地速度矢量将与船舶对水速度矢量完全一致。但实际中，它们两者是不一致的，这就是风和流合力作用的效果。所以，可将船舶对地速度矢量与船舶对水速度矢量的差，近似地认为是风、流对船舶作用的速度矢量。

设船舶对地速度矢量为$\boldsymbol{V}_{地}(V_{地}, C_{地})$，船舶对水速度矢量为$\boldsymbol{V}_{水}(V_{水}, C_{水})$，则风、流速度矢量$\boldsymbol{V}_{风、流}(V_{风、流}, C_{风、流}) = \boldsymbol{V}_{地}(V_{地}, C_{地}) - \boldsymbol{V}_{水}(V_{水}, C_{水})$。

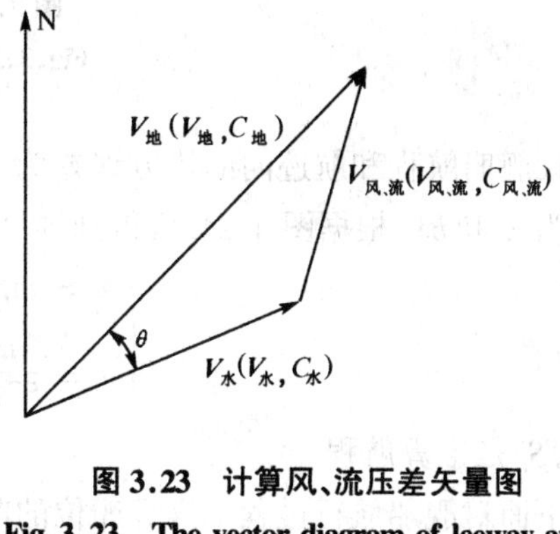

图3.23　计算风、流压差矢量图

Fig.3.23　The vector diagram of leeway angle

在图3.23中，可以利用三角形正弦和余弦定律解算风、流速度矢量三角形，图中θ为$\boldsymbol{V}_{水}$与

$\boldsymbol{V}_{地}$ 的夹角；λ 为 $\boldsymbol{V}_{地}$ 与 $\boldsymbol{V}_{风、流}$ 的夹角。

在计算出风、流速度矢量 $\boldsymbol{V}_{风、流}$（$V_{风、流}$，$\boldsymbol{C}_{风、流}$）之后，根据船舶航迹方向 $\boldsymbol{C}_{地}$ 和计程仪提供的对水速度大小 $V_{水}$ 可以计算出船舶最佳艏向 $C_{水}$。

3.3 推算航行误差

推算航法计算由于其独特的优点，目前依然是舰船导航的基本航行算法之一，它是舰船辨认目标和分析判断航行安全性的主要依据之一，因此有必要对推算航行的误差进行分析和研究。

3.3.1 推算船位误差分析及精度估计

舰船航行时，按照舰船航迹向和航程，采用推算航法可以获得舰船任意时刻的推算船位。推算船位误差就是某时刻推算船位至该时刻真实船位间的距离误差，如图 3.24 所示。它的产生可能是由于系统误差造成的，也可能是由于偶然随机误差造成的。对于系统误差将在下一节中单独介绍，本节研究的是由偶然误差造成的推算船位误差，这类误差分为以下两种。

(1)前后误差：由推算航程不准确而引起的船位沿推算航迹方向的偏移，称为前后误差，若以均方误差表示，则称为前后均方误差。

(2)左右误差：由推算航迹向不准确而引起的船位沿推算航迹线垂直方向的偏移，称为左右误差，若以均方误差表示，则称为左右均方误差。

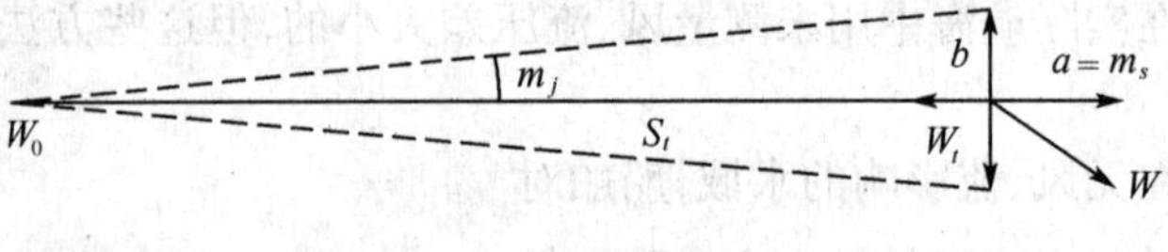

图 3.24 推算船位误差

Fig.3.24 DR position error

设舰船航程和航迹向的均方误差为 m_s 和 m_j，推算产生的前后均方误差和左右均方误差分别为 a 和 b。根据图 3.24，可得到推算船位前后和左右均方误差的通式

$$\begin{cases} a = m_s \\ b = \dfrac{m_j}{57.3°} \cdot S_t = \dfrac{m_j}{57.3°} \cdot VT \end{cases} \tag{3.48}$$

式中，S_t 是推算航程。

下面对舰船航行过程中推算船位的前后误差和左右误差进行具体分析及精度估计。

1.前后误差

前后误差主要是由计程仪修正率误差、航速误差以及风、流影响在推算航速方向上的误差所引起的。

计程仪修正率定义为

$$\Delta L = \frac{S - (L_2 - L_1)}{L_2 - L_1} \times 100\% \tag{3.49}$$

式中　L_1, L_2——t_1, t_2 时刻计程仪的读数；

S——对应于 $t_2 - t_1$ 时间间隔舰船航行的航程。

计程仪修正率误差所引起的前后误差与航程成正比。设计程仪修正率均方误差为 $m_{\Delta L\%}$，航程为 S_t，则引起的前后均方误差 a_1 为

$$a_1 = m_{\Delta L\%} \cdot S_t \tag{3.50}$$

一般来讲，在测速场测定的计程仪修正率均方误差大约为 ±0.5%，但在实际的使用过程中，它的值随着机械电气性能变化和时间推移会发生变化，所以实际计程仪修正率均方误差应视仪器情况、修正率测定精度及正式测定后使用的时间长短而定，一般可取 ±(1.0% ~ 2.0%)。由于计程仪能够记录风对舰船航行的影响，故在使用计程仪推算前后误差时，不必另行计算，直接使用计程仪修正率误差计算即可，但是由大风浪引起的船体摇摆会加大计程仪修正率误差，此时应适当加大计程仪修正率误差值计算。此外，若计程仪修正率均方误差有很大的变化，应通过经常检查的方式及时发现并进行测定与消除。

航速误差所引起的前后误差与航程成正比，其均方误差关系式与计程仪修正率误差相似。设航速相对均方误差为 $m_{V\%}$，航速绝对均方误差为 m_V，航程为 S_t，航速为 V，则引起的前后均方误差 a_2 为

$$a_2 = m_{V\%} \cdot S_t = m_{V\%} \cdot VT = m_V T \tag{3.51}$$

航速相对均方误差值视情况而定，一般取 ±(2.0% ~ 3.0%)。

舰船在流中航行时，受海流的影响会产生流压差角，使舰船的航迹向和航速发生变化。虽然各地海流不同，且随时间变化，但是通常认为短时间内流速和流向是常值，一般每小时推算一次。流中推算航行通常从海图预报图表中查得流向和流速。一般沿岸海流预报值精度较高，远海海流预报值精度则要低。

设流速均方误差为 m_{V_c}，根据式(3.48)，得到每小时流速误差产生的前后误差 a_c 为

$$a_c = m_{V_c} \tag{3.52}$$

一般沿岸航行时每小时流速误差可取 ±(0.2 ~ 0.4)节，由于每小时海流推算船位误差是相互独立的，故可以求出舰船流中航行 T 小时内海流推算的前后均方误差 a_3 为

$$a_3 = \sqrt{a_{c1}^2 + a_{c2}^2 + \cdots + a_{cT}^2} \tag{3.53}$$

设使用资料为等精度的,即 $a_{c1}=a_{c2}=\cdots=a_{cT}$,则式(3.53)可以转化为

$$a_3 = a_c\sqrt{T} \tag{3.54}$$

上式表明,海流引起的推算船位前后均方误差与航行时间的平方根成正比。

舰船在风中航行时,受风的影响会产生风压差角,使舰船的航迹向和航速发生变化。而从前面的分析可知,使用计程仪推算时,风压差不产生前后误差。当使用航速推算时,在风浪较小的情况下,估计风中航速误差较小,一般取 ±(0.1~0.3)节;在大风浪中该误差较大,但是由于风也是随时间变化的,故风中航速误差引起的前后误差与海流的影响相似。

设风中航速均方误差为 m_f,受风作用 T 小时,产生的前后均方误差 a_4 为

$$a_4 = m_f\sqrt{T} \tag{3.55}$$

根据前面的分析和风、流作用特点,当舰船在风、流中航行时,所引起的前后均方误差,可以视为风、流单独作用引起的前后误差的矢量叠加。

准确掌握航速和计程仪修正率是减少前后误差的关键,平时应该注意掌握航速和计程仪修正率的变化规律和数据;出航前,若有条件应争取重新测定航速和计程仪修正率;航行中,在保证具有足够精度的条件下,也可以利用准确船位进行检查。此外,还应注意稳定主机转速、正确使用海流资料修正海流影响,根据风浪情况正确估计航速修正量,这样就可以大大减小推算船位的前后误差。

2.左右误差

左右误差主要是由罗经误差、风压差角误差、海流推算误差以及操舵误差所引起的。

罗经误差是由罗经差的测定误差以及罗经差的变化而产生的,罗经差是罗经北线与真北线之间的夹角,而罗经北线为罗经所指方向线在真地平面上的投影。罗经误差使推算航迹发生偏差,从而引起推算船位的左右误差,罗经误差产生的左右误差与航程和时间成正比。设罗经差均方误差为 m_l,航程为 S_t,航速为 V,时间为 T,则由此产生的左右均方误差 b_1 为

$$b_1 = \frac{m_l}{57.3^\circ}\cdot S_t = \frac{m_l}{57.3^\circ}\cdot VT \tag{3.56}$$

罗经差的均方误差一般取 ±(0.5°~0.6°)。

参照海流推算误差引起的推算船位前后误差推导可知,左右误差与前后误差相似,都与航行时间 T 的平方根成正比。设流向均方误差为 m_c,每小时海流推算误差产生的左右均方误差为 b_c,航速为 V_c,航行 T 小时,产生的左右误差 b_2 为

$$b_2 = b_c\sqrt{T} = \frac{m_c}{57.3^\circ}\cdot V_c\sqrt{T} \tag{3.57}$$

风压差角误差随时间变化,由它引起的推算船位左右误差,可以参照风中航行引起前后误差的推导来分析,即风压差角误差引起的左右误差与航行时间的平方根成正比。设风压差角

均方误差为 m_a,航速为 V_a,航行时间为 T 小时,则产生的左右均方误差 b_3 为

$$b_3 = \frac{m_a}{57.3°} \cdot V_a \sqrt{T} \tag{3.58}$$

一般 m_a 可取 ±(0.5°~1.0°)。在大风情况下,m_a 要大些,风力和浪涌的作用使舰船离开预定的航向而产生偏航角,偏航角的大小与风力、风舷角、海浪以及操舵手的水平和习惯有关。当测定风压差角和航速是同一舵手时,偏航角可以合并在风压差角中考虑,当换舵手操舵时,偏航角引起的左右误差应另外考虑和计算。设偏航角均方误差为 m_w,航速为 V_w,航行时间为 T 小时,则产生的左右均方误差 b_4 为

$$b_4 = \frac{m_w}{57.3°} \cdot V_w \sqrt{T} \tag{3.59}$$

准确掌握罗经差和修正风压差角,是减少左右误差的关键。平时应掌握罗经差的变化规律,出航前和航行中应用各种方法准确测定罗经差和修正罗经差,并经常把陀螺罗经和磁罗经进行对比,以便及时发现罗经差可能的变化;注意积累风压差资料,不断完善风压差角表,风中航行应根据当时风向风速准确修正风压差角;此外,还要注意观察操舵偏航情况,适当的修正偏航角,正确使用海流资料修正海流,这样就能够大大减少推算船位的左右误差。

3.精度估计

通过前面对舰船航行中推算船位前后误差和左右误差特性和规律的分析,可以对推算船位的精度进行估计。

当舰船在无风、流作用下单航向航行时,根据已知推算船位的前后均方误差 a_1 和左右均方误差 b_1,可以求出推算船位的均方误差 ε_1 为

$$\varepsilon_1 = \sqrt{a_1^2 + b_1^2} \tag{3.60}$$

当 a_1 和 b_1 两者数值相差较大时,可以用以 a_1、b_1 为半轴的椭圆表示推算船位散布情况。

当舰船在无风、流作用下多航向航行时,需要分别计算每个航向的推算船位误差,把各个航向的推算船位误差视为独立因素,按均方误差传播定律计算。设 n 个航向各推算船位均方误差分别为 $\varepsilon_1, \varepsilon_2, \cdots, \varepsilon_n$,则终点推算船位均方误差 ε 为

$$\varepsilon = \sqrt{\varepsilon_1^2 + \varepsilon_2^2 + \cdots \varepsilon_n^2} \tag{3.61}$$

当舰船在流中航行时,推算船位误差除了无风、流作用下产生的误差外,还应考虑海流流向、流速产生的误差。设海流流速产生的前后均方误差为 a_2,流向产生的左右均方误差为 b_2,则海流产生的推算船位均方误差 ε_2 为

$$\varepsilon_2 = \sqrt{a_2^2 + b_2^2} \tag{3.62}$$

根据多航向推算船位均方误差计算方法,可以得到流中推算船位均方误差 ε 为

$$\varepsilon = \sqrt{\varepsilon_1^2 + \varepsilon_2^2} = \sqrt{a_1^2 + b_1^2 + a_2^2 + b_2^2} \tag{3.63}$$

当舰船在风中航行时,推算船位误差除了无风、流作用下存在的误差外,还应考虑风压差角误差和风中航速误差引起的推算误差。仿照流中推算船位的精度估计,设风中航速误差产生的前后均方误差为 a_3,风压差角误差产生的左右均方误差为 b_3,可以得到风中推算船位均方误差 ε 为

$$\varepsilon = \sqrt{a_1^2 + b_1^2 + a_3^2 + b_3^2} \tag{3.64}$$

在近距离推算航行中,各种情况下估计推算船位精度的公式比较符合实际,参考价值较大。而在远距离的推算航行中,采用精度估计公式计算的船位推算误差一般偏大,这主要是由于在舰船航行条件变化太大时,推算航行的船位误差有一部分会相互抵消。根据资料显示:在正常情况下,推算船位均方误差 ε 与航程 S 的关系,在无风、流时 $\varepsilon = 0.02S$,而在有风、流时,$\varepsilon = 0.03S \sim 0.07S$。

3.3.2 系统误差的影响及分析方法

舰船推算航行过程中,通常认为均方误差大于 3% 航程时算法含有系统误差。推算航行的系统误差,主要是指未知的罗经差误差和计程仪修正率误差,这些误差在一定条件下呈固定误差特性。

1.罗经差误差

舰船单航向推算航行时,未知的罗经差误差产生推算船位的左右误差,设罗经差误差为 M_c,若系统左右误差为 B,航程为 S,根据式(3.48)可以得到

$$M_c = 57.3° \cdot \frac{B}{S} \tag{3.65}$$

当真船位偏在推算船位的右边时,M_c,B 均为正,反之均为负。

舰船多航向推算航行时,未知罗经差误差产生的推算船位左右误差等于各个航向上产生的左右误差矢量和。设各个航向上产生的左右误差矢量分别为 $\boldsymbol{B}_1, \boldsymbol{B}_2, \cdots, \boldsymbol{B}_n$,则终点推算船位左右误差矢量 $\boldsymbol{B}$ 为

$$\boldsymbol{B} = \boldsymbol{B}_1 + \boldsymbol{B}_2 + \cdots + \boldsymbol{B}_n \tag{3.66}$$

如图 3.25 所示,W_0 为推算起点,W_1, W_2, W_3 为每个航向的推算船位,W_1', W_2', W_3' 分别为对应 W_1, W_2, W_3 的真船位,$\boldsymbol{B}_{1,2} = \boldsymbol{B}_1 + \boldsymbol{B}_2$,$\boldsymbol{B} = \boldsymbol{B}_{1,2} + \boldsymbol{B}_3$,所以

$$\boldsymbol{B} = \boldsymbol{B}_1 + \boldsymbol{B}_2 + \boldsymbol{B}_3$$

从图 3.25 可以看出,$\triangle W_0 W_1 W_1' \backsim \triangle W_0 W_3 W_3'$,因此 $\boldsymbol{B} \perp W_0 W_3$,$\boldsymbol{B}$ 的大小与 $W_0 W_3 = D$ 成正比,即

$$B = \frac{M_c}{57.3°} \cdot D$$

由于分析系统误差时 B 是已知的,因此根据式(3.65)可以得到罗经差误差 M_c,此时航程 S 为舰船起点和终点之间的距离,它所指方向为舰船航迹向。若舰船航行的起点和终点重合,即从起点出发最后又返回起点的闭合航行,此时 $S=0$, $B=0$,罗经差误差不产生推算船位的左右误差。此外,由于罗经基线不准确会使罗经指示航向产生固定误差,该误差对推算船位的影响与罗经差一样,可以等同对待和分析。

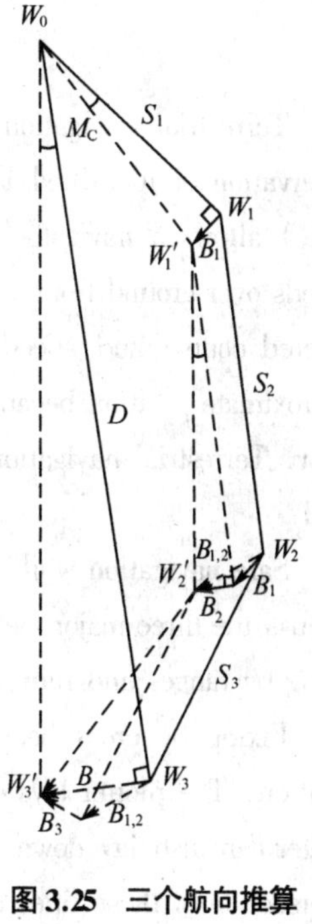

图 3.25　三个航向推算船位误差

Fig.3.25　Estimated ship position error with the condition of three course

2.计程仪修正率误差

舰船单航向推算航行时,未知的计程仪修正率误差或航速误差使推算船位产生前后误差。设计程仪修正率误差为 $M_{\Delta L\%}$,航速误差为 $M_{V\%}$,前后误差为 A,航程为 S,航速为 V,航行时间为 T,根据式(3.48)可以得到

$$A = M_{\Delta L\%} \cdot S = M_{V\%} \cdot VT = M_V \cdot T \tag{3.67}$$

在分析系统误差时,A 已知,上式可写成

$$\begin{cases} M_{\Delta L\%} = \dfrac{A}{S} \cdot 100\% \\ M_{V\%} = \dfrac{A}{VT} \cdot 100\% \end{cases} \tag{3.68}$$

当真船位超前时,$M_{\Delta L\%}$,$M_{V\%}$,A 均为正,反之均为负。

舰船多航向推算航行时,未知的计程仪修正率误差或航速误差产生的推算船位前后误差等于各个航向上产生的前后误差的矢量和。设各个航向上产生的前后误差分别为 $\boldsymbol{A}_1$,$\boldsymbol{A}_2$,…,$\boldsymbol{A}_n$,则终点推算船位的前后误差矢量 $\boldsymbol{A}$ 为

$$\boldsymbol{A} = \boldsymbol{A}_1 + \boldsymbol{A}_2 + \cdots + \boldsymbol{A}_n \tag{3.69}$$

根据式(3.68)可以得到计程仪修正率误差为 $M_{\Delta L\%}$ 和航速误差为 $M_{V\%}$。与罗经差误差一样,当舰船闭环航行时,有 $S=0$, $A=0$,计程仪修正率误差不产生推算船位的前后误差。因此舰船闭环航行能够消除罗经差误差和计程仪修正率误差等固定误差对舰船推算船位的影响。

在舰船推算航行中,如果条件允许,应该依据系统误差分析方法及时进行系统误差的分析,确定系统误差的数值,找出具体原因,并在航行中加以修正和检验;如果航行中不具备分析条件,应在返航后找出原因和数据,供以后航行参考。另外,凡是发生航海事故,都应该进行详细分析,确定是否存在系统误差的影响,并总结经验教训,以避免类似事故的重演。

第4章　地文导航系统

Terrestrial navigation is an old yet effective technique for determining one's position by the observation of identified landmark (such as hill, island, lighthouse, etc.). Although Dead Reckoning (DR) allows a navigator to determine his present position by projecting his past courses steered and speeds over ground from a known past position. He can also determine his future position by projecting an ordered course and speed of advance from a known present position. The DR position is only an approximate position because it does not allow for the effect of leeway, current, helmsman error, or gyro error. Terrestrial navigation is a simple and effective choice for navigator, when the vessel sails along the land.

Safe navigation while piloting requires frequent fixing of the ship's position. In this chapter, we will discuss the three major methodologies used to fix a ship's position when piloting: fixing by cross bearings, fixing by ranges and running fixing.

Fixing by cross bearing is the most common and often the most accurate way to fix a vessel's position. The plotter lays down two or more bearing lines from charted navigation aids (NAVAIDS). The plotter can also lay down bearings to NAVAIDS and a bearing to the tangent of a body of land. The intersection of these lines constitutes a fix.

The navigator also can plot a fix consisting of the intersection of two range arcs from charted objects. He can obtain an object's range in several ways. The navigator can plot ranges from any point on the radar scope which he can correlate on his chart. This is the most convenient and accurate way to obtain an object's range. The second way is to use a stadimeter to determine the range. The third way is measuring the vertical angle from the top of the NAVAIDS to the waterline below the NAVAIDS. If the vessel is equipped with a sonar suite, the navigator can use sonar echoes to determine ranges to charted underwater objects.

When only one NAVAID is available from which to obtain bearings, use a technique known as the running fixing. The plotter can transfer line of position (LOP's) to a NAVAID in different time into the same time, the intersection of these lines in the same time constitutes a fix.

It is intended for them who are curious about the basic principles of terrestrial navigation and gives practical methodology in the following contents.

航海上,虽然可以用航迹推算的方法求得概略船位,但由于不可能准确掌握罗经改正量、计程仪改正率、风流压差以及操纵要素等,所以,求得的推算船位往往与实际相差较大。为确保船舶航行安全、经济，航海人员必须经常测定本船准确的船位，使船舶沿着既定的计划航线航行。沿岸航行时，地文导航系统就是实现这一目的的一种简单、有效的定位方法。

地文导航是一种古老而有效的导航定位技术，又称为陆标定位，是一种通过观测陆标与船舶之间的某种相互位置关系进行定位的方法。陆标（Landmark or Terrestrial Object）是指海图上标有准确位置可供目视或雷达观测，用以导航或定位的山头、岛屿、岬角、灯塔、立标及其他显著固定物标的统称。地文导航主要是利用罗经、测距仪、六分仪等观测仪器测定陆标的方位、距离和水平角，并按一定法则确定船位。根据所观测船位线的性质不同，地文导航可分为方位定位、距离定位、方位距离定位和移线定位。

本章简要介绍了地文导航技术的发展历程，详细讲述了地文导航技术的定位原理、定位精度以及陆标船位误差的计算方法等内容。

4.1　地文导航发展简史

地文导航技术历史悠久，地文导航技术运用的标志——灯塔很早就已出现，早在公元前280年在埃及亚历山大港就已建造了高达60多米的灯塔。在我国秦汉时代，地文导航与陆标定位在航海中已经占有十分重要的地位了。当时人们已能利用“重差法”精确测量海上地形地貌。隋唐、五代时期航海技术趋于成熟，地文导航技术也有一定提高。《广州通海夷道》中对某些地区的地理位置或地形特征已有明确的地文定位描述，并且对远洋航行中的人工航标也有记录。特别是随着古代数学的进步，航海家已经能在勾股定律相似关系原理的基础上，运用两次观测计算的“重差法”来测量陆标，大大提高了海岸测量术的水平。两宋时期，有关海图的记述已十分明确，如徐兢的《宣和奉使高丽图经》。到了明代，我国的航海技术空前繁荣，其集大成者是郑和使团出使西洋，明人茅元仪所辑《武备志》记载的《郑和航海图》自南京绘图，直至东非沿岸，航图遍及广大西太平洋与印度洋海岸地区，记载了五百多个地名，并绘有航路、各处星位高低以及航行途中的山峰、岛屿、浅滩、礁岩、险峡，这显示了明代利用地理物标辅助船舶导航技术已经相当成熟。时至今日，受风、流等外界因素的影响，罗经差和航速或计程仪改正率不准以及操舵不稳等原因，按航向、航程求得的推算船位仍会产生误差，推算时间愈长，累积误差愈大。因此，只靠推算船位是不能准确执行航海计划、保证航海安全的，还必须采取观测的方法，及时准确地求得实际的船位。地文导航技术作为一种重要的导航技术手段，在人类航海活动中仍然发挥着不可替代的作用。

4.2 陆标定位原理

4.2.1 船位线概念

所有的导航定位,都是利用船位线(Line of Position)理论确定的。通常情况下,凡是观测值相等点的轨迹称为等值线,在导航定位中常称为位置线或船位线。船位线也可用靠近推算船位的等值线上一小段切线来表示。陆标定位使用的船位线主要有以下三种:方位船位线、距离船位线和水平角船位线。

1.方位船位线

如图 4.1 所示,设船舶航行中用罗经测得一物标 M 的罗经方位,经罗经改正量修正后得该物标的真方位为 032°,在海图上过物标 M 做真方位 032°的射线 PM,在线上任一点视物标 M 的真方位均为 032°,而在线外任一点视物标 M 的真方位均不等于 032°。因此,在测定物标 M 的方位时,船舶的位置应在射线 MP 上的某一点,而不可能在该线之外的任何一点,故射线 MP 称为方位位置线或方位船位线。

2.距离船位线

船舶航行中利用测距仪器测取物标 M 的距离为 D,设 $D=35$ 链,则在海图上以物标 M 为圆心,以 $D=35$ 链为半径作圆,则圆上任一点到物标的距离均等于所测距离 D。显然,在测取 M 的距离时,船舶的位置应在圆上的某一点,故该圆就是观测距离时的船位线,称为距离位置线或距离船位线,如图 4.2 所示。

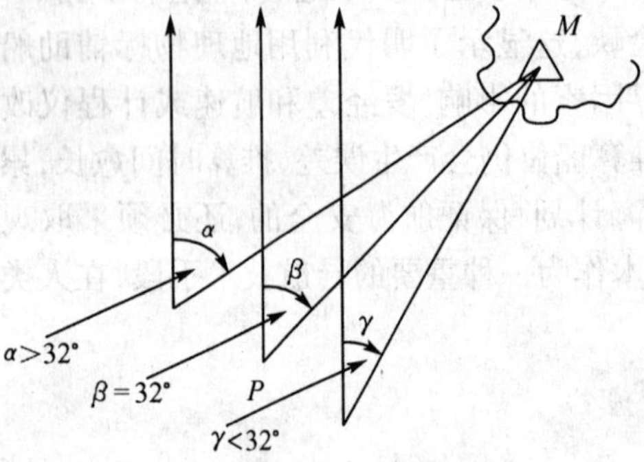

图 4.1 方位船位线图

Fig.4.1 The bearing line of position

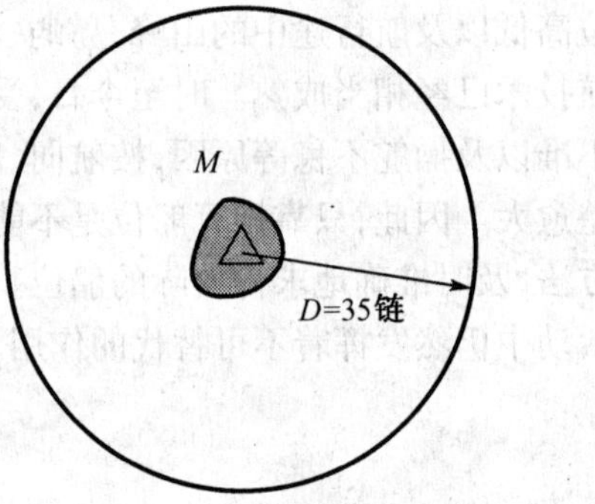

图 4.2 距离船位线图

Fig.4.2 The range line of position

3.水平角船位线

如图 4.3 所示，设船舶航行时用六分仪测得 M_1，M_2 两物标准确的水平夹角为 α，则在海图上用直线连接 M_1M_2，并做线段 M_1M_2 的垂直平分线 NN'，再过 M_1 作角 $\angle M_2M_1W = 90° - \alpha$，$M_1W$ 交 NN' 于 O 点，以 O 点为圆心，以 OM_1 为半径作圆弧，则在该圆弧 $M_1W_1W_2M_2$ 上任一点测 M_1，M_2 两物标的水平夹角均为 α，该圆弧就是船舶测定 M_1，M_2 两物标水平夹角为 α 时所在的船位线，称为水平角位置线或水平角船位线。

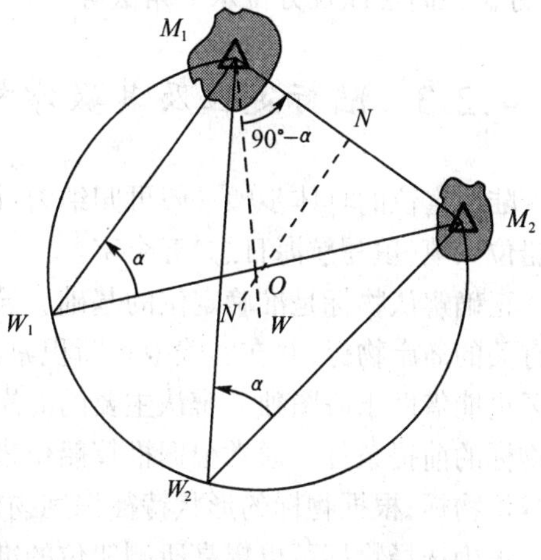

图 4.3　水平角船位线图

Fig.4.3　The position line by horizontal angle

需要注意的是，上述方位、距离、水平角船位线的定义，均限于在平面空间中测量所及的范围，都是近似的结果。

4.2.2　陆标定位原理

由船位线的定义可知，当船舶航行时，如对某一物标进行观测，则观测时的船位必然位于该船位线上的某一点，但究竟位于哪一点，单有一条船位线是无法确定的。如能在同一时刻测得两条或两条以上的船位线，则它们的交点即为观测时的船位，这就是陆标定位的原理，这一原理在导航定位系统中是普遍适用的。为求得观测时的船位，必须具备两个条件：其一，必须测得两条或两条以上的船位线；其二，这两条或两条以上的船位线，必须是同一时刻测定的。

如图 4.4 所示，设同一时刻测得两条方位船位线 aM_1 和 bM_2，两线相交于 W 点。如果这两条船位线是准确的，则观测时船位既应在 aM_1 线上，又应在 bM_2 线上，唯有两线的交点 W 才能同时满足这一要求，故 W 点即为观测时刻的准确船位。由观测结果所确定的船位，称为观测船位。

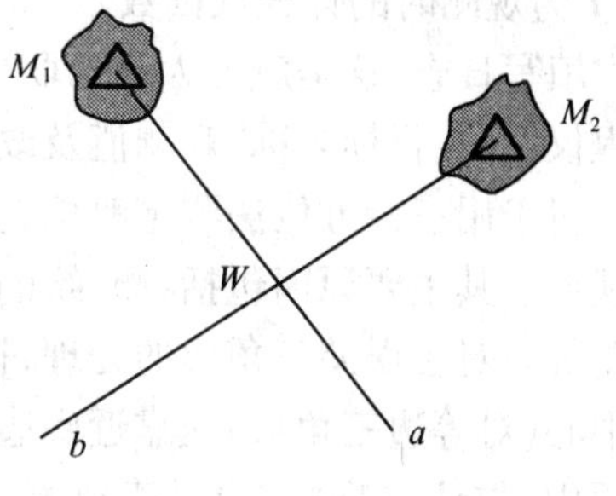

图 4.4　方位定位原理

Fig.4.4　The principle of fixing by bearing lines

但在实际工作中，通常只由一人进行观测，而观测物标时，总有先后次序。为了尽可能满足同一时刻测得两条位置线的要求，必须要求观测者在观测时的动作既要准确，又要迅速。

利用各种船位线组合起来进行定位，可得到不同的定位方法。常用的定位方法有：两标方位法、三标方位法、三标两角法、两标距离法、三标距离法、方位距离法以及方位水平角法等。

4.2.3 陆标定位及其数学模型

陆标定位的具体步骤一般可归纳为：认（辨认物标）、选（选择物标）、测（观测物标）、绘（标绘船位）、填（填写航海日志）五个字。

正确辨认物标是准确定位的基础。导航人员应经常研究有关航海海区的情况，熟悉与航海有关的岛岸物标，并在实践中不断积累经验，以提高辨认物标的能力，逐步做到即使在生疏海区也能借助于海图独立辨认主要的岛岸物标。随时掌握船舶在海图上的概略位置是正确辨认物标的前提条件。通常根据推算船位来辨认物标，其基本方法有：利用物标与船舶的相对位置辨认物标；根据物标的形状特征识别物标；利用多标方位法识别物标。

正确选择物标可以提高所测船位的准确性。选用的原则是：选择显著而图上有准确位置的物标；选择距离近的物标；选择船位线夹角在 30°～150°之间，最好接近 90°的物标。

采取正确的观测次序和原则。在运动的船舶上，先后测得的方位，必然产生船位误差，为减小这种误差，除了提高观测技术以缩短观测时间间隔外，还应采取正确的观测次序和原则，即"在白天，先慢后快"，"在夜间，先难后易"。所谓"先慢后快"，是指先观测方位变化慢的物标，即位于船首尾方向的物标，后观测方位变化快的物标，即位于船舶正横附近的物标。所谓"先难后易"，是指在夜间应先观测灯光弱的、周期长的、较难观测的灯标，后观测灯光强的、周期短的、较易观测的灯标。这样做的目的是为了缩短两次观测之间的时间间隔，以减小船舶运动的影响或误差。

标绘船位。将观测所得罗经方位 F 改正罗经差后，在海图上过物标作逆方位（$F+180°$）线，两船位线交点即为观测船位。观测船位一般用符号⊙表示，并在旁边注明 t/J，t 为观测时间，J 为观测时的计程仪读数。

填写日志，这是航海人员的职责。每当观测定位后，一般都在航海日志上填写定位对间、计程仪读数、目标名称、观测值及改正量。

对于用三标方位法测定船位，会出现三条船位线不能相交于一点而构成一个误差三角形的现象。其主要原因包括：测、绘的偶然误差；不是同时观测；物标的位置不准及罗经差修正量误差等。对于误差三角形的处理，视其大小和形状而定，通常对小误差三角形，船位将取三角形中心（对等边三角形）或靠近底边的适当位置（对等腰三角形）。而对大误差三角形，则要检查原因，如认错物标、看错读数等。当确认为由于罗经改正量的误差所引起的大误差三角形时，可采用改变罗经改正量来解决，或改为三标两角定位法的测量。

上述五个字中的"绘"与"填"，在装有组合导航系统的船舶上，可由计算机控制的打印机或航迹仪来代替。只要按着人—机对话的方式装入观测的物标号和方位数值，计算机便能自动地计算出船位，并通过航迹仪自动地标绘在海图上，由打印机打印出导航所需的参数，以记录备用。

1.方位定位

方位定位是利用罗经同时观测两个或两个以上物标的方位来确定船位的方法，又称方位交叉定位(Fixing by Cross Bearings)。由于它具有观测方法简单、直观、海图作业容易和定位迅速等优点，因此它成为船舶在沿岸航行时最基本和最常用的定位方法之一。方位定位包括两方位定位、三方位定位和方位水平角定位等。其中用的最多的是三标定位法，因为只要在三个方位中任意一个方位产生较大误差或差错，三条方位线就会交成一个较大的误差三角形，从而易于发现测量错误。

(1)两标方位法

如图 4.5 所示，设两物标 A 和 B 的地理坐标分别为(φ_A,λ_A)和(φ_B,λ_B)，船舶 M 的坐标为(φ,λ)。从船位 M 观测两物标 A 和 B 的方位分别为 F_A，F_B。

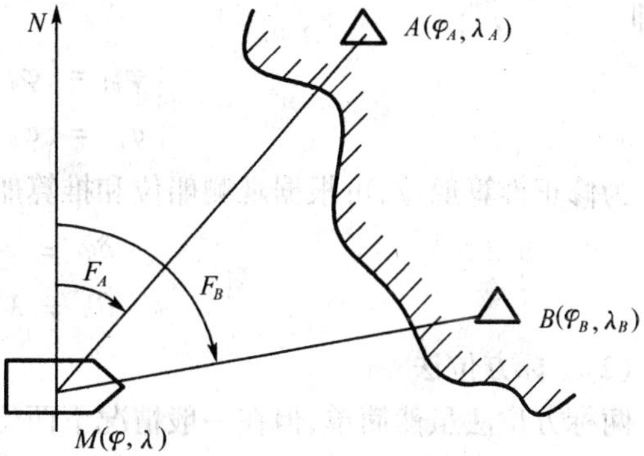

图 4.5　两标方位定位图

Fig.4.5　A fixing by two bearing lines

由式(2.9)可知经度差和东西距关系为

$$\Delta\lambda = W\sec\varphi_m \tag{4.1}$$

可以得出

$$(\lambda_A-\lambda)=(\varphi_A-\varphi)\tan F_A\cdot\sec\varphi_{m1}$$
$$(\lambda_B-\lambda)=(\varphi_B-\varphi)\tan F_B\cdot\sec\varphi_{m2}$$

式中，$\varphi_{m1}=(\varphi_A+\varphi)/2$；$\varphi_{m2}=(\varphi_B+\varphi)/2$。

两式相减，整理化简后得

$$\varphi = \varphi_A + \frac{\lambda_B-\lambda_A+(\varphi_A-\varphi_B)\tan F_B\sec\varphi_{m2}}{\tan F_A\cdot\sec\varphi_{m1}-\tan F_B\cdot\sec\varphi_{m2}} \tag{4.2}$$

当 F_A，$F_B\neq 0°$，且 F_A，$F_B\neq 90°$时，有

$$\left.\begin{aligned}\varphi &= \varphi_A + \frac{(\lambda_B-\lambda_A)\cos F_A\cdot\cos F_B-(\varphi_A-\varphi_B)\sin F_B\cdot\sec\varphi_{m2}\cdot\cos F_A}{\cos F_B\cdot\sin F_A\cdot\sec\varphi_{m1}-\sin F_B\cdot\sec\varphi_{m2}\cdot\cos F_A}\\ \lambda &= \lambda_A-(\varphi_A-\varphi)\tan F_A\cdot\sec\varphi_{m1}\end{aligned}\right\}$$

当 $F_A=0°$时，有

$$\left.\begin{aligned}\lambda &= \lambda_A\\ \varphi &= \varphi_B-(\lambda_B-\lambda)\cos F_B\cdot\cos\varphi_{m2}\end{aligned}\right\} \tag{4.3}$$

当 $F_A = 90°$时，有

$$\left.\begin{aligned}\varphi &= \varphi_A \\ \lambda &= \lambda_B - (\varphi_B - \varphi)\tan F_B \cdot \sec\varphi_{m2}\end{aligned}\right\}$$

同理，当 $F_B = 0°$或 $F_B = 90°$时，也可得出相应的公式。

假设推算船位 C 的坐标为(φ_c, λ_c)，在实际计算中，为了求 φ_{m1}和 φ_{m2}，用推算船位 φ_c 代替 φ，即

$$\left.\begin{aligned}\varphi_{m1} &= (\varphi_A + \varphi_c)/2 \\ \varphi_{m2} &= (\varphi_B + \varphi_c)/2\end{aligned}\right\}$$

为修正推算船位，可根据观测船位和推算船位求出经纬度修正量 $\delta\varphi$ 和$\delta\lambda$，即

$$\left.\begin{aligned}\delta\varphi &= \varphi - \varphi_c \\ \delta\lambda &= \lambda - \lambda_c\end{aligned}\right\} \tag{4.4}$$

(2)三标方位法

两标方位法虽然简单，但在一般情况下两位置线总会交于一点，很难判断所测船位是否有差错。三标方位定位比两标方位定位多测一条位置线，三条位置线往往交成误差三角形。如有差错，误差三角形可能比较大，足以引起测者的警惕；同时，通过对误差三角形的正确处理还可以减小船位误差，所以在条件允许时应尽可能观测三标方位进行定位。如图 4.6 所示，设三个物标 A，B，C 的地理坐标分别为(φ_A, λ_A)，(φ_B, λ_B)和(φ_C, λ_C)，船舶 M 的坐标为(φ, λ)。根据两标方位测位模型，由物标 A，B 计算的船位为 $M_1(\varphi_{01}, \lambda_{01})$；由物标 B，C 计算的船位为

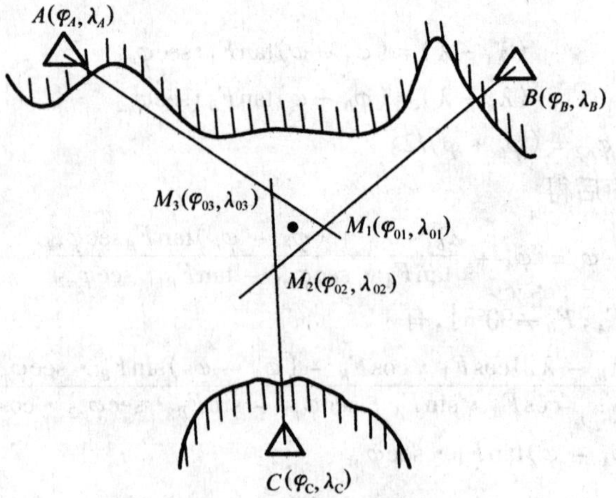

图 4.6　三标方位定位图

Fig.4.6　A fixing by three bearing lines

$M_2(\varphi_{02},\lambda_{02})$；由物标 A，C 计算的船位为 $M_3(\varphi_{03},\lambda_{03})$。

当误差三角形在允许的定位精度范围内时，可采取求上述三个船位坐标算术平均值的方法得到观测船位，即

$$\left.\begin{aligned}\varphi &= (\varphi_{01}+\varphi_{02}+\varphi_{03})/3\\ \lambda &= (\lambda_{01}+\lambda_{02}+\lambda_{03})/3\end{aligned}\right\} \tag{4.5}$$

观测船位对推算船位的经纬度修正量为

$$\left.\begin{aligned}\delta\varphi &= \varphi-\varphi_c\\ \delta\lambda &= \lambda-\lambda_c\end{aligned}\right\} \tag{4.6}$$

2.三标两角定位

用六分仪同时测定三个物标之间的两个水平角所确定的船位，称为三标两角定位。由于用六分仪观测两物标间的夹角，其精度可达 1′，所以三标两角定位是陆标定位中较准确的方法。当对所测船位的准确性要求较高时，常用此定位方法。但由于三标两角定位观测所需时间较长，一般航行时不常用。

将六分仪（需要修正其指标差和器差）所测的两水平角 α，β 值，装定在三杆定位仪上，然后在海图上使定位仪的三根尺杆的边缘分别通过所测的三个物标，则圆盘中心即为观测船位，也可用透明纸上某点的三条射线代替三根尺杆在海图上定位。

如图 4.7 所示，设三个物标 P_A，P_B，P_C 的地理坐标分别为 (φ_A,λ_A)，(φ_B,λ_B) 和 (φ_C,λ_C)，且物标顺序是从左至右排列。船舶 P 的坐标为 (φ,λ)，物标 P_B 到船舶的距离最近，从船上观测 P_A，P_B 的夹角为 α，观测 P_B，P_C 的夹角为 β，则

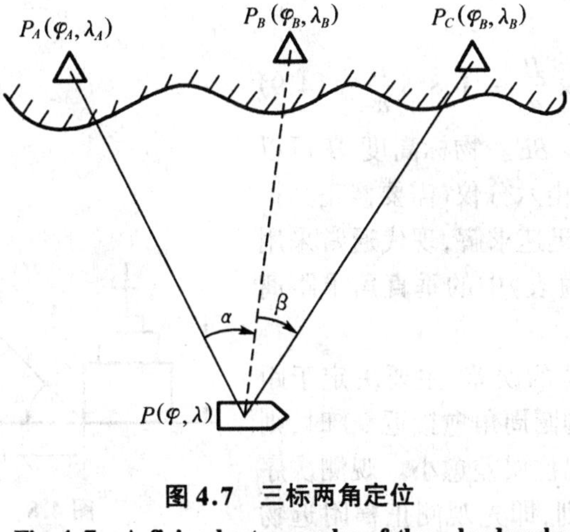

图 4.7　三标两角定位

Fig.4.7　A fixing by two angles of three landmarks

$$\left.\begin{aligned}\varphi &= \varphi_B + \Delta\varphi \\ \lambda &= \lambda_B + \Delta\lambda\end{aligned}\right\} \tag{4.7}$$

$$\left.\begin{aligned}\Delta\varphi &= (K_1 + K_2 \cdot K)/(1 + K^2) \\ \Delta\lambda &= \Delta\varphi \cdot K/\cos\varphi_m\end{aligned}\right\} \tag{4.8}$$

式中

$K_1 = (\varphi_A - \varphi_B) + (\lambda_A - \lambda_B)\cdot\cos\varphi_{m1}/\tan\alpha$， $K_2 = (\lambda_A - \lambda_B)\cdot\cos\varphi_{m1} - (\varphi_A - \varphi_B)/\tan\alpha$，

$K_3 = (\varphi_C - \varphi_B) - (\lambda_C - \lambda_B)\cdot\cos\varphi_{m2}/\tan\beta$， $K_4 = (\lambda_C - \lambda_B)\cdot\cos\varphi_{m2} + (\varphi_C - \varphi_B)/\tan\beta$，

$\varphi_{m1} = (\varphi_A + \varphi_B)/2$， $\varphi_{m2} = (\varphi_B + \varphi_C)/2$，

$\varphi_m = \varphi_B + \Delta\varphi/2$， $K = (K_3 - K_1)/(K_2 - K_4)$

3.距离定位

沿岸航行时，可测定两个或三个物标的距离，得出距离船位线，其交点即为船位，这种方法称为距离定位。当用三标距离定位时，通常也会出现小的误差三角形，可按三标方位定位时处理小误差三角形的原则进行。如产生大误差三角形，通常是认错物标、读错距离所致，应分析原因，纠正错误，重新测量。

(1)距离测量

物标距离可用雷达、测距仪或六分仪等测得。测距仪所测距离单位为炮链，1 炮链为 182.88 m 等于 0.987 海链。雷达是利用定向发射电磁波并准确测定电波的往返时间 Δt 来求得物标与船舶之间的距离 D，即 $D = c\cdot\Delta t/2$，其中 c 为电磁波传播速度。

最常用的距离测量方法为测量物标的垂直角求距离。

在图 4.8 中，若物标高度 H 以米为单位，距离 D 以海里(n mile)为单位，EB 远远小于 D 时，有

$$D = \frac{3437.7468}{1852} \times \frac{H}{\alpha} = 1.856\,\frac{H}{\alpha} \tag{4.9}$$

式中，$D >> H > e$，且 $H > BE$。物标高度 H 可以从海图上查得，垂直角 α 由六分仪(需要修正其指标差和器差)所测。为了迅速求解，现代通常采用计算机计算，也可用《航海表》中的垂直角求距离表，人工查得或计算获得。

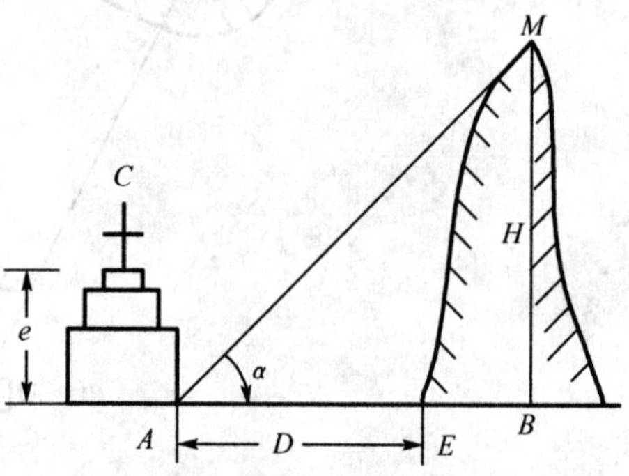

图 4.8 距离测量方法

Fig.4.8 The method of distance measurement

利用距离法测定船位的误差，主要决定于距离的误差。当两船位圆的圆周角愈接近 90°时，则由于距离误差而引起的船位误差愈小。观测次序应采用“先慢后快”的原则，即先观测正横附近物标的距离，后观测船首尾线附近物标的距离，或采

取测定第一物标的两次距离取平均的方法找出同一时间的物标距离。在组合导航系统中，可用两标距离法和三标距离法直接求出船位。

(2)距离定位数学模型

距离定位方法的数学模型建立在高斯坐标系下。正如第 2 章所介绍的，高斯坐标系是利用高斯投影的方法将地球球体表面投影到二维平面上得到的一种平面坐标系。在高斯坐标系中计算得到的物标坐标可以通过坐标变换转化为地理坐标。

①两标距离法

如图 4.9 所示，设物标 P_1，P_2 的地理坐标分别为(φ_1, λ_1)和(φ_2, λ_2)，船舶 P 的坐标为(φ, λ)。在高斯坐标系上，设物标 P_1，P_2 的坐标分别为(X_1, Y_1)和(X_2, Y_2)，船舶 P 的坐标为(X, Y)，从船上观测物标 P_1 的距离为 D_1，观测物标 P_2 的距离为 D_2。

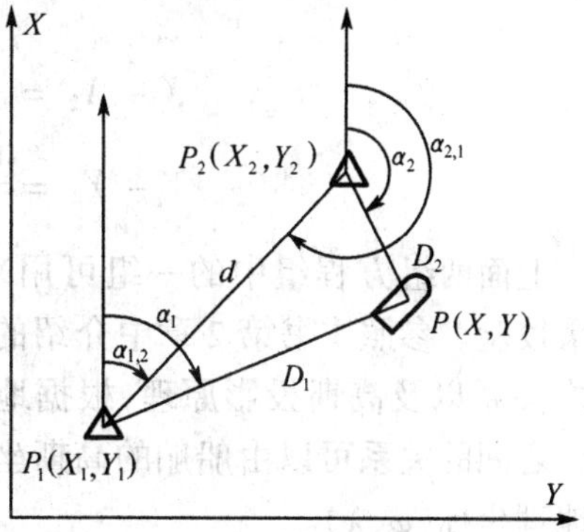

图 4.9　两标距离定位

Fig.4.9　A fixing by two distance lines

根据两点之间的距离及坐标方位角公式，有

$$\tan\alpha_{1,2} = \frac{X_2 - X_1}{Y_2 - Y_1}$$

$$d = (X_2 - X_1)/\sin\alpha_{1,2} \text{或 } d = (Y_2 - Y_1)/\cos\alpha_{1,2}$$

由三角形 $\Delta P_1 P_2 P$ 得

$$\angle P_2 P_1 P = \arccos\frac{d^2 + D_1^2 - D_2^2}{2dD_1}$$

$$\angle P_1 P_2 P = \arccos\frac{d^2 + D_2^2 - D_1^2}{2dD_1}$$

所以

$$\alpha_1 = \alpha_{1,2} + \angle P_2 P_1 P$$

$$\alpha_2 = \alpha_{2,1} + \angle P_1 P_2 P$$

则有

$$\left.\begin{aligned}(X - X_1) = (Y - Y_1)\tan\alpha_1 \\ (X - X_2) = (Y - Y_2)\tan\alpha_2\end{aligned}\right\}$$

可以解得

$$Y = \frac{(X_2 - X_1) + Y_1\tan\alpha_1 - Y_2\tan\alpha_2}{\tan\alpha_1 - \tan\alpha_2}$$

为计算方便，可求坐标差，即

$$\left.\begin{aligned} X - X_1 &= (Y - Y_1)\tan\alpha_1 \\ Y - Y_1 &= \frac{(X_2 - X_1) - (Y_2 - Y_1)\tan\alpha_2}{\tan\alpha_1 - \tan\alpha_2} \end{aligned}\right\} \tag{4.10}$$

或

$$\left.\begin{aligned} X - X_2 &= (Y - Y_2)\tan\alpha_2 \\ Y - Y_2 &= \frac{(X_2 - X_1) - (Y_2 - Y_1)\tan\alpha_1}{\tan\alpha_1 - \tan\alpha_2} \end{aligned}\right\} \tag{4.11}$$

上面两组方程组中的一组可用来测位，另一组用来校验。参照本书第 2 章中介绍的坐标系之间的转换关系以及高斯投影原理，根据地理坐标与高斯坐标之间的关系可以由船舶的高斯坐标解算出船舶的地理坐标(φ,λ)。

②三标距离法数学模型

如图 4.10 所示，设物标 P_1,P_2,P_3 的高斯坐标分别为(X_1,Y_1)，(X_2,Y_2)和(X_3,Y_3)，船舶 P 的坐标为(X,Y)，从船上观测物标 P_1,P_2,P_3 的距离分别为 D_1,D_2,D_3，则可列出三个误差方程式。取 v_1,v_2,v_3 分别为各观测距离的改正数，则有

$$\left.\begin{aligned} D_1 + v_1 &= [(X - X_1)^2 + (Y - Y_1)^2]^{1/2} \\ D_2 + v_2 &= [(X - X_2)^2 + (Y - Y_2)^2]^{1/2} \\ D_3 + v_3 &= [(X - X_3)^2 + (Y - Y_3)^2]^{1/2} \end{aligned}\right\} \tag{4.12}$$

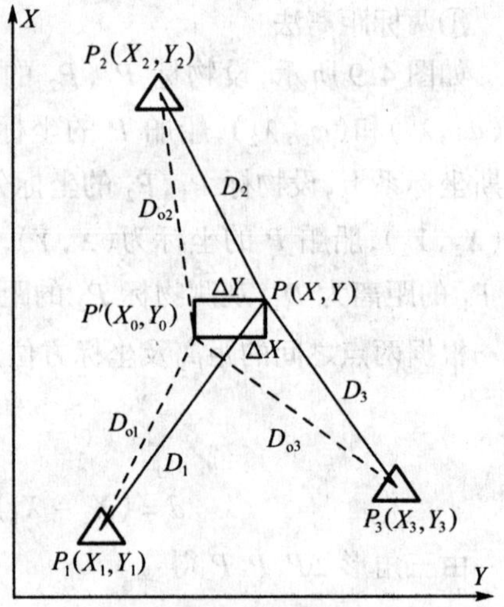

图 4.10　三标距离法

Fig.4.10　A fixing by three distance lines

设 P' 点为 P 点的近似坐标，用(X_0,Y_0)表示。$\Delta X,\Delta Y$ 为其改正数，则

$$\left.\begin{aligned} X &= X_0 + \Delta X \\ Y &= Y_0 + \Delta Y \end{aligned}\right\}$$

代入式(4.12)有

$$\left.\begin{aligned} D_1 + v_1 &= [(X_0 + \Delta X - X_1)^2 + (Y_0 + \Delta Y - Y_1)^2]^{1/2} \\ D_2 + v_2 &= [(X_0 + \Delta X - X_2)^2 + (Y_0 + \Delta Y - Y_2)^2]^{1/2} \\ D_3 + v_3 &= [(X_0 + \Delta X - X_3)^2 + (Y_0 + \Delta Y - Y_3)^2]^{1/2} \end{aligned}\right\}$$

应用泰勒定理展开，舍去二次以上各项，化为线性方程，得到

$$D_i + v_i = [(X_0 - X_i)^2 + (Y_0 - Y_i)^2]^{1/2} + \frac{X_0 - X_i}{[(X_0 - X_i)^2 + (Y_0 - Y_i)^2]^{1/2}} \cdot \Delta X + \frac{Y_0 - Y_i}{[(X_0 - X_i)^2 + (Y_0 - Y_i)^2]^{1/2}} \cdot \Delta Y \quad (i = 1,2,3)$$

令

$$[(X_0 - X_i)^2 + (Y_0 - Y_i)^2]^{1/2} = D_{oi}$$

则三个误差方程为

$$\left.\begin{aligned} v_1 &= \frac{X_0 - X_1}{D_{o1}} \cdot \Delta X + \frac{Y_0 - Y_1}{D_{o1}} \cdot \Delta Y + D_{o1} - D_1 \\ v_2 &= \frac{X_0 - X_2}{D_{o2}} \cdot \Delta X + \frac{Y_0 - Y_2}{D_{o2}} \cdot \Delta Y + D_{o2} - D_2 \\ v_3 &= \frac{X_0 - X_3}{D_{o3}} \cdot \Delta X + \frac{Y_0 - Y_3}{D_{o3}} \cdot \Delta Y + D_{o3} - D_3 \end{aligned}\right\} \tag{4.13}$$

写成误差方程式标准形式有

$$\left.\begin{aligned} v_1 &= a_1 \cdot \Delta X + b_1 \cdot \Delta Y + l_1 \\ v_2 &= a_2 \cdot \Delta X + b_2 \cdot \Delta Y + l_2 \\ v_3 &= a_3 \cdot \Delta X + b_3 \cdot \Delta Y + l_3 \end{aligned}\right\} \tag{4.14}$$

式中

$$a_i = \frac{X_0 - X_i}{D_{oi}};\ b_i = \frac{Y_0 - Y_i}{D_{oi}};\ l_i = D_{oi} - D_i;\ i = 1,2,3$$

根据最小二乘法原理，以 $\sum_{i=1}^{3} v_i = \min$ 为条件求未知数 $\Delta X, \Delta Y$，即式(4.14)平方和的函数分别对 $\Delta X, \Delta Y$ 求偏导并令其为零，可得到用高斯符号表示的方程式为

$$\left.\begin{aligned} [aa]\Delta X + [ab]\Delta Y + [al] &= 0 \\ [ab]\Delta X + [bb]\Delta Y + [bl] &= 0 \end{aligned}\right\} \tag{4.15}$$

其中

$$[aa] = a_1 a_1 + a_2 a_2 + a_3 a_3$$

$$[ab] = a_1 b_1 + a_2 b_2 + a_3 b_3$$

$$[al] = a_1 l_1 + a_2 l_2 + a_3 l_3$$

$$[bl] = b_1 l_1 + b_2 l_2 + b_3 l_3$$

求解后得

$$\left.\begin{aligned} \Delta X &= \frac{[aa][al] - [ab][bl]}{[ab]^2 - [aa][bb]} \\ \Delta Y &= \frac{[aa][bl] - [ab][al]}{[ab]^2 - [aa][bb]} \end{aligned}\right\} \tag{4.16}$$

在具体计算时,可用推算船位的经纬度,作为待测船位 P 的近似点 P'。

4.一方位一距离法定位

根据所测物标的方位,作过物标的逆方位线,得到方位船位线。以物标为始点,在方位船位线上量取所观测的距离 D,便可定出船位。对于近距离的物标,可直接用所观测的距离和方位的数值,而对于远距离的物标,则需要考虑大圆修正量。

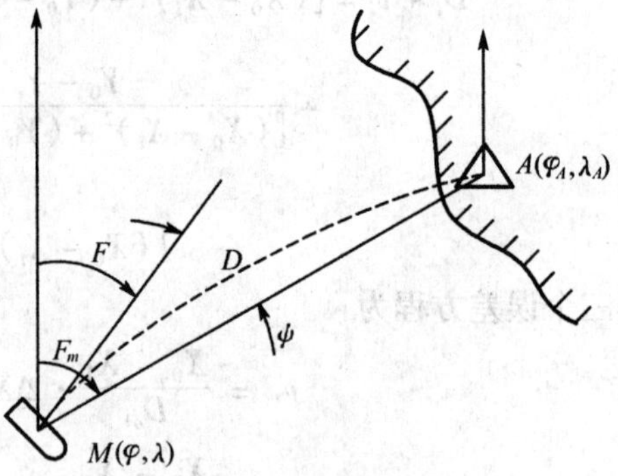

图 4.11 一方位一距离定位

Fig.4.11 A fixing by range and bearing of a single object

如图 4.11 所示,设物标 A 的地理坐标为 (φ_A,λ_A),船舶 M 的坐标为 (φ,λ)。从船位观测物标 A 的方位和距离分别为 F 和 D,则有

$$\left.\begin{aligned}\varphi &= \varphi_A + \Delta\varphi \\ \lambda &= \lambda_A + \Delta\lambda\end{aligned}\right\} \tag{4.17}$$

$$\left.\begin{aligned}\Delta\varphi &= \frac{1}{R_M}\cdot D\cos F_m \\ \Delta\lambda &= \frac{1}{R_M\cos\varphi_m}\cdot D\cos F_m\end{aligned}\right\} \tag{4.18}$$

式中 R_M——子午圈曲率半径;

$\varphi_m = \varphi - \dfrac{\Delta\varphi}{2}$;

$F_m = F + \psi$;$\psi = \dfrac{1}{2}\Delta\lambda\sin\varphi_m$。

当船舶在物标视距范围(25 n mile)内一次计算即可得到比较准确的船位坐标值。当物标距离较远时,则需进行两次近似计算,才能得到比较准确的结果。

5.移线定位

船舶在航行中,当视野内仅有一个可供观测的物标,且同一时刻只能测得一条位置线而无法直接确定船位时,应用转移位置线原理,将不同时刻观测所得的两条位置线转移到同一时刻进而确定船位的方法和过程叫做移线定位(Running Fixing, RF),所获得的船位称为移线船位(Running Fixing Position)。移线定位的关键是如何将不同时刻的位置线转移到同一时刻,即如何转移位置线。

(1)转移位置线

位置线的转移,是指根据前后两个时刻之间的推算航迹向和推算航程,将某一时刻观测所得的位置线转移至另一时刻的方法和过程。转移后的位置线,叫做转移位置线(Position Line Transferred),在海图上通常在其两端加双箭矢予以表示,并注明前后两个转移时刻。不同位置线的转移方法也不尽相同,常见的位置线转移方法有下列几种方式。

①直线位置线的转移

方位位置线和天文船位线等直线的转移方法是:在位置线上任取一点作为推算起点,然后沿推算航迹向 CG 截取与推算时间相应的推算航程 S,过截点作原位置线的平行线,即得转移位置线。

如图 4.12 所示,0800 时刻测灯塔 M 的方位,得方位位置线 P。由位置线的性质可知,0800 时刻的观测船位一定位于 P 的某一点上。假设 0800 时刻的观测船位位于方位位置线和计划航线(或推算航迹线)的交点 A,则 0900 时刻观测船位必定位于在计划航线(或推算航迹线)的前进方向上的一点 A',而且两点间的距离等于 0800 ~ 0900 间的推算航程 S。同理,假设 0800 时刻观测船位位于方位位置线的 B,C,D,E 各点,则 0900 时刻,它们各自沿计划航向 CA(或计划航迹向 CG)转移到相距 S 的 B',C',D' 和 E' 各点,显然 B',C',D',E' 各点和 A' 点位于同一直线上,而且它们的连线 P' 平行于方位位置线 P,直线 P' 即为转移位置线。

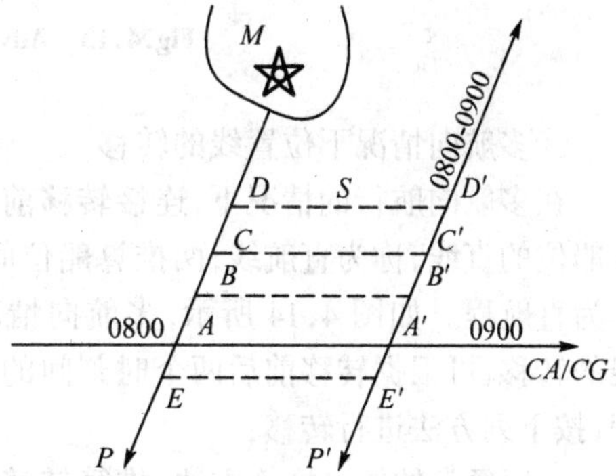

图 4.12　直线位置线转移

Fig.4.12　Advancing a line of position

直线位置线可按如下方法转移:

a.在位置线 P 上任取一点 A(通常可取 P 与计划航线或推算航迹线的交点);

b.自点 A 作计划航线或推算航迹线的平行线,并在其上沿 CA 或 CG 方向截取一点 A',且使 $AA'=S$(推算航程);

c.过 A' 点作位置线 P 的平行线 P',则直线 P' 即为转移位置线。

②圆弧位置线的转移

如图 4.13 所示,距离位置线为圆弧位置线,应以被测物标 M 为推算起点,画推算航迹线的平行线,在其上截取推算航程 S,得截点 M',然后以 M' 为圆心,推算起点时刻所测物标 M 的距离 D 为半径画弧,即可得转移位置线。圆弧位置线的转移,其核心问题是正确转移圆弧位置线的圆心,具体步骤有如下两条。

a.自物标 M 起,画推算航迹线的平行线,在其上截取一点 M',并使 $MM'=S$(推算航程)。

b.以 M' 为圆心,距离 D 为半径画圆弧,该圆弧即为转移位置线。

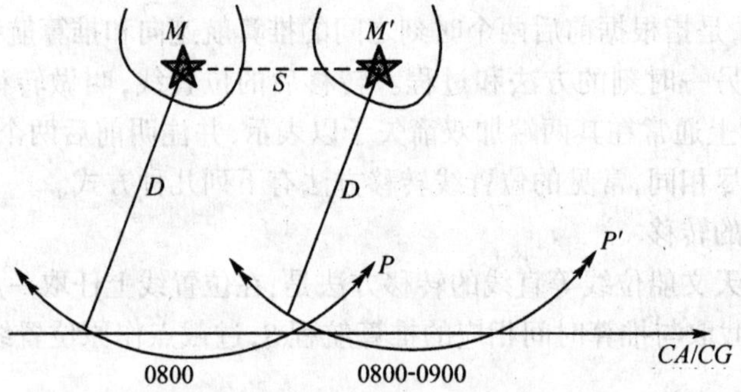

图 4.13　圆弧位置线转移

Fig.4.13　Advancing an arc line of position

③多航向情况下位置线的转移

在多航向航行的情况下,连接转移前后两个时刻推算船位的直线,称为直航线;两推算船位间的直线距离,称为直航程。如图 4.14 所示,多航向情况下直线位置线的转移,可根据转移前后两个时刻间的直航线和直航程,按下列方法进行转移:

a.用通常的航迹推算方法,推算转移前后两个时刻的推算船位;

b.用直线连接上述转移前后的两个推算船位,与转移前位置线 P 相交于 A 点;

c.由 A 在直航线上沿其前进方向截取一点 A',并使两点间的距离 AA' 等于直航程;

d.过 A' 点作位置线 P 的平行线 P',则直线 P' 就是相应的转移位置线。

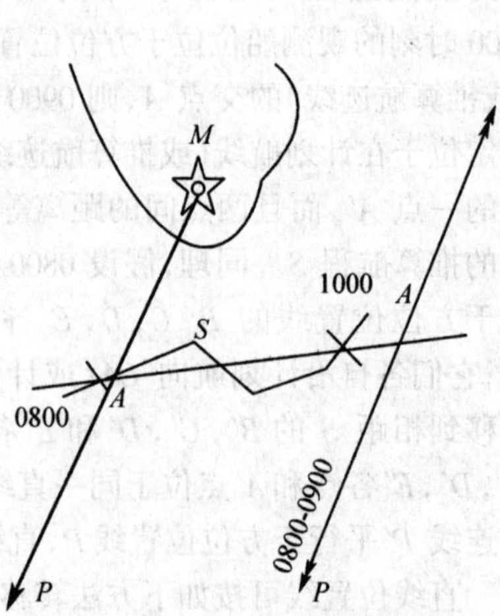

图 4.14　多航向位置线转移

Fig.4.14　Advancing a line of position with a change in course and speed, allowing for set and drift

④转移位置线的精度

转移位置线的精度(E')主要取决于转移前位置线的精度和转移时间内航迹推算的精度,即

$$E' = \pm\sqrt{E^2 + M^2}$$

式中　E'——转移位置线的精度;

E——转移前位置线标准差;

M——转移时间内航迹推算中船位的标准差。

一般来说,转移位置线的精度低于观测时刻的位置线精度,而且随着转移时间间隔的增大，精度也随之降低。

(2)单标方位移线定位

①移线定位方法

在不同时刻观测某已知物标 M 的两个方位，可得到同一物标在不同时刻的两条方位位置线。根据两次观测期间的推算航迹向和推算航程，按照直线位置线的转移方法，将它们转移到同一时刻，其交点即为移线船位。

如图 4.15 所示，一般习惯将前一时刻的一条位置线 P_1 转移到后一时刻，该转移位置线和后一时刻观测位置线 P_2 的交点，即为第二次观测物标时的移线船位(RF)。

②水流对移线船位精度的影响

如图 4.16 所示，P_1，P_2 分别为不同时刻观测物标 M 的方位所得的两条方位位置线，AA' 与未考虑水流情况下的推算航迹线平行，其长度等于两次观测期间的计程仪航程，$A'A''$ 为两次观测期间的水流矢量。F 点为不考虑水流影响时的移线船位，F' 点则为考虑水流影响后准确的移线船位。可以得到

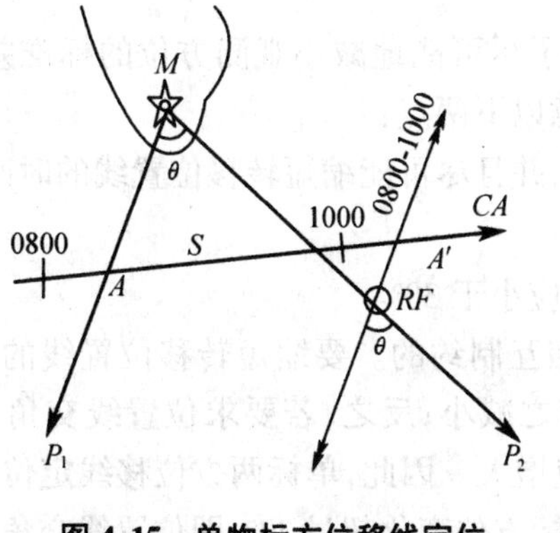

图 4.15　单物标方位移线定位

Fig.4.15　Running fixing by single bearing line

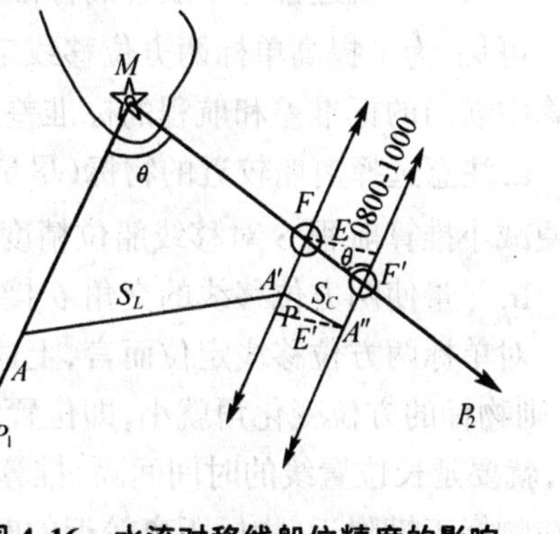

图 4.16　水流对移线船位精度的影响

Fig.4.16　The influence of water flow to the accuracy of the running fixing

$$G' = S_c \cdot \sin P$$

$$FF' = G' \cdot \cos\theta = S_c \cdot \sin P \cdot \csc\theta$$

式中　G'——水流影响引起的移线船位线的误差；

FF'——水流影响引起的移线船位误差；

P——流向与 $TB_1(P_1)$ 的夹角；

S_c——转移时间内的流程；

θ——两方位位置线的交角。

显然，流向与转移位置线平行时，不考虑水流影响所产生的转移位置线的误差 E' 最小，移

线船位误差 FF' 也最小；而流向与转移位置线垂直时，所造成的转移位置线误差最大，等于转移时间内的流程 S_c，移线船位误差相应也最大，等于 $S_c \cdot \csc\theta$。这就是说，在有水流影响的区域，如果在物标方位与流向平行时首次观测物标方位，在其他条件不变的情况下，可使水流影响所造成的移线船位的误差最小；若第一条方位位置线与流向垂直，则相应的误差最大。

③提高单物标方位移线定位精度的方法

单物标两方位移线定位中，移线船位的误差取决于两条方位位置线本身的误差 E_1 和 E_2、两方位位置线的交角 θ 和推算船位的标准误差 ρ。如果两次观测方位存在的标准差相等（$\sigma_1 = \sigma_2 = \sigma_B$），则相应的移线船位标准差 M 为

$$M = \frac{1}{\sin\theta}\sqrt{E_1^2 + \rho^2 + E_2^2} = \frac{1}{\sin\theta}\sqrt{\sigma_B^2(D_1^2 + D_2^2) + S^2(\sigma_{CA}^2 + \sigma_S^2)} \tag{4.19}$$

式中 D_1, D_2——观测方位时，本船至两物标之间的距离；

S——两次观测物标方位间的推算航程；

σ_{CA}——航迹推算中航向上的标准差；

σ_S——航迹推算中航程的标准差。

可见，为了提高单标两方位移线定位的精度，除了尽可能地减小观测方位的标准差、航迹推算中航向的标准差和航程的标准差外，还应该注意以下两点：

a.注意选择离船较近的物标（尽量减小 D_1, D_2），并且尽可能缩短转移位置线的时间间隔，以便减小推算航程 S 对移线船位精度的影响；

b.尽量使两方位移线的交角 θ 接近 90°，一般不应小于 30°。

对单标两方位移线定位而言，上述两点要求是相互制约的。要缩短转移位置线的时间间隔，则物标的方位变化角就小，即位置线的交角 θ 随之减小；反之，若要求位置线交角 θ 接近 90°，就要延长位置线的时间间隔，推算航程 S 也相应增大。因此，单标两方位移线定位时应选择在物标正横附近、物标距离较近的时候进行，当物标方位变化超过 30°，即位置线交角 θ 大于 30°时即可确定移线船位。选择在物标的正横附近进行移线定位，可满足物标离船较近的要求，同时，正横附近且离船较近的物标，其方位变化较快，有利于缩短转移位置线的时间间隔；选择在位置线交角大于 30°时进行移线定位，可兼顾上述两点要求。

(3)特殊方位移线定位

特殊方位移线定位一般是在无风、流影响，船舶定向、定速航行情况下，将单物标两方位移线定位转化为单标方位距离定位，从而简化移线定位中的海图作业。

航海上常用的特殊移线定位方法有以下三种。

①倍角法

如图 4.17 所示，设 Q_1 是第一次观测物标方位时该物标的舷角，Q_2 是第二次观测物标方位时该物标的舷角，且 $Q_2 = 2Q_1$，前后两次观测间的计程仪航程等于 S_L，则

$$MB = AB = S_L$$

且

$$D_{\perp} = M_B \cdot \sin Q_2 = S_L \cdot \sin Q_2$$

因此，自物标 M 绘制第二次观测所得的方位线和该物标的正横方位线，并在其上分别截取 S_L 和 $D_{\perp}$，截点 B 为第二次观测时刻的船位点，截点 C 是正横时刻的船位点。

②四点方位法

四点方位法(Four Point Bearing)是倍角法的特例。四点是指四个罗经点，第一个罗经点为11.25°，第四个罗经点等于45°。如图4.18所示，如果在 A 点测得物标 M 的舷角，航行到 B 点时测得舷角 $Q_2 = 90°$，则物标正横距离 $D_{\perp}$ 就等于两次观测间的计程仪航程，即 S_L。

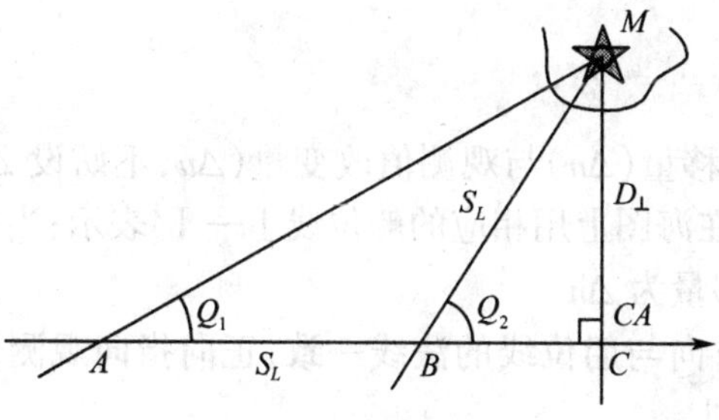

图4.17　倍角法

Fig.4.17　Running fixing by double angle

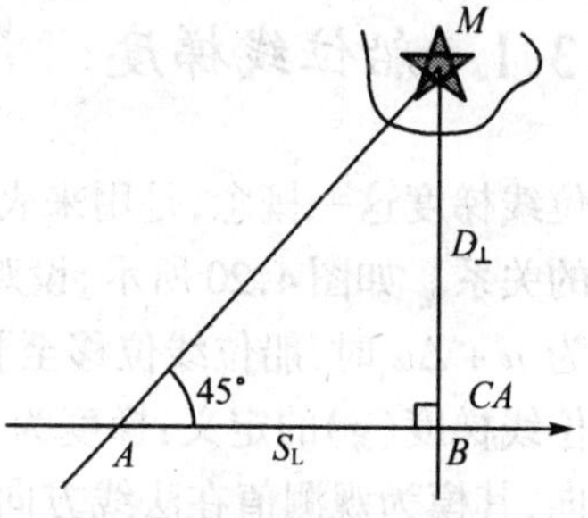

图4.18　四点方位法

Fig.4.18　Running fixing by four ply cloth point bearing

③特殊角法

特殊角法是根据26.5°和45°的正切值分别等于0.5和1，即 $\tan 26.5° = 0.5$，$\tan 45° = 1$ 的特性而选定的一种特殊的移线定位方法。

在图4.19中，因为

$$\tan\angle MAC = \frac{MC}{AC} = \tan 26.5° = \frac{1}{2}$$

$$\tan\angle MBC = \frac{MC}{BC} = \tan 45° = 1$$

所以

$$AC = 2MC, MC = BC$$

即

$$D_{\perp} = BC = AB = S_L$$

可见，当 $Q_1 = 26.5°$，$Q_2 = 45°$时，物标正横距离 $D_{\perp}$ 等于两次观测期间的计程仪航程 S_L，

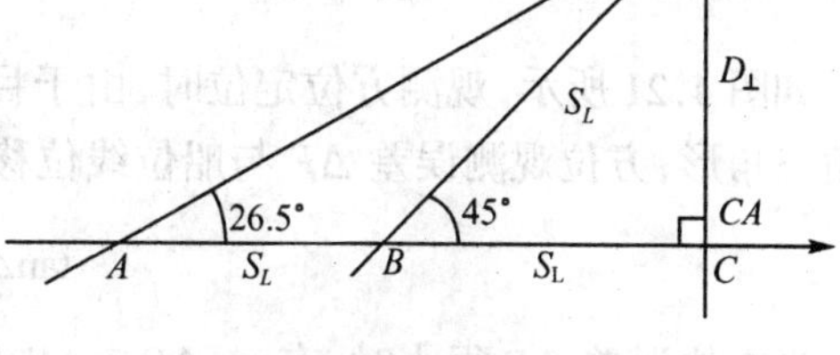

图4.19　特殊角法

Fig.4.19　Running fixing by special angles

而第二次观测物标方位到物标正横之间的航程,等于物标的正横距离,也等于两次观测期间的计程仪航程 S_L。利用这对特殊的舷角,不仅可以在物标正横以前预知物标的正横距离,而且还可以预测第二次观测物标方位到物标正横之间的航程,同时也提供了两次测定物标正横距离的时机。

4.3 陆标定位误差

对于陆标定位的各种方法研究,其关键问题是如何测准船位线。为此,有必要进一步说明观测船位存在误差时的船位分布规律,以便解决如下两个问题:(1)从误差分析中,找出提高船位精度应采取的措施;(2)研究并计算以观测船位为中心的船位分布范围。

4.3.1 船位线梯度

船位线梯度这一概念,是用来表示船位线位移量(Δn)与观测值改变量(Δu,不妨设 $\Delta u \geqslant 0$)之间的关系。如图4.20所示,设观测值为 u,在海图上用相应的船位线Ⅰ—Ⅰ′表示;当观测值改变为 $\mu + \Delta u$ 时,船位线位移至Ⅱ—Ⅱ′,位移量为 Δn。

船位线梯度($\boldsymbol{g}$)的定义:梯度为一矢量,其方向与船位线的法线一致,正向指向观测值增大的方向,其模为观测值在法线方向上的导数,即

$$\boldsymbol{g} = \lim_{\Delta n \to 0} \frac{\Delta u}{\Delta n} = \frac{\mathrm{d}u}{\mathrm{d}n} \tag{4.20}$$

实际计算时,可用近似式为

$$\boldsymbol{g} = \frac{\Delta u}{\Delta n} \tag{4.21}$$

由梯度定义可知:当观测值改变量 Δu 为一定时,梯度大的地方,引起的船位线位移小;而梯度小的地方,引起的船位线位移就大。若能设法解出各种观测船位线的梯度表达式,则当观测误差已知时,不难求出相应的船位线误差(位移量)。

1.方位船位线梯度($\boldsymbol{g}_F$)

如图4.21所示,观测方位定位时,由于目标距离较近,可视图中的三角形△PWW'为平面直角三角形,方位观测误差 ΔF 与船位线位移量 Δn 的关系式为

$$\tan\Delta F = \frac{\Delta n}{D}$$

当方位误差 ΔF 很小时,有 $\tan\Delta F = \Delta F°/57.3°$,代入上式得

$$\boldsymbol{g}_F = \frac{\Delta F}{\Delta n} = 57.3° \frac{1}{D} (°/\text{n mile}) \tag{4.22}$$

或　　$g_F = 1/D(\text{rad/n mile})$

式(4.22)表明，方位船位线梯度与船位至岸标的距离 D 成反比，即距离愈近，梯度值愈大，定位精度愈高。梯度方向为

$$Q = F - 90°$$

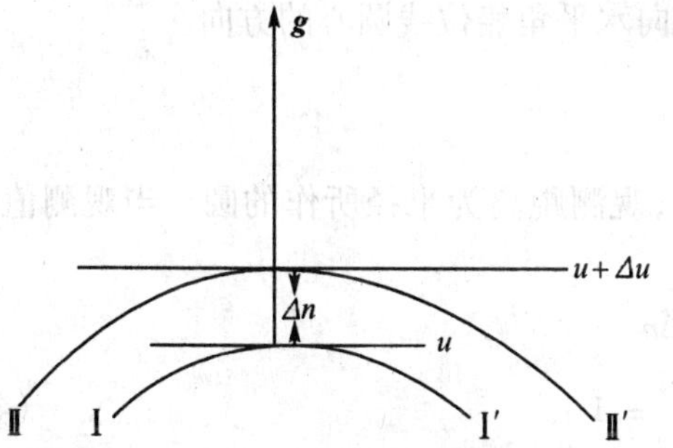

图4.20　船位线梯度

Fig.4.20　The gradient of position line

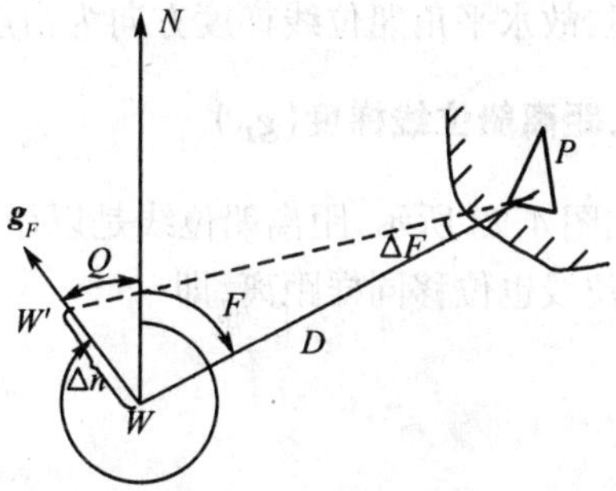

图4.21　方位船位线梯度

Fig.4.21　The gradient of bearing line

式中，F 为岸标真方位。

2.水平角船位线梯度(g_α)

如图4.22所示，由于水平角可视为两方位之差，因此水平角梯度可用两方位梯度的矢量差表示。在 W 点测得 A，B 两物标的水平角 α，由方位船位线梯度公式得

$$\left.\begin{aligned} g_1 &= 1/D_A(\text{rad/n mile}) \\ g_2 &= 1/D_B(\text{rad/n mile}) \end{aligned}\right\}$$

过 W 点作两方位的梯度 g_1，g_2，并连接两梯度首端，即得水平角船位线梯度 g_α。由 g_1，g_2 和 g_α 三矢量构成的梯度三角形，可得

$$g_\alpha = (g_1^2 + g_2^2 - 2g_1 g_2 \cos\alpha)^{1/2}$$

将方位梯度代入上式得

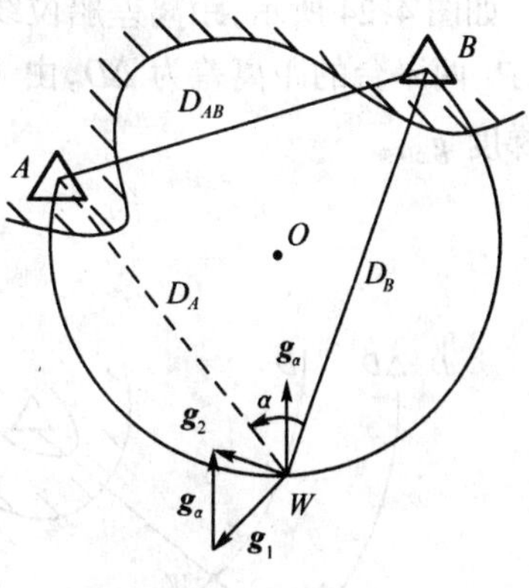

图4.22　水平角船位线梯度

Fig.4.22　The gradient of position line by horizontal angle

$$g_\alpha = \left(\frac{1}{D_A^2} + \frac{1}{D_B^2} - 2\frac{1}{D_A \cdot D_B}\right)^{1/2} = \frac{D_{AB}}{D_A \cdot D_B}(\text{rad/n mile}) \tag{4.23}$$

用“′”表示可写成

$$g_a = 3\,437.7\frac{D_{AB}}{D_A \cdot D_B} \ ('/\text{n mile}) \tag{4.24}$$

式(4.24)表明，水平角船位线梯度与两标间的距离（D_{AB}）成正比，而与船位至两标的距离的乘积（$D_A \cdot D_B$）成反比。

根据梯度定义，梯度方向垂直于船位线，指向观测值增大的一方，由于水平角船位线是一个圆弧，故水平角船位线梯度方向为由船位 W 指向水平角船位线圆心的方向。

3.距离船位线梯度（g_D）

如图 4.23 所示，距离船位线是以岸标为圆心，观测距离为半径所作的圆。当观测值改变时，船位线也位移同样距离，即

$$\Delta D = \Delta n$$

故

$$g_D = \frac{\Delta D}{\Delta n} = 1 \tag{4.25}$$

式(4.25)表明，不论岸标距离的远近如何，距离船位线梯度恒等于 1，其梯度方向为背离圆心（岸标）的方向。

4.距离差船位线梯度（$g_{\Delta D}$）

如图 4.24 所示，距离差船位线梯度可由距离船位线梯度的矢量差求得。自船位 W 观测 P_1，P_2 两岸台的距离差为 ΔD，由 W 点作两距离梯度 g_1，g_2，连接两矢量首端，即得距离差船位线梯度 $g_{\Delta D}$。

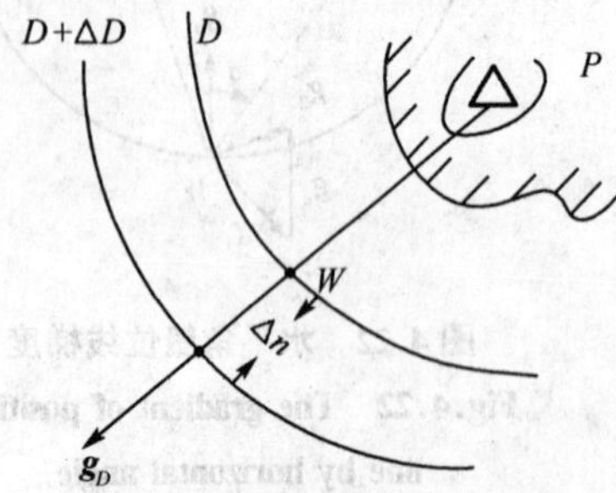

图 4.23　距离船位线梯度

Fig.4.23　The gradient of range line of position

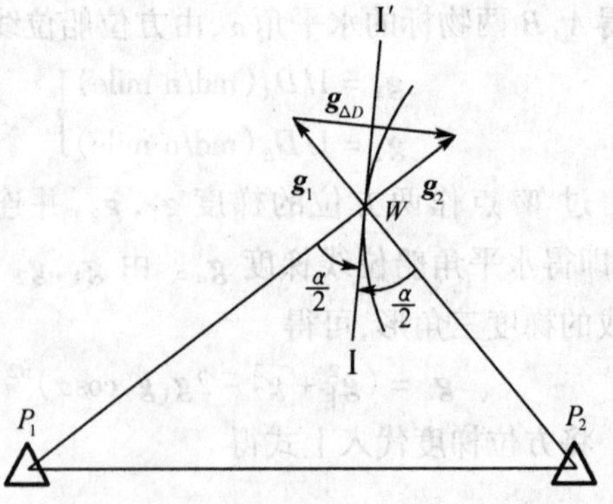

图 4.24　距离差船位线梯度

Fig.4.24　The gradient of range line difference

由于$|\boldsymbol{g}_1| = |\boldsymbol{g}_2| = 1$,故梯度三角形为一等腰三角形。过 W 作$\angle P_1WP_2 = \alpha$ 的角平分线Ⅰ—Ⅰ′,该线必垂直于距离差船位线梯度矢量 $\boldsymbol{g}_{\Delta D}$。根据梯度方向定义,可以断定Ⅰ—Ⅰ′就是过 W 点的距离差等值线的切线,即张角 α 的角平分线就是距离差等值线在 W 的切线。这一结论,在实际工作中,常用来判断船位线方向。

由梯度三角形可得距离差船位线梯度为

$$\boldsymbol{g}_{\Delta D} = 2g_1 \cdot \sin\frac{\alpha}{2} = 2\sin\frac{\alpha}{2} \tag{4.26}$$

式(4.26)表明,张角 α 愈大(最大等于 180°),距离差船位线梯度愈大,用以定位的精度愈高。

4.3.2　船位线均方误差

观测船位是由船位线相交而成的,而船位线是根据观测值标绘的。因此,要分析观测船位误差,首先要分析当观测值存在一定的偶然误差时,将会引起多大的船位线误差(位移)。也就是要建立观测均方误差与船位线均方误差的关系。

由观测值的均方误差引起的船位线在法线方向上的位移量,称为船位线均方误差,用符号 E 表示。

由梯度公式(4.21)可得

$$\Delta n = \frac{1}{\boldsymbol{g}}\Delta u$$

定义:观测值中含有的观测误差 Δu 导致船位线产生的位移量 Δn,称为船位线误差。显然,船位线误差是观测误差的倍数函数,由倍数函数均方误差公式即可导出船位线均方误差 E 为

$$E = \frac{1}{\boldsymbol{g}} \cdot \sigma \tag{4.27}$$

式(4.27)表明,船位线均方误差 E 与观测均方误差 σ 成正比,而与梯度成反比。

将前面导出的梯度公式代入上式,即得各种船位线均方误差公式。

方位船位线均方误差为

$$E_F = \frac{\sigma_F{}^{\circ}}{57.3^{\circ}} \cdot D \tag{4.28}$$

水平角船位线均方误差为

$$E_\alpha = \frac{\sigma'_\alpha}{3\,437.7} \cdot \frac{D_A \cdot D_B}{D_{AB}} \tag{4.29}$$

距离船位线均方误差为

$$E_D = \sigma_D \tag{4.30}$$

距离差船位线均方误差为

$$E_{\Delta D} = \frac{\sigma_{\Delta D}}{2\sin\alpha/2} \tag{4.31}$$

例 4-1 用六分仪观测 A,B 两标间的水平角，测角均方误差 $\sigma_\alpha = \pm 3.0'$，两标间距离为 2.0 n mile，船位 W_1 距 A 标 3.5 n mile，距 B 标 5.2 n mile。船位 W_2 距 A 标 6.2 n mile，距 B 标 7.8 n mile。求 W_1 和 W_2 处的 $\boldsymbol{g}_\alpha$ 与 E_α。

解

W_1 处梯度

$$\boldsymbol{g}_\alpha = 3\,437.7 \times \frac{2.0}{3.5 \times 5.2} = 377.8\ ('/\text{n mile})$$

船位线均方误差

$$E_\alpha = \sigma_\alpha / \boldsymbol{g}_\alpha = \frac{\pm 3.0' \times 1\,852}{377.8} = \pm 14.7\ (\text{m})$$

W_2 处梯度

$$\boldsymbol{g}_\alpha = \frac{3\,437.7 \times 2.0}{6.2 \times 7.8} = 142.2\ ('/\text{n mile})$$

船位线均方误差

$$E_\alpha = \frac{\pm 3.0' \times 1\,852}{142.2} = \pm 39.1\ (\text{m})$$

显然，W_1 处比 W_2 处的船位线精度高。

第 5 章 天文导航系统

Celestial navigation is an art and science for determining one's geographic position by the observation of identified stars, identified planets, the Sun, and the Moon.

An observer watching the night sky without knowing anything about geography and astronomy might spontaneously get the impression of being on a plane located at the center of a huge, hollow sphere with the celestial bodies attached to its inner surface. Indeed, this naive model of the universe was in use for millennia and developed to a high degree of perfection by ancient astronomers. Still today, it is a useful tool for celestial navigation since the navigator, like the astronomers of old, measures apparent positions of bodies in the sky but not their absolute positions in space.

The basic principles of celestial navigation are a combination of rudimentary astronomical knowledge and spherical trigonometry. Anyone who has been on a ship that is remote from any terrestrial landmarks needs no persuasion on the value of celestial navigation.

Human navigators use sextants to measure the elevation angle of celestial bodies above the visible horizon. The peak elevation angle occurs at local noon or midnight, thus at local noon or midnight, latitude can be calculated by simple arithmetic. When time became measurable at sea, with a chronometer in the 19th century and by radio in the 20th century, off-meridian observations of the elevation of two or more celestial bodies were possible at any known time of night: These fixes were hand-calculated using logarithms, and then plotted on charts. In the 1930s, hand-held sextants were built that measured the elevation of celestial bodies from an aircraft using a bubble-level reference instead of the horizon. The accuracy of celestial fixes was 3 – 20 miles at sea and 5 – 50 miles in the air, limited by the uncertainty in the horizon and the inability to make precise angular measurements on a pitching, rolling vehicle.

The first automatic star trackers were built in the late 1950s. They measured the azimuth and elevation of stars relative to a gyroscopically stabilized platform. Approximate position estimates by dead reckoning allowed the telescope to point within a fraction of a degree of the desired star. Thus, a narrow field-of-view was possible, permitting the telescope and photodetector to track stars in the daytime. An on-board computer stored the right ascension and declination of 20 to 100 stars and computed the vehicle's position. Automatic star trackers are used in long-range military aircraft and on space shuttles in conjunction with inertial navigators. Clever design of the optics and of stellar-inertial signal-processing filters achieves accuracies better than 500 ft.

In this chapter, it is intended for students who are curious about the basic principles of celestial navigation and makes no pretense of serving a professional navigator or surveyor.

天文导航始于航海,它是探索船舶在远离海岸航行时,如何利用天体进行定位而逐渐发展起来的一门科学。天文导航采用自然天体,如恒星、行星作为导航信标,利用光学或光电仪器测得天体的位置参数(如方位和高度角),获得多条等高度线,并通过数学解算得到船位,达到导航定位的目的。天文导航不但精度高、设备简单可靠,而且不受地域、空域和时域的限制,其定位定向误差既不随时间的增加而增大,也不会因航行距离的增大而积累,它完全是一种被动式自主测量,不受外界电磁波干扰和破坏,而且主要观测目标是永恒星体,具有隐蔽性好、可靠性高等优越性。由于天文导航的这些突出优点,它在现代航海、航空以及航天领域的导航技术发展中占有极其重要的地位。本章简要介绍了天文导航技术的发展历史,详细阐述了天文导航的基础知识、基本原理和应用方法,并分析了其定位精度,最后给出一个船用天文导航系统软件的设计实例供读者参考。

5.1 天文导航发展简史

早在两千多年前,我国就有关于使用天体导航的记载。公元前140年,西汉《淮南子·齐俗训》中记载:“夫乘舟而惑者,不知东西,见斗极则悟矣”,说明我们的先人很早就知道在海洋上观星斗辨东西,确定航行方向。到了晋朝,许多商船和僧人往返于南洋诸国及印度之间,天文导航就是当时舟师的主要导航手段,可见天文导航在远洋航行中的重要作用。明朝郑和七下西洋,更体现了我国古代天文导航的先进水平。《郑和航海图》中的《过洋牵星图》是现存最完整、精确的天文航海原始记录。15世纪,哥伦布发现新大陆后,海上交通和贸易迅速崛起,天文导航也得以快速发展。1757年,坎贝尔船长将反射象限仪改装成了六分仪;1761年天文钟的发明,使天文导航定位精度有了质的提高。1837年,美国船长萨姆纳提出了天文船位线的概念,并确定利用等高线同时解算经纬度的方法,1875年法国人圣·希勒尔提出了高度差法,使天文导航方法逐渐形成了完整的理论体系。二战以后,多种高性能的六分仪、潜望镜相继研制成功和投入使用,使天文导航方法获得了更大的发展和更为广泛的应用。近年来,随着半导体技术的发展,电子耦合器件和电子注入器件的成熟应用,星光导航仪、星体跟踪器等高精度天文导航系统的出现使得天文导航技术进入了一个崭新的发展阶段。

5.2　天文导航基础

5.2.1　天体概述

1.天体

宇宙中的一切物体统称为天体(Celestial Body),包括恒星、行星、卫星、彗星、流星、星团、星云、星际物质以及近年来发现的红外源、射电源、X 射线源、γ 射线源等。人类发射的地球卫星、宇宙飞船等也被称为人造天体。

(1)恒星　由炽热气体组成的、能自己发光的天体称为恒星(Star)。所有恒星距离地球都很遥远,所以尽管它们在宇宙中运动速度很大,但在短时间内往往看不出它们位置的变化。人眼可见的恒星将近 7 000 颗,由于亮度的原因,能用于航海导航的大约有 159 颗,常用的有 60 颗左右。

(2)行星　自己不发光而围绕着恒星运动的天体称为行星(Planet),行星在以恒星为背景的天空中有明显的相对移动。

(3)卫星　自己不发光而围绕行星运动的天体称为卫星(Satellite),月亮是地球的卫星。

我们所在的太阳系,是以太阳为主体,由八大行星及某些行星的卫星组成的,另外还有彗星、流星等天体。八颗行星按照它们与太阳的距离由近及远排列次序分别是:水星、金星、地球、火星、木星、土星、天王星、海王星。水星靠近太阳,常被阳光所“掩没”,肉眼不易看到。天王星和海王星距离地球较远,为肉眼所不能见。因此行星中只有金星、火星、木星、土星用于天文定位,这四颗行星与太阳、月亮以及《航海天文历》中所列的 159 颗恒星称为航用天体。

2.天体的运动

所有的天体都在不停的运动,不同天体的运动方式并不一样。天体坐标的变化,是由多项运动合成的结果,而影响天体坐标变化的运动主要有以下几种。

(1)恒星自行　恒星并非恒定不变。实际上,它们在宇宙中以非常高的速度运动,只是由于距离很远,相互间的位置变化很小。运动的结果,使得恒星的赤经和赤纬发生变化,即恒星的自行。这种恒星的自行都比较小,通常每年只有零点几到几角秒。

(2)行星运动　行星的运动规律遵循开普勒三大定律。行星运行轨道都是椭圆,太阳位于椭圆的一个焦点上;行星在近日点附近比远日点附近运行速度快;行星距离太阳越远,运行周期越长;行星运动主要引起行星赤经和赤纬的变化。

(3)地球自转　地球绕地轴自西向东旋转,一天一周。它的自转并不改变天体在空间的位置,因此天体的赤经和赤纬不发生变化。但由于测者随地球一起运动,与观测者位置有关的天体坐标—时角、高度和方位产生周期性的变化。

(4)地球公转　地球作为太阳系的行星同样遵循着开普勒三大定律。由于许多天球坐标系的基准是与地球密切联系的,地球公转会引起其他天体的位置变化,包括影响其他行星的赤经、赤纬和恒星的周年光行差、视差等。

(5)岁差章动　由于太阳、月亮、行星的引力,北天极绕着北黄极缓慢的向西移动,从而使春分点沿黄道每年约西行 50″267,这种现象即是岁差。与岁差相叠加的各种幅度较小的周期性振动,称为章动。它对所有的天体坐标都有影响,影响的大小与天体的位置有关。岁差的影响是积累的,章动的影响是周期性的。

(6)摄动　行星的轨道如果只受太阳的引力,则各行星的轨道都是固定的,通过解椭圆方程就可得到行星的坐标。但行星在运动过程中还受到其他天体的引力作用,使行星的轨道参数不断变化,即摄动,它是影响天体坐标最复杂的因素。

5.2.2　天球上的基本要素

仰望天空,罩在我们头顶上的巨大的空心半球,称为天球,而地球位于天球的球心。根据这种直观的感觉,我们建立了天球的概念,并将其作为研究天体的直观位置和视运动的一种辅助工具。所谓天球,是以地球的中心为球心,以无限大为半径的假想球体。

1.天球与地球联系的基本点、线和圆

天球上的基准点线圆如图 5.1 所示。

(1)天轴和天极(Celestial Axis and Celestial Poles)

将地轴向两端无限延伸与天球球面相交所得到的天球直径$\overline{P_N P_S}$,称为天轴。天轴的两端点叫做天极,与地球北极对应的那一极称为北天极 P_N,另一极称为南天极 P_S。

(2)天赤道(Celestial Equator)

将地球赤道平面无限扩大,与天球球面相交所得的大圆叫天赤道(εQ)。

(3)测者垂直线、天顶和天底

地球上的测者铅垂线无限延伸与天球球面相交所得的天球直径$\overline{Zn}$,叫做测者垂直线(Observer's Vertical)。测者垂直线的两端点,在测者头顶方向的一点 Z 叫天顶点(Zenith),在测者正下方的一点 n 叫天底(Nadir)。当测者位于格林尼治子午线上时,得到的天顶、天底分别称为格林天顶和格林天底。

(4)测者子午圆(Observer's Meridian)

通过天极和天顶、天底的大圆称为测者子午圆。天轴将测者子午圆分为两个半圆,包含天顶的半圆称为测者午半圆,包含天底的半圆称为测者子半圆。天文定位中常用的格林子午圆

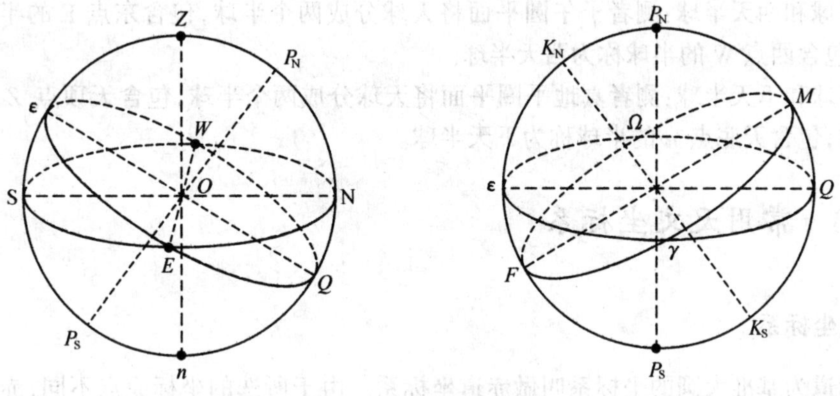

图 5.1 天球及其基准点、线、圆

Fig.5.1 Celestial and its base points, lines and circles

午半圆,是地球上格林尼治天文台所处 0°经度线在天球上的投影。

(5)黄道和黄极

将地球的公转轨道面扩展与天球相交所得的大圆称为黄道。天球上与黄道面距离相等,且连线通过地心垂直于黄道面的两点称为黄极。靠近北天极的一极称为北黄极 K_N,另一极称为南黄极 K_S。

(6)春分点和秋分点

黄道与天赤道交于两点,太阳从南天半球进入北天半球的一点,称为春分点 γ,另一点称为秋分点 Ω。

(7)测者真地平圈

通过地心垂直于测者铅垂线的平面,与天球球面相截的大圆称为测者真地平圈。测者真地平圈上有东、南、西、北四个方向点。

测者子午圆与测者真地平圈相交两点,其中靠近北天极的交点为正北点 N(North),靠近天南极方向的一点称为正南点 S(South)。测者真地平圈与天赤道交于两点,测者面向北,左手方向的一点为西点 W(West),右手方向的点为东点 E(East)。

天球上与测者相联系的基本点、线和圆都与测者地理位置有关,测者地理位置不同,则测者天顶点、天底点、测者子午圆及测者真地平圈也不同。

2.天球区域划分

为了讨论问题方便,通常将天球做以下划分。

北天半球和南天半球:天赤道平面将天球分成两个半球,包含天北极 P_N 的半球称为北天半球,包含天南极 P_S 的半球称为南天半球。

东天半球和西天半球:测者子午圆平面将天球分成两个半球,包含东点 E 的半球称为东天半球,而包含西点 W 的半球称为西天半球。

上天半球和下天半球:测者真地平圈平面将天球分成两个半球,包含天顶点 Z 的半球称为上天半球,包含天底点 n 的半球称为下天半球。

5.2.3 常用天文坐标系

1.赤道坐标系

以天赤道为基准大圆的坐标系叫做赤道坐标系。由于所选的坐标原点不同,赤道坐标系可以分为第一赤道坐标系和第二赤道坐标系。下面将分别对第一赤道坐标系和第二赤道坐标系作详细的介绍。

(1)第一赤道坐标系

坐标系构成:

基准大圆:天赤道;

基准半圆:测者午半圆;

坐标原点:天赤道与午半圆交点 ε;

辅助圆:天体时圆和天体赤纬圈。

通过天北极和天南极的半个大圆称为时圆。经过天体的时圆叫做天体时圆。天体地方时角是指测者午半圆和天体时圆在天赤道上所夹的弧距,以 t 表示;从天北极上看,由原点顺时针(向西)为正。天体赤纬圈是指在天体时圆上,天体和天赤道所夹弧距,以 δ 表示,从赤道起向北为正。天体 B 的坐标用天体地方时角 t 和天体赤纬 δ 表示。利用天体时圆和天赤道就可确定天体位置的球面坐标。

如图 5.2 所示,在天赤道上得到的弧距 εF 为天体 B 的横坐标,叫天体地方时角 t;地方时角是从测者午半圆起算,测者所处的经度不同,午半圆也不同,所以地方时角也不一样,在航海天文历中统一使用格林尼治时角,它是由格林尼治午半圆起算的地方时角,简称格林时角 t_G。

在天体时圆上得到的弧距 FB 为天体 B 的纵坐标,叫天体赤纬 δ。

(2)第二赤道直角坐标系

坐标系构成:

基准大圆:天赤道;

基准半圆:春分点时圆;

坐标原点:春分点;

辅助圆:天体时圆和天体赤纬圈。

天体 B 的坐标用天体赤经 α 和天体赤纬 δ 表示。天体赤经是指天体时圆与春分点时圆在天赤道上所夹的弧距，从天北极上看，从春分点起逆时针向东为正，共轭赤经 $\tilde{\alpha}=360°-\alpha$。天体赤纬的定义与第一赤道坐标系相同。如图 5.3 所示。图中，r 点代表春分点。

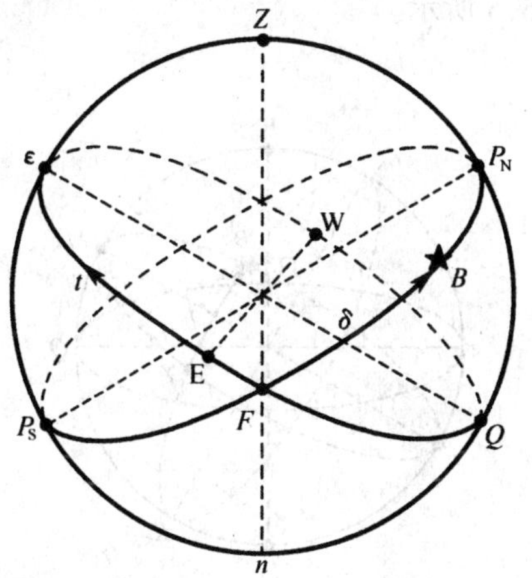

图 5.2　第一赤道坐标系
Fig.5.2　The first equatorial coordinate

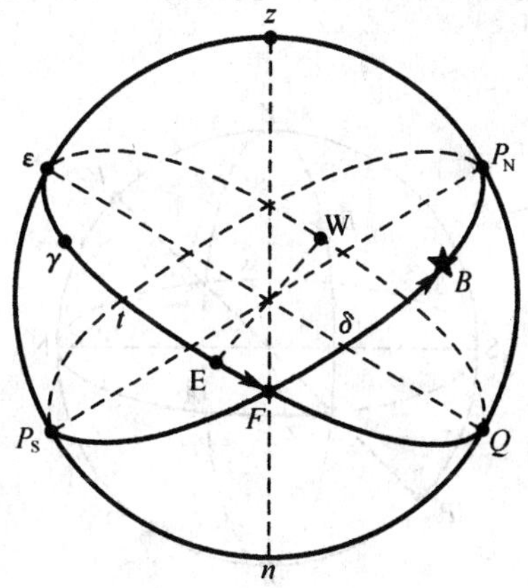

图 5.3　第二赤道坐标系
Fig.5.3　The second equatorial coordinate

2.地平直角坐标系

坐标系构成：
基准大圆：测者真地平圈；
基准半圆：北方位圈或南方位圈；
坐标原点：正北点 N 或正南点 S；
辅 助 圆：天体方位圆和天体高度圆。

通过测者天顶、天底和天体的半个大圆，叫天体方位圆。天体 B 的坐标用天体方位 A 和天体高度 h 表示。天体方位 A 是指天体方位圆和测者方位圆在测者真地平圈上所夹的弧距，从原点起顺时针(从天顶上看)计量。天体顶距 z 是从天顶起，沿天体方位圆度量到天体中心的弧距。天体高度 h 是指天体中心到测者地平圈的角距，在地平圈以上为正。如图 5.4 所示。

3.黄道直角坐标系

坐标系构成：
基准大圆：黄道；
基准半圆：春分点黄经圈；
坐标原点：春分点；

辅助圆:天体黄经圈和天体黄纬圈。

天体 B 的坐标用天体黄经 l 和天体黄纬 b 表示。天体黄经是指春分点到天体黄经圈的角距;由春分点起逆时针(从北黄极上看)计量。天体黄纬是指天体中心与黄道在天体黄经圈上所夹的弧距;自黄道算起,向北黄极方向为正。如图 5.5 所示。

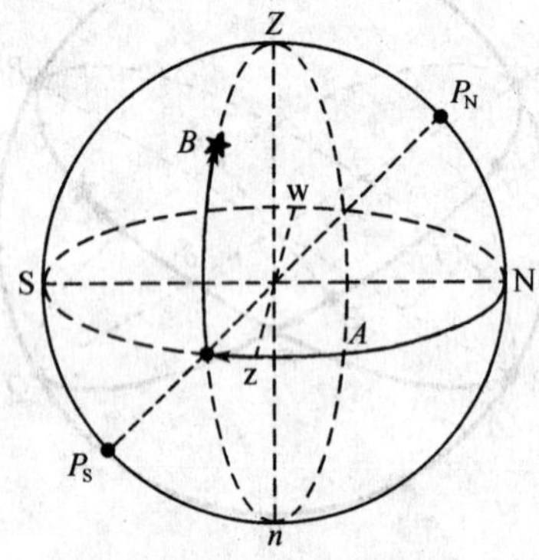

图 5.4 地平直角坐标系

Fig.5.4 The horizon rectangular coordinate

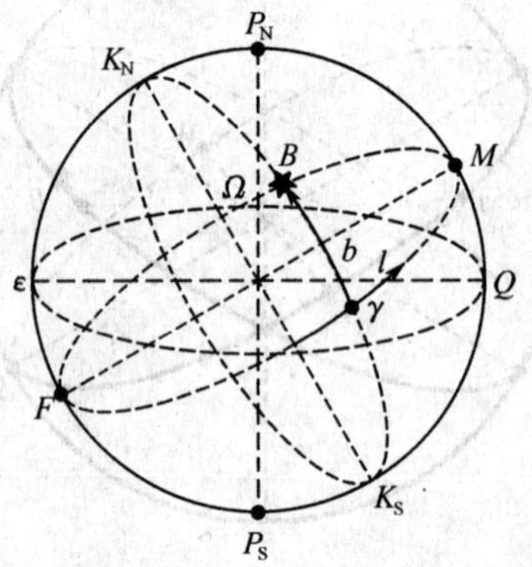

图 5.5 黄道坐标

Fig.5.5 The ecliptic coordinate

4.各坐标系之间的关系

天体 B 在空间坐标系 $OXYZ$ 中的坐标为(x,y,z),在空间坐标系 $OX'Y'Z'$ 中的坐标为(x',y',z')。如图 5.6 所示,天体 B 在两个空间坐标系间的坐标变换是通过坐标系间的旋转实现的,这种旋转又是通过变换矩阵来完成的。

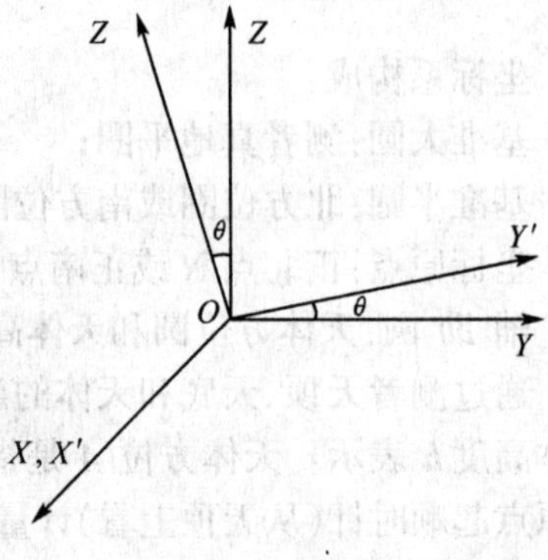

图 5.6 坐标变换

Fig.5.6 Coordinates Transformation

如果 YOZ 平面绕 X 轴转动,则其变换矩阵为

$$\boldsymbol{k}_x(\theta)=\begin{pmatrix}1 & 0 & 0\\ 0 & \cos\theta & \sin\theta\\ 0 & -\sin\theta & \cos\theta\end{pmatrix} \tag{5.1}$$

变换后的坐标为

$$\begin{pmatrix}x'\\ y'\\ z'\end{pmatrix}=\begin{pmatrix}1 & 0 & 0\\ 0 & \cos\theta & \sin\theta\\ 0 & -\sin\theta & \cos\theta\end{pmatrix}\begin{pmatrix}x\\ y\\ z\end{pmatrix} \tag{5.2}$$

同理,XOZ 平面绕 Y 轴转动、XOY 平面绕 Z 轴转动的变换矩阵分别为

$$\boldsymbol{k}_y(\theta) = \begin{pmatrix} \cos\theta & 0 & -\sin\theta \\ 0 & 1 & 0 \\ \sin\theta & 0 & \cos\theta \end{pmatrix} \tag{5.3}$$

$$\boldsymbol{k}_z(\theta) = \begin{pmatrix} \cos\theta & \sin\theta & 0 \\ -\sin\theta & \cos\theta & 0 \\ 0 & 0 & 1 \end{pmatrix} \tag{5.4}$$

下面以赤道坐标系与黄道坐标系间的变换为例,介绍天体 B 在赤道坐标系与黄道坐标系之间是如何通过黄赤交角 τ 进行联系的。

由赤道坐标系到黄道坐标系的变换为

$$\boldsymbol{R}_{\lambda\beta} = \boldsymbol{k}_x(\tau)\boldsymbol{R}_{\alpha\delta} \tag{5.5}$$

式中,$\boldsymbol{R}_{\lambda\beta}$,$\boldsymbol{R}_{\alpha\delta}$分别为天体 B 赤道与黄道坐标系里的坐标向量,$\boldsymbol{k}_x(\tau)$为两者之间的转换矩阵。

反之,则为

$$\boldsymbol{R}_{\alpha\delta} = \boldsymbol{k}_x(-\tau)\boldsymbol{R}_{\lambda\beta} \tag{5.6}$$

式中,$\boldsymbol{k}_x(-\tau)$为赤道与黄道坐标系之间的转换矩阵,由于转换方向改变,转换角度变为负号。

5.2.4　天球作图及天文三角形

天球作图对于分析研究天文航海、建立天球立体概念、熟练掌握天球坐标等都是十分重要的。解算天文三角形是以天球坐标为基础,通过正确的作图和精确的数学计算求得天球坐标值,从而解决天文导航的基本问题。

1.天球作图的基本方法

天球作图多采用画子午面上的天球图的方法,其步骤如下:

(1)作天球基本点、线和圆图。根据已知测者纬度、天体时角或天体方位的方向,确定高极和天体所在的半球,画出天球的基本点、线和圆。天体所在的半圆应画在图的正面。

(2)定出天体的位置。根据已知的天体坐标值,在天球的基本点、线和圆图上确定出天体的位置。

(3)求天体未知的坐标值。如果是求天体的地平坐标,应先作出天体方位圆,然后量取天体的方位和高度。如果是求天体的赤道坐标,则应先作出天体时圆,再量取天体时角和赤纬。

2.天文三角形

在天球球面上,由测者午半圆、天体时圆和天体方位圆构成的球面三角形,称为天文三角形或位置三角形。天文三角形$\triangle P_{\mathrm{N}}BZ$ 是球面的一部分,其顶点分别是天极、天体和天顶点,而且它的三条边不是直线段，而是圆弧，如图 5.7 所示。

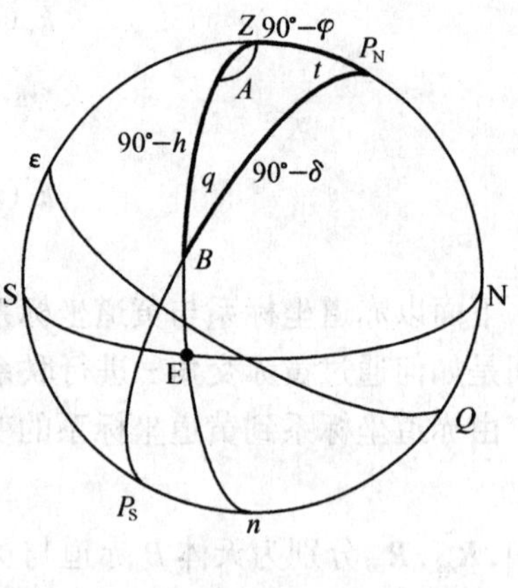

图 5.7 天文三角形
Fig.5.7 The astronomical triangle

天文三角形的基本特性如下：

(1)天文三角形两边之和大于第三边，两边之差小于第三边。

(2)天文三角形三角之和大于 180°，小于 540°。

(3)天文三角形两角之和减去第三角小于 180°。

(4)天文三角形中，边角存在对应关系，等边对等角，等角对等边，大角对大边，大边对大角。

天文三角形的三边分别是

$$\left.\begin{aligned}\overset{\frown}{ZP_N} &= 90° - \varphi \\ \overset{\frown}{P_N B} &= 90° - \delta \\ \overset{\frown}{BZ} &= 90° - h\end{aligned}\right\}$$

式中 φ——测者纬度；

δ——天体赤纬；

h——天体高度。

天文三角形的三角分别是

$$\angle P_N ZB = A$$
$$\angle ZP_N B = t$$
$$\angle ZBP_N = q$$

式中 A——天体半圆方位；

t——天体半圆地方时角；

q——天体位置角。

天文三角形中边和角都在 0°～180°范围内，所以天文三角形只在半个天球(东天半球或西天半球)之内。在天文三角形六个边角要素中，天球第一赤道坐标系(t,δ)说明赤道坐标、地平坐标和测者地理坐标之间的关系。如果已知三要素就可利用球面三角形求解其余三要素。在天文定位中，往往是已知测者纬度 φ、天体地方时角 t 和天体赤纬 δ，求取天体高度 h(或天体顶距 Z)和方位 A。

最常用的是球面三角形边的正弦和余切公式，经整理得

$$\left.\begin{aligned}\sin h &= \sin\varphi\sin\delta + \cos\varphi\cos\delta\cos t \\ \cot A &= \tan\delta\cos\varphi\csc t - \sin\varphi\cot t\end{aligned}\right\} \tag{5.7}$$

式(5.7)表示天体在天球上的位置和测者地理位置间的关系。这些关系是天文航海问题

的原理依据,也是其理论的出发点。利用式(5.7)进行计算时,必须注意:

(1)纬度 φ 总是取正值,不论北纬南纬;

(2)高度 h 取正值;

(3)赤纬 δ 与纬度 φ 同名时为正,异名时为负;

(4)时角 t、方位 A 采用半圆算法(0°到 180°);

(5)所求函数值符号应根据各函数值的符号和公式本身符号来确定。

5.3　天文定位原理

5.3.1　天文定位基本原理

天文定位的基本原理是首先建立与地球相对应的天球,天球上有天体、地球表面测者对应的天顶点,通过测定天体与天顶点的相互关系,来确定天体在地球上投影点与测者相对位置,从而获得测者地理坐标,达到定位目的。

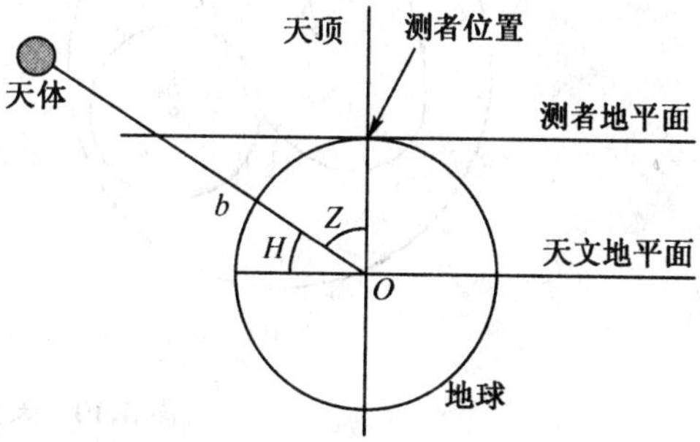

图 5.8　天体投影点图

Fig.5.8　Projected point of celestial

一个天体的高度和顶距取决于测者和天体投影点 b 之间的距离。天体投影点 b 是天体到地心的连线与地球表面的交点(如图 5.8 所示)。

当天体投影点 b 与测者位于相同位置时,该天体会出现在测者天顶($Z = 0°$, $H = 90°$)。当测者逐渐远离天体投影点 b 时,将会观察到天体的高度也逐渐降低。当测者在地球上移动了四分之一圆周后,会发现天体投影点 b 位于天文地平面上($H = 0°$, $Z = 90°$)。

对于一个给定的天体高度,有无数位置点到天体投影点 b 的距离相等,这些点在地球表面形成一个圆心位于 O 和 b(图 5.9 所示)连线上的圆周,该圆周叫做等高圆。当一个测者沿等高圆移动时,测得的相应天体的高度和顶距保持

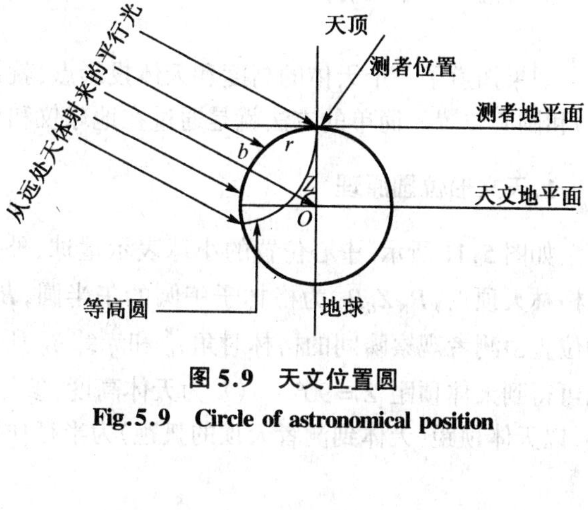

图 5.9　天文位置圆

Fig.5.9　Circle of astronomical position

不变。天体的方位取决于测者在等高圆上的位置,范围取 0°~360°。等高圆包含了无数可能的位置点,因此也叫做位置圆。

每测量一个天体的高度和顶距时,测者必位于以该天体投影点 b 为圆心,以天体顶距 r 为半径的等高圆上,因此就获得了一部分与自身地理位置有关的信息。继续观测第二个天体,得到另一个等高圆。这两个等高圆在地球表面上相交于两点,其中一点就是测者所在地(图 5.10(a))。理论上,这两个圆周可能相切;但是在实际中,这一情况基本不可能。

如果可以利用附加信息对现在位置进行大概估计,如利用指南针测得的相应天体的方位,就能知道"C_1"和"C_2"中哪个点是真位置。此外,要消除模糊度也可通过观测第三个天体,因为理论上三个等高圆相交只有一个交点,即为真位置 C(图 5.10(b))。

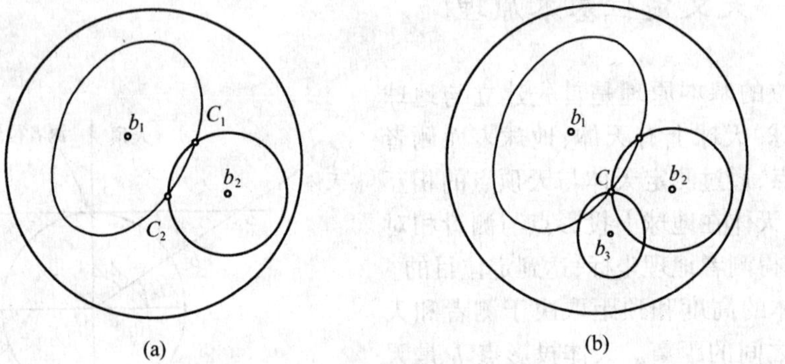

图 5.10 天文定位的基本原理

Fig.5.10 Basic principle of celestial positioning

5.3.2 天文船位圆法

如果知道了一个天体的高度和天体投影点,就知道了与该天体对应的等高圆的半径(位置线)和圆心位置。简单的方法就是通过在地球仪和海图上画天文船位圆来求得船位。

1. 天文船位圆原理

如图 5.11 所示,中心位置的小球表示地球,外面的大球表示天球。在天球球面上,Z_G 表示格林天顶点,$P_N Z_G P_S$ 为格林子午圆的午半圆,B 是待测天体,$P_N B P_S$ 是该天体的时圆。B 的位置由测者观察瞬间的格林时角 t_G^B 和赤纬 δ_B 所确定。此刻,如测者测得天体 B 的高度 h,则可得到天体顶距 $Z = 90° - h$(h 为天体高度,参见 5.2.4 节)。在天球的球面上,以天体为中心,以天体顶距(天体到测者天顶的弧距)为半径作圆,此圆被称为测者的天顶位置圆,测者天顶点必定在这个圆周上。根据天球、地球坐标间相互关系，将测者的天顶位置圆投影到地球表面上，在地球表面上也得到一个小圆，这个小圆称为测者天文船位圆，简称位置圆。

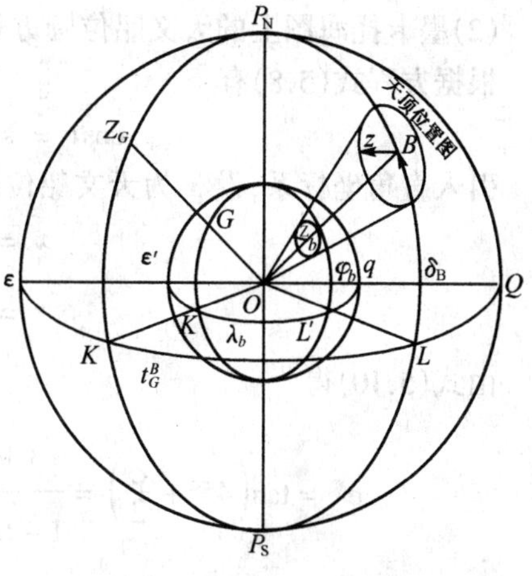

图 5.11　天文船位原理

Fig.5.11　Principle of celestial fixing

从图5.12不难看出，天文船位圆的圆心是天体 B 在地球表面的投影为 b。因为天体 B 的格林时角 t_G^B 与其投影点 b 的经度 λ_b 对应于同一球心角，所以天文船位圆的圆心地理坐标为 $\varphi_b = \delta_B$；$\lambda_b = t_G^B$（半圆法）。根据观测天体时的世界时，可得到格林时角 t_G^B 和赤纬 δ_B（从航海天文历查表获得），即得到 φ_b 和 λ_b，这是天文船位圆的圆心。天文船位圆的半径是天顶位置圆的半径在地球表面的投影。因为天顶位置圆与天文船位圆对应同一个球心角，所以船位圆的半径是天体顶距，即 $Z = 90° - h$。这就是说，只要测得天体真高度（经过修正的高度），就可得船位圆半径。

为了测得船位，测者在同一地点至少要观测两个天体，便可得到两个天文船位圆，它们相交得到两个交点。由于天文船位圆的半径很大，这两个交点相距很远，因此，靠近推算船位的一个交点就是测者的观测船位，这就是天文船位圆原理，也就是通常所指的双星定位原理。

2.天文船位圆在墨卡托海图上的投影

为计算方便，利用天文定位的基本原理，人们试图寻求在平面坐标系下求得船位。

(1)天文船位圆方程式

如图5.12所示，设 B 为天体，Z 为测者天顶，CC' 为其天顶位置圆。这时，在天文三角形 $\triangle P_N ZB$ 中，边 $\overset{\frown}{P_N Z} = 90° - \varphi$，边 $\overset{\frown}{P_N B} = 90° - \delta$，边 $\overset{\frown}{ZB} = 90° - h$（$h$ 为天体高度），$\angle ZP_N B = t$，$\angle P_N ZB = A$（A 为天体方位角）。因此，根据球面三角形边的余弦公式可得

$$\sin h = \sin\varphi\sin\delta + \cos\varphi\cos\delta\cos t \qquad (5.8)$$

式中，$t = t_G \pm \lambda_G^E$，t_G 为天体的格林时角，φ 为测者纬度，λ_G^E 为测者经度。式(5.8)就是地球表面的

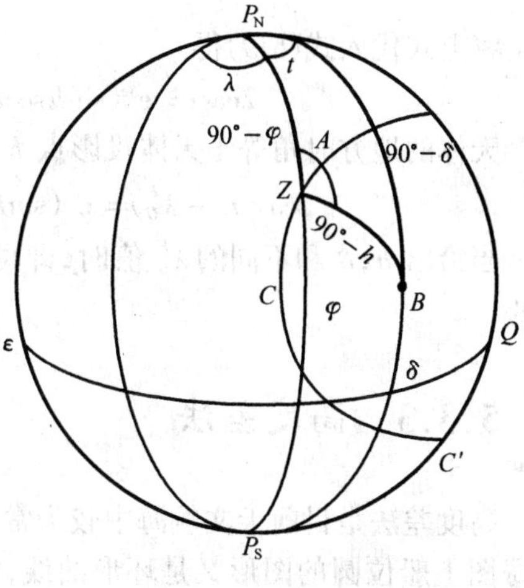

图 5.12　天文船位圆

Fig.5.12　Circle of celestial fixing

天文船位圆的方程式。

(2)墨卡托海图上的天文船位圆方程

根据方程式(5.8)有

$$\cos t = \sin h \sec\varphi \sec\delta - \tan\varphi \tan\delta \tag{5.9}$$

引入直角坐标系,设 x 为天文船位圆上一点的横坐标,y 为纵坐标。由墨卡托海图性质得

$$\left.\begin{aligned} x &= \lambda \\ y &= \ln\tan\left(45° + \frac{\varphi}{2}\right) \end{aligned}\right\} \tag{5.10}$$

由式(5.10)得

$$e^{y} = \tan\left(45° + \frac{\varphi}{2}\right) = \frac{1+\tan\frac{\varphi}{2}}{1-\tan\frac{\varphi}{2}} = \frac{\cos\frac{\varphi}{2}+\sin\frac{\varphi}{2}}{\cos\frac{\varphi}{2}-\sin\frac{\varphi}{2}} = \frac{\left(\cos\frac{\varphi}{2}+\sin\frac{\varphi}{2}\right)^2}{\cos^2\frac{\varphi}{2}-\sin^2\frac{\varphi}{2}}$$

$$= \frac{1+\sin\varphi}{\cos\varphi} = \sec\varphi + \tan\varphi$$

$$e^{-y} = \frac{1}{e^{y}} = \sec\varphi - \tan\varphi$$

由上式得

$$\left.\begin{aligned} \sec\varphi &= \frac{e^{y}+e^{-y}}{2} \\ \tan\varphi &= \frac{e^{y}-e^{-y}}{2} \end{aligned}\right\}$$

将上式代入式(5.9)得

$$2\cos t = e^{y}(\sin h \sec\delta - \tan\delta) + e^{-y}(\sin h \sec\delta + \tan\delta)$$

天体的地方时角等于天体投影点 b 的经度 t_G 与测者经度 λ_G^E 之差,因此有

$$2\cos(t_G - \lambda_G^E) = e^{y}(\sin h \sec\delta - \tan\delta) + e^{-y}(\sin h \sec\delta + \tan\delta)$$

当给出 h,δ 和不同的 λ_G^E 值时,即可求出 y 值,就可以画出墨卡托海图上天文船位圆的曲线。

5.3.3　高度差法

高度差法是目前天文航海中较为常用的方法。一般情况下天文船位圆很大,而且在墨卡托海图上船位圆的图形又是环形曲线,所以无法直接使用作图法求船位。但是,因为半径很大,可以把靠近推算船位的一小段圆弧当作直线,这样就把绘制天文船位圆的问题转变为以推算船位为基准画天文船位线的方法,这就是用高度差法求船位的思想。我们把靠近推算船位的天文船位圆的一小段圆弧称为船位线。

1.高度差法原理

如图 5.13 所示，在地球上，设 c 为推算船位，点 b 为天体 B 的投影点位置，$p_N c$ 和 $p_N b$ 分别为推算船位点和天体投影点的经度线，cb 为天体投影点相对于推算船位点的方位线。推算船位不一定正好在天文船位圆上，即推算船位与实际船位可能存在一定误差。从图中可以看出，cb 与天文船位线垂直相交于 k 点，其真方位和距离分别为 $\angle p_N cb$ 和 ck。以推算船位 c 为基准，按此真方位和距离作图求出 k 点，过 k 点作方位线的垂线 LL' 就是天文船位线，如图 5.14 所示，其中横坐标轴为东西距（Dep），纵坐标轴为纬差（$D\varphi$）。令 $A_c = \angle p_N cb$，$\Delta h = 2ck$，直线 LL' 的方程为

$$\cos A_c \cdot D\varphi + \sin A_c \cdot Dep - \Delta h = 0 \tag{5.11}$$

式(5.11)就是天文船位线方程。k 的方位 A_c 和距离 Δh 称为天文船位线的两要素。

为了求得天文船位线两要素，将地球上的天文船位圆及推算船位 c 投影到天球球面上，如图 5.14 所示。Z_c 为推算船位 c 的天顶点，它与高极和天体构成天文三角形 $\triangle P_N Z_c B$，是地球上 $\triangle p_N cb$ 的投影。天体方位圆 $Z_c B$ 与天顶位置圆的交点 K 是地球上 k 点的投影。因为地球上球面 $\triangle p_N cb$ 和天球上球面 $\triangle P_N Z_c B$ 为相互投影关系，所以两三角形是球面相似三角形，它们对应的边角相等。由此天文船位线的两要素计算公式如下

K 的真方位等于天体的计算方位，即

$$\angle p_N cb = \angle P_N Z_c B = A_c$$

式中，A_c 称为计算方位，它是用推算船位经纬度计算得到的天体方位。

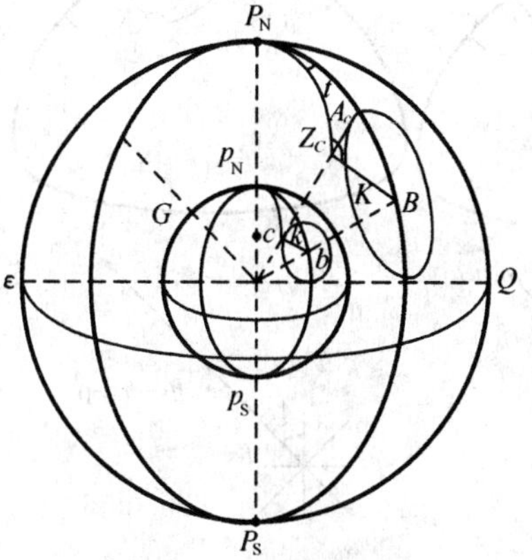

图 5.13　高度差法原理

Fig.5.13　Principle of altitude difference method

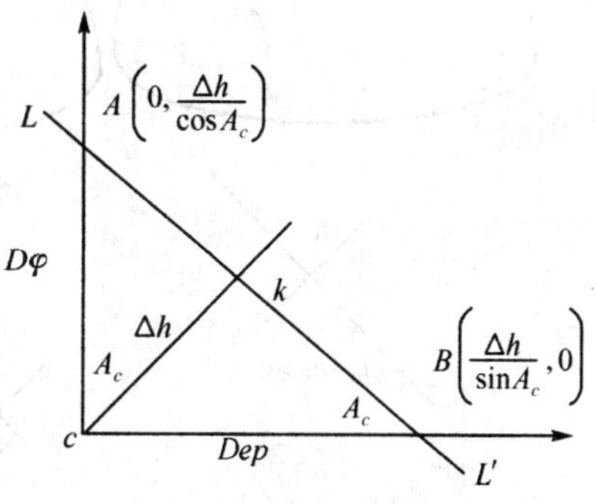

图 5.14　天文船位线两要素

Fig.5.14　Two factors of celestial fixing line

K 点到 Z_c 的距离等于高度差，即

$$\Delta h = \overset{\frown}{ck} = \overset{\frown}{Z_cK} = \overset{\frown}{Z_cB} - \overset{\frown}{KB} = Z_c - Z_0$$

$$\Delta h = \overset{\frown}{ck} = h_0 - h_c \tag{5.12}$$

式中 h_c——用推算船位经纬度计算的天体高度，简称计算高度；

h_0——测者观测得到的天体高度；

Z_c——推算船位天顶点到天体的顶距，称为计算顶距；

Z_0——天文船位圆的半径，称为天体真顶距。

根据上述说明可知，天文船位线的两要素即 K 点的方位是天体计算方位 A_c，K 点的距离是高度差 Δh，其中 h_0 可用六分仪观测天体得到，A_c，h_c 可通过解天文三角形求得。求得天文船位线两要素后，就能够以推算船位为基准作图画天文船位线，这种画图求天文船位线的方法称为高度差法，又称截距法。

2.高度差法作图规则及特点

推算船位可能在天文船位圆之外、之内或正好在天文船位圆上，对应于高度差有正、负和零三种情况，如图 5.15 所示。

当 $\Delta h > 0$ 时，说明 $h_0 > h_c$，即 $Z_c > Z_0$，推算船位在天文船位圆之外，K 点应在方位线正方向截取，过 K 点作方位线的垂线得天文船位线，如图 5.15(a)所示。

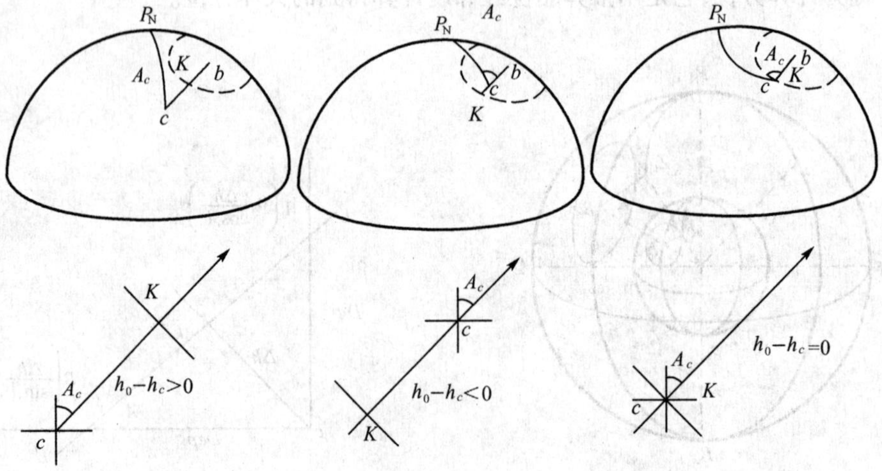

图 5.15 船位线作图规则

Fig.5.15 Plotting rules of celestial fixing line

当 $\Delta h<0$ 时，说明 $h_0<h_c$，即 $Z_c<Z_0$，推算船位在天文船位圆之内，K 点应在方位线负方向截取，同样过 K 点作方位线的垂线得天文船位线，如图 5.15(b)所示。

当 $\Delta h=0$ 时，说明 $h_0=h_c$，即 $Z_c=Z_0$，推算船位在天文船位圆上，c 点就是 K 点，过 c 点作方位线的垂线得天文船位线，如图 5.15(c)所示。

由于天文船位线的位置决定于观测天体的位置和观测天体的真高度，而高度差法只是利用推算船位作基准，计算出它对天文船位线的方位和距离，画出天文船位线，因此用不同位置的推算船位计算所得计算方位 A_c 和高度差 Δh 是不相同的。但这种不同并不能改变天文船位圆的位置，仅说明推算船位相对于天文船位线的位置改变了。通常情况下，推算船位不会离真船位太远，而它们距天体投影点的位置又很远，这时取相距不远的不同推算船位来计算，所得高度差虽不同，但所得的计算方位 A_c 几乎相等，再用各自的高度差作图所得的船位线几乎重合为一条，说明船位线受推算船位位置的影响很小。当推算船位偏离真船位不远，且天体高度不高时，用高度差法得到的船位线是较为理想的。

3.高度差法定位的计算方法

(1)计算观测时刻的推算船位

在进行太阳移线定位或测星定位时，通常都必须进行多次观测。第 n 次观测时的推算船位(φ_{cn}，λ_{cn})可由两次观测期间的航迹向和航程计算出来。由推算船位法知道

$$\left.\begin{aligned} D\varphi &= S\cdot\cos CG \\ D\lambda &= S\cdot\sin CG\cdot\sec\varphi_n \end{aligned}\right\} \tag{5.13}$$

式中　$D\varphi$，$D\lambda$——分别为纬差和经差；

S——观测期间船舶的航程；

CG——航迹向；

φ_n——中分纬度。

由于航程 S 不大，$D\varphi$ 较小，故可用平均纬度$(\varphi_{c1}+\varphi_{cn})/2$ 代替，则有

$$\left.\begin{aligned} \varphi_{cn} &= \varphi_{c1}+V\cdot(T_n-T_1)\cdot\cos CG \\ \lambda_{cn} &= \lambda_{c1}+V\cdot(T_n-T_1)\cdot\sin CG\cdot\sec\frac{1}{2}(\varphi_{c1}+\varphi_{cn}) \end{aligned}\right\} \tag{5.14}$$

式中　V——船舶航速，以节为单位；

T_n-T_1——观测期间的时间间隔，以小时为单位。

(2)计算观测船位的经纬度

①两线定位

只有两条天文位置线时，它们的交点就是观测船位。观测太阳移线、观测太阳和金星、太阳和恒星等定位时，一般都是两条位置线。

设经过计算求得的两位置线要素分别为 $A_1, \Delta h_1$ 和 $A_2, \Delta h_2$，则两位置线方程如下

$$\left.\begin{aligned}\cos A_1 \cdot D\varphi + \sin A_1 \cdot Dep - \Delta h_1 = 0\\ \cos A_2 \cdot D\varphi + \sin A_2 \cdot Dep - \Delta h_2 = 0\end{aligned}\right\} \tag{5.15}$$

解此方程组可得

$$\left.\begin{aligned}D\varphi &= \frac{\Delta h_1 \sin A_2 - \Delta h_2 \sin A_1}{\sin A_2 \cos A_1 - \sin A_1 \cos A_2}\\ Dep &= \frac{\Delta h_2 \cos A_1 - \Delta h_1 \cos A_2}{\sin A_2 \cos A_1 - \sin A_1 \cos A_2}\end{aligned}\right\} \tag{5.16}$$

观测船位经纬度为

$$\left.\begin{aligned}\varphi &= \varphi_c + D\varphi\\ \lambda &= \lambda_c + Dep \cdot \sec\varphi_c\end{aligned}\right\} \tag{5.17}$$

②多线定位

观测时如位置线数量在三条以上，应采用平差的方法，求解最或然船位。设观测的 n 条位置线方程为

$$\left.\begin{aligned}\cos A_1 \cdot D\varphi + \sin A_1 \cdot Dep - \Delta h_1 = 0\\ \cos A_2 \cdot D\varphi + \sin A_2 \cdot Dep - \Delta h_2 = 0\\ \cdots\cdots\cdots\cdots\cdots\cdots\cdots\cdots\cdots\cdots\\ \cos A_n \cdot D\varphi + \sin A_n \cdot Dep - \Delta h_n = 0\end{aligned}\right\} \tag{5.18}$$

则法方程组为

$$\left.\begin{aligned}[\cos^2 A] \cdot D\varphi + [\sin A \cos A] \cdot Dep - [\cos A \cdot \Delta h] = 0\\ [\sin A \cos A] \cdot D\varphi + [\sin^2 A] \cdot Dep - [\sin A \cdot \Delta h] = 0\end{aligned}\right\} \tag{5.19}$$

解此方程组得

$$\left.\begin{aligned}D\varphi &= \frac{[\Delta h \cdot \cos A][\sin^2 A] - [\Delta h \cdot \sin A][\sin A \cos A]}{[\cos^2 A][\sin^2 A] - [\sin A \cos A]^2}\\ Dep &= \frac{[\cos^2 A][\Delta h \cdot \sin A] - [\Delta h \cdot \cos A][\sin A \cos A]}{[\cos^2 A][\sin^2 A] - [\sin A \cos A]^2}\end{aligned}\right\} \tag{5.20}$$

式中，$[\cos^2 A] = \sum_{i=1}^{n} \cos^2 A_i$；$[\sin A \cos A] = \sum_{i=1}^{n} \sin A_i \cdot \cos A_i$；$[\sin^2 A] = \sum_{i=1}^{n} \sin^2 A_i$；$[\cos A \cdot \Delta h] = \sum_{i=1}^{n} \cos A_i \cdot \Delta h_i$；$[\sin A \cdot \Delta h] = \sum_{i=1}^{n} \sin A_i \cdot \Delta h_i$。

则观测船位为

$$\left.\begin{aligned}\varphi &= \varphi_c + D\varphi\\ \lambda &= \lambda_c + Dep \cdot \sec\varphi_c\end{aligned}\right\} \tag{5.21}$$

式中，φ_c, λ_c 为推算船位。

5.4　天文定位过程

在19世纪,航海家发明了画位置线(等高圆的割线和切线)的方法,这些位置线的交点就是测者的位置,这些方法被认为是现代航海天文导航的开端。总的来说,通过天文观测获得船舶的位置,包括三个基本步骤:

(1)测量两个或更多天体的高度或顶距;

(2)得到观测时刻每个天体投影点的位置;

(3)依据天体的高度或顶距和天体投影点求船舶位置。

5.4.1　天体真高度

由天文定位原理可知,天文定位主要工作是测量天体高度,但所测得的高度并不是天文定位所需要的真高度,必须加以修正。天文定位所需要的天体真高度是天体中心与测者真地平圈在天体方位圆上所夹的弧距。在海上用六分仪测得的天体高度,经过器差和指标差修正后得到观察高度,它是天体和水平线在天体方位圆上的夹角。观察高度与真高度的不同在于:光线通过地球表面不同密度的大气层要产生折射,所以看到的天体是折射后的位置;它采用水天线代替了真地平;观测是在地球表面而不是地球中心进行。另外在观测太阳或月亮时一般只观测其上边缘或下边缘而不是其中心。

1.天体真高度计算式

如果用六分仪测量天体高度,必须对观测高度加以修正,天体真高度的计算公式为

$$h_0 = h_s + i + s + \rho + d + P + R \tag{5.22}$$

式中　h_0——天体真高度;

h_s——天体六分仪高度;

i——六分仪指标差;

s——六分仪器差;

ρ——折光差;

d——眼高差;

P——天体视差;

R——天体视半径。

其误差项的含义及计算法则如下:

(1)指标差 i:六分仪零刻度的误差,即六分仪零刻度与两镜平行时指针所示刻度之差。指标差有正负之分,它可用水平线、星体或太阳等来测定。

(2)器差 s:由于六分仪的结构、工艺不够精确完善,产生很小的测角剩余误差,称为器差。这种误差不能调整,只能根据六分仪出厂鉴定表来查取修正值。

(3)折光差 ρ:由于大气折射使观察高度产生误差,称折光差或蒙气差。六分仪所测得的高度经过指标差和器差修正后称为观测高度。由于大气层密度随高度的增加而变小,所以折光差的存在使得观测高度增大,故折光差为负。

计算折光差公式为

$$\rho = \frac{\mu - 1}{\text{arc}1'}(0.9989\cot h_a - 0.0011\cot^3 h_a) \tag{5.23}$$

式中 h_a——天体地面视高度;

μ——大气折射率。

(4)眼高差 d:视地平与真地平之间的夹角称为眼高差。这是由于测者在海上观测时眼睛距海平面有一定高度,测者看见的水天线方向不是真地平,而是视地平的方向。

计算眼高差的公式为

$$d = 1.926\sqrt{1 - K}\sqrt{e} \tag{5.24}$$

式中 K——地面折光系数,平均地面折光系数取 0.16;

e——测者眼高。

眼高差随地点和季节而变。由于眼高永远在海平面上,所以观测高度大于在地面观测的高度,故眼高差应为负值。

(5)视差 P:地心真地平高度与地面真地平高度之差称为视差。

计算视差 P 的公式为

$$P = P_0 \cos h_T \tag{5.25}$$

式中 P_0——地平视差;

h_T——地面真高度。

由于地心真地平高度总比地面真地平高度大,所以视差恒为正值。

(6)视半径 R:天体中心高度与上、下边缘高度之差称为视半径或半径差。由于恒星距地面较远,可忽略不计,但对太阳或月亮则不能忽略。

2.天体真高度修正规律

天体包括太阳、恒星、行星和月亮等,所以利用不同的星体确定船位,其观测高度要修正的内容也不尽相同,因而需要分别加以说明。

(1)求太阳的真高度

太阳离地球较近,所以太阳的观测高度除了要修正折光差和眼高差外,还必须对视差和视半径加以修正,如式(5.22)所示。

太阳的视半径在一年内的不同时期是不一样的,在 15.8′到 16.3′之间变化,其一年的平均值为16.0′。根据折光差和视差随观测高度的不同而变化，因此将不同高度的折光差、视差和平均视半径三项之和列成表格，称为太阳综合修正表。由于平均视半径和视半径随时间变化，所以制成附加修正表和眼高差表。

用六分仪观测太阳，所得高度经修正指标差、器差后得观测高度，再用太阳综合修正表、附加修正表和眼高差表查得眼高差、折光差、视差和视半径综合修正量，最后获得太阳真高度，用来确定天文船位。

(2)求行星的真高度

在太阳系可供定位使用的行星中，由于木星和土星距离地球较远，视差很小，可忽略不计，所以它们的观测高度只需修正眼高差和折光差。金星和水星离地球较近，它们的观测高度除了需修正折光差和眼高差外，还必须修正视差，由于视半径很小，可不予考虑。

(3)求恒星的真高度

由于恒星都远离地球，所以用六分仪观测恒星高度，经过指标差和器差修正后得观测高度，再修正眼高差和折光差即得恒星的真高度。

(4)求月亮的真高度

月亮是地球的卫星，离地球最近，形状是一个圆面，因此它的观测高度必须修正眼高差、折光差、视差和视半径才能得到真高度。从航海天文历中查得地平视差，再从综合修正量表查得折光差、视差和视半径三项修正量的综和，再求得眼高差，就可求得月亮的真高度。

(5)折光差的修正

航海表给出的折光差是大气平均状况，即气温 $t = +10$ ℃，气压 $B = 760$ mm 汞柱高时的平均折光差 ρ_0，但当天体高度小于30°时，实际气温、气压与平均大气的气温、气压的差别将明显引起折光差的不同，所以需对平均折光差进行修正。其计算公式为

$$\rho = \rho_0 + \Delta\rho_t + \Delta\rho_B \tag{5.26}$$

式中　ρ_0——平均折光差；

$\Delta\rho_t$——气温与+10 ℃时的温差引起折光差的修正量；

$\Delta\rho_B$——气压与760 mm汞柱差引起折光差的修正量。

5.4.2　观测天体求船位

1.观测星体求船位

在晨光、昏影及月夜观测星体定位，这是天文定位的主要方式。从天文定位原理可知，要求得船位，必须在同一天顶观测两个或两个以上的天体，但观测时总是先观测一个，再观测另一个星体。由于两次观测间隔时间舰船在航行，前后两次观测就不在同一个天顶，因而产生异

顶差。

(1)异顶差

在同一时刻,不同天顶的测者对同一天体的顶距或高度的差值叫做异顶差,如图 5.16 所示。

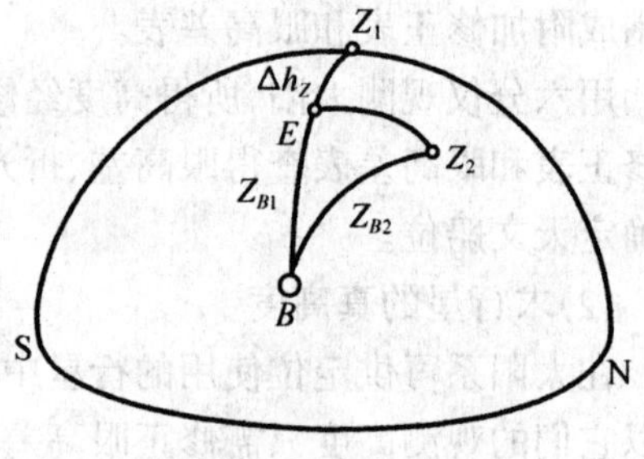

图 5.16 异顶差

Fig.5.16 Altitude difference of different peaks

对于天顶 Z_1 的测者,天体 B 的顶距 $Z_{B1}=\overset{\frown}{Z_1B}$;对于天顶 Z_2 的测者,天体 B 的顶距 $Z_{B2}=\overset{\frown}{Z_2B}$,它们的差值 $\overset{\frown}{Z_1E}$ 就是异顶差,用 Δh_Z 表示。

$$\Delta h_Z = \overset{\frown}{Z_1B} - \overset{\frown}{Z_2B} = Z_{B1} - Z_{B2} \quad (5.27)$$

由此可见,如果已知异顶差,则可将第一天顶 Z_1 的顶距 Z_{B1} 修正为第二天顶 Z_2 的顶距 Z_{B2},反之亦然。

(2)修正异顶差求船位原理

由于船舶运动,观测星体定位总是在不同天顶进行,如图 5.17 所示。船舶以航向 K 航行,当其天顶在 Z_1 时观测天体 B,得顶距 Z_{B1} 及天文船位线Ⅰ—Ⅰ;当其天顶在 Z_2 时观测天体 D,得顶距 Z_D 及船位线Ⅱ—Ⅱ,显然,交点 F 不是观测天体 D 时测者位置的天顶,因为这两条船位线不是在同一地点观测得到的。

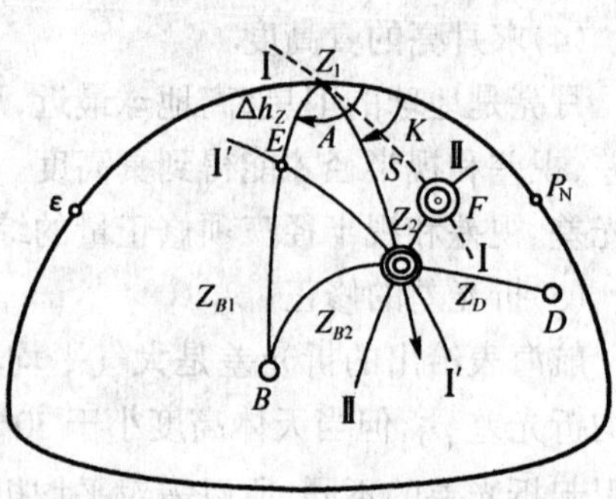

图 5.17 修正异顶差求船位原理

Fig.5.17 Fixing by correcting altitude difference of different peaks

从图 5.17 中可以看出,为了确定出观测天体 D 时的天顶 Z_2,可利用异顶差 Δh_Z,将在天顶 Z_1 测得天体 B 的顶距 Z_{B1} 修正为天顶 Z_2 时天体 B 的顶距 Z_{B2},根据式(5.27)有

$$Z_{B2} = Z_{B1} - \Delta h_Z \quad (5.28)$$

相当于在同一天顶 Z_2 测得天体 D 的顶距 Z_D 又得到天体 B 的顶距 Z_{B2},用顶距 Z_{B2} 所得天文船位线Ⅰ′—Ⅰ′与天文船位线Ⅱ—Ⅱ的交点 Z_2 就是观测天体 D 时观测船位的天顶。实际工作中,通常把式(5.28)写成

$$h_{B2} = h_{B1} + \Delta h_Z \quad (5.29)$$

式中 h_{B1}——在天顶 Z_1 时观测天体 B 的真高度;

h_{B2}——观测 h_{B1} 时在天顶 Z_2 处天体 B 的真高度,即修正异顶差后天体 B 的真高度,又称同顶高;

Δh_Z——异顶差。

(3)异顶差的计算及修正方法

将不同天顶所测的高度修正到同一天顶高度,关键在于要计算出异顶差。在图 5.17 中,ΔZ_1Z_2E 的边$\widehat{Z_1Z_2}=S$ 为两次观测之间的航程,$\angle Z_2Z_1E=A-K$ 是舷角,$\widehat{Z_1E}=\Delta h_Z$ 为异顶差,$\angle E=90°$,因为 ΔZ_1Z_2E 很小,可视为平面三角形,所以

$$\Delta h_Z = S\cos(A-K) \tag{5.30}$$

式中,A 为天体方位,用圆周算法。

将式(5.30)用航速 V 和两次观测间隔时间表示,有

$$\Delta h_Z = \frac{V}{60}\cos(A-K)(T_2-T_1) \tag{5.31}$$

1 min 的异顶差用 δh_Z 表示,则有

$$\delta h_Z = \frac{V}{60}\cos(A-K) \tag{5.32}$$

用式(5.32)制成异顶差表,参量为航速 V 和舷角 $A-K$,查出 1 min 异顶差乘以两次观测时间间隔的分钟数,就得到异顶差。

必须注意,修正异顶差求船位,应使用同一推算船位经纬度计算各天文船位线。异顶差的修正,通常是将前一天顶所测天体高度修正为后一天顶高度,时间以最后观测天体的时间为基准。若三天体定位,分别修正到各自天体真高度上,得到同顶高和高度差。

2.观测太阳移线求船位

在白天用天文定位的方法求船位,有时可以看到月亮或金星,不论看到哪一个,加上太阳就可用双星定位原理来求船位。但通常只能看见太阳,这就要用单一目标移线法原理求船位。

(1)观测太阳移线求船位原理

观测太阳移线求船位的原理与地文导航中单一目标移线求船位原理相似,就是把不同地点观测的两条船位线经过移线,转换成相当于同一地点观测的两条船位线,如图 5.18 所示。

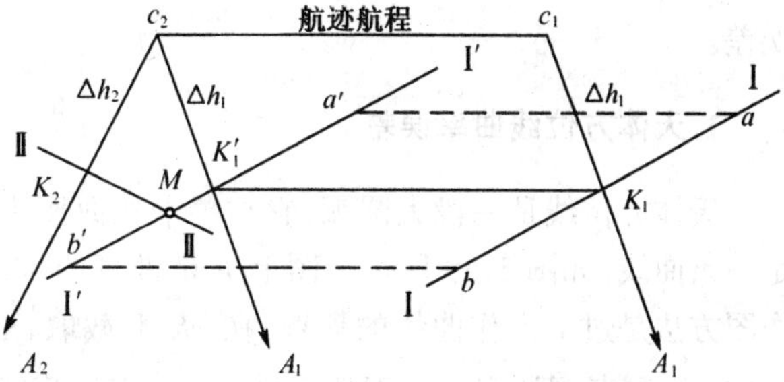

图 5.18 观测太阳移线求船位原理

Fig.5.18 Running fixing by solar observation

在 T_1 时刻推算船位 c_1 时,对太阳进行第一次观测,得到船位线Ⅰ—Ⅰ,这时船位在船位线Ⅰ—Ⅰ上任意一点。舰船按预定航迹航行,当太阳的方位变化一定角度后,这时推算船位变为 c_2,T_2 时刻对太阳进行第二次观测,得船位线Ⅱ—Ⅱ。

在 T_2 时刻，将船位线Ⅰ—Ⅰ根据两次观测间航迹航程移到Ⅰ′—Ⅰ′，Ⅰ′—Ⅰ′与Ⅱ—Ⅱ的交点 M 就是第二次观测时刻的船位。

由于两次观测太阳的间隔时间较长，推算船位变化较大，所以应分别用第一次观测时得到的推算船位 c_1 计算第一条船位，用第二次观测时得到的推算船位 c_2 计算第二条船位线。

(2)提高观测太阳移线求船位的准确性

为了提高观测太阳移线所得船位的准确性，除了要有熟练的观测技术、取平均高度进行计算、减少观测高度误差外，还必须注意以下几点：

①两次观测间的航迹向、航程要力求准确。这要求准确掌握罗经航向、计程仪修正量，同时操舵稳定，而且两次观测间准确修正风、流的影响。

②两次观测时机要选择有利。两次观测时间间隔要短，推算船位误差要小，但时间短太阳方位变化小，这是相互矛盾的。一般选择中午前后太阳方位变化快，船速较低。如果航向误差大可选观测太阳在船首尾方向，若计程仪误差大可选观测太阳在船正横方向时机。通常两次观测太阳方位变化在30°~50°较适宜。

5.5　天文定位误差分析

5.5.1　天体方位线和天文船位线的曲率变化

用高度差法作图求船位线时，把天体方位线和天文船位圆上的一段圆弧画成直线。但是，天体方位是一段大圆弧，而天文船位线则是天文船位圆上的一小段圆弧。一般情况下，这样简化并不影响船位线的准确性，但当天体高度高、推算船位误差大及天体在东西方向上时，以直线代替圆弧将产生曲率误差。

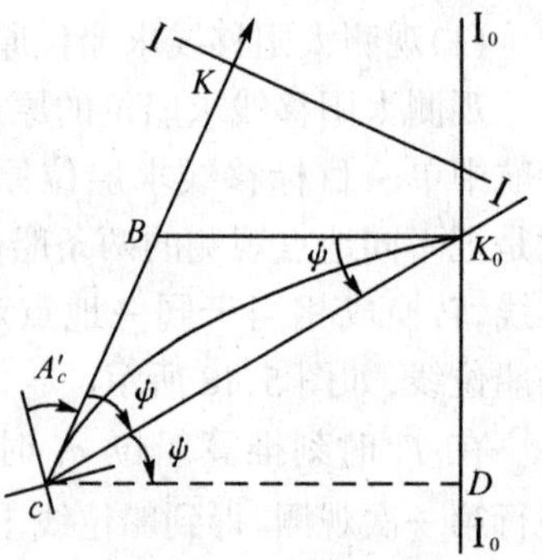

图 5.19　天体方位线曲率误差

Fig.5.19　Curvature error of the celestial body azimuth line

1.天体方位线曲率误差

天体方位线是一段大圆弧，它在墨卡托海图上的投影是一条曲线，如图 5.19 所示。图上 c 是推算船位，通常的作图方法是过 c 点作曲线的切线，在 cK 上截取 $cK = h_0 - h_c$（h_0 为测者观测得到的天体高度，h_c 为用推算船位计算得到的天体高度）。而正确的作图方法是在曲线 cK_0 上截取 $h_0 - h_c$ 得 K_0 点，过 K_0 点作曲线 cK_0 的切线得 K_0B，垂直 K_0B 的直线才是正确天文船位线Ⅰ$_0$—Ⅰ$_0$。显然过 K

点的船位线 Ⅰ—Ⅰ 与过 K_0 点的船位线 $Ⅰ_0$—$Ⅰ_0$ 是有差别的，这样就会产生天体方位线曲率误差。

为了求得正确的天文船位线，过 c 点作 $Ⅰ_0$—$Ⅰ_0$ 的垂线（BK_0 的平行线）cD，则 cK 与 cD 的夹角为大圆改正量 ψ 的二倍，即 $\gamma = 2\psi$。将天体方位 A_c 经过修正 γ，便能从 c 点画出 cD，在 cD 上量取 $h_0 - h_c$ 得 D，过 D 作 cD 的垂直线 $Ⅰ_0$

$Ⅰ_0$，便是消除天体方位线曲率误差的船位线。

大圆改正量的计算式为

$$\varphi = \frac{1}{2}(h_0 - h_c)\sin A_c \tan\varphi \tag{5.33}$$

式中　A_c——天体计算方位；

φ——c 点和 K_0 点的平均纬度。

在我国海区，纬度不大于 45°，高度差不超过 30′，则可不必修正方位改正量。

2. 天文船位线曲率误差

天文船位线应是靠近推算船位附近的一段天文船位圆的圆弧，它在墨卡托海图上的投影是一条曲线，如图 5.20 中 ab 所示。

ab 弯向天体投影点方向，设 S 为这条曲线的曲率中心，cS 为天体方位线，截 $cK_2 = h_{02} - h_{c2}$，得 K_2，过 K_2 作 Ⅱ—Ⅱ 垂直 cS，则 Ⅱ—Ⅱ 是含有误差的天文船位线。由于用直线代替了曲线，误差 $\delta = K_2K_2'$，K_2' 亦在 cS 上，过 K_2' 作 Ⅱ—Ⅱ 平行线得 Ⅱ′—Ⅱ′，它与同一地点另一准确的天文船位线 Ⅰ—Ⅰ 的交点 M' 是正确的船位，而 Ⅰ—Ⅰ 与 Ⅱ—Ⅱ 的交点 M 是含有误差的船位，所以将 δ 称为天文船位线的曲率误差修正量。δ 可用式（5.34）来计算

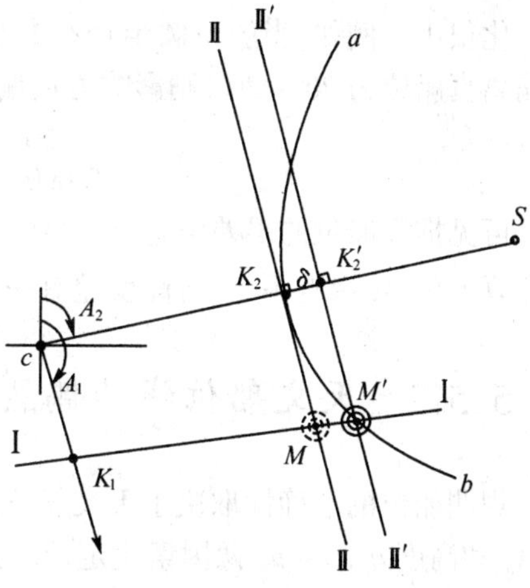

图 5.20　天文船位线曲率误差

Fig. 5.20　Curvature error of the celestial fixing line

$$\delta = \frac{1}{2}l^2 \tan h \cdot \mathrm{arc}1' \pm \frac{1}{2}l^2 \cos A_c \tan\varphi \cdot \mathrm{arc}1' \tag{5.34}$$

式中　l——K_2 到观测船位 M 的距离，以 n mile（海里）为单位；

h——天体真高度；

φ——测者纬度；

A_c——天体方位。

从式(5.34)看出，δ 大小取决于船位圆半径和 l。半径 z_0 越小，即高度越大，曲率误差越大。l 越长，即推算船位偏离真船位越远，δ 越大。

在上述产生曲率误差诸因素中，推算船位的误差具有决定性的影响。如推算船位准确，$(h_0 - h_c)$较小，此时不需修正；若推算船位误差较大，所测天体又很高，且天体位于东西方向时，则必须进行修正才能够得到准确的船位，或以观测船位作为推算船位，重新计算 A_c 和 h_c，求得$(h_0 - h_c)$，从而消除或减小曲率误差的影响，提高船位的准确性。

3.推算船位误差对天文船位线准确性的影响

由高度差法原理可知，天文船位线是以推算船位为基准给出的，但是，推算船位不可避免存在误差。不同的推算船位，计算所得高度 h_c 也不同，因而高度差$(h_0 - h_c)$也就不同，从而出现船位线平移问题。另一方面，推算船位不同，也会使计算方位发生变化，从而使船位线方向发生变化。

由于天体投影点一般都很远，推算船位在一定范围内获取的 A_c 变化不是很大，船位线方向变化很小。例如，当船位圆半径在2 000′～3 000′时，设推算船位在垂直于天体方位线方向上偏离真船位为20′～30′，则影响方位偏离值 ΔA 为

$$\Delta A = \frac{20' \sim 30'}{2\,000' \sim 3\,000'} \approx \frac{1}{100}\text{rad} = 0.57° \tag{5.35}$$

可见推算船位的误差引起 A_c 变化一般不超过0.5°。因此，在一般情况下，推算船位误差对计算方位 A_c 影响不大，对高度差有一定影响，可不考虑其误差影响。

5.5.2 天文船位线的偶然误差

观测船位的准确性取决于天文船位线的准确性，而天文船位线的准确性是由天体计算方位 A_c 和高度差 $h_0 - h_c$ 两因素决定的。由于天体方位 A_c 对天文船位线影响不大，因此主要分析高度差对观测船位的影响。

1.天体真高度的偶然误差

由天体真高度计算公式(5.22)可知

$$h_0 = h_s + i + s + \sigma \tag{5.36}$$

式中，σ 为高度总修正量(包括折光差、眼高差、天体视差、天体视半径等)。

由线性函数均方差可得

$$\varepsilon_{h0} = \pm\sqrt{\varepsilon_{h_s}^2 + \varepsilon_i^2 + \varepsilon_s^2 + \varepsilon_\sigma^2} \tag{5.37}$$

其中，测定指标差 ε_i 的偶然误差通常较小，特别是观测太阳时，可忽略不计。器差 ε_s 是由工

厂利用精密仪器测定的，偶然误差更小。高度总修正量 ε_σ 的偶然误差主要是由内插凑整引起的，这种误差也是很小的，可以忽略不计。因此式(5.37)变为

$$\varepsilon_{h0} = \varepsilon_{hs} \tag{5.38}$$

即天体真高度的均方误差就是观测高度的均方误差，它是影响天文船位线准确性的主要因素。

影响观测高度偶然误差主要有两方面：一是人为因素，人的眼睛分辨能力小于 1′，因而观测天体是否与水天线相重合就有误差，个人的技术水平、经验及熟练程度导致了不同的人为误差。另一方面是外界条件，即天气情况和海面情况，天气情况影响天体观测的准确程度，海况则影响水天线的清晰程度，船舶的摇摆也会使观测的准确性降低。

上述的主客观因素都会使观测高度产生偶然误差。对于有一定观测经验的观测者来说，在正常条件下，单一观测高度的均方差 ε_{hs} 约为：白天观测太阳时 ε_{hs} 平均为 ±0.7′；晨光昏影观测天体时平均为 ±1.0′。

2.观测高度的均方误差

评定天文船位线的准确性，必须知道观测高度和计算高度的均方误差。观测高度的均方误差 ε_{hs} 需通过观测一组高度，用贝塞尔公式计算求得

$$\varepsilon = \pm\sqrt{\frac{[VV]}{n-1}} \tag{5.39}$$

式中　V——最或是误差；

　　n——观测次数。

使用式(5.39)必须是在观测条件不变的情况下相对固定的天体，对其高度进行多次观测所得一组观测值来计算。由于天体高度不断变化，船舶又在航行，所以虽然观测一组高度数值，但还不能直接利用贝塞尔公式，必须把它转化为相当于天体和观测者都不动的情况下所得的一组观测高度值，即把所测的一组高度修正到同一时刻和同一天顶。

(1)天体高度修正到同一时刻

解决因天体周日视运动引起的高度变化，是把不同时刻测得的一组高度变为相当同一时刻所测得高度，如图 5.21 所示。

设于 $T_1, T_2, \cdots, T_5$ 时刻，对应天体高度分别为 $h_1, h_2, \cdots, h_5$。过点 a 作高度圈 aa'，h_1 与 h_5 之差 $a'e$ 为 T_1 与 T_5 时间间隔内因天体周日视运动而引起

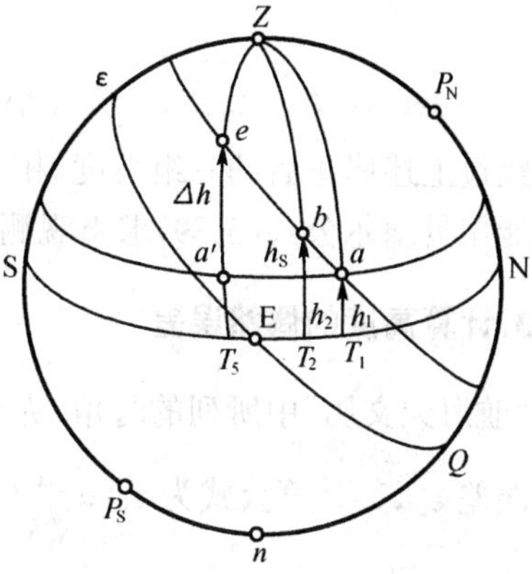

图 5.21　不同时刻天体高度

Fig.5.21　Altitudes of celestial body in different time

的高度变化量 Δh。把 T_1 时刻测得的 h_1 加上 Δh 便得 T_5 时刻测得的高度。同理，可把 T_2 和 T_4 时刻所得高度分别修正为相当于 T_5 时刻所测的高度，即相当同一时刻所测的一组高度。

天体周日视运动每分钟所引起的高度变化量 δh_m 为

$$\delta h_m = 15' \cos\varphi \sin A_c \tag{5.40}$$

式中，φ 与 A_c 分别为推算船位的纬度和天体方位。高度增加，δh_m 为正；高度减小，δh_m 为负。

根据式(5.40)制成"天体高度每分钟变动量表"，将不同时刻天体高度每分钟变动量乘上时间差 ΔT，可得到高度变化量 Δh。

$$\left.\begin{aligned} \Delta h_1 &= \delta h_m \times (T_5 - T_1) \\ \Delta h_2 &= \delta h_m (T_5 - T_2) \\ &\cdots\cdots \\ \Delta h_4 &= \delta h_m \times (T_5 - T_4) \end{aligned}\right\} \tag{5.41}$$

理论上说，对于每一高度修正量，都应利用相应时刻的天体方位来计算，但为了简便起见，通常是在观测后用罗经瞄测天体方位来计算就可以了。

(2)将天体高度修正到同一地点

解决因观测者运动引起的高度变化，是把不同地点所测的一组天体高度变换到相当于同一地点的高度。

因观测者运动引起的每分钟天体高度变化量 δh_z 可从异顶差表中按航速和舷角查得，然后乘以时间差(以分钟为单位)，则得

$$\left.\begin{aligned} \Delta h_{z1} &= \delta h_z \times (T_5 - T_1) \\ \Delta h_{z2} &= \delta h_z \times (T_5 - T_2) \\ &\cdots\cdots \\ \Delta h_{z4} &= \delta h_z \times (T_5 - T_4) \end{aligned}\right\}$$

经过上述修正后的一组高度，相当于在同一地点对固定天体高度进行多次观测的结果，这样就能用贝塞尔公式(5.39)求出观测高度的均方误差。

3.计算高度的偶然误差

"航海天文历"中所列的时角、赤纬仅准确到 0.1′，因此，每个数字都包含着由凑整导致的均方误差 ε_w，其计算公式为 $\varepsilon_w = \frac{a}{\sqrt{3}}$($a$ 为凑整的最大误差，即 0.05′)，所以 $\varepsilon_{w\max} = 0.05'/\sqrt{3} \approx 0.029'$。

(1)天体赤纬的凑整均方误差

计算天体赤纬的公式为

$$\delta = \delta' + \Delta\delta \tag{5.42}$$

式中　δ'——整点赤纬；

$\Delta\delta$——修正值。

按误差传播定律有

$$\varepsilon_\delta^2 = \varepsilon_{\delta'}^2 + \varepsilon_{\Delta\delta}^2 = 2\times(0.029')^2$$

$$\varepsilon_\delta = \sqrt{2}\times 0.029' \approx 0.04'$$

(2)天体地方时角的凑整均方误差

计算天体地方时角 t 的公式

$$t = t'_G + \Delta t_1 + \Delta t_2 + \lambda_c \tag{5.43}$$

式中　t'_G——格林西行时角；

Δt_1——天体时角基本变量；

Δt_2——时角修正值；

λ_c——推算船位经度。

地方时角的凑整均方误差 ε_t 为

$$\varepsilon_t^2 = \varepsilon_{t'_G}^2 + \varepsilon_{\Delta t_1}^2 + \varepsilon_{\Delta t_2}^2 + \varepsilon_{\lambda_c}^2 = 4\times(0.029')^2$$

$$\varepsilon_t = 2\times 0.029' = 0.058'$$

推算纬度也有 0.029′的凑整均方误差。在计算过程中还会出现新的内插凑整误差。

观测时间记录不准，也会产生时角的误差；用包含误差的 t 和 δ 来计算天体高度也会产生一定的误差。

采用不同的公式或表册来计算，所得高度的准确性也不相同。比如用五位三角函数表计算由凑整均方误差引起的计算高度均方误差 ε_{h_c} 为 $\pm 0.029'\cdot\sqrt{1+\tan^2 h}$。可见，若 $h > 70°$时将产生较大的误差，因此测天时一般应选高度低于 70°的天体。

4.天文船位线的均方误差

天文船位线的误差主要由高度差 $h_0 - h_c$ 来决定，但观测高度和计算高度都含有偶然误差，所以天文船位线也必然含有偶然误差。

天文船位线的均方误差 $\varepsilon_{\Delta h}$ 为

$$\varepsilon_{\Delta h} = \pm\sqrt{\varepsilon_{h0}^2 + \varepsilon_{hc}^2} \tag{5.44}$$

因为用观测高度平均值计算，所以上式观测高度均方误差应以平均值的均方误差 E 代替。

$$\varepsilon_{\Delta h} = \pm\sqrt{\varepsilon_{hc}^2 + E^2}$$

因为 $E = \varepsilon_{hs}/\sqrt{n}$，所以上式变为

$$\varepsilon_{\Delta h} = \pm\sqrt{\frac{\varepsilon_{hs}^{2}}{n} + \varepsilon_{hc}^{2}} \tag{5.45}$$

式(5.45)就是计算天文船位线的均方误差。

5.5.3 双星船位的偶然误差和系统误差

1.双星船位的偶然误差

由于船位通常是用双星确定,每个星测算的 A_c 和 $h_0 - h_c$ 均含有误差,因此天文船位线也含有误差,分为偶然误差和系统误差。

由于船位线含有偶然误差,真船位线不是按 A_c 和 $h_0 - h_c$ 画出的船位线,而是与其平行,如图 5.22 所示。

假设天文船位线的均方误差 $\varepsilon_{\Delta h} = \pm 10'$,则真船位线分布在观测船位线两侧 $\pm\varepsilon_{\Delta h}$ 范围内的概率为 68.3%,在 3 倍均方误差 $\pm 3\varepsilon_{\Delta h}$ 范围内的概率为 99.7%。

观测双星定位时,由于每条天文船位线都含有偶然误差,因此真船位不在两条船位线的交点上,而可能位于观测船位 M 周围某一点。虽然无法确定真船位的确切位置,但可根据 $\varepsilon_{\Delta h}$ 估计真船位的分布范围,判断观测船位的准确性。

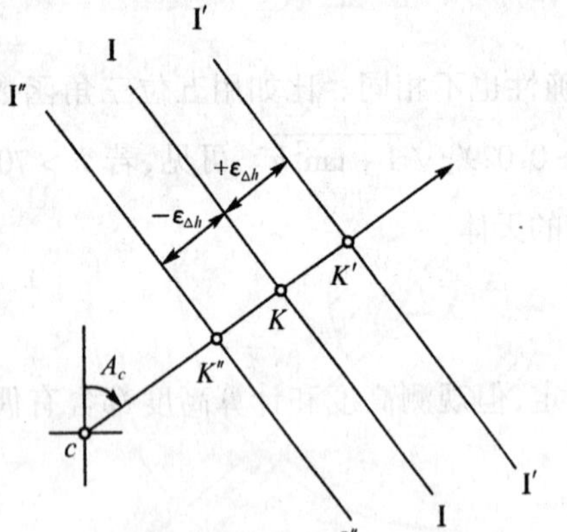

图 5.22 天文船位线的偶然误差
Fig.5.22 Accidental error of the celestial fixing line

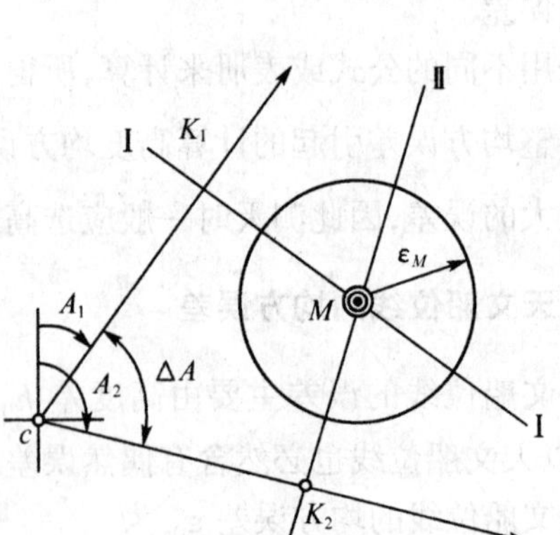

图 5.23 均方误差圆
Fig.5.23 Circle of mean square error

通常评定观测船位准确性的方法有均方误差椭圆、均方误差圆和均方误差四边形,但最适用的是均方误差圆。

以推算船位为基准,观测船位与推算船位的纬度差和东西距用下式表示

$$\left.\begin{aligned}\Delta\varphi &= \frac{\Delta h_1 \sin A_{c2} - \Delta h_2 \sin A_{c1}}{\sin(A_{c2} - A_{c1})}\\ Dep &= \frac{\Delta h_2 \cos A_{c1} - \Delta h_1 \cos A_{c2}}{\sin(A_{c2} - A_{c1})}\end{aligned}\right\}$$

设 $\varepsilon_{\Delta h1}$ 为第一星体决定的天文船位线Ⅰ—Ⅰ的均方误差,$\varepsilon_{\Delta h2}$ 为第二星体决定的天文船位线Ⅱ—Ⅱ的均方误差,由此引起船位线交点纬度差的均方误差 $\varepsilon_{\Delta\varphi}$ 和东西距的均方误差 ε_{Dep}。根据误差传播定律有

$$\left.\begin{aligned}\varepsilon^2_{\Delta\varphi} &= \frac{\varepsilon^2_{\Delta h_1}\sin^2 A_{c2} - \varepsilon^2_{\Delta h_2}\sin A_{c1}}{\sin^2(A_{c2} - A_{c1})}\\ \varepsilon^2_{Dep} &= \frac{\varepsilon^2_{\Delta h_2}\cos^2 A_{c1} - \varepsilon^2_{\Delta h_1}\cos A_{c2}}{\sin^2(A_{c2} - A_{c1})}\end{aligned}\right\} \tag{5.46}$$

由式(5.46)求得观测船位的均方误差 ε_M 为

$$\varepsilon^2_M = \varepsilon^2_{\Delta\varphi} + \varepsilon^2_{Dep}$$

将式(5.46)代入上式,整理后得到双星船位的均方误差

$$\varepsilon_M = \pm\frac{\sqrt{\varepsilon^2_{\Delta h_1} + \varepsilon^2_{\Delta h_2}}}{\sin(A_{c2} - A_{c1})} \tag{5.47}$$

当两条船位线的均方误差相同,即 $\varepsilon_{\Delta h_1} = \varepsilon_{\Delta h_2} = \varepsilon_{\Delta h}$ 时,式(5.47)变为

$$\varepsilon_M = \pm\frac{\sqrt{2}\varepsilon_{\Delta h}}{\sin(A_{c2} - A_{c1})} \tag{5.48}$$

若用观测高度平均值来计算天文船位线,则天文船位线的均方误差 $\varepsilon_{\Delta h}$ 可表示为

$$\varepsilon_{\Delta h} = \pm\sqrt{\frac{\varepsilon^2_{h0}}{n} + \varepsilon^2_{hc}}$$

代入式(5.48),则得双星船位的均方误差 ε_M 为

$$\varepsilon_M = \pm\frac{\sqrt{2\left(\frac{\varepsilon^2_{h0}}{n} + \varepsilon^2_{hc}\right)}}{\sin(A_{c2} - A_{c1})} \tag{5.49}$$

为了确定真船位分布范围,以观测船位 M 为圆心,ε_M 为半径作圆,称为船位误差圆,如图5.23所示。真船位在船位误差圆内的概率为63.2%~68.3%,以3倍船位均方误差 $3\varepsilon_M$ 为半径作圆,称为极限误差圆,真船位在该圆内的概率为99.7%。

2.双星船位系统误差

在测算天文船位线的过程中,除了存在偶然误差外,还存在系统误差。只要正确计算和内

插，A_c 和 h_c 可认为没有系统误差，系统误差主要表现在观测天体真高度上。

(1)观测天体真高度的系统误差

由于观测者的个人习惯不同，观测天体高度会产生带有固定性质的误差，通常称为人差。

观测天体用的六分仪具有一定的精度，对于新旧不同的六分仪，其磨损程度不一样，精度也不一样。而且它们在构造上、校准上各有所异，会使观测天体高度时产生系统误差，这些都是仪器误差。

由于修正眼高差时使用了眼高差表中的数值，它与实际的眼高差有差异；特殊气候使地面折光异常，会产生较大眼高差误差。使用的眼高与实际眼高不同，由眼高误差 Δe 引起的眼高差误差为

$$\Delta d = \frac{0.886}{\sqrt{e}} \cdot \Delta e \tag{5.50}$$

由于折光差表编制时采用 760 mmHg 气压、+ 10 ℃气温为参考，而实际气压、气温与参考标准常常不同，因此也会产生系统误差。

(2)系统误差对天文船位线的影响

假设推算船位在 c 处，A_c，h_c 不考虑系统误差，h_0 有 $e_{\Delta h}$ 的系统误差，这时 $h_0 - h_c$ 就有 $e_{\Delta h}$ 的系统误差，使天文船位线存在系统误差，天文船位线发生 $e_{\Delta h}$ 的平移，方向由 $e_{\Delta h}$ 符号决定。

(3)系统误差对双星船位的影响

在用双星定位时，通常观测条件是相同的，可认为两条天文船位线的系统误差相等，即 $e_{\Delta h_1} = e_{\Delta h_2} = e_{\Delta h}$，如图 5.24 所示。

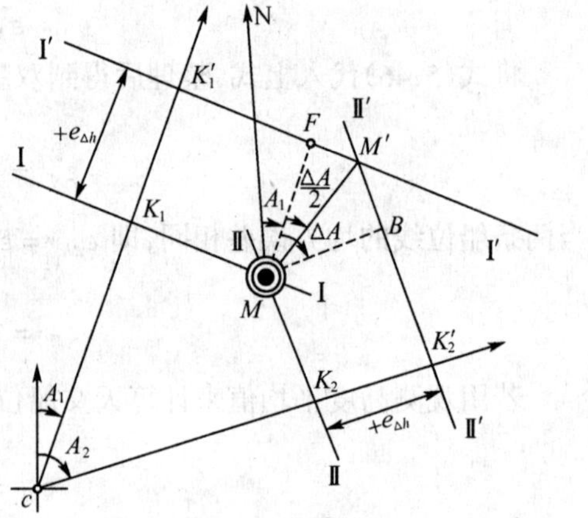

图 5.24 船位系统误差

Fig.5.24 Error of marine celestial navigation system

测得两条船位线Ⅰ—Ⅰ、Ⅱ—Ⅱ，它们的交点 M 是观测船位，但两条船位线都有系统误差 $e_{\Delta h}$，交点 M' 是准确船位。MM' 就是天文船位系统误差 e_M。

通过观测船位 M 作天文船位线垂线，分别交于 B，F，在直角三角形△FMM' 和△BMM' 中，$FM = BM = e_{\Delta h}$，这两个三角形全等。∠$FMB = A_2 - A_1 = \Delta A$，所以∠$FMM'$ = ∠$BMM' = \frac{\Delta A}{2}$。故而得

$$MM' = \frac{BM}{\cos\frac{\Delta A}{2}}$$

$$e_M = e_{\Delta h} \sec \frac{\Delta A}{2} \tag{5.51}$$

这就是天文船位的系统误差的大小。

由图 5.24 可见，$\angle NMM'$是船位偏移方向

$$\angle NMM' = \angle NMF + \angle FMM'$$

$$\angle NMM' = A_1 + \frac{A_2 - A_1}{2} = \frac{A_1 + A_2}{2} \tag{5.52}$$

说明船位偏移在两天体方位平均值的方向上。

综上所述，当两条天文船位线的系统误差相同时，真船位在过观测船位所作的两条天体方位线的平均方位线上，大小是天文船位线系统误差与天体间方位一半的正割乘积。

5.6 船用天文导航系统设计实例

虽然天文导航在船舶导航定位中是比较古老的方法，但是天文导航的自主性决定了它的不可替代性，即便是在无线电导航系统高度发展、舰船定位的准确性和实时性都得到较好解决的今天，其重要地位依然不容动摇。在 STCW 78/95 公约(经 1995 年修改的 1978 年海员培训、发证和值班标准国际公约)中仍要求航海人员必须具有利用天体确定船位和判断最终获得船位精度的能力以及利用天体确定罗经差的能力。天文导航系统仍然是现代船舶综合导航系统中重要的组成部分之一。本节主要介绍船舶导航系统中天文导航系统模块的功能、总体框架、软件设计及应用实例。

5.6.1 船用天文导航系统的总体框架

船用天文导航系统的总体技术架构如图 5.25 所示。

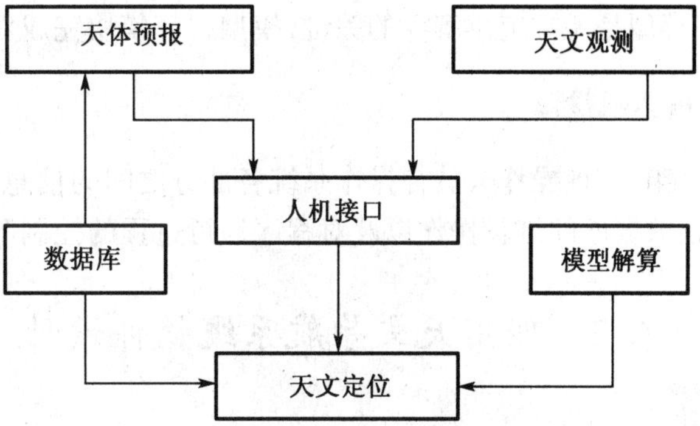

图 5.25　船用天文导航系统的总体框架

Fig.5.25　Framework of marine celestial navigation system

1.天体预报

根据给定的预报时刻和推算船位，基于天体力学和球面天文学的基本理论，对基本星表的天体平位置经过一系列的误差修正得到天体的视位置，然后根据天体的运动规律和相应的数学模型计算出天体的高度和方位，即天体在星空的分布。它主要

包括:

(1)根据给定的时刻和推算船位,对星空进行模拟,绘制出天文定位的软平台“星球仪”;

(2)可任意更改预报的时间和推算位置,并重新绘制“星球仪”;

(3)提供用于天文定位的选星推荐方案,也可根据实际情况自行选择观测天体;

(4)根据预报结果指导天文观测;

(5)根据数据库中存储的天体数据,查询天体的有关信息如星等、星名和星号等;

(6)提供多种天文定位方式包括双星定位、三星(或多星)定位及太阳移线定位等。

2.天文观测

天文观测是进行天文定位之前的重要步骤。可根据预报结果对选定的天体进行观测,观测得到的天体六分仪高度就是天文定位的基本数据。

3.天文定位

天文定位是天文导航系统的核心功能。在天文导航系统中,天文定位的解算是自动完成的,即根据天文定位的基本数学模型和系统中存储的一些基本数据,以及通过人机接口获得的观测数据,计算得到当前的天文船位。其主要过程为:(1)计算天体的视位置;(2)计算天体的计算高度和计算方位;(3)计算天文船位线的两要素,计算天文船位。

4.数据库

数据库是进行天体预报和天文定位所必需的基本数据的集合,如星表数据以及行星的模型参数等。它对保证天文解算的准确性具有重要意义,因此要作好对这部分数据的维护工作。

5.模型解算

模型是天文定位解算的关键,模型解算模块完成对模型的软件处理。

6.人机接口

用于实现操作人员与操作系统各部分之间的信息交互操作,包括系统所需的各种参数的录入、数据库的维护操作以及对程序运行过程的控制等操作。

5.6.2 船用天文导航系统软件设计

1.船用天文导航系统的工作流程图

船用天文导航系统的工作流程如图 5.26 所示。

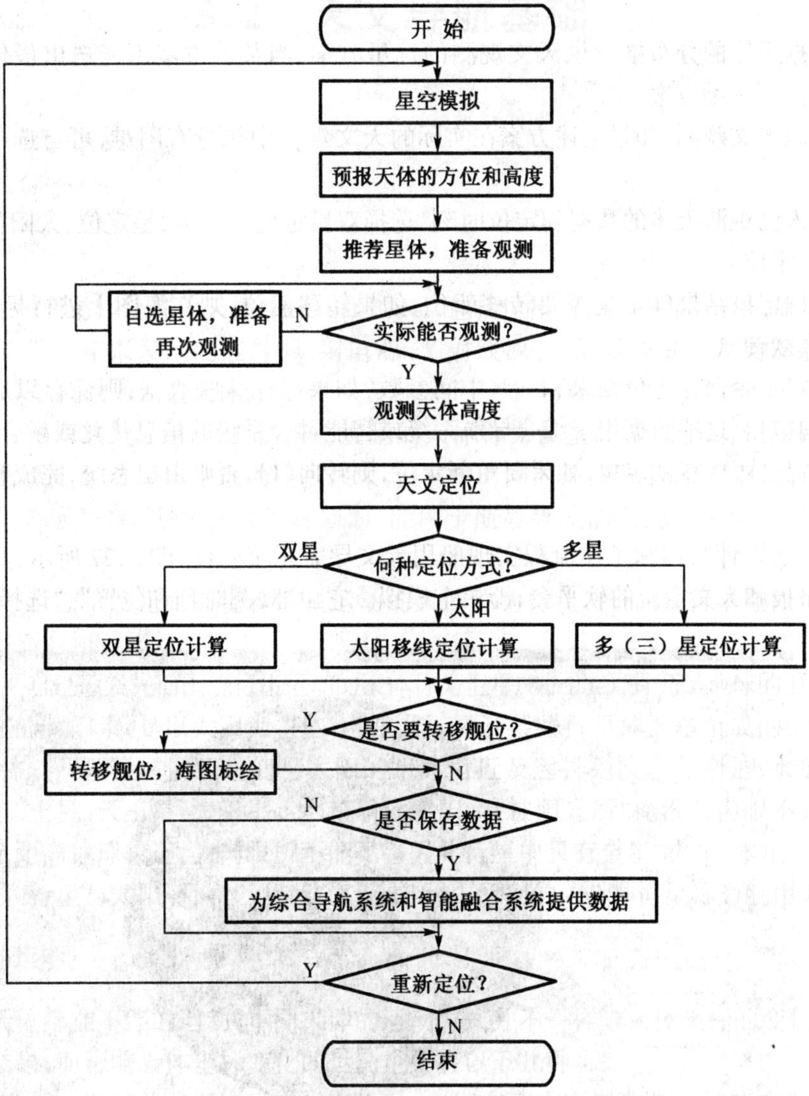

图 5.26　船用天文导航系统的工作流程

Fig.5.26　The process of marine celestial navigation system

2.天文定位的具体工作步骤

天文定位的具体工作步骤如下：

(1)通过人机接口获得预报的时间和推算船位,模拟星空环境,预报天体在天球上的分布情况。

(2)根据天体的分布推荐供天文观测的选星方案,当某种方案不能选出最佳的观测天体时,自动转向下一种方案。

(3)实施天文观测,如果上述方案在实际的天文观测中执行有困难,可自选星体再次进行观测。

(4)输入已观测天体的数据和定位时刻,选择双星定位、三(多)星定位、太阳移线定位等方式进行天文定位。

(5)根据定位结果确定是否要转移船位,如果转移船位,则在海图上进行标绘,然后转向(6),否则直接转向(6)。

(6)确定是否保存定位结果和一些中间参数,如果保存这些数据,则保存以后转向(7),否则直接转向(7)。这些数据用于综合导航系统或智能融合系统的信息优化或融合。

(7)决定是否要重新定位,如果要重新定位,则转向(1),否则退出系统,完成整个天文定位过程。

根据上述设计结构和工作流程实现船用天文导航系统软件,图 5.27 所示,其主要功能是实现天体预报和天文定位的软平台,即星空模拟。它由“观测时刻和位置”、“选择星体”、“天体

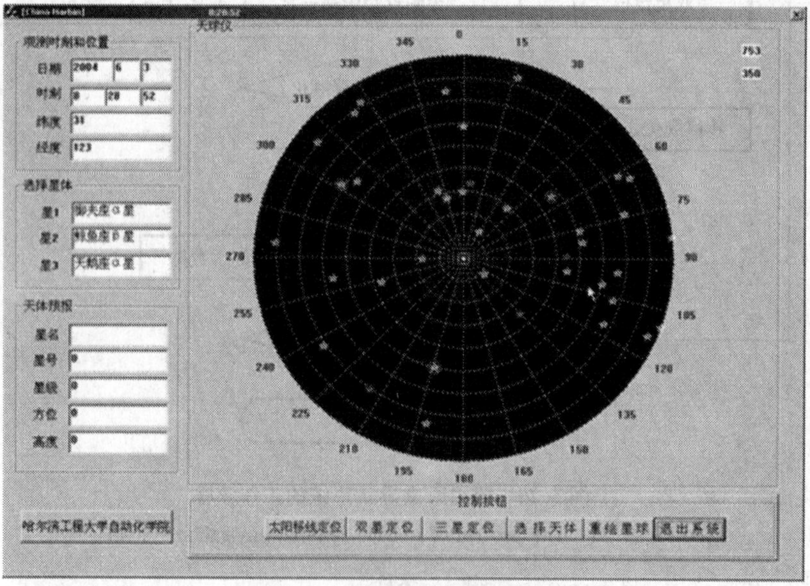

图 5.27 天文定位模拟器软件

Fig.5.27 Software of celestial positioning simulator

预报”、“星球仪”“定位模式选择按钮”等部分组成，用户通过简单的界面操作可以实现定位目的。该软件具有以下特点：

(1)基于天体力学和球面天文学的基本理论以及天文航海的基本知识建立了天文自动定位计算的基本数学模型。

(2)针对天文导航系统中存在的一些缺点，特别是手工作图测位中存在的诸如计算复杂、速度慢、易出错、人工查表等缺点，解决了航海天文自动定位的问题。

(3)构造了用于天体预报和天文定位的软平台工作环境“星球仪”，模拟星空环境和天体在星空的分布。

(4)将天文定位基本理论应用于船舶导航实践，提高了船舶导航自动化程度和可靠性。

第6章 惯性导航系统

Under given initial condition, according to Newton's laws of motion, in order to realize navigation and positioning, inertial navigation is an autonomous navigation system. It can measure linear movement and angular movement parameters relative to inertial space by using inertial sensitive measuring devices equipped onboard airplane, ship rocket and carrier. Gyro and accelerometer are the most important inertial devices in inertial navigation system. Popularly, they are the heart of inertial navigation system. By using stable axis characteristic of gyro rotator high-speed rotation and the precession under external torque, the mechanical three-axis inertial platform remains stable. By using of angular rate relative to inertial space which is measured by new solid state gyro, a mathematical platform equivalent to mechanical one can be built. No matter it is mechanic or mathematic platform, it can provide accuracy measurement reference for accelerometer. The influences brought by gyro performance embody at attitude, speed and position accuracy. If the high precision measurement reference has been set up by gyro, the acceleration of inertial space can be measured by accelerator. After integral operation, the navigation and positioning of carrier can be realized. And the influences brought by accelerator chiefly embody at level precision.

By making the centroid of gyro deviation downward some distances, free gyro can be changed into gyrocompass. Only under the torques effect of pendulosity, gyrocompass will rotate at meridian plane in undamped free oscillation. By applying damping torques, the oscillation will get damped and stable at meridian plane finally. This is the working principle of gyrocompass. Stabilized gyrocompass system has centralized the characters of pendulous gyrocompass and attitude level meter, replacing traditional mechanics pendulum control by electromagnetic control technique, the development of compass has entered a new era.

No matter it is gyrocompass or stabilized gyrocompass, as measured values of mechanical pendulum or accelerator can not be acceleration values, so speed and position information can not be obtained by integration operation. As a result, only the attitude information of carriers can be output by gyrocompass or stabilized gyrocompass. Moreover, as the import of damping torques, the undamped free oscillation has been broken, which induced the deviation of dynamic attitude by carrier maneuvering. Because of the generation of inertial navigation system, all the difficulties above have been overcome.

The operation of inertial navigation depends on the laws of classical mechanics as formulated by Newton. Newton's laws tell us that the motion of a body will continue uniformly in a straight line unless disturbed by an external force acting on the body. These laws also tell us that this force will produce a proportional acceleration of the body. By using three devices known as accelerometer which can measure the vehicle acceleration, we can calculate the change in velocity and position by performing successive mathematical integrations of the acceleration with respect to time. The original applications of inertial navigation technology used stable platform techniques which is called platform inertial navigation system (PINS). Modern technology development caused another important type which removed most of the mechanical complexity of platform systems by having the sensors attached rigidly, or strapped down, to the body of the most vehicles. We usually called strap - down inertial navigation system (SINS). The potential benefits of this approach are lower cost, reduced size and greater reliability compared with equivalent PINS. As a result, small, light weight and accurate inertial navigation systems can now be fitted to small vehicle, guided missiles, AUV and so on.

In this chapter, inertial system which consists inertial sensor, gyrocompass system and inertial navigation system will be introduced in detail.

惯性导航系统依赖自身惯性器件的测量信息实现导航定位,因而具有良好的自主性;由于工作时无须接收外部信息,因而不受外界气候等条件的干扰;由于工作时不向外辐射能量,因而使载体具有隐蔽性;在确定载体位置的同时,还能输出高精度的姿态角。由于惯性导航的诸多优点,其在军事和民用的众多领域有着不可替代的作用,可用于潜艇、舰船、飞机的导航和导弹、火箭、宇宙航行体的制导等军事领域,以及海洋开发、大地测量、石油钻井、机器人控制、现代化医疗器械等诸多民用领域。

6.1　惯性导航系统的核心惯性器件

惯性敏感器—陀螺仪和加速度计的巧妙搭配和组合,可以实现各种各样的惯性仪器和系统,从陀螺方位仪、陀螺地平仪等只能检测或稳定某一运动方向或稳定水平的设备,发展到能检测三维姿态信息的陀螺罗经、平台罗经,再到如今能输出几乎全部运动参数的高精度平台式、捷联式惯性导航系统。而这些不同特色、不同精度等级的惯性设备和系统,为军民领域各种不同的应用提供了选择的可能。

陀螺仪和加速度计是惯性系统最关键的核心器件。二者的精度决定了导航系统的姿态精度、速度精度和位置精度,尤其是陀螺仪,影响了惯性导航系统的方位、速度和位置精度。因此,在介绍惯性导航系统之前,首先介绍陀螺仪和加速度计的基本原理,考虑到篇幅的限制,只介绍几种最常用、最重要的惯性器件。

6.1.1　转子陀螺仪

1758 年,瑞士著名的数学家和物理学家欧拉(Euler)发表了“刚体绕定点运动理论”的名著，导出刚体绕定点运动的动力学方程，为陀螺仪理论奠定了基础。1788年，法国数学家拉格朗日(Lagrange)发表了“分析力学”的名著，加深了对陀螺现象及其特性的理解。1852年，法国著名物理学家傅科(Foucault)作了关于陀螺仪应用方面的报告，第一次提出利用绕定点高速旋转的对称刚体——陀螺仪来制作导航仪器，单词“gyroscope”最初是由Foucault提出并采用的。到目前为止，已经出现了各种各样的陀螺仪，例如液浮陀螺仪、气浮陀螺仪、静电陀螺仪、磁悬浮陀螺仪、挠性陀螺仪、激光陀螺仪、光纤陀螺仪、超导陀螺仪、微机械陀螺仪、粒子陀螺仪等。

图6.1所示是一个二自由度(Two Degree of Freedom)转子陀螺仪，其支撑结构采用万向支架(顾名思义就是可以指向任何方向的支架)，支架由外环和内环构成，且外环轴线 oz 与内环轴线 oy 相互垂直且相交于 o 点，内环轴线 oy 与转子主轴轴线 ox 相互垂直相交于 o 点。

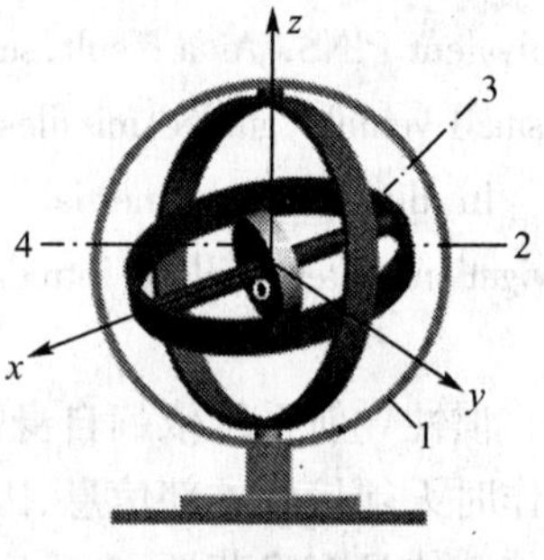

图6.1 二自由度转子陀螺仪

Fig.6.1 Rotor gyroscope with two-degree of freedom

1—底座；2—外环；3—内环；4—转子

转子陀螺仪基本特性一：稳定性

当陀螺转子(Gyro Rotor)绕其主轴高速旋转时，转动陀螺底座(对于图6.1所示的转子陀螺仪，可以随意转动陀螺底座)，陀螺仪主轴 ox 将在惯性空间保持初始方位不变，这一特性也被称为陀螺仪的定轴性。首先，由于外环可以相对底座自由旋转、内环可以相对外环自由旋转，这为陀螺转子提供了相对惯性空间的三个自由度；其次，当陀螺转子高速旋转，且受到瞬时脉冲力矩时，陀螺仪主轴 ox 将在原来位置附近作高频微幅振荡(也叫陀螺仪的章动)，主轴相对初始位置只有微小的偏离。也就是说，陀螺仪的定轴性还表现在它能抵抗外界的冲击干扰，这也就是为什么由陀螺仪稳定的三轴惯性平台能隔离运载体的角运动且不受载体角运动影响的原因。

转子陀螺仪基本特性二：进动性

转子陀螺仪进动性表现在有外力矩(Torque)作用下，陀螺仪主轴转动方向与外力矩方向不一致，而是与外力矩向量垂直，并使或力图使主轴以最短途径向外力矩向量靠拢。如图6.2所示，当陀螺转子高速旋转时，陀螺仪沿 ox 轴具有角动量 $\boldsymbol{H}$，如沿陀螺仪外环轴 oz 上作用一个常值力矩 $\boldsymbol{M}_z$，欲使陀螺仪绕 oz 轴转动。但实际上，陀螺仪并不是绕 oz 轴转动，而是以角速度 ω_y 绕与 oz 轴相垂直的陀螺仪内环轴 oy 转动，转动方向如图6.2所示，使主轴 ox 以最短的途径向外力矩向量 $\boldsymbol{M}_z$ 靠拢。如沿陀螺仪的内环轴 oy 上作用一常力矩 $\boldsymbol{M}_y$，陀螺将以角速度 ω_z 绕与 oy 轴相垂直的陀螺仪外环轴 oz 转动，转动方向如图6.3所示。在工程设计中一般只考

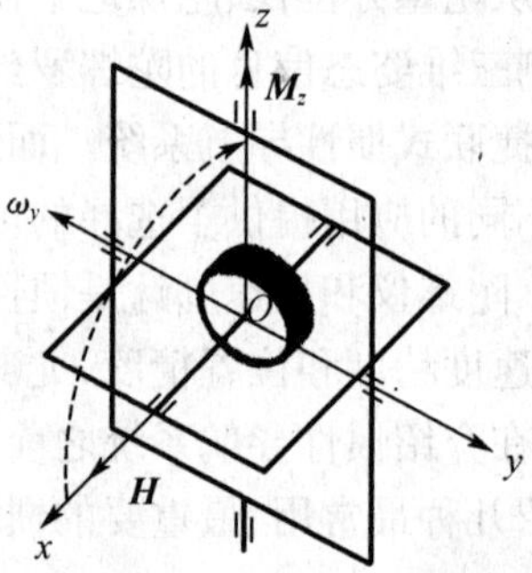

图6.2 陀螺绕内环轴进动

Fig.6.2 Gyroscopic precession surrounding the inner loop axis

虑描述进动的简化解析表达式

$$\bar{\boldsymbol{\omega}} \times \bar{\boldsymbol{H}} = \bar{\boldsymbol{M}} \tag{6.1}$$

式中　$\bar{\boldsymbol{\omega}}$——陀螺仪角动量相对惯性空间的进动角速度；

$\bar{\boldsymbol{H}}$——沿陀螺仪自转轴的角动量；

$\bar{\boldsymbol{M}}$——外力矩。

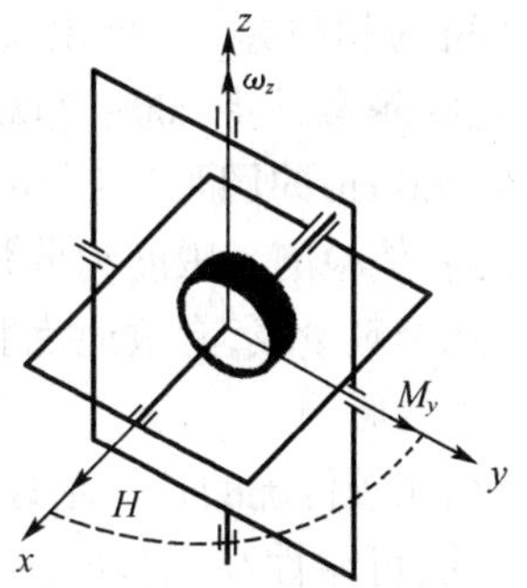

图 6.3　陀螺绕外环轴进动

Fig.6.3　Gyroscopic precession surrounding the outer loop axis

6.1.2　光学陀螺仪

1913 年，法国物理学家萨格奈克发现了 Sagnac 效应：设光程所包围的面积为 A，装置的旋转角速度为 ω，则光程差为 $\Delta L = \frac{4A}{c}\omega$，即通过检测光程差可求得角速度 ω。

1961 年，美国人迈斯克提出了用环形激光器测量转速的理论，为光学陀螺仪（Optical Gyro）发展奠定了理论基础。1963 美国斯佩里公司研制了激光陀螺仪（Laser Gyro）的实验装置，1966 年霍尼韦尔公司提出交变机械抖动偏频技术，为实用激光陀螺仪奠定了基础，1972 年霍尼韦尔公司研制出 GG－1300 型激光陀螺仪。

激光陀螺仪的原理是利用光程差测量旋转角速度。在闭合光路中，由同一光源发出的沿顺时针方向和逆时针方向传输的两束光将产生光干涉，利用检测相位差或干涉条纹的变化，可以测出闭合光路旋转角速度。激光陀螺仪的基本元件是环形激光器，如图 6.4 所示，环形激光器由三角形或正方形石英制成的闭合光路组成，内有一个或几个装有混合气体（氦氖气体）的管子，两个不透明的反射镜和一个半透明镜。用高频电源或直流电源激发混合气体，产生单色激光。为维持回路谐振，回路的周长应为光波波长的整数倍。用半透明镜将激光导出回路，经反射镜使两束相反方向传输的激光干涉，通过光电探测器和电路产生与角度成比例的数字信号。

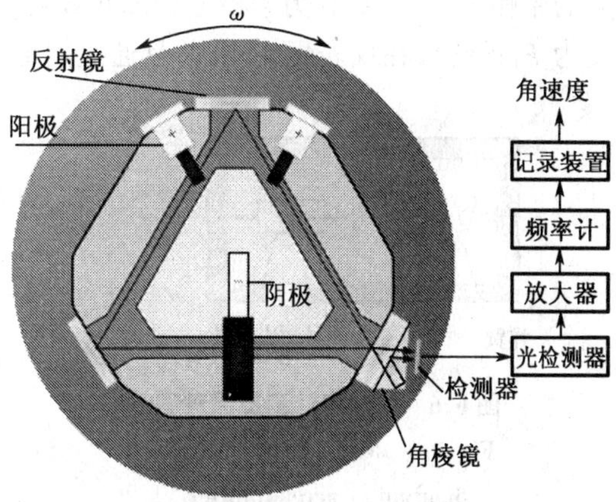

图 6.4　激光陀螺仪原理图

Fig.6.4　Principle diagram of Laser gyro

1976 年，美国 Utah 大学的 V. Vali 和 R. W. Shorthill 首次提出了光纤陀螺（Fiber Optical Gyro，简称FOG），并研制出实验装置，标志着第二代光学陀螺——光纤陀螺的诞生。

光纤陀螺仪也是采用 Sagnac 干涉原理，利用光纤绕成环形光路，构成 Sagnac 效应的敏感环,检测出随转动而产生的反向旋转的两路激光束之间的相位差,计算出旋转角速度。不同的是,光纤陀螺是将 200 ~ 2 000 m的光纤绕成直径为10 ~ 60 cm 的圆形光纤环,加长了激光束的检测光路,使检测灵敏度和分辨率比激光陀螺仪提高了几个数量级,有效地克服了激光陀螺仪因闭锁产生的影响。

相比较传统的转子陀螺仪,光学陀螺仪具有成本低、可靠性高、启动时间短等优点,在航空、航天、航海和陆地等军事和民用领域得到了广泛应用,随着检测精度和分辨率的逐步提高,大有取代转子陀螺仪之势。

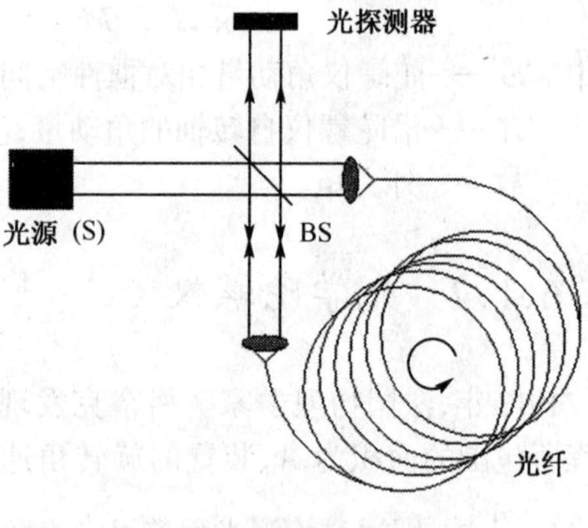

图 6.5 光纤陀螺仪原理图

Fig.6.5 Principle diagram of fiber optical gyro

6.1.3 加速度计

加速度计(Accelerometer)的工作原理是基于经典的牛顿力学定律,其力学模型如图 6.6 ~ 6.8 所示。敏感质量(质量设为 m)借助弹簧(刚度设为 k)被约束在仪表壳体内,并且通过阻尼器与仪表壳体相连。

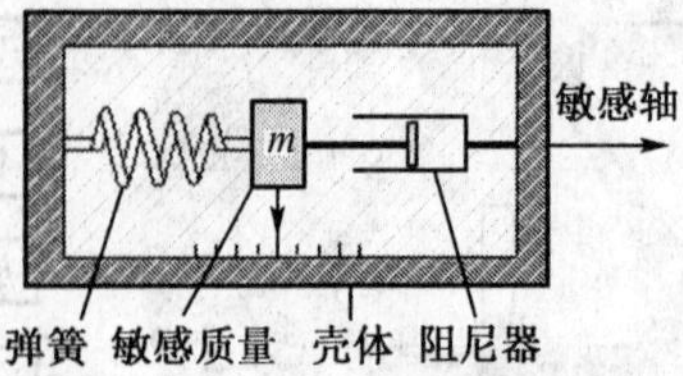

图 6.6 加速度计测量原理图

Fig.6.6 Measuring principle diagram of accelerometer

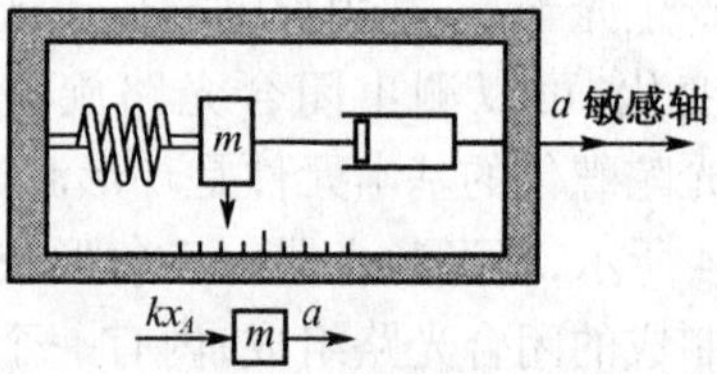

图 6.7 受外力作用下的变形

Fig.6.7 Deformation caused by external force

当沿加速度的敏感轴方向无加速运动时,质量块相对仪表壳体处于零位,如图 6.6 所示。当安装加速度计的运载体沿敏感轴方向以加速度 a 相对惯性空间运动时,如图 6.7,仪表壳体也随之作加速运动,但质量块由于保持原来的惯性,将朝着与加速度相反的方向相对壳体位移而压缩(或拉伸)弹簧。当相对位移量达到一定值时,弹簧受压(或受拉)变形产生的弹簧力 kx_A(x_A 为位移量),使质量块以同一加速度 a 相对惯性空间运动。

在此稳态情况,有

$$kx_A = ma \text{ 或 } x_A = \frac{m}{k}a$$

然而地球、月球、太阳和其他天体都存在着引力场，加速度计的测量将受到引力的影响。为便于说明，暂且不考虑运载体的运动加速度，如图 6.8 所示。设加速度计的质量块受到沿敏感轴方向的引力 mG（G 为引力加速度）的作用，则质量块将沿着引力方向相对壳体位移而拉伸（或压缩）弹簧。当其相对位移量达到一定值时，弹簧受拉（或受压）所给出的弹簧力 kx_G（x_G 为位移量）恰与引力 mG 相平衡，在此稳态情况，有

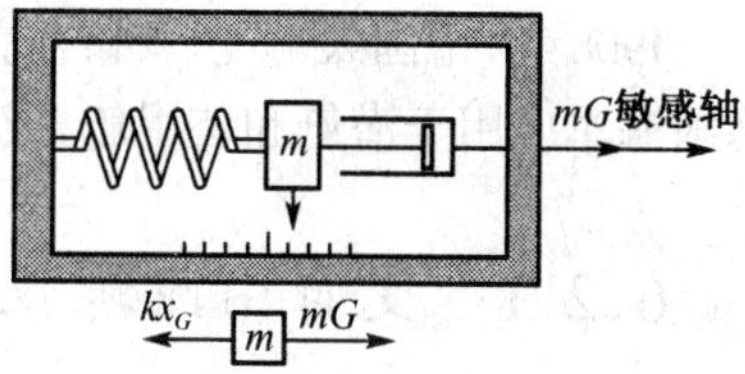

图 6.8　受引力作用下的变形
Fig.6.8　Deformation caused by gravitation

$$kx_G = mG \quad \text{或} \quad x_G = \frac{m}{k}G$$

对照图 6.7 和图 6.8 可以看出，沿同一轴向的 a 矢量和 G 矢量所引起的质量块位移方向正好相反。综合考虑运载体加速度和引力加速度的情况，在稳态时质量块的相对位移量为

$$x = x_A - x_G = \frac{m}{k}(a - G)$$

可以看出，稳态时质量块的相对位移量 x 与（$a - G$）成正比。阻尼器则用来阻尼质量块到达稳定位置的振荡，借助位移传感器可将该位移量变成电信号，所以加速度计的输出与（$a - G$）成正比。

6.2　陀螺罗经系统

1852 年，法国科学家利昂·傅科提出了“轴保持于水平平面内的陀螺，力求在自转的地球上使其轴与地球子午线趋于同步”的理论，这一理论成为奠定研制陀螺罗经的理论基础。傅科当时还提出了建立陀螺罗经的建议：

（1）利用陀螺主轴保持在惯性空间的恒定方向。

（2）利用摆测出陀螺主轴的高度角（陀螺主轴偏离水平面的误差角）。

（3）根据所测出的高度信号，对陀螺施加控制力矩，使陀螺主轴被强制在水平面内。

（4）对陀螺主轴的振荡运动加以阻尼，陀螺主轴最终将稳定在当地的子午线方向。

舒勒（Schuler）调整条件是保证惯性导航系统不受运载体加速度影响，时刻跟踪当地水平的重要条件。对于在地球表面航行的船舶，如果导航系统水平回路无阻尼振荡周期 T 满足下列条件

$$T = 2\pi\sqrt{\frac{R}{g}}$$

那么，无论船舶作何种形式的机动运动，导航系统的惯性平台都能始终跟踪当地水平。当取

$R = 6\ 371\ 008$ m, $g = 9.780\ 49$ m/s^{2}时,无阻尼振荡周期 T 约为 84.4 分钟。

1908 年,德国人赫曼·安修茨按 84.4 分钟无阻尼振荡周期设计的单转子液浮陀螺罗经,被德国海军应用于潜艇和装甲艇,成为最早用于实际导航的陀螺罗经。

6.2.1 变自由陀螺仪为陀螺罗经

人们采用各种不同的方法把陀螺仪做成了各种不同类型的罗经,用以指示航向,如摆式陀螺罗经、电磁控制陀螺罗经、双态陀螺罗经以及采用速率陀螺构成的捷联罗经等。而从自由陀螺仪到陀螺罗经的实现,是从摆式陀螺罗经开始的。

主轴水平的陀螺仪,如在其陀螺房下,以机械固连一重物形成重力摆,如图 6.9 所示,将使自由陀螺变成能找北的陀螺罗经。如在安修茨航海型陀螺罗经中,有两只陀螺仪被密封在一个球壳(通常称之为陀螺球)内,陀螺球浸没在导电的支承液体中。此陀螺球与自由陀螺仪的区别在于:陀螺球的重心 G 相对支承重心 O 下移了一个角度 τ,形成重力摆。

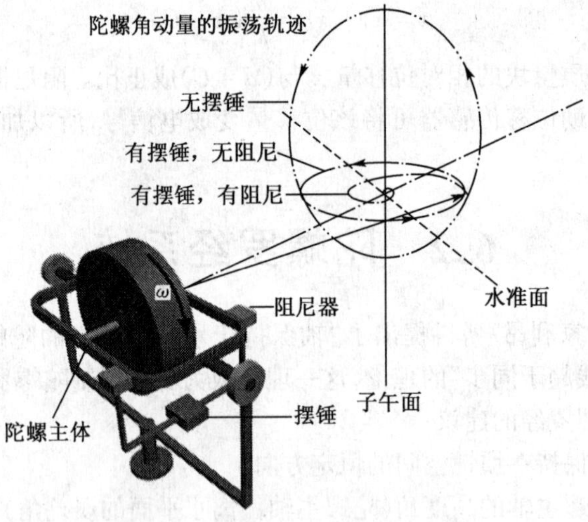

图 6.9 摆式陀螺罗经的工作原理

Fig.6.9 Principle of pendulum-style gyrocompass

如果陀螺主轴偏离了当地子午线方向 γ,在这种情况下陀螺主轴方向本身保持稳定,但由于地球自转产生的 $-\gamma\omega_{ie}\cos\varphi$ 引起东升,产生了高度角 α,形成了绕陀螺内框轴的摆性力矩

$$M_x = -M_p\sin\alpha \tag{6.2}$$

其中,M_p 为陀螺最大摆力矩($M_p = mgl$),当 α 为小角度时,有 $M_x = -M_p\alpha$。

考虑外力矩只有摆性力矩的情况($M_x = -M_p\alpha, M_z = 0$),根据陀螺进动方程有

$$\left.\begin{aligned}H(\dot{\alpha} + \gamma\omega_{ie}\cos\varphi) &= 0\\ H(\dot{\gamma} + \omega_{ie}\sin\varphi) &= M_p\alpha\end{aligned}\right\}\tag{6.3}$$

式中，ω_{ie}是地球自转角速率。

假定陀螺对地球自转垂直分量引起的子午面向西运动的影响（$\omega_{ie}\sin\varphi$）已经得到补偿，式(6.3)变为

$$\left.\begin{aligned}\dot{\alpha} &= -\gamma\omega_{ie}\cos\varphi\\ \dot{\gamma} &= \frac{M_p\alpha}{H}\end{aligned}\right\}\tag{6.4}$$

设定 $\gamma(0)=\gamma_0, \alpha(0)=0$，求解式(6.4)得到航向偏差角 γ 和高度角 α 的运动方程式

$$\alpha = \gamma_0\left(\frac{H}{M_p\omega_{ie}\cos\varphi}\right)^{1/2}\cdot\sin\left(\frac{M_p\omega_{ie}\cos\varphi}{H}\right)^{1/2}t\tag{6.5}$$

$$\gamma = \gamma_0\cos\left(\frac{M_p\omega_{ie}\cos\varphi}{H}\right)^{1/2}t\tag{6.6}$$

方程(6.5)和(6.6)表示内框轴与方位轴的运动是无阻尼简谐振荡，二者相位相差 90°，其无阻尼振荡周期为

$$T = 2\pi\left(\frac{H}{M_p\omega_{ie}\cos\varphi}\right)^{1/2}\tag{6.7}$$

根据式(6.5)和(6.6)的结构，可以转化为

$$\frac{\gamma^2}{\gamma_0^2} + \frac{\alpha^2}{\left(\gamma_0\sqrt{\dfrac{H}{M_p\omega_{ie}\cos\varphi}}\right)^2} = 1$$

可见无阻尼状态下的陀螺罗经姿态偏差运动方程是以 γ_0 和 $\gamma_0\sqrt{\dfrac{H}{M_p\omega_{ie}\cos\varphi}}$ 为半轴的椭圆方程，这与图 6.9 中的有摆锤无阻尼状态是对应的。

6.2.2　陀螺罗经阻尼

对于单纯增加摆元件的无阻尼陀螺罗经，只能绕其平衡位置振荡，要想稳定指北还需施加一阻尼器(Damper)，产生阻尼力矩。阻尼力矩可作用于水平轴（水平阻尼法）或垂直轴（垂直阻尼法），现代新式陀螺罗经较多采用垂直阻尼法。

在垂直阻尼中所产生的阻尼力矩应比例于陀螺俯仰角 α 方能达到阻尼目的，老式的垂直阻尼通常采用机械偏心加力矩或气动加力矩的方法。新型罗经在陀螺壳体上的摆元件输出一比例于陀螺俯仰角的电信号，经放大后施加于内框轴与垂直轴的两个力矩电机上。

在式(6.3)中加一由垂直阻尼力矩产生的进动速度项 $-\dfrac{M_D\alpha}{H}$，M_D 为阻尼系数，此时陀螺罗

经运动方程变为

$$\left.\begin{aligned}\dot{\alpha} &= -\gamma\omega_{ie}\cos\varphi - \frac{M_D\alpha}{H}\\ \dot{\gamma} &= \frac{M_p\alpha}{H}\end{aligned}\right\} \tag{6.8}$$

设定 $\gamma(0)=\gamma_0, \alpha(0)=0$，求解(6.8)可得

$$\alpha = \frac{2\gamma_0 H\omega_{ie}\cos\varphi}{K}e^{-M_D t/2H}\sin\frac{Kt}{2H} \tag{6.9}$$

$$\gamma = \gamma_0\left(\frac{M_D}{K}\sin\frac{Kt}{2H} + \cos\frac{Kt}{2H}\right)e^{-M_D t/2H} \tag{6.10}$$

其中，$K=\sqrt{4M_pH\omega_{ie}\cos\varphi - M_D^2}$。

给定纬度45°N，角动量 $H=4\,000\,000\ \text{g}\cdot\text{cm}^2/\text{s}$，摆力矩 $M_p=80\,000\ \text{dyne}\cdot\text{cm}$，$\gamma_0=10°$，设定垂直阻尼的 $M_D=3\,000\ \text{dyne}\cdot\text{cm}$，分别得到无阻尼和垂直阻尼条件下的振荡输出：

无阻尼

$$\begin{cases}\alpha = 0.507\,755°\cdot\sin(0.001\,02\cdot t)\\ \gamma = 10°\cdot\cos(0.001\,02\cdot t)\end{cases}$$

垂直阻尼

$$\begin{cases}\alpha = 0.842\,015°\cdot e^{-0.000\,375\cdot t}\cdot\sin(0.000\,612\,4\cdot t)\\ \gamma = 10°\cdot[0.612\,3\sin(0.000\,612\,4\cdot t)+\cos(0.000\,612\,4\cdot t)]\cdot e^{-0.000\,375\cdot t}\end{cases}$$

对应的曲线如图6.10～6.12所示。

无阻尼和垂直阻尼状态的计算和仿真结果可以看出，无阻尼状态的陀螺罗经为绕子午面的简谐振荡，而引入垂直阻尼后，其陀螺主轴投影在单位圆上的轨迹为一条螺旋曲线。

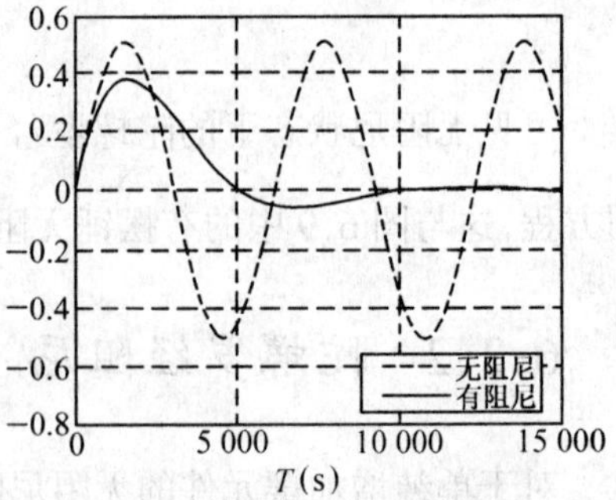

图6.10 俯仰角振荡曲线

Fig.6.10 Oscillation curve of pitch angle

在实际应用中，陀螺罗经是船舶的指向仪器，安装在船舶上。船舶在地球上做等速直航、变速、转向和摇摆等运动，这些运动会对罗经的指向产生影响，使主轴偏离平衡位置而出现指向误差。因此，在建立摆式陀螺罗经时，一个很重要的问题是要消除各种干扰对摆的影响，使陀螺罗经在船舶动基座状态中始终保持在“真垂线”(True Vertical)的方向上。

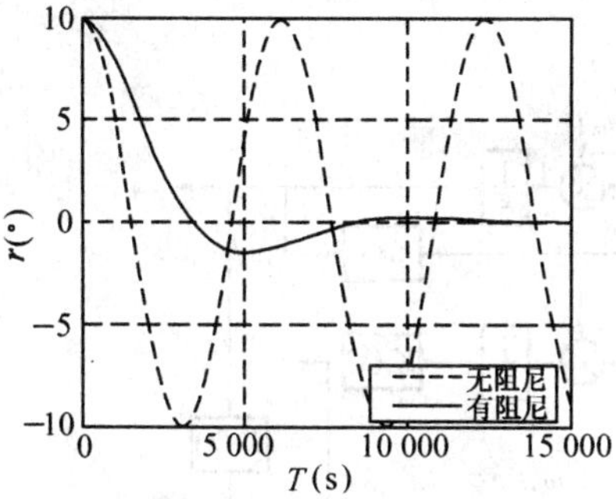

图 6.11　方位角振荡曲线

Fig.6.11　Oscillation curve of azimuth angle

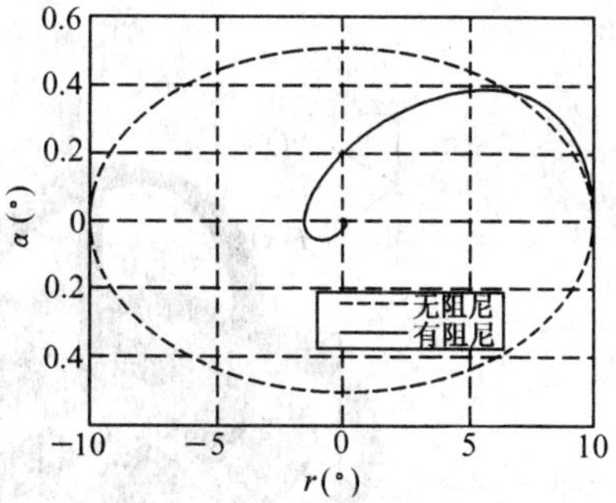

图 6.12　陀螺罗经轨迹曲线图

Fig.6.12　Track curve of gyrocompass system

6.3　平台罗经系统

自 1949 年美国斯佩里公司研制成功世界上第一台平台罗经后,各国海军均花费大量的人力和物力研究新一代的平台罗经,先后出现了美国的 MK29 型平台罗经、AM/WSN－2 型平台罗经、法国的 MCV－3 型平台罗经和德国的 PL－41/MK3 型平台罗经等。我国从 1965 年开始平台罗经的研制,多种型号平台罗经已经装备了多型军用及民用船舶。与磁罗经和陀螺罗经相比,平台罗经可以提供较高的姿态精度,系统具有较强的闭环特征,不像惯导系统对惯性器件要求的那样苛刻。

6.3.1　基本原理

从平台罗经的性能可知,它具有较高的水平精度,在静基座或码头系泊状态下,当三轴惯性平台偏离水平位置时,平台上安装的重力敏感元件能分别敏感出重力加速度的有关分量,重力敏感元件测量值作为水平修正误差信号,经放大器放大,送至平台上的陀螺力矩器,使陀螺仪进动,通过稳定回路带动惯性平台,使惯性平台始终处于水平位置。

早期的平台罗经一般都采用电磁摆作为重力敏感元件,电磁摆具有结构简单、体积小、质量轻、成本低的优点,但由于结构上的限制,其性能难以提高。高精度加速度计的出现,克服了电磁摆的缺点,逐步取代了电磁摆。因此船用平台罗经一般由三个单自由度陀螺仪(或两个二自由度陀螺仪)和两个加速度计构成,如图 6.13 所示。

图 6.13 给出了简化的平台罗经基本构成,安装陀螺仪和加速度计的三轴惯性平台由外环(或称横摇环)、中环(或称纵摇环)和内环(航向环)组成。惯性平台上安装两个相互垂直的东

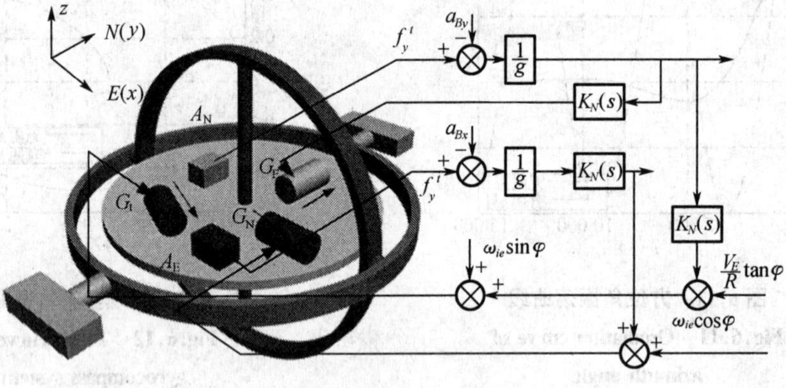

图 6.13 平台罗经基本原理图

Fig.6.13 Principle of stabilized gyrocompass

向加速度计和北向加速计，以及三个单轴陀螺仪，其中北向加速计 A_N 和东陀螺 G_E、方位陀螺 G_Z 构成罗经回路，跟踪北向水平和方位，东向加速度计 A_E 和北陀螺 G_N 构成东向水平回路，跟踪东向水平。

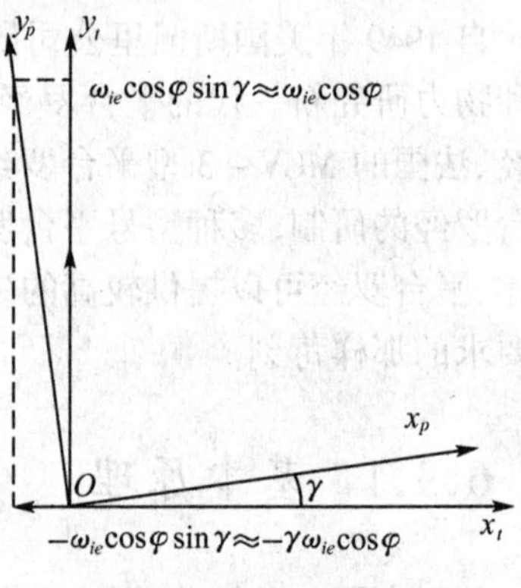

图 6.14 平台罗经寻北原理

Fig.6.14 North-seeking principle of stabilized gyrocompass

平台罗经实现跟踪当地水平是靠重力敏感元件（加速度计或电磁摆）作为敏感输入信号完成的，那么，平台罗经如何寻找当地的地理北向呢？

我们知道，地球相对惯性坐标系的旋转角速度在地理坐标系（$ox_ty_tz_t$）两个水平轴上的分量为：$\omega_x=0$，$\omega_y=\omega_{ie}\cos\varphi$。当惯性平台坐标系 $ox_py_pz_p$ 与地理坐标系存在方位误差角 γ 时，如图 6.14 所示，平台上的东陀螺 G_E 将感受地球速率在平台坐标系 ox_P 上的分量 $\omega_{ie}\cos\varphi\sin\gamma$，由于转子陀螺仪相对惯性空间定轴的特性，会使其稳定的北向水平轴 oy_p 轴产生水平倾角 α。水平倾角会被北向加速度计 A_N 敏感，并输出 αg 分量，此效应称为“罗经效应”。平台罗经就是以 A_N 的输出 αg 作为输入信号，控制方位陀螺仪进动，达到水平指北的目的。

在使用加速度计作为重力敏感元件时，由于加速度计测量值是相对惯性空间的，因此要根据式(6.11)进行有害加速度和运动加速度补偿才能从加速度计输出信号中提取反映平台水平偏角的信号。

$$
\left.\begin{aligned}
A_N &= \dot{V}_N + 2V_E\omega_{ie}\sin\varphi + \frac{V_E^2}{R}\tan\varphi + g\alpha = \dot{V}_N + W_{BN} + g\alpha \\
A_E &= \dot{V}_E - 2V_N\omega_{ie}\sin\varphi - \frac{V_E V_N}{R}\tan\varphi - g\beta = \dot{V}_E + W_{BE} - g\beta
\end{aligned}\right\} \tag{6.11}
$$

式中　A_N, A_E——北向和东向加速度计测量值；

$\dot{V}_N, \dot{V}_E$——舰船相对地球沿地理坐标系的北向、东向加速度；

W_{BN}, W_{BE}——有害加速度；

$g\alpha, g\beta$——重力加速度水平分量。

利用加速度计输出的反映三轴惯性平台水平偏角的信息，可以设计合适的控制信号，控制东陀螺、北陀螺和方位陀螺进动，使平台罗经系统跟踪当地地理坐标系，这种平台罗经的系统方框图如图 6.15 所示。

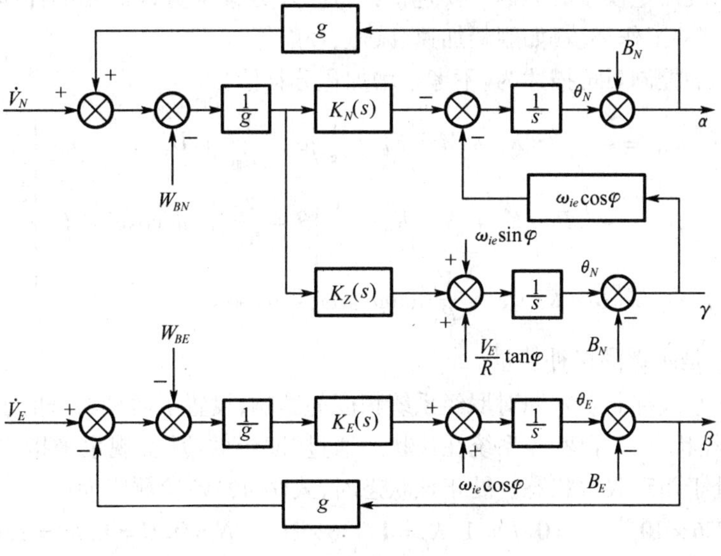

图 6.15　平台罗经系统方框图

Fig.6.15　Diagram of stabilized gyrocompass

6.3.2　工作状态

根据简化的静基座平台罗经误差方框图（如图 6.16 所示）可以完成罗经回路参数设计：罗经回路阻尼比 $\zeta = 0.707$，回路调整周期取舒勒条件（$GK_z\omega_{ie}\cos\varphi = 1.239\times10^{-3}$ rad/s）。

在图 6.16 中，$K_N(s), K_E(s), K_Z(s)$分别表示北向水平、东向水平和方位回路控制网络，当

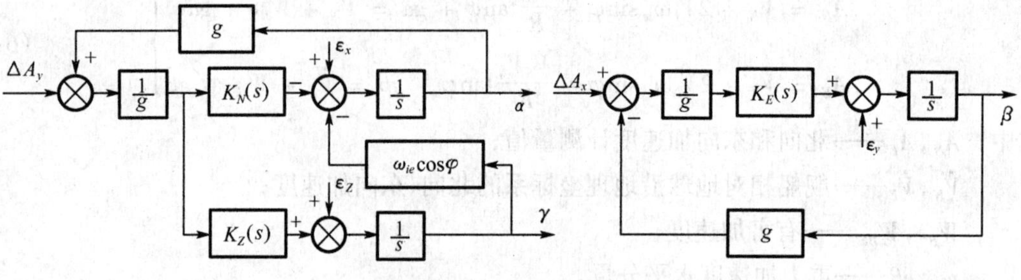

图 6.16 平台罗经误差方框图

Fig.6.16 Error diagram of stabilized gyrocompass

平台罗经系统处于不同工作状态时,上述网络具有不同的结构形式。

平台罗经系统产生误差的原因主要包括:(1)原理方案本身;(2)元部件(陀螺漂移和加速度计零偏)误差;(3)工作环境(如舰船加速、减速、环航等)。

各工作状态的控制量可描述为(不考虑增加积分补偿)

$$\left.\begin{aligned}\omega_{cx} &= -\left(F\cdot K_x + M\cdot K_{Ix}\cdot\frac{1}{s}\right)\alpha - \frac{V_N}{R_M} + U_x\\ \omega_{cy} &= -\left(P\cdot K_y + N\cdot K_{Iy}\cdot\frac{1}{s}\right)\beta + \frac{V_E}{R_M} + \omega_{ie}\cos\varphi + U_y\\ \omega_{cz} &= G\cdot K_z\cdot\alpha + \frac{V_E}{R_N}\tan\varphi + \omega_{ie}\sin\varphi + U_z\end{aligned}\right\} \tag{6.12}$$

式中,U_x,U_y,U_z 是陀螺漂移补偿量。

为尽可能减小或抑制误差源对罗经系统精度的影响,设置了两种典型的工作状态。

(1)平台罗经状态:平台罗经系统在该状态通过"罗经效应"实现水平指北,此时系统水平和方位回路均处于闭环收敛状态。处于该状态时,式(6.12)各参数值为:

$$F=1, K_x=1.736\times10^{-3}, M=0, P=1, K_y=1.736\times10^{-3}, N=0, G=1, K_z=2.112\times10^{-2}/\cos\varphi$$

使用上述参数的平台罗经系统有阻尼时振荡周期约为 $T=118.18$ 分钟,是平台罗经正常工作状态时使用的控制网络参数。为了加快姿态误差收敛速度,平台罗经通常还设置了另一组"快稳"参数:

$$F=3, K_x=1.736\times10^{-3}, M=0, P=5, K_y=1.736\times10^{-3}, N=0, G=9, K_z=2.112\times10^{-2}/\cos\varphi$$

此状态下罗经系统的有阻尼振荡周期变为 $T=39.39$ 分钟。

结合图 6.16,考虑常值误差源的条件下,可推导出系统稳态时的姿态误差为

$$
\begin{cases}
\alpha_s = \lim\limits_{s\to 0} s\alpha(s) = -\dfrac{\Delta A_y}{g} - \dfrac{\varepsilon_z}{GK_z} \\
\beta_s = \lim\limits_{s\to 0} s\beta(s) = \dfrac{\Delta A_x}{g} + \dfrac{\varepsilon_y}{PK_y} \\
\gamma_s = \lim\limits_{s\to 0} s\gamma(s) = \dfrac{\varepsilon_x}{\omega_{ie}\cos\varphi} + \dfrac{FK_x\varepsilon_z}{GK_z\omega_{ie}\cos\varphi}
\end{cases}
$$

将所设计的控制网络参数代入可以发现,平台罗经水平稳态误差主要受加速度计零偏影响,而方位稳态误差主要受东向陀螺漂移 ε_x 影响。

(2)方位仪状态:平台罗经系统处于方位仪状态时,通过重力敏感元件测量并控制陀螺带动惯性平台保持水平,而方位回路处于开环状态,只施加与地理坐标系相同的角速率。处于方位仪状态的罗经方位不受载体机动运动的影响,即不会因为舰船的加速、减速、环航等引入动态姿态误差,但由于方位回路只施加与地理坐标系相同的旋转角速率,因此方位误差将受到方位陀螺漂移的影响。此状态下的控制网络参数为:

$$F = 1, K_x = 1.736\times 10^{-3}, M = 0, P = 1, K_y = 1.736\times 10^{-3}, N = 1,$$
$$K_{Iy} = 1.536\times 10^{-6}, G = 0, K_z = 2.112\times 10^{-2}/\cos\varphi$$

处于平台罗经状态的罗经系统,不能在高纬度地区工作,并受载体机动的影响;而处于方位仪状态时,系统不受加速度误差的限制,但方位仪状态下方位误差较罗经状态大。因此,平台罗经状态和方位仪状态是两个互为补充的工作状态,合理的设置其工作方式可以大大提高平台罗经系统的精度和环境适应性。

6.4 平台式惯性导航系统

6.4.1 哥氏定理

我们知道,在固定坐标系中,某一向量函数对时间的变化率(绝对变化率)等于同一向量在动坐标系中对时间的变化率(相对变化率)与动坐标系对固定坐标系的旋转角速度向量和该向量本身的向量积之和。

在图6.17中,$IXYZ$ 为固定坐标系,$oxyz$ 为动坐标系,$\boldsymbol{r}_0$ 为质点 P_1 在 $oxyz$ 坐标系中的位置向量,$\boldsymbol{r}_i$ 为同一质点 P_1 在 $IXYZ$ 坐标系中的位置,$\boldsymbol{\omega}$ 为动坐标系 $oxyz$ 相对固定坐标系 $IXYZ$ 的旋转角速度向量。当考虑相对运动时,假设动坐标系的角速度 $\dot{\boldsymbol{\omega}} = 0$,在时间间隔 Δt 内,质点在动坐标系 $oxyz$ 内由 P_1 到 P',$\overline{P_1P'}$为质点的相对位移。

当考虑牵连运动时,假设质点 P_1 在动坐标系的位置不变,在时间间隔 Δt 内,质点由 P_1 到 P'',$\overline{P_1P''}$为质点的牵连位移。此时动坐标系 $oxyz$ 相对固定坐标系 $IXYZ$ 转过的角位移为$\Delta\theta$

$= \boldsymbol{\omega}\Delta t$。

质点的绝对位移为：$\overline{P_1P_2} = \overline{P_1P'} + \overline{P_1P''}$。当 $\Delta\theta$ 很小时，由图 6.17 可得下列近似关系式

$$|\overline{P_1P''}| = (o'P_1)\Delta\theta = r_0\sin(\widehat{\overline{\boldsymbol{\omega}}\cdot\boldsymbol{r}_0})\Delta\theta$$

即

$$|\overline{P_1P''}| = \boldsymbol{\omega}\boldsymbol{r}_0\sin(\widehat{\overline{\boldsymbol{\omega}}\cdot\boldsymbol{r}_0})\Delta t = |(\overline{\boldsymbol{\omega}}\times\boldsymbol{r}_0)\Delta t| \quad (6.13)$$

如令 $\overline{P_1P_2} = \Delta\boldsymbol{r}_i$，$\overline{P_1P'} = \Delta\boldsymbol{r}_0$，则有

$$\Delta\boldsymbol{r}_i = \Delta\boldsymbol{r}_0 + (\boldsymbol{\omega}\times\boldsymbol{r}_0)\Delta t$$

当 $\Delta t\to 0$ 时，可得到

$$\frac{\mathrm{d}\boldsymbol{r}_i}{\mathrm{d}t} = \frac{\mathrm{d}\boldsymbol{r}_0}{\mathrm{d}t} + \boldsymbol{\omega}\times\boldsymbol{r}_0 \quad (6.14)$$

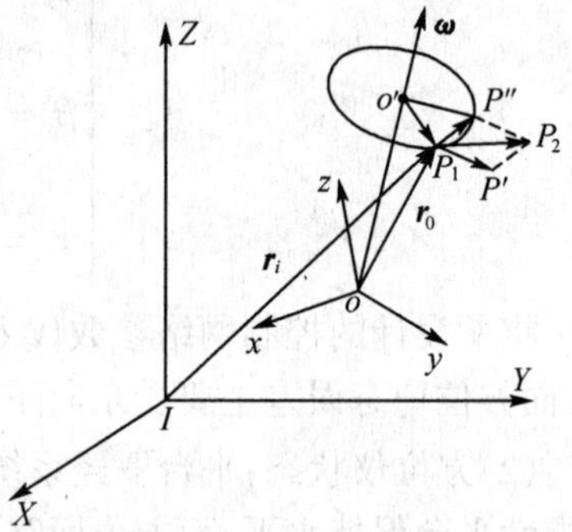

图 6.17 质点的复合运动

Fig.6.17 Complex movement of the particle

如果动坐标系的原点 o 与固定坐标系的原点 I 相重合，则有 $\boldsymbol{r}_i = \boldsymbol{r}_0$，并令它们都等于 $\boldsymbol{r}$。为区别 $\boldsymbol{r}$ 相对于不同坐标系的变化率，用 $\left.\frac{\mathrm{d}\boldsymbol{r}}{\mathrm{d}t}\right|_i$ 表示相对固定坐标系的变化率，即绝对变化率；用 $\left.\frac{\mathrm{d}\boldsymbol{r}}{\mathrm{d}t}\right|_0$ 表示相对动坐标系的变化率，即相对变化率，因此哥氏定理用公式可描述为

$$\left.\frac{\mathrm{d}\boldsymbol{r}}{\mathrm{d}t}\right|_i = \left.\frac{\mathrm{d}\boldsymbol{r}}{\mathrm{d}t}\right|_0 + \boldsymbol{\omega}\times\boldsymbol{r} \quad (6.15)$$

哥氏定理对于惯性导航系统定位方程的导出是至关重要的。我们知道，惯性导航系统的基本定位原理是基于牛顿第二运动定律（$F = ma$），该定律相对惯性空间成立的。对于船用惯性导航系统，由于在地球表面或近水面运动，更需要得到的是相对地球的速度、位置和姿态信息。因此，如何将惯性器件测量的相对惯性空间的线运动和角运动信息转化为相对某一导航坐标系的信息便是惯性导航系统首先要解决的，而哥氏定理正好解决了这个问题。

6.4.2 平台式惯导系统的定位原理

1.速度解算方程

平台式惯导系统的输入信息是沿惯性平台三轴、相对惯性空间的加速度，要实现导航定位功能，必须先由加速度信息解算出速度信息。根据牛顿第二运动定律、加速度计的测量原理和哥氏定理可以得到惯性导航系统导航定位的基本方程

$$\dot{\overline{V}}_{ep} = \bar{f} - (2\bar{\omega}_{ie} + \bar{\omega}_{ep})\times\overline{V}_{ep} + \bar{g} \quad (6.16)$$

式中，$\overline{V}_{ep}$ 为运载体相对地球的速度，$\bar{\omega}_{ep}$ 为导航坐标系（或平台坐标系）相对地球坐标系的旋转角速度。

船用惯导系统大都选定地理坐标系作为导航坐标系，将式(6.16)中平台坐标系用地理坐标系代入得

$$\dot{\bar{V}} = \bar{f}^t - (2\bar{\omega}_{ie}^t + \bar{\omega}_{et}^t)\bar{V}^t + \bar{g}^t \tag{6.17}$$

将上式写成分量形式可得

$$\left.\begin{aligned}
\dot{V}_x^t &= f_x^t - \left(2\omega_{ie}\cos\varphi + \frac{V_x^t}{R_N}\right)V_z^t + \left(2\omega_{ie}\sin\varphi + \frac{V_x^t}{R}\tan\varphi\right)V_y^t \\
\dot{V}_y^t &= f_y^t - \left(2\omega_{ie}\sin\varphi + \frac{V_x^t}{R_N}\tan\varphi\right)V_x^t - \frac{V_y^t}{R_M}V_z^t \\
\dot{V}_z^t &= f_z^t + \left(2\omega_{ie}\cos\varphi + \frac{V_x^t}{R_N}\right)V_x^t + \frac{V_y^t}{R_M}V_y^t - g
\end{aligned}\right\} \tag{6.18}$$

对于船用惯性导航系统，垂直方向的速度较小，大多只考虑水平方向的运动。同时，实际的惯导系统在测量加速度时，加速度计安装在惯性平台上，测量信息是沿平台坐标系方向的，因此只能用沿平台坐标系轴向测得的加速度 f_{mx}，f_{my} 来代替，且速度、位置信息都是由加速度信息计算得出的，因此速度方程一般表示为

$$\left.\begin{aligned}
\dot{V}_x^c &= f_{mx}^c + \left(2\omega_{ie}\sin\varphi_c + \frac{V_x^c}{R_N}\tan\varphi_c\right)V_y^c = f_{mx}^c + a_{BX} \\
\dot{V}_y^c &= f_{my}^c - \left(2\omega_{ie}\sin\varphi_c + \frac{V_x^c}{R_N}\tan\varphi_c\right)V_x^c = f_{my}^c + a_{BY}
\end{aligned}\right\} \tag{6.19}$$

从式(6.19)可以看出，加速度计测量信息中，除包含载体相对地理坐标系运动的真实速度变化量($\dot{V}_x^c$，$\dot{V}_y^c$)外，还包括 a_{BX} 和 a_{BY}，我们称之为有害加速度，在惯导系统速度解算过程中，必须设法予以补偿。

2. 位置解算方程

当运载体运动时，其所在的地理位置必然随之发生变化。为了便于描述位置控制方程，首先考虑运载体沿子午线方向运动，载体所在纬度发生变化，而经度不变。纬度变化与运载体北向速度 V_y^c 方向变化相联系，由此得到纬度变化率为

$$\dot{\varphi}_c = \frac{V_y^c}{R_M} \tag{6.20}$$

当载体在纬度为 φ 的纬度圈运动时，载体所在经度发生变化，而纬度不变，经度变化与载体东向速度 V_x^c 方向变化相联系，由此得到经度变化率为

$$\dot{\lambda}_c = \frac{V_x^c}{R_N\cos\varphi_c} \tag{6.21}$$

若已知船舶初始位置(φ_0，λ_0)，便可以通过式(6.22)计算船舶每时每刻所处的位置信息

$$
\left.\begin{aligned}
\dot{\varphi}_c &= \frac{V_y^c}{R_M} \qquad \varphi_c(0) = \varphi_0 \\
\dot{\lambda}_c &= \frac{V_x^c}{R_N \cos\varphi_c} \quad \lambda_c(0) = \lambda_0
\end{aligned}\right\} \tag{6.22}
$$

3. 陀螺控制方程

在给出平台式惯导系统速度方程和位置方程时，采用了沿平台坐标系方向的加速度测量值近似代替沿地理坐标系方向的加速度信息。也就是说，方程式(6.19)和(6.22)成立的前提是平台坐标系需严格跟踪地理坐标系。我们知道，运载体所在处的地理坐标系相对惯性空间的旋转包含两部分：一是地球相对惯性空间的角速率 ω_{ie}，二是由于载体运动引起的角速率 ω_{et}。

如果平台式惯导系统经过初始对准后，平台坐标系在导航定位初始时刻能跟踪地理坐标系，那么只要施加给陀螺仪一个与地理坐标相对惯性空间旋转相同的角速率，就能保证平台坐标系具有与地理坐标系相同的旋转角速率，即平台坐标系始终跟踪地理坐标系。

由方程式(6.22)可计算出载体的位置(φ_c, λ_c)，由式(6.19)可计算出载体的速度(V_x^c, V_y^c)，于是施加给陀螺仪的控制量为

$$
\left.\begin{aligned}
\omega_{cx} &= -\frac{V_y^c}{R_M} \\
\omega_{cy} &= \omega_{ie}\cos\varphi_c + \frac{V_x^c}{R_N} \\
\omega_{cz} &= \omega_{ie}\sin\varphi_c + \frac{V_x^c}{R_N}\tan\varphi_c
\end{aligned}\right\} \tag{6.23}
$$

根据速度解算方程、位置解算方程和陀螺控制方程，可以得到惯导系统的简化原理图，如图 6.18 所示。

6.4.3 平台式惯导系统的误差分析

平台式惯导系统使用由转子陀螺仪稳定的三轴惯性平台为加速度计提供精确姿态基准，经有害加速度补偿后积分得到速度，再积分得到位置，最后计算陀螺控制角速度信息施加给陀螺仪，保证三轴惯性平台始终跟踪地理坐标系。

众所周知，陀螺仪和加速度计是平台式惯导系统最核心的惯性器件，这两个惯性器件直接决定了惯导系统的精度。通过误差分析，可以很直观地观察到陀螺仪、加速度计的精度及初始姿态偏差对导航系统的影响。

惯性导航系统的误差源有很多，概括起来，主要的误差源包括：(1)惯性元件误差，(2)安装

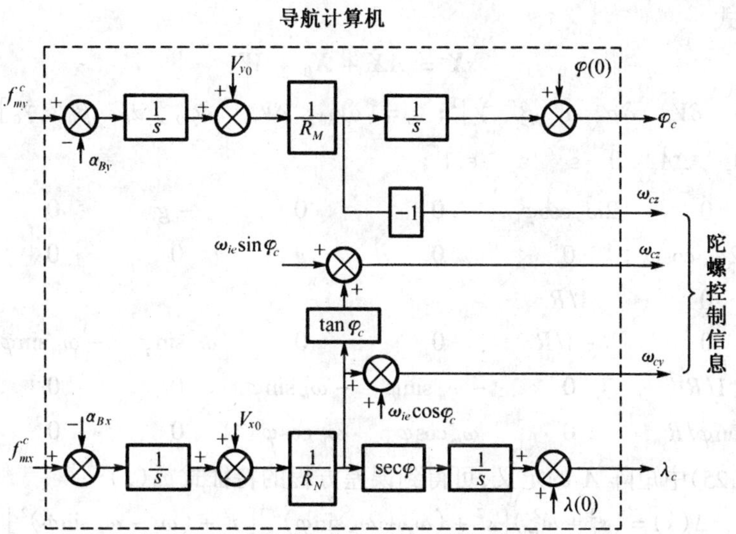

图6.18 固定指北平台式惯导系统原理图

Fig.6.18 Principle diagram of north fixed platform inertial navigation system

误差,(3)初始值误差,(4)原理及方法误差,(5)干扰误差等,其中安装误差可归属到惯性元件误差。

为简化分析和突出重点,只探讨陀螺漂移 ε、加速度计零位误差 ΔA 及初始值误差(初始姿态偏差 $\alpha_0,\beta_0,\gamma_0$,初始速度误差 $\delta V_{x0},\delta V_{y0}$ 和初始位置误差 $\delta\varphi_0,\delta\lambda_0$)等主要误差源对导航系统精度的影响,并假设地球是圆球体,即 $R_M = R_N = R$。

通过推导,可以得到静基座条件下的平台式惯导系统误差方程为

$$\left.\begin{aligned}
&\delta\dot{V}_x = 2\omega_{ie}\sin\varphi\delta V_y - \beta g + \Delta A_x && \delta V_x(0) = \delta V_{x0}\\
&\delta\dot{V}_y = -2\omega_{ie}\sin\varphi\delta V_x + \alpha g + \Delta A_y && \delta V_y(0) = \delta V_{y0}\\
&\delta\dot{\varphi} = \frac{\delta V_y}{R} && \delta\varphi(0) = \delta\varphi_0\\
&\delta\dot{\lambda} = \frac{1}{R}\delta V_x\sec\varphi && \delta\lambda(0) = \delta\lambda_0\\
&\dot{\alpha} = -\frac{1}{R}\delta V_y - \gamma\omega_{ie}\cos\varphi + \beta\omega_{ie}\sin\varphi + \varepsilon_x && \alpha(0) = \alpha_0\\
&\dot{\beta} = \frac{1}{R}\delta V_x - \omega_{ie}\delta\varphi\sin\varphi - \alpha\omega_{ie}\sin\varphi + \varepsilon_y && \beta(0) = \beta_0\\
&\dot{\gamma} = \frac{1}{R}\delta V_x\tan\varphi + \omega_{ie}\cos\varphi\delta\varphi + \alpha\omega_{ie}\cos\varphi + \varepsilon_z && \gamma(0) = \gamma_0
\end{aligned}\right\}\qquad(6.24)$$

从式(6.24)可以看出经度误差是开环的,为此可以仅对其余六个微分方程进行拉氏变换,并写成矩阵形式

$$sX = AX + X_0 + W \tag{6.25}$$

其中,$\boldsymbol{X} = [\delta V_x \quad \delta V_y \quad \delta\varphi \quad \alpha \quad \beta \quad \gamma]^{\mathrm{T}}$;$X_0 = [\delta V_{x0} \quad \delta V_{y0} \quad \delta\varphi_0 \quad \alpha_0 \quad \beta_0 \quad \gamma_0]^{\mathrm{T}}$;

$\boldsymbol{W} = [\Delta A_x \quad \Delta A_y \quad 0 \quad \varepsilon_x \quad \varepsilon_y \quad \varepsilon_z]^{\mathrm{T}}$;

$$\boldsymbol{A} = \begin{bmatrix} 0 & 2\omega_{ie}\cos\varphi & 0 & 0 & -g & 0 \\ -2\omega_{ie}\cos\varphi & 0 & 0 & g & 0 & 0 \\ 0 & 1/R & & & & \\ 0 & -1/R & 0 & 0 & \omega_{ie}\sin\varphi & -\omega_{ie}\sin\varphi \\ 1/R & 0 & -\omega_{ie}\sin\varphi & -\omega_{ie}\sin\varphi & 0 & 0 \\ \tan\varphi/R & 0 & \omega_{ie}\cos\varphi & \omega_{ie}\cos\varphi & 0 & 0 \end{bmatrix}。$$

根据式(6.25)中矩阵 $\boldsymbol{A}$ 的定义,可得到误差方程的特征式 $\Delta(s)$

$$\Delta(s) = (s^2 + \omega_{ie}^2)[s^2 + (\omega_s + \omega_{ie}\sin\varphi)^2][s^2 + (\omega_s - \omega_{ie}\sin\varphi)^2]$$

通过对特征式进行分析,可以发现惯导系统在有外激励作用时,将产生三种周期振荡:舒勒振荡($T_s \approx 84.4$ 分钟)、傅科振荡($T_c = 2\pi/\omega_{ie}\sin\varphi$)和地球周期振荡($T_e = 2\pi/\omega_{ie} = 24$ 小时),且傅科周期振荡与舒勒周期振荡相调制。

对方程(6.25)求解,给定适当的误差源,通过求拉氏反变换得到时域下的导航系统参数误差输出,便可以观察惯导系统受各误差源的影响情况。

(1)陀螺常值漂移引起的惯导系统误差

陀螺漂移能激励舒勒、傅科和地球三种周期振荡,并使速度、位置及方位产生常值误差分量,尤其是使经度产生随时间增长的误差,表明惯导系统定位误差是积累的。

(2)加速度计零偏引起的惯导系统误差

加速度计零偏只产生舒勒和傅科周期振荡,不产生地球周期振荡,它使惯性平台产生水平常值误差角分量和位置误差常值分量。在位置和方位误差中,加速度计零偏比陀螺常值漂移引起的误差要小得多,因此陀螺仪是惯导系统最重要、最核心的惯性器件。

(3)初始误差引起的惯导系统误差

初始纬度误差和初始姿态误差($\alpha_0, \beta_0, \gamma_0$)能激励舒勒、傅科和地球三种周期振荡,但只有 β_0 和 γ_0 对经度误差产生常值分量,其余均为振荡性误差。初始速度误差($\delta V_{x0}, \delta V_{y0}$)只产生舒勒和傅科周期振荡,而不产生地球周期振荡。

需要注意的是,虽然初始姿态偏差所激励的大多是振荡性偏差。但是,如果初始对准精度低,较大的初始姿态误差将会引起大幅度的系统振荡误差,这对于需要连续高精度导航定位的船用惯导系统来说是不适合的。

6.4.4 平台式惯导系统的阻尼技术

惯导系统在误差源的激励下会产生舒勒周期振荡,而舒勒调整周期使得惯性平台不受运载体加速度影响。在这种状态下,陀螺仪的控制输入端未引入阻尼环节,此时称惯导系统工作于无阻尼状态(Undamped Navigation Mode)。

工作于无阻尼状态的惯导系统加速度计测量不受运载体加速度的影响,但是舒勒周期振荡的存在使惯导系统导航参数输出中包含振荡误差,且在陀螺随机漂移的影响下,惯导系统的误差也是累积的。因此,需要采取措施减小或消除由舒勒周期振荡引起的振荡误差,在惯导系统中引入阻尼网络便是克服周期振荡误差和误差累积的有效措施,目前主要有两种类型的阻尼方式。

1.水平阻尼

由于舒勒周期振荡主要表现在水平通道上,引入水平阻尼网络可以对舒勒周期振荡进行阻尼,而由于傅科周期振荡调制了舒勒周期振荡,所以傅科周期振荡也被阻尼掉,此时称惯导系统工作于水平阻尼导航状态(Horizontal Damped Navigation Mode)。

水平阻尼网络设计时,首先应保证水平阻尼网络能阻尼舒勒角频率 $\omega_s = 1.239 \times 10^{-3}$ rad/s;其次考虑到水平阻尼破坏了舒勒调整条件,需折衷选取水平阻尼网络的阻尼系数(Damping Coefficient);为使平台坐标系能跟踪地理坐标系,水平阻尼网络稳态输出应等于 1;最后,设计水平阻尼网络需保证系统的稳定性。

水平阻尼网络的结构不是固定的,一阶、二阶、三阶阻尼网络均能满足阻尼要求。从阻尼的效果和阻尼网络实现难度等方面考虑,二阶是比较理想的。

$$H(s) = \frac{A(s + \omega_1)(s + \omega_2)}{(s + \omega_3)(s + \omega_4)} \tag{6.26}$$

对应式(6.26),表 6.1 给出了几组实用的水平阻尼网络参数。

表 6.1 对应不同阻尼系数的水平阻尼网路参数

Table.6.1 The network parameters corresponding to various damping coefficients

阻尼系数	ω_1	ω_2	ω_3	ω_4	相位裕度
0.5	4.308×10^{-2}	8.923×10^{-4}	1.164×10^{-2}	3.303×10^{-3}	29.0
0.3	3.650×10^{-2}	1.157×10^{-3}	1.273×10^{-2}	3.319×10^{-3}	22.7
0.1	2.668×10^{-2}	1.584×10^{-3}	1.752×10^{-2}	2.450×10^{-3}	9.71

2.方位阻尼

惯导系统方位阻尼是指在惯导系统方位控制回路中引入阻尼网络，对地球周期振荡进行阻尼。水平阻尼网络仅使舒勒和傅科周期振荡得到阻尼，但地球周期振荡仍然存在。由于地球周期振荡误差主要表现在方位误差上，所以称为方位阻尼，此时称惯导系统工作于全阻尼导航状态(Azimuth Damping Navigation Mode)。

方位阻尼网络在设计时，首先应保证其能阻尼地球自转角频率 ω_{ie}；其次，为使平台坐标系跟踪地理坐标系，在引入方位阻尼网络后系统控制信息应保持不变；系统引入方位阻尼网络后，需要保证系统的稳定性，也就是保证方位阻尼网络在地球自转角频率附近提供正的相移；最后，在确定阻尼系数时，既要考虑对地球周期振荡阻尼的快速性，又要考虑对载体运动的敏感性最小，即需要折衷选取阻尼系数。

式(6.27)为一种合适的方位阻尼网络，能满足方位阻尼网络在设计过程中的上述要求

$$W(s) = -\frac{Bs}{(s+\omega_5)(s+\omega_6)} \tag{6.27}$$

其中，$B=-4.88\times10^{-5}$，$\omega_5=6.0\times10^{-5}$，$\omega_6=6.0\times10^{-5}$。

引入水平和方位阻尼网络后的陀螺控制角速率为

$$\left.\begin{aligned}
\omega_{cx} &= -\frac{1}{R_M}[(V_y^c-K_1V_{ry})H_y+K_1V_{ry}]+U_x\\
\omega_{cy} &= \omega_{ie}\cos\varphi_c+\frac{1}{R_N}[(V_x^c-K_1V_{rx})H_x+K_1V_{rx}]+DW(V_y^c-K_1V_{ry})H_y\frac{1}{R_M}+U_y\\
\omega_{cz} &= \omega_{ie}\sin\varphi_c+\frac{1}{R_N}[(V_x^c-K_1V_{rx})H_x+K_1V_{rx}]\tan\varphi_c-EW(V_y^c-K_1V_{ry})H_y\frac{1}{R_M}+U_z
\end{aligned}\right\} \tag{6.28}$$

V_{rx}，V_{ry} 为外测速度信息；其中，$D=\sin\varphi_c$，$E=\cos\varphi_c$；当 $K_1=1$ 时，表示用外测速度与惯导系统计算速度的差值进行外水平阻尼。

6.5 平台式惯导系统校准技术

船用导航系统需要连续长时间(数天、数周甚至数月)提供高精度姿态、速度和位置信息。从惯性导航系统原理可以看出，受到陀螺漂移、加速度计零偏和初始姿态偏差角的影响，惯导系统的姿态、速度和位置都会产生误差，尤其是在陀螺漂移的激励下，经度误差会随时间增长。因此，要实现长时间高精度导航定位，必须将陀螺漂移、加速度计零偏和初始姿态偏差角“压制”在允许的范围内(具体范围需根据导航定位精度确定)。陀螺初始测漂、初始对准和综合校准技术便能很好的完成“压制”功能。

6.5.1 陀螺初始测漂

提高导航系统精度的途径无外乎两种方法：一种是研制更高精度的惯性器件，或提高现有惯性器件的精度；另一种方法是从系统角度对惯性器件误差进行观测，根据误差的特点和规律进行补偿，达到有效限制或减小元件误差对系统的影响、提高惯导系统精度的目的。相对于提高器件精度所付出的昂贵代价，采用系统补偿措施是一种十分经济而又有效的技术途径。

平台式惯导系统陀螺初始测漂是对陀螺仪逐次启动的“随机常值漂移”进行测量和补偿。陀螺仪启动并达到稳定后，一般在进行初始对准前或结合初始对准过程进行初始测漂，可以达到既提高对准精度又提高导航定位精度的目的。

根据图6.19所示平台式惯导系统的初始测漂原理图，可以看出对初始测漂有以下要求。

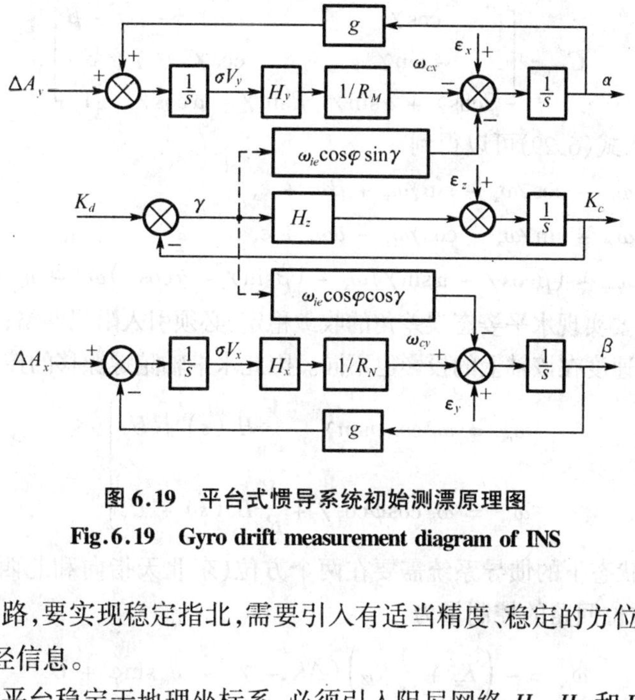

图6.19 平台式惯导系统初始测漂原理图

Fig.6.19 Gyro drift measurement diagram of INS

(1)对于方位回路，要实现稳定指北，需要引入有适当精度、稳定的方位基准信息 K_d，例如陀螺罗经或平台罗经信息。

(2)为实现惯性平台稳定于地理坐标系，必须引入阻尼网络 H_x，H_y 和 H_z。

(3)对于东向和北向水平回路，在稳定后有

$$\left.\begin{aligned}\omega_{cy}+\varepsilon_y-\omega_{ie}\cos\varphi\cos\gamma\approx 0\\ -\omega_{cx}+\varepsilon_x-\omega_{ie}\cos\varphi\sin\gamma\approx 0\end{aligned}\right\}$$

从上式可以看出，由于很难保证 $\gamma=0$，因此无法在一个位置同时测量 ε_x 和 ε_y。但是，当 γ

→0°时,有 $\omega_{ie}\cos\varphi\cos\gamma=\omega_{ie}\cos\varphi$;当 $\gamma\to 90°$时,有 $\omega_{ie}\cos\varphi\sin\gamma=\omega_{ie}\cos\varphi$。这就是说,要测量水平陀螺漂移,必须控制惯性平台稳定在北西天和东北天两个坐标系。

(4)对于方位回路,在满足 $\alpha\to 0,\beta\to 0$ 并达到稳定状态后,有 $\omega_{cz}+\varepsilon_z-\omega_{ie}\sin\varphi=0$。

要实现三轴陀螺漂移的准确测量,必须满足以上四个要求,因此平台式惯导系统必须要在两个(或以上)的方位稳定才能测量水平轴陀螺漂移。

平台式惯导系统的平台运动方程,如式(6.29)所示。

$$\begin{bmatrix}\dot{\alpha}\\ \dot{\beta}\\ \dot{\gamma}\end{bmatrix}=\begin{bmatrix}\omega_{cx}\\ \omega_{cy}\\ \omega_{cz}\end{bmatrix}-\boldsymbol{C}_t^p\begin{bmatrix}\omega_x\\ \omega_y\\ \omega_z\end{bmatrix}+\begin{bmatrix}\varepsilon_x\\ \varepsilon_y\\ \varepsilon_z\end{bmatrix} \tag{6.29}$$

式中,$\boldsymbol{C}_t^p$ 为地理坐标系与平台坐标系之间的变换矩阵,当 α,β 为小角度时,满足 $\sin\alpha=\alpha,\cos\alpha=1,\sin\beta=\beta,\cos\beta=1$。此时变换矩阵 $\boldsymbol{C}_t^p$ 可以表示成

$$\boldsymbol{C}_t^p=\begin{bmatrix}\cos\gamma & \sin\gamma & -\beta\\ -\sin\gamma & \cos\gamma & \alpha\\ \beta\cos\gamma+\alpha\sin\gamma & \beta\sin\gamma-\alpha\cos\gamma & 1\end{bmatrix} \tag{6.30}$$

将式(6.30)代入式(6.29)可以得到

$$\left.\begin{aligned}\dot{\alpha}&=\omega_{cx}-\cos\gamma\omega_x-\sin\gamma\omega_y+\beta\omega_z+\varepsilon_x\\ \dot{\beta}&=\omega_{cy}+\sin\gamma\omega_x-\cos\gamma\omega_y-\alpha\omega_z+\varepsilon_y\\ \dot{\gamma}&=\omega_{cz}-(\beta\cos\gamma+\alpha\sin\gamma)\omega_x-(\beta\sin\gamma-\alpha\cos\gamma)\omega_y-\omega_z+\varepsilon_z\end{aligned}\right\} \tag{6.31}$$

对于水平陀螺,要实现水平姿态误差角的收敛稳定,必须引入阻尼网络;而且,方位姿态偏差角不同,地球自转角速度在该轴上的投影也不同。因此水平轴陀螺漂移的控制量为

$$\left.\begin{aligned}\omega_{cx}&=\omega_{ie}\cos\varphi\sin\gamma-\frac{V_y^c}{R_M}H_y(s)+U_x\\ \omega_{cy}&=\omega_{ie}\cos\varphi\cos\gamma+\frac{V_x^c}{R_N}H_x(s)+U_y\end{aligned}\right\} \tag{6.32}$$

由于陀螺测漂状态下的惯导系统需要在两个方位(东北天指向和北西天指向)稳定,而且为消除稳态误差,方位回路的控制量为

$$\omega_{cz}=-\left(K_z+\frac{1}{s}K_{IZ}\right)(\Delta K+\gamma)+\omega_{ie}\sin\varphi+U_z \tag{6.33}$$

式中,K_z 是控制方位回路收敛的比例负反馈环节系数,K_{IZ} 是消除惯导和罗经航向稳态偏差的积分环节系数。在式(6.33)中,当 $\Delta K=90°$时,可控制惯性平台稳定于北西天坐标系,当 $\Delta K=0°$时,可控制惯性平台稳定于东北天坐标系。

在静基座或码头系泊状态下,当惯性平台稳定并跟踪地理坐标系(即东北天坐标系)时,有 $\dot{\alpha}=\dot{\beta}=\dot{\gamma}=0,\alpha\to 0,\beta\to 0,\sin\gamma\approx\gamma,\cos\gamma\approx 1$,根据式(6.31)可以得到

$$\left.\begin{aligned} \omega_{cx\_DBT} - \gamma\omega_y + \varepsilon_x &= 0 \\ \omega_{cy\_DBT} - \omega_{ie}\cos\varphi + \varepsilon_y &= 0 \\ \omega_{cz\_DBT} - \omega_{ie}\sin\varphi + \varepsilon_z &= 0 \end{aligned}\right\} \tag{6.34}$$

其中，ω_{cx_DBT}，ω_{cy_DBT}，ω_{cz_DBT}分别为东北天坐标系下的东向、北向和方位陀螺仪控制角速度。

由式(6.34)可以看出，受到耦合项 $\gamma\omega_y$ 的影响，无法测量东向陀螺漂移 ε_x，只能测量北向陀螺漂移 ε_y（$\varepsilon_y = \omega_{ie}\cos\varphi - \omega_{cy\_DBT}$）。

当控制惯性平台稳定并跟踪北西天坐标系时，有 $\dot{\alpha} = \dot{\beta} = \dot{\gamma} = 0$，$\alpha \to 0$，$\beta \to 0$，$\sin\gamma \approx 1$，$\cos\gamma \approx \pi/2 - \gamma$，代入式(6.31)得

$$\left.\begin{aligned} \omega_{cx\_BXT} - \omega_{ie}\cos\varphi + \varepsilon_x &= 0 \\ \omega_{cy\_BXT} - \cos\gamma\omega_{ie}\cos\varphi + \varepsilon_y &= 0 \\ \omega_{cz\_BXT} - \omega_{ie}\sin\varphi + \varepsilon_z &= 0 \end{aligned}\right\} \tag{6.35}$$

其中，ω_{cx_BXT}，ω_{cy_BXT}，ω_{cz_BXT}分别为北西天坐标系下的东向、北向和方位陀螺仪控制角速度。

由式(6.35)可知，在北西天稳定后，受耦合项影响，只能测量东陀螺漂移 ε_x（$\varepsilon_x = \omega_{ie}\cos\varphi - \omega_{cy\_BXT}$），无法测量北陀螺漂移 ε_y。

结合式(6.34)和式(6.35)，当系统在两方位稳定后，可以实现两水平陀螺漂移的准确测量，而方位陀螺漂移可以在任一方位稳定后测取（$\varepsilon_z = \omega_{ie}\sin\varphi - \omega_{cz_DBT}$或$\varepsilon_z = \omega_{ie}\sin\varphi - \omega_{cz_BXT}$）。

6.5.2　初始对准技术

所谓初始对准(Initial Alignment)，就是在惯导系统尚未正式进入导航工作状态之前，建立导航状态所必须的初始条件，即建立平台的初始误差角 α_0，β_0 和 γ_0。实际上，就是使平台坐标系跟踪地理坐标系。

惯导系统的速度和位置是由加速度计积分而来，惯性平台是加速度计的测量基准，要实现准确测量，必须保证惯性平台精确跟踪当地地理坐标系。否则，一方面 β_0，γ_0 会产生经度误差常值分量，另外，较大的初始姿态偏差会引起导航参数大幅度振荡误差。因此，初始对准的精度直接关系到惯导系统的工作精度，初始对准是惯导系统最重要的关键技术之一，一直是惯导界的研究热点。

初始对准的分类是非常复杂的，例如按照对准阶段可分为粗对准(Coarse Alignment，特点：速度快、精度较低)和精对准(Fine Alignment，特点：速度慢，但精度较高)；按照基座的运动状态可分为静基座对准(Static Base Alignment)和动基座对准(Moving Base Alignment)；按照对准时对外信息的需求可分为自主式对准(Self Alignment)和非自主对准。为了系统、清晰地的了解平台惯导系统的对准技术，下面将按照自主和非自主两种方式介绍，其中穿插介绍前两种分类方法的内容。

1.自主式对准

自主式对准是指惯导系统在对准时不依靠其他外部信息,自主完成初始对准。惯导系统自主式对准是依靠重力矢量和地球速率矢量在地球表面上某点是已知的这一原理来实现的。在实现中,由于惯导系统启动时,惯性平台指向是随意的,因此一般需先通过粗对准在较短的时间(几分钟)里将惯性平台粗略校准在一定的范围内,而后通过"罗经效应"完成精对准。

对于惯导系统的各种工作方式(陀螺测漂、初始对准、综合校准等),系统硬件结构是相同的,所不同的是采用的控制方案。在水平粗对准过程中,一般采用一阶惯性环节,且回路增益较大,这样可以保证系统收敛速度快,如图6.20中的北向水平回路所示,直接采用比例负反馈环节控制陀螺进动,能带动惯性平台快速跟踪当地水平面,但缺点是系统抗干扰特性较差,在摇摆或短周期线运动误差干扰下易产生较大动态误差。对于航向粗对准,可以通过引入罗经航向 K_d 的方式控制惯导方位指北(如图6.19中的方位回路),也可以在水平粗对准进入稳定状态后,通过记录水平陀螺控制信息的方式求出方位误差角(如图6.21)。

$$\gamma = \arctan\left(\frac{\int_0^T \omega_{cx}\,\mathrm{d}t}{\int_0^T \omega_{cy}\,\mathrm{d}t}\right) \tag{6.36}$$

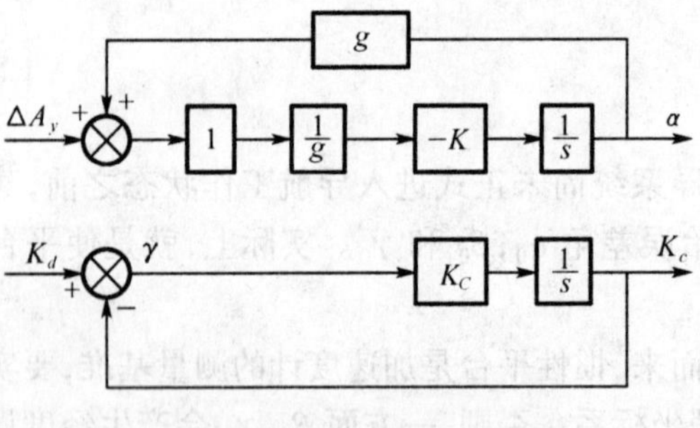

图6.20 粗对准原理方块图

Fig.6.20 Principle diagram of coarse alignment

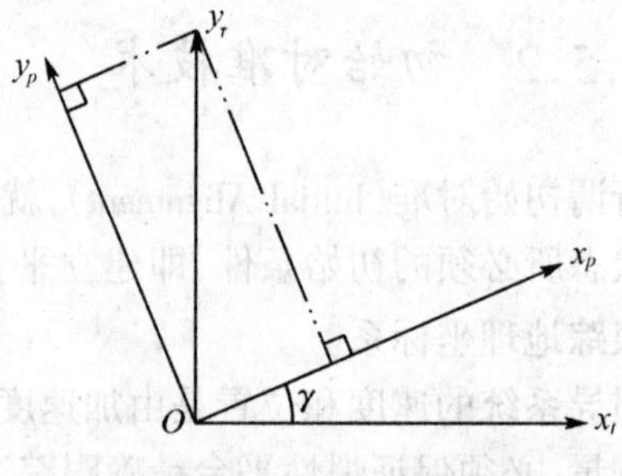

图6.21 方位估计原理图

Fig.6.21 Principle diagram of heading estimation

经粗对准将惯性平台调整后(一般水平误差小于30′,方位误差小于1°),便可进行精对准。由于精对准以对准精度为首要指标,其次考虑对准时间,因此需合理地设计控制网络,使系统具有小的稳态误差和较好的抗干扰特性。

图6.22是一种实用的方位精对准回路,北向水平回路和方位回路通过耦合项 $\gamma\omega_{ie}\cos\varphi$ 构成罗经回路(其寻北原理与平台罗经相同,不同的是控制网络结构和网络参数)实现北向水平

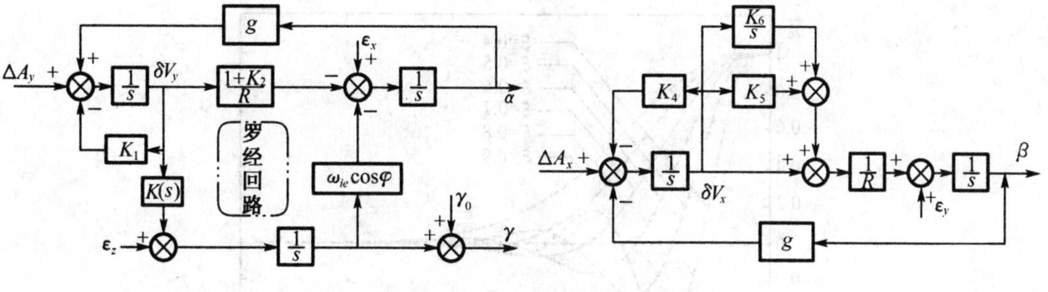

图 6.22 方位精对准原理图

Fig.6.22 Principle of azimuth fine alignment

指北。另外,引入负反馈环节 K_1, K_4 使系统得到阻尼收敛,引入顺馈环节 K_2, K_5 提高系统振荡频率,引入 K_6 消除由陀螺漂移引起的姿态稳态误差。为提高系统抗干扰特性,加强方位回路滤波作用,改善系统性能,通常 $K(s)$设计成惯性环节

$$K(s)=\frac{K_z}{R\omega_{ie}\cos\varphi(s+K_3)}$$

根据图 6.22 所示的网络结构和 $K(s)$的形式,可得到方位误差输出为

$$\gamma(s)=\frac{(s+K_3)[Rs^2+RK_1s+\omega_s^2(1+K_2)][s\gamma_0(s)+\varepsilon_z(s)]+\dfrac{\Delta A_y(s)K_zs+\varepsilon_x(s)K_zg+\beta_0(s)gsK_z}{R\omega_{ie}\cos\varphi}}{s^4+(K_1+K_3)s^3+[K_1K_3+(1+K_2)\omega_s^2]s^2+(1+K_2)K_3\omega_s^2s+K_z\omega_s^2} \tag{6.37}$$

式(6.37)的输出特性主要取决于系统特征式,如果将其特征式按两个相同的二阶系统来考虑,得到方位误差的时域输出与阻尼系数 ξ 和时间常数 σ 的关系为

$$\gamma(t)=\gamma_0\mathrm{e}^{-\sigma t}\left\{\left[1-\frac{1}{2(1-\xi^2)}\sigma t\right]\cos\left(\delta\sqrt{\frac{1-\xi^2}{\xi^2}}\right)t+\left[\frac{3-2\xi^2}{2(1-\xi^2)\sqrt{\dfrac{1-\xi^2}{\xi^2}}}+\right.\right.$$
$$\left.\left.\frac{1}{2\xi^2\sqrt{\dfrac{1-\xi^2}{\xi^2}}}\sigma t\right]\cdot\sin\left(\sigma\sqrt{\frac{1-\xi^2}{\xi^2}}\right)t\right\} \tag{6.38}$$

根据式(6.38)可以作出以 σt 为横坐标,γ/γ_0 为纵坐标,ξ 为参变量的四阶系统瞬态标准曲线,如图 6.23 所示。根据对准精度、对准时间、惯性器件精度要求可确定时间常数 σ 和阻尼系数可得到各控制网络参数值。

例如,假定粗对准结束后 $\alpha_0=\beta_0=30'$,$\gamma_0=1°$;东向陀螺漂移 $\varepsilon_x=0.005°/\mathrm{h}$,加速度计零偏为$(1\sim3)\times10^{-5}\,g$,要求在 15 分钟时间内,水平精度优于 12″,方位精度优于 2′。若选择阻尼系数 $\xi=0.8$。可得到精对准各控制网络参数为

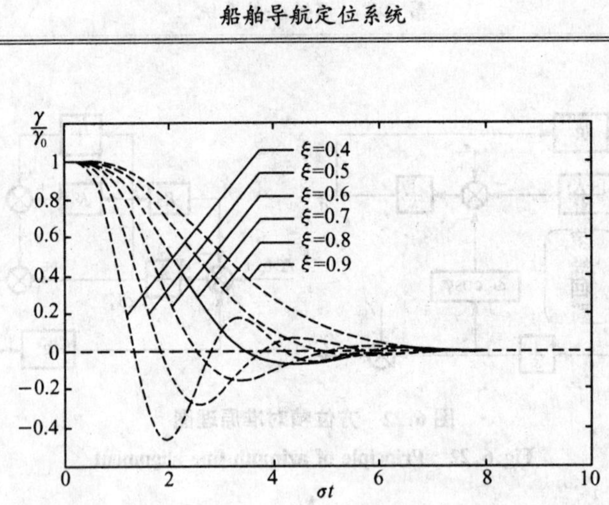

图6.23　四阶系统瞬态标准曲线图

Fig.6.23　Transient response curves of four - order control system

$$K_1 = K_3 = 1.688 \times 10^{-2} \quad 1/s \quad K_2 = 143.7, \quad K_z = 8.504 \times 10^{-3} \quad 1/s$$

$$K_4 = 0.023\,01 \quad 1/s \qquad K_5 = 135.2, \quad K_6 = 0.458\,3 \quad 1/s$$

若给定初始误差源：$\alpha_0 = \beta_0 = 0.005°$，$\gamma_0 = 1.0°$；$\varepsilon_x = \varepsilon_y = \varepsilon_z = 0$；$\varphi_0 = 42.3°$，$\Delta A_x = \Delta A_y = 1.0 \times 10^{-4}\,g$；将上述的初始误差加到系统中进行仿真，所得平台误差角模拟曲线如图6.24和图6.25所示。

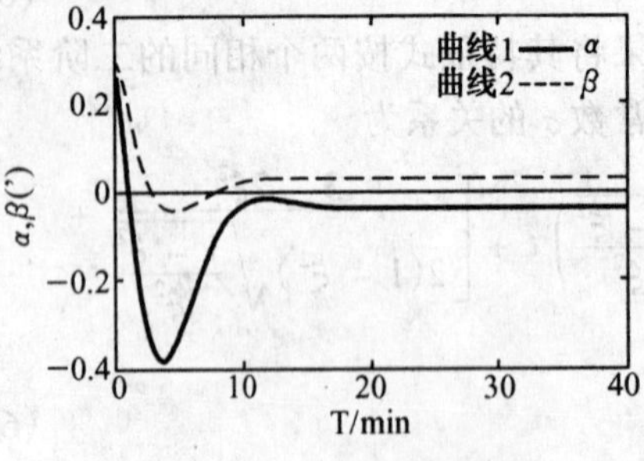

图6.24　水平误差角仿真曲线

Fig.6.24　Simulation figure of horizontal errors

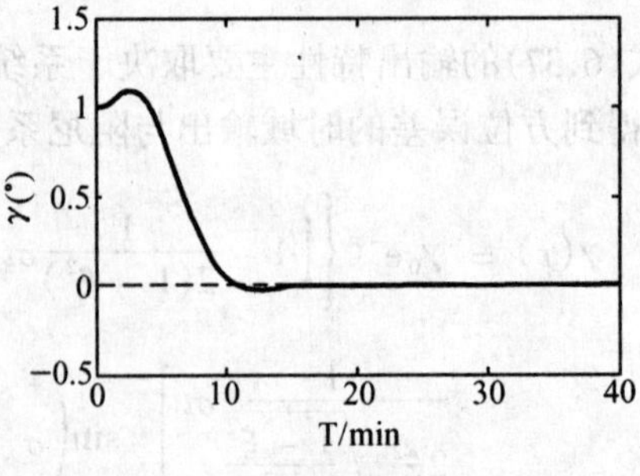

图6.25　平台方位误差角仿真曲线

Fig.6.25　Simulation figure of azimuth errors

静止状态下惯导系统采用自主方式对准时，对准精度受到惯性器件精度影响，引入积分环节不能消除所有的稳态误差，对准后的水平精度主要受加速度计零偏影响，而方位对准精度受东向陀螺漂移影响。在实际使用过程中，运载体的航向变化、短周期线运动都会引入干扰，造成对准误差。因此，设计有抗干扰能力的对准控制网络对于提高自主式对准精度是非常有必要的。

2. 非自主对准

不同于自主式对准只依靠自身器件和物理特性完成对准，非自主对准将外部参考信息引入惯导系统，使惯性稳定平台对准至导航坐标系。外部参考信息的来源主要是船上的其他导航设备，如 GPS、计程仪以及主惯导系统等。在引入观测信息后，通过滤波算法完成初始对准，其对准原理如图 6.26 所示。

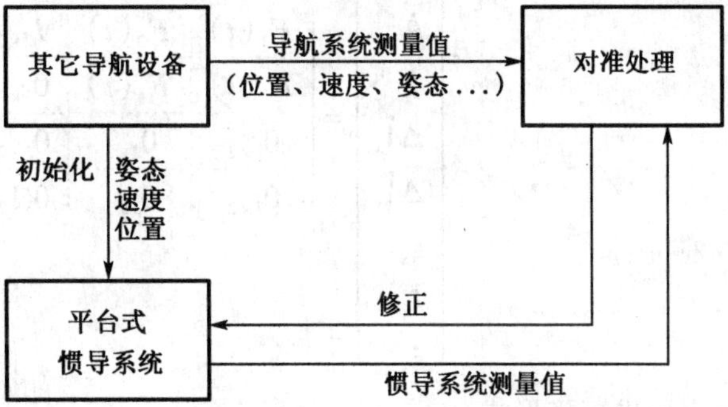

图 6.26　非自主式对准框图

Fig.6.26　Alignment diagram of non – self alignment mode

非自主式对准方式是以惯导系统的误差方程为基础的，这主要是因为非自主式对准依赖外部参考信息，而非依靠自身物理特性。如果要完成对准，必须建立观测信息与惯导系统状态变量的关系，通过得到的观测信息，估计或修正初始对准所需的导航参数。

考虑到非自主式对准过程中，运载体可能处于动态运动状态，因此式(6.24)描述的惯导系统误差方程已不能满足要求。导出惯导系统误差模型的方法有两种：扰动法(或称 Φ 角法)和 Ψ 角法。扰动法是在对应惯导系统真实位置的地理坐标中，对标准非线性方程加入扰动，以表示误差因素造成的影响；ψ 角法是在对应惯导系统计算位置的地理坐标系(实际是计算地理坐标系)，在标准非线性方程中加入扰动而导出的。两种方法经证明是等价的、统一的，可得到相同的结果。

惯导系统的误差模型可由下列 3 个基本方程表示

$$\delta\dot{V} + (\boldsymbol{\omega}_{ie} + \boldsymbol{\omega}) \times \delta\dot{V} = \nabla - \Phi \times f + \Delta g \tag{6.39}$$

$$\dot{r} + \rho \times \dot{r} = \delta V \tag{6.40}$$

$$\dot{\psi} + \omega \times \dot{\psi} = \varepsilon \tag{6.41}$$

在惯导系统初始对准过程中，通常用卡尔曼滤波(Kalman Filter)完成姿态误差角的最优估计。考虑到加速度计误差和陀螺漂移不是白噪声的情况下，可将其扩充为状态变量，得到惯导系统动基座对准误差方程为

$$\begin{bmatrix}\delta\dot{V}_x\\ \delta\dot{V}_y\\ \dot{\alpha}\\ \dot{\beta}\\ \dot{\gamma}\\ \Delta\dot{A}_x\\ \Delta\dot{A}_y\\ \dot{\varepsilon}_x\\ \dot{\varepsilon}_y\\ \dot{\varepsilon}_z\end{bmatrix}=\begin{bmatrix}\boldsymbol{F}_1(t) & \boldsymbol{F}_2(t) & \boldsymbol{I}_{2\times 2} & 0_{2\times 3}\\ \boldsymbol{F}_3(t) & \boldsymbol{F}_4(t) & 0_{3\times 2} & \boldsymbol{I}_{3\times 3}\\ 0_{2\times 2} & 0_{2\times 3} & 0_{2\times 2} & 0_{2\times 3}\\ 0_{3\times 2} & 0_{3\times 3} & 0_{3\times 2} & 0_{3\times 3}\end{bmatrix}\cdot\begin{bmatrix}\delta V_x\\ \delta V_y\\ \alpha\\ \beta\\ \gamma\\ \Delta A_x\\ \Delta A_y\\ \varepsilon_x\\ \varepsilon_y\\ \varepsilon_z\end{bmatrix}$$

表示成矩阵形式

$$\dot{\boldsymbol{X}} = \boldsymbol{A}(t)\boldsymbol{X} + \boldsymbol{W} \tag{6.42}$$

其中，$\boldsymbol{X} = [\delta V_x \quad \delta V_y \quad \alpha \quad \beta \quad \gamma \quad \Delta A_x \quad \Delta A_y \quad \varepsilon_x \quad \varepsilon_y \quad \varepsilon_z]^{\mathrm{T}}$；

$$\boldsymbol{F}_1(t)=\begin{bmatrix}\dfrac{V_y}{R}\tan\varphi & 2\omega_{ie}\sin\varphi+\dfrac{V_x}{R}\tan\varphi\\ -\left(2\omega_{ie}\sin\varphi+\dfrac{V_x}{R}\tan\varphi\right) & 0\end{bmatrix};$$

$$\boldsymbol{F}_2(t)=\begin{bmatrix}0 & -f_z & f_y\\ f_z & 0 & -f_x\end{bmatrix};\ \boldsymbol{F}_3(t)=\begin{bmatrix}0 & -\dfrac{1}{R}\\ \dfrac{1}{R} & 0\\ \dfrac{\tan\varphi}{R} & 0\end{bmatrix};$$

$$\boldsymbol{F}_4(t)=\begin{bmatrix}0 & \omega_{ie}\sin\varphi+\dfrac{V_x}{R}\tan\varphi & -\left(\omega_{ie}\cos\varphi+\dfrac{V_x}{R}\right)\\ -\left(\omega_{ie}\sin\varphi+\dfrac{V_x}{R}\tan\varphi\right) & 0 & -\dfrac{V_y}{R}\\ \omega_{ie}\cos\varphi+\dfrac{V_x}{R} & \dfrac{V_y}{R} & 0\end{bmatrix}。$$

式(6.42)为惯导系统初始对准卡尔曼滤波模型的系统方程，要实现对状态变量 X 的估计，还需建立系统观测方程，其观测方程可写为

$$\boldsymbol{Z} = \boldsymbol{H}\boldsymbol{X} + \boldsymbol{\eta} \tag{6.43}$$

式中 $\boldsymbol{Z}$——观测矢量；

$\boldsymbol{H}$——观测矩阵；

$\boldsymbol{\eta}$——系统观测噪声矢量。

观测矩阵决定于观测矢量的选取,例如采用速度误差$[\delta V_x \quad \delta V_y]^{\mathrm{T}}$作为观测量,则相应的系统观测方程可写为

$$\begin{bmatrix} \delta V_x \\ \delta V_y \end{bmatrix} = \left[\begin{array}{ccccc:ccccc} 1 & 0 & 0 & 0 & 0 & 0 & 0 & 0 & 0 & 0 \\ 0 & 1 & 0 & 0 & 0 & 0 & 0 & 0 & 0 & 0 \end{array}\right] \cdot \boldsymbol{X} + \begin{bmatrix} \eta_x \\ \eta_y \end{bmatrix}$$

当系统噪声和观测噪声均为零均值高斯白噪声时,根据系统方程和观测方程,可建立离散卡尔曼滤波方程为:

(1)状态一步预测

$$\hat{\boldsymbol{X}}_{k,k-1} = \boldsymbol{\Phi}_{k,k-1}\hat{\boldsymbol{X}}_{k-1} \tag{6.44}$$

(2)状态估计

$$\hat{\boldsymbol{X}}_k = \boldsymbol{\Phi}_{k,k-1}\hat{\boldsymbol{X}}_{k-1} + \boldsymbol{K}_k[\boldsymbol{Z}_k - \boldsymbol{H}_k\hat{\boldsymbol{X}}_{k,k-1}] \tag{6.45}$$

(3)滤波增益

$$\boldsymbol{K}_k = \boldsymbol{P}_{k,k-1}\boldsymbol{H}_k^{\mathrm{T}}[\boldsymbol{H}_k\boldsymbol{P}_{k,k-1}\boldsymbol{H}_k^{\mathrm{T}} + \boldsymbol{R}^k]^{-1} \tag{6.46}$$

(4)一步预测均方误差

$$\boldsymbol{P}_{k,k-1} = \boldsymbol{\Phi}_{k,k-1}\boldsymbol{P}_{k-1}\boldsymbol{\Phi}_{k,k-1}^{\mathrm{T}} + \boldsymbol{Q}_{k-1} \tag{6.47}$$

(5)估计均方误差

$$\boldsymbol{P}_k = [\boldsymbol{I} - \boldsymbol{K}_k\boldsymbol{H}_k]\boldsymbol{P}_{k,k-1} \tag{6.48}$$

式中　$\boldsymbol{\Phi}_{k,k-1}$——离散化的状态转移矩阵(系统矩阵);

$\boldsymbol{Q},\boldsymbol{R}$——分别为系统噪声和观测噪声协方差矩阵。

采用卡尔曼滤波器的非自主对准方式能大大提高姿态误差估计的收敛速度,在传统自对准方法需要十几分钟的情况下,采用卡尔曼滤波器的组合对准方式只需几分钟甚至几十秒钟即可完成快速对准,如图 6.27 所示。

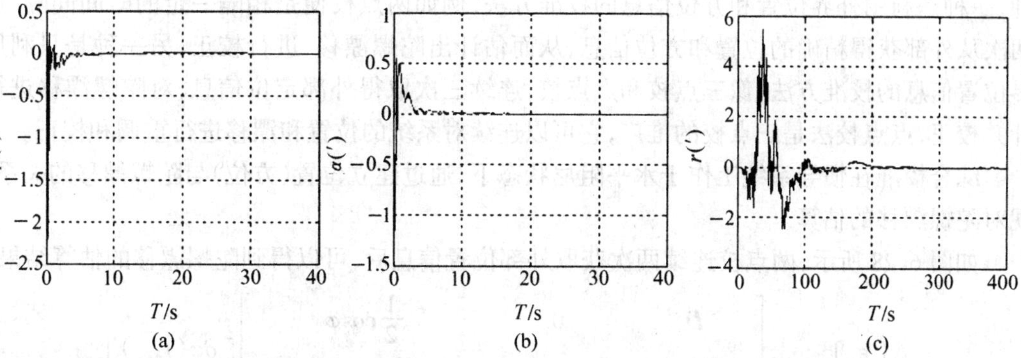

图 6.27　基于速度误差观测的组合对准仿真图

Fig.6.27　The integrated alignment simulation figures based on observation of the velocity errors

(a)东向水平失准角;(b)北向水平失准角;(c)方位失准角

在惯导系统初始对准中应用卡尔曼滤波器时会发生滤波器发散现象。可以证明,即使理论上证明卡尔曼滤波器是稳定的,并不能保证滤波器算法在工程实用中具有有效性,很多原因都会导致滤波器发散。

(1)设计滤波器所采用的对象数学模型不准确;

(2)缺乏对噪声模型的完全了解,导致系统噪声统计特性描述不准确;

(3)数字计算机的计算误差。

近30年来,国内外学者对初始对准的理论与技术开展了一系列卓有成效的研究工作,使初始对准技术有了长足的进步。随着现代控制理论、计算机和现代信号处理技术的发展,一些新的思路,例如自适应卡尔曼滤波器(Adaptive Kalman Filter)、H_∞滤波器、神经网络技术等都被引入初始对准系统的设计中。

6.5.3 综合校准技术

陀螺漂移能激励惯导系统舒勒、傅科和地球周期振荡,引起速度、位置误差,尤其是随时间累积的经度误差,因此采用高精度的陀螺仪和进行陀螺初始测漂是必需的。但是,再高精度的陀螺仪,随着工作时间的增长,漂移变化是必然的,而由于系统误差源的变化,惯导系统的精度会越来越低。对于需连续长时间工作的船用惯导系统,若不采取校正措施,其精度将下降到无法使用的程度。因此要设法不断地对惯导系统的位置误差进行重调,同时还要对陀螺漂移进行估计,并加以补偿。

惯导系统综合校准是以一定的时间间隔,从外部获得运载体准确的位置信息和方位信息,对惯导系统输出的位置信息进行重调,并估计陀螺仪的漂移进行校正。常值漂移校正分为两种,一种是利用外界位置和方位信息的校准方法,例如两点校便是相隔一定的时间间隔,连续两次从外部获得精确的位置和方位信息,从而估计出陀螺漂移,进行校正;另一种是只利用外界位置信息的校准方法,像三点校和点点校,连续三次取得外部定位信息,对陀螺漂移进行估计并校正,点点校法是三点校的推广,它可以连续对系统的位置和漂移进行重调和校正。

综合校准在惯导系统工作于水平阻尼状态下,通过建立位置(方位)与陀螺漂移的关系,实现对陀螺漂移的估算。

如图6.28所示,两点校连续两次获取外部位置信息后,可以得到陀螺漂移的估算结果为

$$\begin{bmatrix} \varepsilon_x \\ \varepsilon_y \\ \varepsilon_z \end{bmatrix} = \omega_{ie} \begin{bmatrix} D & 0 & \dfrac{1}{2}\cos\varphi \\ \dfrac{1}{2}\sin\varphi & -\dfrac{1}{a_n}\cos\varphi & \left(\dfrac{1}{a_n} - D\right)\sin\varphi\cos\varphi \\ -\dfrac{1}{2}\cos\varphi & -\dfrac{1}{a_n}\sin\varphi & \dfrac{1}{a_n}\sin^2\varphi + D\cos^2\varphi \end{bmatrix} \begin{bmatrix} \delta\varphi(t_{n+1}) \\ \delta\lambda(t_{n+1}) \\ \delta K(t_{n+1}) \end{bmatrix} \tag{6.49}$$

其中，$a_n = \omega_{ie}(t_{n+1} - t_n)$，$D = \sin a_n/(2 - 2\cos a_n)$。

在利用外信息对惯导系统进行校正时，精确的位置信息容易获得，而精确的航向信息不容易获得，此时可以用三点校代替两点校进行常值漂移校正。三点校是以一定的时间间隔，连续三次（t_1, t_2, t_3）从外界获得精确的位置信息，在 t_1, t_2 时刻取得位置信息后对系统进行重调，在 t_3 时刻取得位置信息后对系统进行重调并估算陀螺漂移。

可以求出地理坐标系下的陀螺漂移为

$$\begin{bmatrix} \varepsilon_x^* \\ \varepsilon_y \\ \varepsilon_z \end{bmatrix} = \begin{bmatrix} 1 & 0 & 0 \\ 0 & \cos\varphi & -\sin\varphi \\ 0 & \sin\varphi & \cos\varphi \end{bmatrix} \begin{bmatrix} c_{11} & c_{12} & c_{13} \\ c_{21} & c_{22} & c_{23} \\ c_{31} & c_{32} & c_{33} \end{bmatrix}^{-1} \begin{bmatrix} \delta\varphi(t_2) + \omega\delta\lambda(t_2) \\ \delta\varphi(t_3) \\ \delta\lambda(t_3) \end{bmatrix} \tag{6.50}$$

其中，

$c_{11} = -\sin a_{n1} + \omega\tan\varphi(\cos a_{n1} - 1)$；　$c_{12} = -\omega a_{n1}$；　$c_{13} = \cos a_{n1} - 1 + \omega\tan\varphi\sin a_{n1}$；

$c_{21} = -\sin a_{n2}\cos a_{n1}$；　$c_{22} = 0$；　$c_{23} = -\sin a_{n2}\sin a_{n2} + \cos a_{n1} - 1$；

$c_{31} = \tan\varphi\cos a_{n1}(\cos a_{n2} - 1)$；　$c_{32} = -a_{n2}$；　$c_{33} = \tan\varphi(\sin a_{n2} - \sin a_{n1} + \sin a_{n1}\cos a_{n2})$。

三点校需要三次定位才能估算陀螺漂移，而第二次校正只能从 t_3 开始，这样系统只能间隔一点才能进行，如图 6.29 所示。

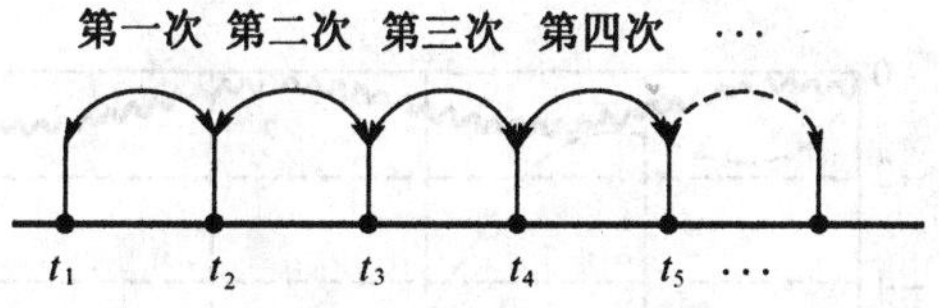

图 6.28　两点校流程图

Fig.6.28　Flowchart of two-point calibration

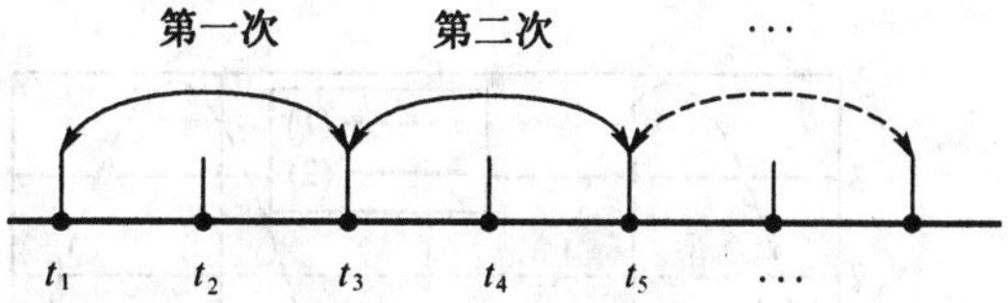

图 6.29　三点校流程图

Fig.6.29　Flowchart of three-point calibration

点点校克服了三点校的缺点，能实现连续重调和校正。事实上，系统在 t_1 时刻的陀螺漂移量，一部分是在 t_2 时刻系统定位误差中反映出来的，另一部分在 t_3 时刻中反映出来。点点校的原理是在 t_3 时刻计算部分 t_1 时刻的漂移量，把它外推到 t_3 时刻进行补偿。这样既摆脱了对外界航向基准的依赖，又实现了陀螺漂移的连续校正。

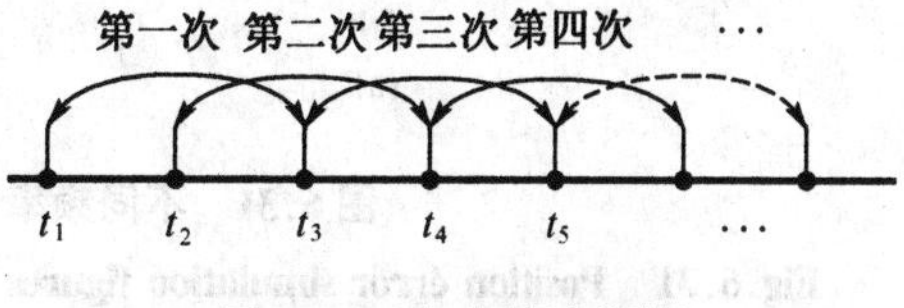

图 6.30　点点校流程图

Fig.6.30　Flowchart of point-point calibration

6.5.4 平台式惯导系统监控技术

对于具有舒勒、傅科和地球周期振荡特性的平台式惯性导航系统,周期最短的舒勒振荡周期为84.4分钟,傅科振荡虽然与地理纬度有关,但其最短的振荡周期也为24小时(在纬度$\varphi=90°$),在其他地理纬度处的振荡周期均大于24小时。也就是说,平台式惯导系统的舒勒、傅科和地球回路均是低频回路,当陀螺漂移及加速度计零偏为常值或是低频(相对于三种周期振荡)量时,会产生速度、位置和姿态误差。但是,当陀螺漂移及加速度计零偏为高频量时,这种具有较高频率的周期干扰作用在具有低通特性的惯导系统时,其影响将受到抑制,所造成的误差将大为减小,下面的两个仿真很好的说明了这一问题:

(1)陀螺漂移 $\varepsilon_x=0.01°/h$, $\varepsilon_y=0.01°/h$, $\varepsilon_z=0$,加速度计零偏为零,对准误差为零;

(2)陀螺漂移 $\varepsilon_x=\varepsilon_y=0.01\cdot\sin(2\pi t/600°)/h$。

对应于上述的两种仿真条件,在(45.7°N,126.6°E)位置处进行仿真,得到的经纬度误差对比曲线如图6.31所示。

从图6.31的对比仿真结果可知,高频误差源所产生的误差受到了很好的抑制,较常值漂移产生的误差大为减小。

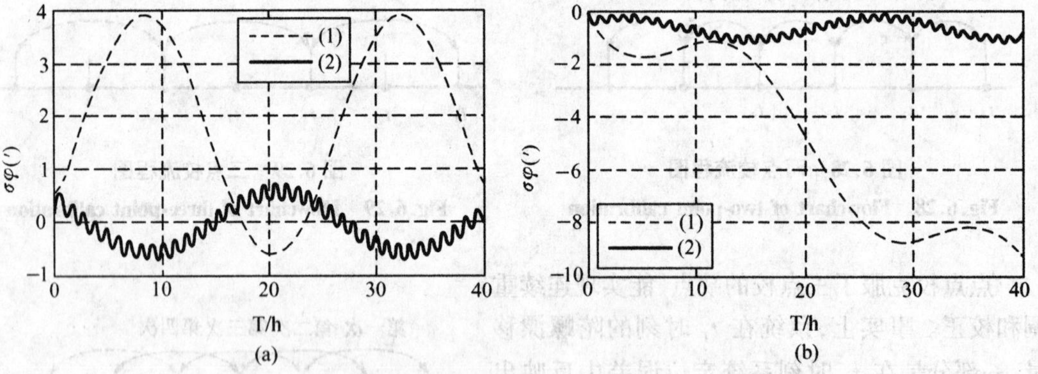

图6.31 不同频率陀螺漂移引起位置误差仿真图

Fig.6.31 Position error simulation figures caused by various frequency characteristic of gyro drift

(a)纬度误差对比仿真曲线;(b)经度误差对比仿真曲线

陀螺监控技术便是依据以上的分析提出来的。它能在不引入外部校正信息的条件下,自动地对系统陀螺漂移进行测量和补偿,或自动地抵消漂移对系统精度的影响。陀螺监控技术属于陀螺漂移自校正的范畴,可以提高惯性导航系统长时间工作精度,充分发挥惯性导航自主性的优点,特别适合于潜艇惯导系统中。另外,较低精度的陀螺仪可通过监控技术构成高精度的惯性导航系统,有利于降低惯导系统的造价。

法国通用电气机械公司(萨吉姆 SAGEM)研制的 MCV4 舰船惯导系统使用双自由度挠性陀螺和摆式加速度计,采用了监控陀螺动量矩反向技术,利用精度较低的惯性元件构成了较高精度的船用惯性导航系统。

已经得到应用的陀螺监控技术有陀螺壳体旋转法、平台旋转法、陀螺反转法、附加监控陀螺法、H 调制法、应用静电陀螺监控器法,以及在同一运载体上同时安装多套惯导系统的互相监控法等。

1.壳体旋转法(Case Rotation)

在二自由度陀螺构成的平台式惯导系统中,控制 x,y 轴陀螺自转轴与平台方位轴平行,陀螺壳体绕平台方位轴以固定角速率 ω 旋转,导致陀螺漂移被调制,沿地理坐标系方向的陀螺漂移等效为

$$\left.\begin{aligned}\varepsilon_{px} &= \varepsilon_x\cos\omega t - \varepsilon_y\sin\omega t\\ \varepsilon_{py} &= \varepsilon_x\sin\omega t + \varepsilon_y\cos\omega t\\ \varepsilon_{pz} &= \varepsilon_z\end{aligned}\right\}\tag{6.51}$$

给定陀螺漂移 $\varepsilon_x=\varepsilon_y=0.01°/h$,通过壳体旋转调制后的等效漂移的变化曲线如图 6.32 所示。

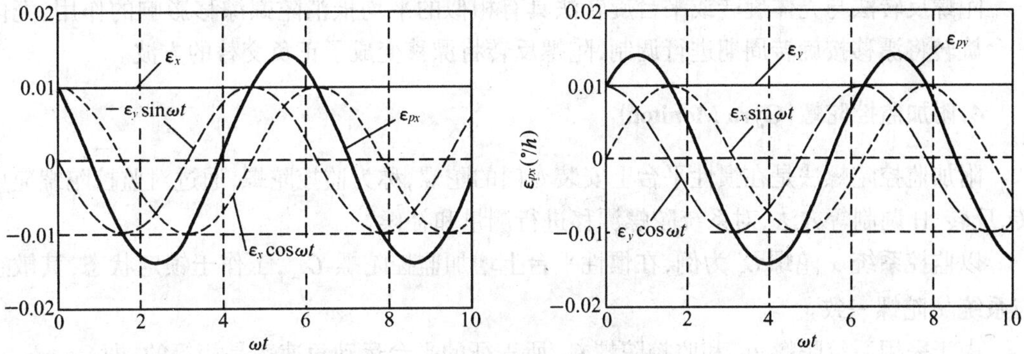

图 6.32　壳体旋转调制陀螺漂移特性

Fig.6.32　Gyro drift modulated by the rotation of the gyro shell

可见,通过陀螺壳体旋转,使 x,y 轴陀螺漂移对惯性平台 x,y 轴的影响呈正余弦周期变化的形式,陀螺漂移被壳体旋转调制在一个周期内,漂移的影响将互相抵消。但从式(6.51)可看出,方位陀螺漂移没有变化,仍将激励惯导系统产生速度、纬度常值误差分量以及随时间增长的经度误差。

2.平台旋转法(Platform Rotation)

对于单自由度陀螺仪构成的平台式惯性导航系统,在方位框架上再增加一旋转平台(可绕方位框架轴转动),z 陀螺安装在方位框架上,x,y 陀螺安装在旋转平台上。通过控制旋转平台绕方位框架以角速率 ω 旋转,可将 x,y 陀螺漂移调制与式(6.51)相同的结构形式。另外,还可以将沿平台 x,y 轴向的加速度计安装在旋转平台上,使其零偏得到调制,从而提高惯性平台水平姿态精度。与壳体旋转法类似,平台旋转法围绕方位框架轴转动,方位陀螺漂移也没有得到调制。

3.陀螺反转法(Gryo Reversion)

陀螺漂移的产生是干扰力矩作用的结果,干扰力矩、漂移和陀螺仪动量矩满足:$M_F = \varepsilon \times H$。对于安装在惯性平台上的陀螺仪,如果能改变其旋转方向,则动量矩 H 的方向改变,如果干扰力矩保持不变,根据三者的关系可知,干扰力矩引起的漂移大小不变,而方向正好相反。因此可以采用周期性改变陀螺仪转向的方法,使正反转陀螺漂移产生的影响互相抵消。

对于单个陀螺,要瞬时改变其转向是不可能的,直接导致陀螺仪在改变转速过程中的低速状态不具备定轴性,反而引入更大的跟踪误差。但是采用二自由度陀螺仪,当一个陀螺在换向时,可用第二个陀螺进行控制。

陀螺反转法与壳体旋转或平台旋转法具有相似的平均抵消陀螺漂移影响的作用,壳体或平台旋转将漂移按旋转周期进行调制,陀螺反转将漂移变成了正负交替的方波。

4.附加监控陀螺(Gyro Monitor)

附加监控陀螺法是在惯性平台上安装专门的陀螺,称为监控陀螺,通过对监控陀螺应用回转、反转、H 调制等方法,对系统陀螺漂移进行测量和补偿。

以监控系统 x 陀螺 G_x 为例,在惯性平台上增加监控陀螺 G_{mx},工作于锁定状态,其敏感轴与系统 x 陀螺一致。

由于采用系统陀螺 G_x 和监控陀螺 G_{mx} 所表征的平台运动角速率是相等的,即

$$\omega_{cx} + \varepsilon_x = \omega_{cmx} + \varepsilon_{mx} \tag{6.52}$$

为消除监控陀螺漂移 ε_{mx} 的影响,可采用两次取数法:第一次监控陀螺与系统陀螺输入轴一致,第二次经旋转监控陀螺或反转监控陀螺使其输入轴与系统陀螺相反。经两次取数法可以得到

$$\left.\begin{aligned}\omega_{cx1} + \varepsilon_{x1} &= \omega_{cmx1} + \varepsilon_{mx1}\\ \omega_{cx2} + \varepsilon_{x2} &= -\omega_{cmx2} - \varepsilon_{mx2}\end{aligned}\right\} \tag{6.53}$$

由于两次取数时间较短,可以认为系统陀螺漂移和监控陀螺漂移不变,于是得到

$$\varepsilon_x = \frac{\omega_{cmx1} - \omega_{cmx2} - \omega_{cx1} - \omega_{cx2}}{2}$$

5. H 调制法(H Modulation)

H 调制法也称为陀螺转速调制法,用改变监控陀螺动量矩 H 的大小来实现系统对陀螺漂移的监控。根据 $M_F = \varepsilon \times H$,设干扰力矩 M_F 不受陀螺转速改变的影响,则在两种转速下(对应两个动量矩 H_1 和 H_2),根据监控陀螺和系统陀螺表征的平台运动角速率可得到

$$\left.\begin{aligned} \omega_{cmx1} + \frac{M_F}{H_1} &= \omega_{cx1} + \varepsilon_x \\ \omega_{cmx2} + \frac{M_F}{H_2} &= \omega_{cx2} + \varepsilon_x \end{aligned}\right\} \tag{6.54}$$

根据式(6.54)可计算系统陀螺漂移为

$$\varepsilon_x = \frac{H_1\omega_{cmx1} - H_2\omega_{cmx2} - H_1\omega_{cx1} + H_2\omega_{cx2}}{H_1 - H_2}$$

通过改变陀螺马达的电源频率,可以控制监控陀螺在不同转速下工作,即提供了不同的动量矩 H,此参数在元件提供时已精确测定。使用 H 调制法可以实现对 x,y 和 z 陀螺漂移的监控。

6. 静电陀螺监控法(Electrically Suspended Gyro Monitor)

静电陀螺监控器是应用高精度静电陀螺组成的惯性导航系统,其作用相当于运载体内部的一个定位数据源,用它来监控惯导系统的性能和重调惯导系统。静电陀螺监控器使用的静电陀螺仪(Electrically Suspended Gyro,简称 ESG)是目前已经得到实用的精度最高的陀螺仪,其漂移误差不定性优于 0.001°/h,经过严格标定和误差补偿,陀螺仪实际使用精度可达 0.000 1°/h。静电陀螺监控器与惯导系统具有相同的输出信息,在与惯性导航系统配套使用中,对惯导系统进行校正和重调,延长了惯导系统需要外部信息进行重调的间隔时间。如美国 Autonetics 公司生产的实心转子静电陀螺惯性导航系统,采用四环式空间稳定平台,台体上正交安装两只实心铍转子静电陀螺仪(陀螺仪精度0.001°/h)和三只电磁加速度计;稳定平台采用台体翻滚技术,抑制陀螺仪及加速度计误差;系统的重调周期比常规舰船惯性导航系统长 11 倍,系统定位精度 0.2 km/14 天,大大高于目前的高精度惯性导航系统精度。

6.6　捷联式惯性导航系统

常规陀螺仪是利用转子高速旋转时产生的惯性特征而工作的,高速旋转转子的主轴能在惯性空间保持方位不变,因此给出了一个参考方向。陀螺仪的这个特性是由转子的惯性矩和自转角速度的乘积所产生的角动量矢量所决定的。平台式惯性导航系统就是利用高速旋转转

子的进动特性来实现的，通过精确控制陀螺仪，使陀螺坐标系跟踪导航坐标系，再通过稳定回路带动平台坐标系跟踪导航坐标系，进而为加速度计提供准确的测量基准，实现载体的导航定位。

尽管所有类型的惯性导航系统的工作原理都是相同的，但是它们的工程实现可能采取不同形式。在导航和控制系统中，常常需要运载体的角速度信号，速率陀螺仪(Rate Gyro)就是用来敏感运载体角速度的陀螺仪。捷联式惯性导航系统就是将陀螺仪和加速度计直接安装在运载体上，通过在数字计算机中建立具有相当于机械平台功能的数学平台，实现载体的导航定位。以地理坐标系机械编排为例，陀螺仪组件测量载体相对惯性空间的角速率，通过姿态解算得到载体坐标系相对地理坐标系的姿态矩阵；同时加速度计组件敏感沿运载体坐标轴向的加速度分量，通过姿态矩阵投影至地理坐标系，经过积分运算，得到导航各参数，这种思想组成的捷联式惯性导航系统原理如图 6.33 所示。

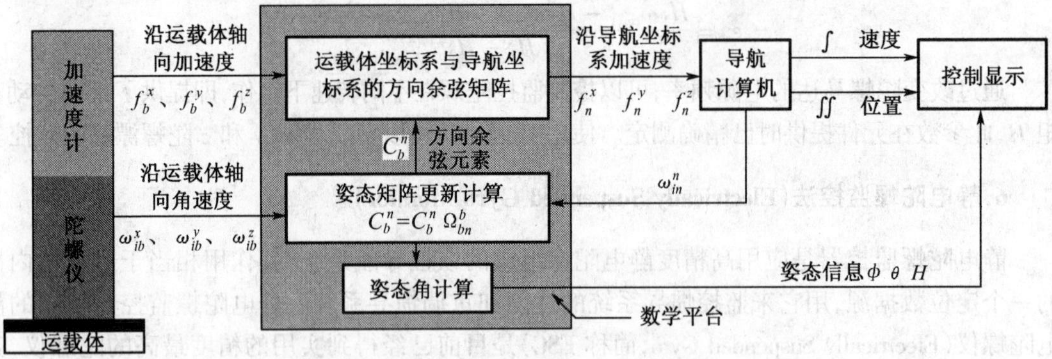

图 6.33 捷联式惯性导航系统原理图

Fig.6.33 Principle diagram of SINS

激光、光纤等固态陀螺仪的逐渐成熟，加速了捷联式惯性导航系统的发展速度。宾夕法尼亚(Pennsylvania)州立大学、美国波音(Boeing)公司和 Honeywell 公司自 1996 年至 1998 年合作研制的光纤陀螺仪，性能与弹道导弹核潜艇惯导系统中所用的 ESG 相当，价格和维修费用远低于 ESG，可靠性却远大于 ESG。MARINS - 法国 iXSEA 公司在光纤陀螺方面的最新成果，可用于潜艇导航，已成功通过国防部实验室(LRBA, Vernon)进行的鉴定试验，观测到的性能符合最高等级的惯性导航系统标准(1 海里/24 小时)。

6.6.1 捷联惯导系统姿态矩阵即时修正

如图 6.34 所示，捷联式惯导系统将陀螺仪和加速度计直接安装到运载体上，包括加速度和角速度在内的输入信息均沿载体坐标系各轴向测量。为实现沿地理坐标系方向的速度和位置解算，必须将沿载体坐标系相对惯性空间的加速度信息转换（或投影）至地理坐标系。捷联惯导系统姿态矩阵能实现加速度计信息由载体坐标系向地理坐标系的转化，同时通过姿态矩阵可解算出载体姿态。

设载体坐标系 $ox_by_bz_b$ 固连在运载体上，ox_b，oy_b，oz_b 分别沿载体的横轴、纵轴与竖轴，如图 6.35 所示。定义捷联矩阵 $\boldsymbol{T}_b^p$（实现由机体坐标系至平台坐标系 $ox_py_pz_p$ 的坐标变换），$\boldsymbol{T}_b^p$ 应满足

图 6.34　法国 iXsea 公司的 PHINS 系统结构图

Fig.6.34　Structure figure of PHINS manufactured by IXSEA

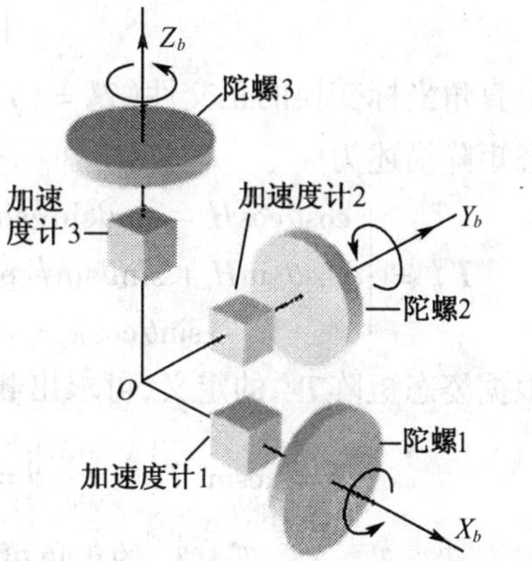

图 6.35　正交安装的惯性仪表组件示意图

Fig.6.35　Assemble sketch figure of mutual perpendicular inertial senor

$$\begin{bmatrix} x_p \\ y_p \\ z_p \end{bmatrix} = \boldsymbol{T}_b^p \begin{bmatrix} x_b \\ y_b \\ z_b \end{bmatrix} = \begin{bmatrix} T_{11} & T_{12} & T_{13} \\ T_{21} & T_{22} & T_{23} \\ T_{31} & T_{32} & T_{33} \end{bmatrix} \begin{bmatrix} x_b \\ y_b \\ z_b \end{bmatrix} \tag{6.55}$$

在惯导系统的分析过程中，我们将用到多种坐标系。这些坐标系之间并不是相互孤立的，空间任意两坐标系可以通过坐标变换联系起来，而坐标变换又可以通过坐标轴的旋转来得到。即坐标系 $ox_by_bz_b$ 可以是以 $ox_py_pz_p$ 绕坐标轴的三次旋转来得到的。首先绕 z 轴旋转 H 角，得到中间坐标系 $ox'_py'_pz'_p$，再由坐标系 $ox'_py'_pz'_p$ 绕 x'_p 轴旋转 ϕ 角，得到第二个中间坐标系 $ox''_py''_pz''_p$，最后由 $ox''_py''_pz''_p$ 坐标系 y''_p 绕轴旋转 θ 角，得 $ox_by_bz_b$ 坐标系，其旋转顺序的描述也可以由下图来描述：

$$ox_py_pz_p \xrightarrow[H]{\text{绕 } z_p \text{ 轴}} ox'_py'_pz'_p \xrightarrow[\phi]{\text{绕 } x'_p \text{轴}} ox''_py''_pz''_p \xrightarrow[\theta]{\text{绕 } y''_p \text{轴}} ox_by_bz_b$$

图 6.36 坐标系旋转示意图

Fig.6.36 The sketch figure of the coordinate rotation

参照图 6.36 的坐标系旋转,可以得到由平台坐标系到载体坐标系的转换关系

$$\begin{bmatrix} x_b \\ y_b \\ z_b \end{bmatrix} = \boldsymbol{T}_p^b \begin{bmatrix} x_p \\ y_p \\ z_p \end{bmatrix} \tag{6.56}$$

由直角坐标变换的正交性($\boldsymbol{T}_b^p = (\boldsymbol{T}_p^b)^{-1} = (\boldsymbol{T}_p^b)^{\mathrm{T}}$)和转换矩阵$\boldsymbol{T}_p^b$,可以得到捷联惯导系统的姿态矩阵描述为

$$\boldsymbol{T}_b^p = \begin{bmatrix} \cos\theta\cos H - \sin\theta\sin\phi\sin H & -\cos\phi\sin H & \sin\theta\cos H + \cos\theta\sin\phi\sin H \\ \cos\theta\sin H + \sin\theta\sin\phi\cos H & \cos\phi\cos H & \sin\theta\sin H - \cos\theta\sin\phi\cos H \\ -\sin\theta\cos\phi & \sin\phi & \cos\theta\cos\phi \end{bmatrix} \tag{6.57}$$

根据姿态矩阵$\boldsymbol{T}_b^p$的定义,可求出载体的姿态角为

$$\phi = \arcsin(T_{32}) \qquad \theta = \arctan\left(-\frac{T_{31}}{T_{33}}\right) \qquad H = \arctan\left(-\frac{T_{12}}{T_{22}}\right)$$

根据 $T_{32}, T_{31}, T_{33}, T_{12}, T_{22}$的正负可以确定姿态角的真值。

捷联式惯性导航系统的姿态矩阵可以实现加速度计测量信息的转化和运载体姿态的计算。但是船舶在码头系泊或航行过程中,其姿态信息在不断发生变化。换句话说,姿态矩阵$\boldsymbol{T}_b^p$也不断变化,因此捷联矩阵$\boldsymbol{T}_b^p$需要实时的进行更新。捷联矩阵的即时修正就是实时地给出捷联矩阵$\boldsymbol{T}_b^p$,而这要通过一定的算法来完成。进行捷联姿态矩阵即时修正的算法很多,目前主要应用的算法有:三参数法、四参数法、九参数法等。

1.三参数法

又叫欧拉角法,是欧拉(Leonhard Euler)在 1776 年提出来的,通过求解三个微分方程完成姿态矩阵更新。其原理是从平台坐标系依次转过 H,ϕ,θ 角可以得到载体坐标系,由此得到的欧拉角微分方程为

$$\begin{bmatrix} \dot{H} \\ \dot{\phi} \\ \dot{\theta} \end{bmatrix} = \frac{1}{\cos\phi} \begin{bmatrix} -\sin\theta & 0 & \cos\theta \\ \cos\theta\cos\phi & 0 & \sin\theta\cos\phi \\ \sin\phi\sin\theta & \cos\phi & -\sin\phi\cos\theta \end{bmatrix} \cdot \begin{bmatrix} \omega_x \\ \omega_y \\ \omega_z \end{bmatrix} \tag{6.58}$$

通过求解欧拉角微分方程,得到姿态角 H,ϕ,θ,而后根据(6.57)求解姿态矩阵。

求解欧拉角微分方程只需要求解三个微分方程,与其他的算法相比,需求解的方程个数少

一些。但进行数值积分时要进行超越函数的计算；当 $\varphi = 90°$ 时，方程将出现奇点。因此，欧拉角微分方程的应用有一定的局限性。

2.九参数法

又称方向余弦法，通过求解九个微分方程完成姿态矩阵计算。其原理是绕定点转动的两个坐标系之间的关系可以用方向余弦矩阵来表示，而方向余弦矩阵是在随时间变化的。方向余弦矩阵微分方程为

$$\dot{\boldsymbol{T}}_b^p = \boldsymbol{T}_b^p \Omega_{pb}^b \tag{6.59}$$

展开成矩阵形式为

$$\begin{bmatrix} \dot{T}_{11} & \dot{T}_{12} & \dot{T}_{13} \\ \dot{T}_{21} & \dot{T}_{22} & \dot{T}_{23} \\ \dot{T}_{31} & \dot{T}_{32} & \dot{T}_{33} \end{bmatrix} = \begin{bmatrix} T_{11} & T_{12} & T_{13} \\ T_{21} & T_{22} & T_{23} \\ T_{31} & T_{32} & T_{33} \end{bmatrix} \cdot \begin{bmatrix} 0 & -\omega_z & \omega_y \\ \omega_z & 0 & -\omega_x \\ -\omega_y & \omega_x & 0 \end{bmatrix} \tag{6.60}$$

求解式(6.60)需要解9个微分方程，均是加减法和乘法运算，方程个数比其他方法要多，但采用九参数法的优点是可以直接求出捷联矩阵 $\boldsymbol{T}_b^p$。

3.四参数法

又称四元数法，英国数学家哈密尔顿（W·R·Hamilton）早在1843年在数学中引入了四元数，但由于这种数学工具的优越性尚未显示出来，直到20世纪60年代末这种方法还未获得实际应用。随着空间技术、计算技术、特别是捷联惯导技术的发展，四元数的优越性日渐引起人们的重视。在最近几十年中，四元数理论才真正得到应用。对于绕定点转动的刚体，可以通过依次转过三个欧拉角的三次转动获得，也可以通过绕某一瞬时轴转过某个角度的一次转动获得。对于前者可以采用方向余弦法解决定点转动刚体的定位问题，对于后者可以采用四元数法来解决定位问题。对应的四元数微分方程为

$$\dot{Q}(t) = \frac{1}{2} Q(t) \boldsymbol{\omega} \tag{6.61}$$

对应的写成矩阵形式为

$$\begin{bmatrix} \dot{q}_0 \\ \dot{q}_1 \\ \dot{q}_2 \\ \dot{q}_3 \end{bmatrix} = \frac{1}{2} \cdot \begin{bmatrix} 0 & -\omega_x & -\omega_y & -\omega_z \\ \omega_x & 0 & \omega_z & -\omega_y \\ \omega_y & -\omega_z & 0 & \omega_x \\ \omega_z & \omega_y & -\omega_x & 0 \end{bmatrix} \cdot \begin{bmatrix} q_0 \\ q_1 \\ q_2 \\ q_3 \end{bmatrix} \tag{6.62}$$

载体坐标系相对平台坐标系的转动可以用方向余弦矩阵来表示，也可以通过四元数转动来描述，也就是说，转动四元数与转动方向余弦矩阵有着密切的联系，采用四元数描述的载体系 $ox_by_bz_b$ 与平台坐标系 $ox_py_pz_p$ 之间的关系为

$$\begin{bmatrix} x_b \\ y_b \\ z_b \end{bmatrix} = \begin{bmatrix} q_0^2 + q_1^2 - q_2^2 - q_3^2 & 2(q_1 q_2 - q_0 q_3) & 2(q_1 q_3 + q_0 q_2) \\ 2(q_1 q_2 + q_0 q_3) & q_0^2 - q_1^2 + q_2^2 - q_3^2 & 2(q_2 q_3 - q_0 q_1) \\ 2(q_1 q_3 - q_0 q_2) & 2(q_2 q_3 + q_0 q_1) & q_0^2 - q_1^2 - q_2^2 + q_3^2 \end{bmatrix} \cdot \begin{bmatrix} x_p \\ y_p \\ z_p \end{bmatrix} \tag{6.63}$$

由上式可以看出,转动四元数与转动方向余弦矩阵有着对应的关系,当 q_0, q_1, q_2, q_3 确定后,可以根据式(6.63)唯一地确定方向余弦矩阵 $\boldsymbol{T}_b^p$。

从对四元数微分方程的初步分析可以看出,求解四元数微分方程要解四个微分方程,比方向余弦法要解的方程少。虽然比欧拉角法多一个,但在进行数值微分求解时只需要进行加减法与乘法运算,计算量比欧拉角法少得多。也就是说,四元数法比其他方法明显的优越性在于它计算量小、计算精度高、可避免奇异性。而且,与方向余弦法相比,四元数法在对载体姿态动力学求解时,运算过程中的歪斜误差等于零。

6.6.2 捷联式惯导系统的定位原理

捷联式惯性导航系统(为方便描述,本章所描述的捷联惯导系统的导航坐标系是当地地理坐标系)从原理上讲,与平台式惯性导航系统的功能是相同的,可以连续自主导航定位,输出运载体相对地球沿地理坐标系的速度、位置和姿态信息。除此之外,捷联式惯导系统还可以输出沿载体系的角速率信息,大大增强了导航系统的功能。

1.姿态矩阵更新

固定指北半解析式惯性导航系统的三轴惯性平台始终跟踪并稳定于当地地理坐标系,加速度计的测量值可直接用于积分计算速度和位置信息。而捷联式惯性导航系统的加速度计测量信息是沿载体坐标系三轴方向的。要进行导航解算,必须先转化为沿地理坐标系方向。因此,捷联式惯性导航系统首先要利用陀螺仪测量信息更新姿态矩阵。

设载体坐标系相对平台坐标系的转动四元数为

$$Q = q_0 + q_1 i_b + q_2 j_b + q_3 k_b \tag{6.64}$$

Q 的即时修正可通过求解下面的四元数微分方程来实现

$$\begin{bmatrix} \dot{q}_0 \\ \dot{q}_1 \\ \dot{q}_2 \\ \dot{q}_3 \end{bmatrix} = \frac{1}{2} \cdot \begin{bmatrix} 0 & -\omega_{pbx}^b & -\omega_{pby}^b & -\omega_{pbz}^b \\ \omega_{pbx}^b & 0 & \omega_{pbz}^b & -\omega_{pby}^b \\ \omega_{pby}^b & -\omega_{pbz}^b & 0 & \omega_{pbx}^b \\ \omega_{pbz}^b & \omega_{pby}^b & -\omega_{pbx}^b & 0 \end{bmatrix} \cdot \begin{bmatrix} q_0 \\ q_1 \\ q_2 \\ q_3 \end{bmatrix} \tag{6.65}$$

在四元数更新过程中,计算机的算法误差和即时修正算法误差,会使捷联矩阵 $\boldsymbol{T}_b^p$ 变成不正交矩阵,从而产生系统误差。对捷联矩阵进行正交化处理可以消除引起不正交的算法误差源的影响。采用式(6.66)可实现四元数的归一化(即姿态矩阵正交化),它是以欧几里德范数最小为指标的四元数最佳归一化，既可消除即时修正时算法误差的影响，又可避免引入明显的漂移误差。

$$\hat{Q} = \hat{q}_0 + \hat{q}_1 i_b + \hat{q}_2 j_b + \hat{q}_3 k_b$$

$$\mathring{Q} = \mathring{q}_0 + \mathring{q}_1 i_b + \mathring{q}_2 j_b + \mathring{q}_3 k_b = \frac{1}{\sqrt{\hat{q}_0^2 + \hat{q}_1^2 + \hat{q}_2^2 + \hat{q}_3^2}}\hat{Q} \tag{6.66}$$

式(6.65)的输入信号是 ω_{pb}^b，而捷联式惯导系统的角速率信号为 ω_{ib}^b，它所代表的含义是载体坐标系相对惯性空间的角速率沿载体坐标系的投影，因此需要根据 ω_{ib}^b 实现 ω_{pb}^b 的求取，其过程为

$$\boldsymbol{\omega}_{pb}^b = \boldsymbol{\omega}_{ib}^b - \boldsymbol{\omega}_{ip}^b = \boldsymbol{\omega}_{ib}^b - \boldsymbol{T}_p^b\boldsymbol{\omega}_{ip}^p = \boldsymbol{\omega}_{ib}^b - \boldsymbol{T}_p^b(\boldsymbol{\omega}_{ie}^p + \boldsymbol{\omega}_{ep}^p) = \boldsymbol{\omega}_{ib}^b - (\boldsymbol{T}_b^p)^{-1}(\boldsymbol{\omega}_{ie}^p + \boldsymbol{\omega}_{ep}^p) \tag{6.67}$$

在式(6.67)中，ω_{ie}^p，ω_{ep}^p 均为已知量

$$\omega_{ie}^p = [0 \quad \omega_{ie}\cos\varphi \quad \omega_{ie}\sin\varphi]^{\mathrm{T}}, \omega_{ep}^p = [-V_y^p/R_M \quad V_x^p/R_N \quad V_x^p\tan\varphi/R_N]^{\mathrm{T}}$$

2. 姿态角的计算

由于转动四元数与转动方向余弦矩阵有着对应的关系，当四元数更新后，可以根据式(6.68)唯一地确定方向余弦矩阵 $\boldsymbol{T}_b^p$，同时 $\boldsymbol{T}_b^p$ 又是姿态角 ϕ，θ，H 的函数，由姿态矩阵可唯一单值确定姿态。

$$\boldsymbol{T} = \begin{bmatrix} T_{11} & T_{12} & T_{13} \\ T_{21} & T_{22} & T_{23} \\ T_{31} & T_{32} & T_{33} \end{bmatrix} = \begin{bmatrix} q_0^2 + q_1^2 - q_2^2 - q_3^2 & 2(q_1q_2 - q_0q_3) & 2(q_1q_3 + q_0q_2) \\ 2(q_1q_2 + q_0q_3) & q_0^2 - q_1^2 + q_2^2 - q_3^2 & 2(q_2q_3 - q_0q_1) \\ 2(q_1q_3 - q_0q_2) & 2(q_2q_3 + q_0q_1) & q_0^2 - q_1^2 - q_2^2 + q_3^2 \end{bmatrix} \tag{6.68}$$

$$\boldsymbol{T}_b^p = \begin{bmatrix} \cos\theta\cos H - \sin\theta\sin\phi\sin H & -\cos\phi\sin H & \sin\theta\cos H + \cos\theta\sin\phi\sin H \\ \cos\theta\sin H + \sin\theta\sin\phi\cos H & \cos\phi\cos H & \sin\theta\sin H - \cos\theta\sin\phi\cos H \\ -\sin\theta\cos\phi & \sin\phi & \cos\theta\cos\phi \end{bmatrix} \tag{6.69}$$

根据航向、纵横摇的定义范围以及式(6.69)可确定姿态角为

$$\phi = \phi_{主} \quad \theta = \theta_{主} \quad H = \begin{cases} \psi_{主} & T_{22} > 0 \begin{cases} \psi_{主} > 0 \\ \psi_{主} < 0 \end{cases} \\ \psi_{主} + 360° & \\ \psi_{主} + 180° & T_{22} < 0 \end{cases} \tag{6.70}$$

其中，$\phi_{主} = \arcsin T_{32}$，$\theta_{主} = \arctan(-T_{31}/T_{33})$，$H_{主} = \tan^{-1}(-T_{12}/T_{22})$。

3. 速度 V 的即时修正

捷联式惯导系统与平台式惯导系统最主要的不同点是其采用“数学平台”代替了“物理平

台”，通过“数学平台”不仅可以完成姿态角的计算，另一个重要的作用就是将沿载体坐标系三轴方向的加速度计测量数据投影至地理坐标系上，得到了与平台式惯导系统相同的输入信息，如式(6.71)所示

$$\begin{bmatrix} f_x^p \\ f_y^p \\ f_z^p \end{bmatrix} \begin{bmatrix} T_{11} & T_{12} & T_{13} \\ T_{21} & T_{22} & T_{23} \\ T_{31} & T_{32} & T_{33} \end{bmatrix} \begin{bmatrix} f_x^b \\ f_y^b \\ f_z^b \end{bmatrix} \tag{6.71}$$

其中，f_x^p, f_y^p, f_z^p 分别为运载体相对于惯性坐标系的加速度沿地理坐标系三轴的投影。

根据绝对运动加速度的表达式 $\boldsymbol{A} = \dot{\boldsymbol{V}}_e + (\boldsymbol{\Omega} + \omega) \times \boldsymbol{V}_e - \boldsymbol{G}$，可以得到指北方位的惯导系统速度计算方程为

$$\dot{\boldsymbol{V}}_e = \boldsymbol{A} - (\boldsymbol{\Omega} + \omega) \times \boldsymbol{V}_e + \boldsymbol{G} \tag{6.72}$$

其矩阵形式可以描述为

$$\begin{bmatrix} \dot{V}_x^p \\ \dot{V}_y^p \\ \dot{V}_z^p \end{bmatrix} = \begin{bmatrix} f_x^p \\ f_y^p \\ f_z^p \end{bmatrix} - \begin{bmatrix} 0 & -(2\omega_{iez}^p + \omega_{epz}^p) & 2\omega_{iey}^p + \omega_{epy}^p \\ 2\omega_{iez}^p + \omega_{epz}^p & 0 & -(2\omega_{iex}^p + \omega_{epx}^p) \\ -(2\omega_{iey}^p + \omega_{epy}^p) & 2\omega_{iex}^p + \omega_{epx}^p & 0 \end{bmatrix} \cdot \begin{bmatrix} V_x^p \\ V_y^p \\ V_z^p \end{bmatrix} + \begin{bmatrix} 0 \\ 0 \\ -g \end{bmatrix} \tag{6.73}$$

对于船用捷联式惯性导航系统，由于垂向速度很小，一般也只考虑水平方向的运动，即将式(6.73)简化得到

$$\left.\begin{aligned} \dot{V}_x^p &= f_x^p + \left(2\omega_{ie}\sin\varphi + \frac{V_x^p}{R_N}\tan\varphi\right)V_y^p \\ \dot{V}_y^p &= f_y^p - \left(2\omega_{ie}\sin\varphi + \frac{V_x^p}{R_N}\tan\varphi\right)V_x^p \end{aligned}\right\} \tag{6.74}$$

4. 位置修正

当采用与平台式惯导系统相同的导航坐标系（地理坐标系）时，其位置方程也是相同的，即

$$\left.\begin{aligned} \dot{\varphi} &= \frac{V_y^p}{R_M} \\ \dot{\lambda} &= \frac{V_x^p}{R_N}\sec\varphi \end{aligned}\right\} \tag{6.75}$$

根据前面所述的捷联式惯导系统的基本原理和数学模型编排，可以得到其解算原理流程如图 6.37 所示。

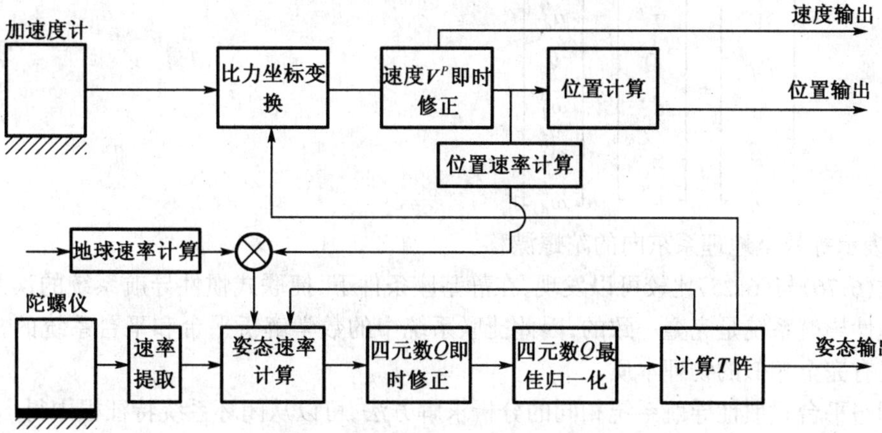

图 6.37　捷联式惯导系统解算原理图

Fig.6.37　Calculation principle diagram of SINS

6.6.3　捷联式惯导系统测试、标定和补偿

与平台式惯导系统一样，捷联式惯导系统由陀螺仪和加速度计作为核心惯性元件构成，因此具有与平台式惯导系统相类似的误差源，如陀螺漂移、加速度计零偏、初始对准误差、地球椭球体参数选取不同造成的误差等；但由于原理上的差异，误差也有不同之处，如数学解析平台计算过程中的量化误差、截断误差、舍入误差等。而且，由于惯性器件工作环境的不同，很多类似的误差源在捷联式惯导系统中的要求比平台式惯导系统要高得多，例如安装误差、标度因子误差等。

惯性元件安装误差和标度因子误差在系统中的影响相当于零偏误差，由此可以得到静基座条件下指北方案的捷联式惯导系统误差方程为

$$\begin{bmatrix} \delta\dot{V}^{\hat{i}x} \\ \delta\dot{V}^{\hat{i}y} \\ \delta\dot{\varphi}^{\hat{i}} \\ \hline \dot{\alpha} \\ \dot{\beta} \\ \dot{\gamma} \end{bmatrix} = \begin{bmatrix} 0 & 2\omega_{ie}\sin\varphi & 0 & 0 & -g & 0 \\ -2\omega_{ie}\sin\varphi & 0 & 0 & g & 0 & 0 \\ 0 & 1/R & 0 & 0 & 0 & 0 \\ 0 & -1/R & 0 & 0 & \omega_{ie}\sin\varphi & -\omega_{ie}\cos\varphi \\ 1/R & 0 & -\omega_{ie}\sin\varphi & -\omega_{ie}\sin\varphi & 0 & 0 \\ \tan\varphi/R & 0 & \omega_{ie}\cos\varphi & \omega_{ie}\cos\varphi & 0 & 0 \end{bmatrix}\cdot$$

$$\begin{bmatrix} \delta V^{\hat{i}x} \\ \delta V^{\hat{i}y} \\ \dfrac{\delta \varphi^{\hat{i}}}{\alpha} \\ \beta \\ \gamma \end{bmatrix} + \begin{bmatrix} \nabla^{\hat{i}x} \\ \nabla^{\hat{i}y} \\ 0 \\ \varepsilon^{\hat{i}x} \\ \varepsilon^{\hat{i}y} \\ \varepsilon^{\hat{i}z} \end{bmatrix} + \begin{bmatrix} a_d^{\hat{i}x} \\ a_d^{\hat{i}y} \\ 0 \\ \omega_d^{\hat{i}x} \\ \omega_d^{\hat{i}y} \\ \omega_d^{\hat{i}z} \end{bmatrix} \tag{6.76}$$

式中,$\varepsilon^{\hat{i}x}$表示等效至地理系东向的陀螺漂移。

将式(6.76)与(6.25)比较可以发现,在静基座条件下,捷联式惯性导航系统的误差方程与平台式惯性导航系统是完全一致的,因此捷联系统中的数学解析平台和平台系统的常平架稳定平台具有完全相似的物理本质。

采用与平台式惯性导航系统相同的分析求解方法,可以从闭环系统特征根中得出:捷联式系统与稳定平台系统一样,系统均为无阻尼自由振荡系统,系统误差存在 3 种振荡:24 小时的地球周期振荡、84.4 分钟的舒勒振荡、与舒勒振荡调制且振荡周期随纬度变化的傅科振荡。

捷联式惯导系统通过四元数更新姿态矩阵时的信息来源是陀螺仪的输入信息 ω_{ib}^b,而对ω_{ib}^b的要求是:

(1)ω_{ib}^b的三轴分量$\omega_{ibx}^b,\omega_{iby}^b,\omega_{ibz}^b$必须是相互正交;

(2)ω_{ib}^b的三轴分量$\omega_{ibx}^b,\omega_{iby}^b,\omega_{ibz}^b$与运载体相对于惯性空间的旋转角速率相同;

(3)ω_{ib}^b的标准单位是 rad/s。

实际设计的捷联式惯导系统是很难满足上述三个条件的。首先机械安装无法保证三个陀螺仪的敏感轴严格正交;其次,陀螺仪不可避免的会存在零偏误差;最后,陀螺仪的输出一般是脉冲数或脉冲调宽的宽度等,在使用过程中,需乘以各自的标度因数,才能得到符合计算需求的真实值。由此,可以得到陀螺仪的输出值表达式可写成

$$\left.\begin{aligned} N_{gx} &= A_0 + A_1\omega_x + A_2\omega_y + A_3\omega_z \\ N_{gy} &= B_0 + B_1\omega_y + B_2\omega_z + B_3\omega_x \\ N_{gz} &= C_0 + C_1\omega_z + C_2\omega_x + C_3\omega_y \end{aligned}\right\} \tag{6.77}$$

式中 N_{gx},N_{gy},N_{gz}——分别为 x,y,z 三个轴陀螺仪的输出;

A_0,B_0,C_0——三个陀螺的零偏误差;

A_1,B_1,C_1——三个陀螺的标度因数;

A_2,A_3,B_2,B_3,C_2,C_3——分别为三个陀螺的安装误差。

加速度计也存在安装误差、标度因数和零偏误差。在有些文献中还考虑了加速度计的二次耦合项误差和二次非线性误差。其输出值表达式

$$
\left.\begin{aligned}
N_{ax} &= M_0 + M_1 A_x + M_2 A_y + M_3 A_z \\
N_{ay} &= N_0 + N_1 A_y + N_2 A_z + N_3 A_x \\
N_{az} &= K_0 + K_1 A_z + K_2 A_x + K_3 A_y
\end{aligned}\right\} \tag{6.78}
$$

式中　N_{ax}, N_{ay}, N_{az}——加速度计输出；

M_0, N_0, K_0——加速度计零偏；

M_1, N_1, K_1——三个加速度计的标度因数；

$M_2, M_3, N_2, N_3, K_2, K_3$——分别为三个加速度计安装误差。

高精度速率转台是捷联式惯导系统测试和标定中最常用到的测试设备，主要用于单独的惯性器件测试、系统级的标定测试以及系统的静态、摇摆性能考核。通过绕陀螺敏感轴的速率试验，可以准确测量三个陀螺仪的标度因数和安装误差；通过使转台定位至不同方位的位置试验，可以准确测量陀螺仪零偏、加速度计零偏、加速度计安装误差、加速度计标度因数、二次耦合项误差和二次非线性误差。

图6.38　单轴带温箱转台

Fig.6.38　Rotary table involving of incubator

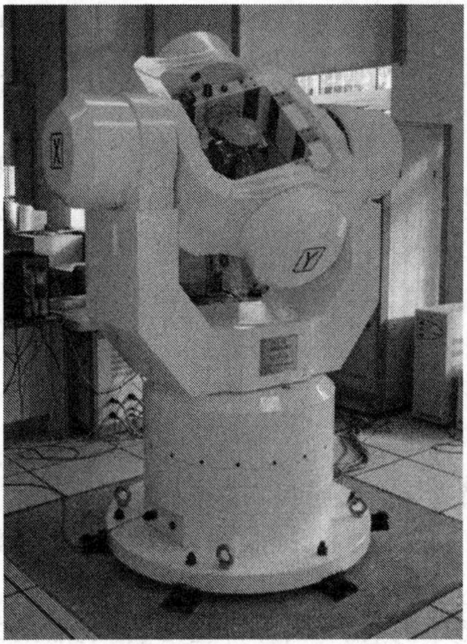

图6.39　高精度三轴转台

Fig.6.39　High precision of three axis rotary table

捷联惯导系统及其惯性器件在整个开发阶段要经受不同的测试和标定，目的是有效的减小捷联系统的各类误差，大大提高系统的精度。而测试和标定是惯性导航系统，尤其是捷联式惯导系统的设计、研发、生产过程中的一个必不可少的重要环节。

6.6.4 捷联式惯导系统初始对准技术

当捷联式惯导系统启动时,捷联矩阵$\boldsymbol{T}_b^p$是未知的,此时经捷联矩阵转换后的加速度并不是沿地理系的,如果将转换后的加速度积分求解速度和位置,势必会产生很大的误差,因此,捷联式惯导系统也需要对准,只不过不像平台式系统将惯性平台对准至地理系,而是确定正确的捷联矩阵$\boldsymbol{T}_b^p$。捷联式惯导系统初始对准也包含自主和非自主式对准。

捷联式惯导系统的自主对准包含粗对准和精对准两个步骤。在粗对准过程中,除了可以采用平台式系统的粗对准方法外,还可采用解析法粗对准,即利用加速度计、陀螺仪对重力加速度和地球自转角速度的测量值估算$\boldsymbol{T}_b^p$。其对准原理如下

对于某一纬度$\varphi(\varphi<90°)$有

$$\boldsymbol{g}^t=[0 \quad 0 \quad -g]^{\mathrm{T}} \qquad \boldsymbol{\omega}_e^t=[0 \quad \omega_{ie}\cos\varphi \quad \omega_{ie}\sin\varphi]^{\mathrm{T}}$$

用$\boldsymbol{g}$和$\boldsymbol{\omega}_e$可以构成一个新的矢量$\boldsymbol{E}$

$$\boldsymbol{E}=\boldsymbol{g}\times\boldsymbol{\omega}_e$$

根据导航系与载体系间的方向余弦矩阵可以得

$$\left.\begin{aligned}\boldsymbol{g}^t &= \boldsymbol{T}_b^p\boldsymbol{g}^b\\ \boldsymbol{\omega}_e^t &= \boldsymbol{T}_b^p\boldsymbol{\omega}_e^b\\ \boldsymbol{E}^t &= \boldsymbol{T}_b^p\boldsymbol{E}^b\end{aligned}\right\} \tag{6.79}$$

可以求出捷联矩阵$\boldsymbol{T}_b^p$

$$\boldsymbol{T}_b^p=\begin{bmatrix}(\boldsymbol{g}^t)^{\mathrm{T}}\\(\boldsymbol{\omega}_e^t)^{\mathrm{T}}\\(\boldsymbol{E}^t)^{\mathrm{T}}\end{bmatrix}^{-1}\cdot\begin{bmatrix}(\boldsymbol{g}^b)^{\mathrm{T}}\\(\boldsymbol{\omega}_e^b)^{\mathrm{T}}\\(\boldsymbol{E}^b)^{\mathrm{T}}\end{bmatrix} \tag{6.80}$$

其中,$\boldsymbol{g}^b$,$\boldsymbol{\omega}_e^b$由陀螺和加速度计直接测得。实际使用时可取一段时间内陀螺和加速度计的平均值进行计算,可提高对准精度。

捷联惯导系统精对准可以采用"陀螺罗经"法精对准,也可以采用基于外部基准信息的组合式精对准。由于捷联惯导系统能够输出相对惯性空间的角速率,因此其对准手段比平台式系统更为灵活。当外部基准(如舰船上的主惯导系统,Main Inertial Navigation System,简称MINS)输出的角速率信息可用时,通过构建主-子(通常称需对准的捷联惯导为子惯导,Slave Inertial Navigation System,简称SINS)的匹配滤波器,完成子惯导的匹配对准。

通常来说,可以采用主-子惯导系统的所有输出信息进行匹配,如采用加速度、角速度之差的测量参数匹配,采用速度、位置、姿态信息之差的计算参数匹配。测量参数匹配的对准速度要优于计算参数匹配法,但易受外部干扰影响。而采用"速度+姿态"等组合方式的匹配对准可同时在速度和精度方面满足快速性和抗干扰的要求。

在完成匹配对准过程中，除能准确估计出子惯导系统相对当地地理坐标系的姿态角外，还能测量出其所在位置的舰船船体变形角 $\boldsymbol{\mu}$（$\boldsymbol{\mu}=[\mu_x \quad \mu_y \quad \mu_z]^{\mathrm{T}}$），如图 6.40 所示。

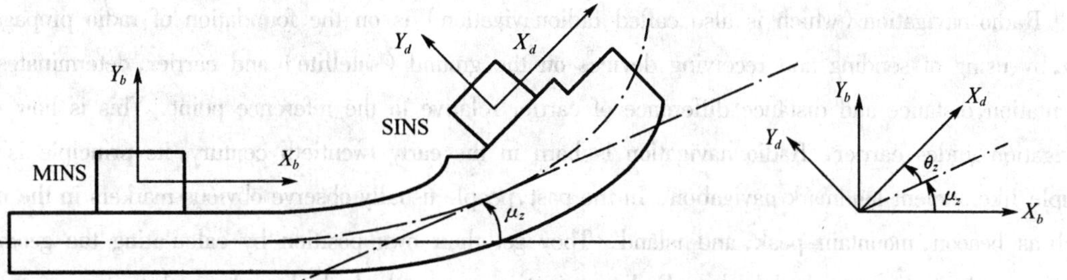

图 6.40　由于舰船动态变形而引起的变形角

Fig.6.40　Angle error μ caused by the ship board dynamic deformation

取 MINS 和 SINS 的角速率之差作为观测量建立的状态方程和量测方程

$$\dot{\boldsymbol{X}} = \boldsymbol{GX} + \boldsymbol{W} \tag{6.81}$$

$$\boldsymbol{Z} = \boldsymbol{HX} + \boldsymbol{V} \tag{6.82}$$

其中，$\boldsymbol{X}=[\theta_x \quad \theta_y \quad \theta_z \quad u_x \quad u_y \quad u_z \quad \omega_{ux} \quad \omega_{uy} \quad \omega_{uz}]^{\mathrm{T}}$；

$$\boldsymbol{G}=\begin{bmatrix} 0&0&0&0&0&0&0&0&0\\ 0&0&0&0&0&0&0&0&0\\ 0&0&0&0&0&0&0&0&0\\ 0&0&0&0&0&0&1&0&0\\ 0&0&0&0&0&0&0&1&0\\ 0&0&0&0&0&0&0&0&1\\ 0&0&0&-\beta_x^2&0&0&-2\beta_x&0&0\\ 0&0&0&0&-\beta_y^2&0&0&-2\beta_y&0\\ 0&0&0&0&0&-\beta_z^2&0&0&-2\beta_z \end{bmatrix};$$

$\boldsymbol{\theta}=[\theta_x \quad \theta_y \quad \theta_z]^{\mathrm{T}}$ 为 MINS 与 SINS 的姿态偏差角；

$\boldsymbol{\omega}_u=[\omega_{ux} \quad \omega_{uy} \quad \omega_{uz}]^{\mathrm{T}}$ 为舰船甲板动态变形引起 SINS 载体坐标系相对 MINS 载体坐标系沿三个轴向的变形角速度；

$$\boldsymbol{H}=\begin{bmatrix} 0 & \omega_{ib}^{bz} & -\omega_{ib}^{by} & 0 & \omega_{ib}^{bz} & -\omega_{ib}^{by} & -1 & 0 & 0\\ -\omega_{ib}^{bz} & 0 & \omega_{ib}^{bx} & -\omega_{ib}^{bz} & 0 & \omega_{ib}^{bx} & 0 & -1 & 0\\ \omega_{ib}^{by} & -\omega_{ib}^{bx} & 0 & \omega_{ib}^{by} & -\omega_{ib}^{bx} & 0 & 0 & 0 & -1 \end{bmatrix}$$

通过采用合适的滤波算法，可以实现对式(6.81)中状态变量 $\boldsymbol{X}$ 的最优估计。

第7章 陆基无线电导航系统

Radio navigation (which is also called radionavigation) is on the foundation of radio propagation law, by using of sending and receiving devices on the ground (satellite) and carrier, determinates the orientation, distance and distance difference of carrier relative to the reference point. This is how radio navigation guides carrier. Radio navigation is born in the early twentieth century, its principle is very simple like ancient landmark navigation. In the past, people usually observe obvious markers in the map, such as beacon, mountain peak, and island. They get their own position by calculating the geometric relation such as distances and angles. Radio navigation is a method which replaces these known markers into radio station. And the distance and orientation between radio station and measurement carriers depends on the transmission and receiving of radio waves.

Radio wave is the most important factor of the radionavigation. Consider electric current as a flow of electrons along a conductor between points of differing potential. A direct current flows continuously in the same direction. However, if the resulting current changes direction in the conductor as the polarity of the electromotive force changes with the rotation of the generator's rotor. This is known as alternating current. What would occur should the polarity of the current source supplying the wire be reversed at a rate which greatly exceeds the finite amount of time required for the electromagnetic field to collapse back upon the wire? In the case of rapid pole reversal, another magnetic field, proportional in strength but exactly opposite in magnetic orientation to the initial field, will be formed upon the wire. It "detaches" from the wire and propagates out into space. This is the basic principle of a radio antenna, which transmits a wave at a frequency proportional to the rate of pole reversal and at a speed equal to the speed of light.

The principle of radar detecting target is using radio reflection characteristic. As radio transmission is linear and the direction of antenna, radio direction measurement and point can be realized by sending and receiving radio. As radio transmission is linear and constant speed, distance can be determined by measuring radio transmission time or phase. Because radio transmission is not restrained by daytime or night and weather, even in bad weather or low visibility, radio signal can effectively navigate. Furthermore, the measurement is very fast, so as the accuracy and reliability are relatively high.

Since the first radio navigation system, radio direction finder, is born in the early twentieth century, up to now, there are almost 100 systems have been developed. Moreover, they have developed from land-based to air-based, single function to multi-function. Effect distance has been enlarged from near to far even to the whole world, and the positioning precision has been improved from low to high, even getting centimeter level. And the application has been broadened from military to national economic field, widely.

Satellite navigation which makes navigation field a new future has overcome the disadvantages and defects of traditional navigation system. It has a wide and beautiful prospect. GPS and GLONASS replace land-based radio transmitting station by satellite. They can provide high precision three-dimension position, speed and accuracy time information continuously all the time for global sea, land and air users under any climate condition. As a result, the economics and safety in world's sea land air transportation can be greatly improved, and the system of traffic control and scheduling on air, sea and land can be changed. Considering of covering ranges and position accuracy, the performance of satellite navigation system is much better than that of land - based radio navigation system. So satellite navigation is the developing direction of navigation system.

7.1 无线电导航系统概述

7.1.1 无线电导航系统的基本原理及分类

无线电导航系统是利用无线电波传播特性来确定运载体的位置坐标,从而引导运载体航行的一门无线电技术。无线电波传播有三个主要特性:直线传播特性、恒速特性和反射特性。利用直线传播特性可测定辐射电波的目标方向,而恒速特性可测定目标的距离。

无线电导航系统可按照位置线、作用距离、信号形式等分类如下。

1.按位置线形式分类

(1)测向系统　又称角/角定位系统,通过测量无线电指向标的方位,确定船舶所处的位置线,从而确定船位的无线电导航系统,如伏尔、康索尔旋转指示。

(2)测距系统　又称圆/圆定位系统,通过测定船舶与无线电发射台的距离,确定船舶所处的位置线——以导航台为圆心的圆,再由不同导航台测出两条或两条以上的位置线,从而确定船位的无线电导航系统,如测距器、GPS、GLONASS 系统。

(3)测距差系统　又称双曲线定位系统,根据船舶与两个无线电发射台的距离之差为常数,确定船舶所处的位置线——以导航台为焦点的双曲线,再由不同导航台测出两条或两条以上的位置线,从而确定船位的无线电导航系统,如"长河"二号、台卡系统、罗兰系族。

(4)测距和系统　又称椭圆系统,根据船舶与两个无线电发射台的距离之和为常数,确定船舶所处的位置线——以导航台为焦点的椭圆,再由不同导航台测出两条或两条以上的位置线,从而确定船位的无线电导航系统。

(5)混合系统　如测向－测距系统、测距－双曲线系统、测距和－双曲线系统。

2.按作用距离分类

无线电导航系统的接收设备通过接收发射台发射的无线电波实现导航任务，不同频率、不同形式、不同传播方式的无线电波具有不同的传播特性，这也直接影响了无线电导航系统的性能。按照作用距离的不同，可以将无线电导航系统分为以下几种。

近程无线电导航系统：作用距离为100～500 km，如台卡、伏尔、测距器、塔康系统；

中程无线电导航系统：作用距离为500～1 000 km，如罗兰A、罗兰D系统；

远程无线电导航系统：作用距离在1 000～3 000 km，如罗兰C、台克垂亚；

超远程无线电导航系统：作用距离在10 000 km以上，如奥米伽系统、GPS、GLONASS系统。

3.按照测量电信号不同参量分类

振幅式无线电导航系统：如无线电测向系统；

频率式无线电导航系统：如无线电高度表；

脉冲式无线电导航系统：如罗兰A；

相位式无线电导航系统：如奥米伽系统；

混合式（如脉冲－相位式）无线电导航系统：如罗兰B、罗兰C、罗兰D。

4.根据无线电发射台的安装地点分类

陆基无线电导航系统：以设置在陆地上的导航台向飞机、船只、车辆或其他用户发射无线电信号实现导航定位的无线电导航系统，如台卡、伏尔、测距器、塔康、罗兰系族、奥米伽系统。

星基无线电导航系统：以设置在卫星上的导航台向飞机、船只、车辆或其他用户发射无线电信号实现导航定位的无线电导航系统，如GPS，GLONASS，GALILEO，“北斗”卫星导航系统。

5.按系统中是否有地面设备分类

它备式导航系统：又称非自主式或被动式无线电导航系统，其导航数据是由载体上的设备依靠外部的基准导航台取得，如双曲线系统。

自备式导航系统：又称自主式无线电导航系统，如多普勒雷达导航等。

7.1.2 无线电导航系统的发展史

从1902年美国数学家、发明家斯通（John Stone）发明了第一个无线电导航系统——无线电测向系统至今，无线电导航系统的发展主要经历了三个典型阶段：(1)以定向为主的早期阶段，(2)全面展开、日趋完善的发展阶段，(3)卫星导航应用普及、多导航手段并举的成熟阶段。无线电导航的应用范围,也从最初的单功能引导发展到全方位引导,从单领域应用发展到多领域普及。

1.早期阶段(20世纪初至第二次世界大战前)

这一阶段的特点是:航海导航技术领先于航空导航,测向能力优于定位能力。

19世纪末,无线电测向技术正式应用于船舶导航,这种新型的、不依靠观测天体而定位的导航方式迅速发展起来。1902年J.Stone发明了无线电测向技术,1907年逐步进入实用阶段。1916年发明了爱德考克天线,促进了测向系统的应用。1928年英国装备了旋转式环状天线无线电信标,开始在许多小型船舶和渔轮上应用测向系统。

20世纪初,还陆续出现了用舰载或机载的测速仪与测向系统结合推算船舰或飞机位置的方法,这是最早的采用无线电导航方式进行位置推算的方法。四航道信标、航空无线电信标也先后用于为飞机提供航道指引。1935年,法国首先在船上开始装备VHF频段的导航雷达,以观测海岸附近的船只,用于近岸导航和船舶避撞。

2.发展阶段(二战到20世纪60年代初)

从第二次世界大战开始,由于迫切的军事需求和科学技术发展的推动,出现了大量的无线电导航系统。20世纪40年代,双曲线定位的近程导航系统台卡(DECCA)得到广泛的应用。仪表着陆系统(ILS)和调频无线电高度表的研制,保证了在夜间和复杂气象的条件下,飞机安全准确的着路。随着飞机、舰船航程的增加,远程导航系统得到了大力发展。最广泛应用的有罗兰(LORAN)系统和奥米伽(OMEGA,Very Low Frequency Waveband Navigation System)系统。1945年,一种自助式航空导航系统——多普勒导航雷达作为自主式远程导航系统得到了应用。20世纪50年代初,甚高频全向信标(VOR)和距离测量设备(DME)相互结合构成了近程导航的极坐标定位系统(VOR/DME),能同时向飞机提供相对地面导航台的方位和距离信息。在此基础上,美国空军研制了“塔康”(TACAN)战术空中导航系统。

3.成熟阶段(从20世纪60年代至今)

随着无线电导航技术的大力发展和人造地球卫星的出现,其弱点也渐渐凸显。第一代卫星导航系统——“子午仪”系统于20世纪60年代末期诞生,标志着无线电导航技术进入一个新的阶段。从此,在全球范围内对舰船进行高精度导航定位成为现实。1993年,第二代卫星导航系统—全球定位系统(Global Positioning System,GPS)全面投入使用,从根本上解决了人类在地球上的导航定位问题。与GPS类似的俄罗斯GLONASS的建成和公开化,打破了美国对卫星导航独家经营的局面,既可为民间用户提供独立的导航服务,又可与GPS组合提供更好的卫星几何位置。而鉴于卫星导航在军事、民用等各个领域的成功应用和巨大发展潜力,欧洲在2002年正式批准了Galileo卫星导航系统的研制计划,中国也于2000年完成了自己的北斗卫星导航系统的建设,2002年1月1日开始试运行。卫星导航对人类活动的影响极大,应用价值极高,一经推出便风靡全球,无论是航空、航天、陆地、海洋,还是交通、测绘、农业、旅游,各行各业都有其广阔的应用前景。

7.1.3 无线电导航系统的主要技术指标

通常对无线电导航系统的主要要求有:作用距离、工作容量、可靠性、精确度、导航信息更新率、隐蔽性和抗干扰性等。

作用距离:是指在保证技术指标的前提下,系统可以达到的最大工作距离。

工作容量:是指一个无线电导航系统能够同时提供服务的用户数量,它分为有限工作容量和无限工作容量两种。

可靠性:系统和设备的可靠性是指在规定使用的条件下,能保持系统和设备指标在给定范围的能力。系统和设备的可靠性可用正常工作概率来表示,即在给定的时间间隔内不产生任何故障的概率。

在无线电导航系统中,确定船舶的位置需要通过数个设备,例如在测距差系统中需要两对岸台与一个接收设备。若每个设备正常工作的概率为 $p_i(t)$,则系统的可靠性 $p(t)$就可以表示为

$$p(t) = \prod_{i=1}^{n} p_i(t) \tag{7.1}$$

在实际应用中,多用两相邻故障之间的平均时间,即"平均无故障间隔时间"(Mean Time Between Failures,简称 MTBF)来度量系统的可靠性。

精确度:无线电导航系统的精确度是指在规定的使用条件下,能够保持获得坐标参量误差在给定范围内的能力。无线电导航系统的精确度可用误差的大小来描述。

导航信息更新率:是指单位时间内导航系统可为运载体提供定位或其他导航数据的次数。一般来说,对更新率的要求与运载体本身的航行速度以及所执行的任务有关。

隐蔽性和抗干扰性:隐蔽性是指系统工作时不被敌方发现的可能性。抗干扰性是指有干扰时无线电导航系统仍能保持正常工作的能力,即克服无线电导航系统外部干扰的能力。无线电干扰种类很多,包括天电干扰、工业干扰及人工干扰等。

7.1.4 无线电导航系统的基本测量方法

利用无线电导航技术实现船舶导航定位主要是确定船舶的位置线,根据前述确定位置线的方法,无线电导航主要有三种方法,即测量方位法、测量距离法和测量距离差法。

1.测量方位法(测向法)

测向的目的是确定发射无线电波的发射台的方向,方法有最小值测向法、最大值测向法和比较测向法。

最小值测向法:最小值测向法利用环形天线方向性图的基本特点,以信号电平最小值来确定无线电波发射的方向。如图 7.1 所示,当电波方向与环形天线夹角 θ 为 90°或 270°时,接收设备感应电势最小。最小值测向法具有结构简单、静角小、灵敏度高的优点,其主要缺点是信号易受影响,抗干扰能力差。

最大值测向法:最大值测向法也是利用环形天线方向性图的基本特点,以信号电平最大值确定无线电波的发射方向。如图 7.1 所示,当电波方向与环形天线夹角 θ 为 0°时,接收设备感应电势最大。最大值测向法具有抗干扰特性高的优点,但由于最大值附近感应电势变化缓慢,导致其测向精度低。

比较测向法:利用两个相同特性的方向性图,比较接收信号的强度以确定无线电波发射方向,有振幅比较法和等强信号比较法两种。

(1)振幅比较法　两个特性相同且相互垂直放置的环形天线,其信号强度为分别为 $E_1 = kE\cos\theta$, $E_2 = kE\sin\theta$(θ 是来波方向与一个天线平面的夹角,如图 7.2 所示),由此可根据幅值比求出夹角 $\theta = \arctan\dfrac{E_2}{E_1}$。

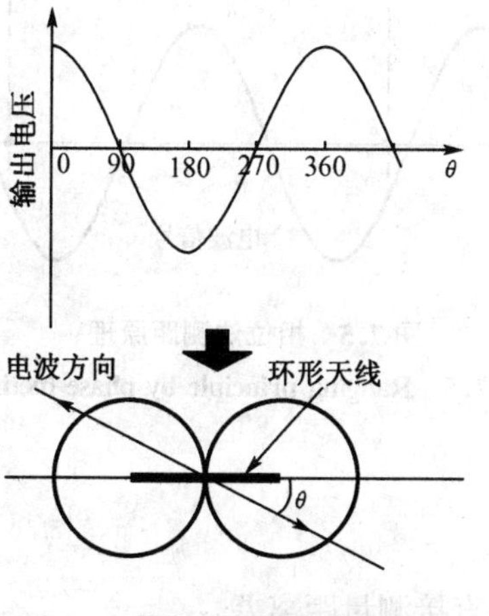

图 7.1　最小值和最大值测向法

Fig.7.1　Direction finding method by maximum and minimum method

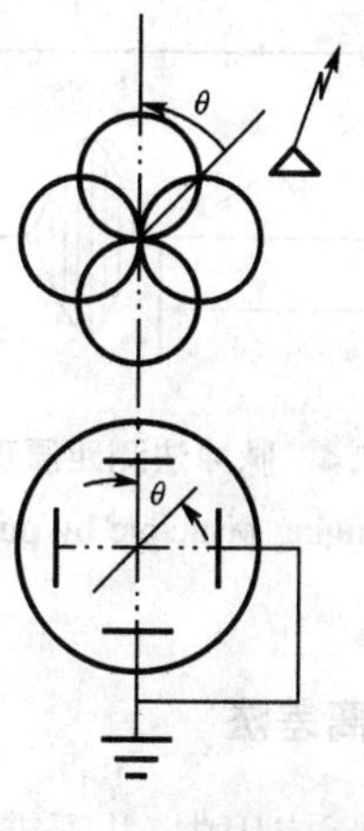

图 7.2　振幅比较测向

Fig.7.2　Direction finding by amplitude comparison

(2)等强信号比较法　对于两个特性相同且重叠放置的环状天线,当天线对准来波天线方向时,接收到的两个信号强度相等,若来波方向偏离任何一方时,则信号强度不等,这样即可利用等强信号确定来波方向,如图 7.3 所示。

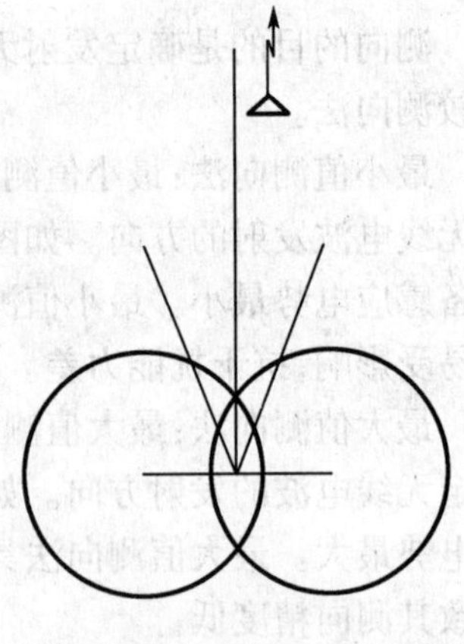

图 7.3　等强信号测向

Fig.7.3　Direction finding by equal intensity signal

2.测量距离法

在无线电技术领域,测量距离的方法有很多种,最常用的是通过测量两点间电波传播时间确定其距离。如图 7.4 所示,t_A 时刻发出的脉冲信号,经过一段时间,在时刻 t_B 到达接收点,由接收设备测出两点间电波传播时间 $t_{AB}=t_B-t_A$,根据电波恒速特性,可求得两点间距离,即 $r_{AB}=ct_{AB}$。

通过测量接收到的电波相位,也可测出距离,这是因为相位变化与传播时间有关,如图 7.5 所示。根据测量点相位与发射点相位的差值,当接收信号波长(频率)不变时,可求得两点距离为

$$r_{AB}=\frac{\lambda}{2\pi}(\phi_B-\phi_A) \tag{7.2}$$

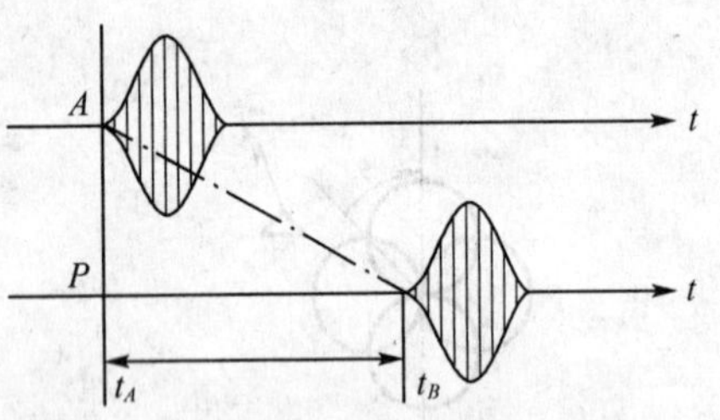

图 7.4　脉冲法测距原理

Fig.7.4　Ranging principle by pulse method

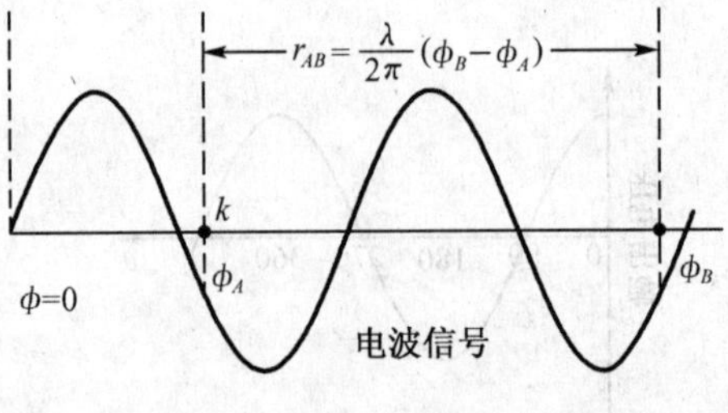

图 7.5　相位法测距原理

Fig.7.5　Ranging principle by phase method

3.测量距离差法

在许多实际应用中,并不需要直接测量距离,而是直接测量距离差。

假设有两地面发射台 A,B,它们无方向性地发射电波,并且在发射时间上精确同步,在点 C(船舶)安装接收机,用来接收 A,B 发出的信号,如图 7.6 所示。

从 A 发射台发出的无线电波经 t_{AC} 达到接收点,从 B 发射台发出的无线电波经 t_{BC} 到达接

收点，通过测量脉冲信号时间差或连续波相位差可求得接收机与发射台 A,B 的距离差为

$$r_A - r_B = c(t_{AC} - t_{BC}) \quad 或 \quad r_A - r_B = \frac{\lambda}{2\pi}(\phi_B - \phi_A)$$

如果船舶接收信号时间差或相位差保持不变，那么船舶 C 在 $r_A - r_B = \text{const}$ 常数的曲线上，这条曲线称为等距离差位置线。若能测出 A,B 两台发射信号的一系列时间差，可得到一簇双曲线位置线。若能得到两簇或两簇以上的双曲线位置线，便可以定出船位，如图 7.7 所示。

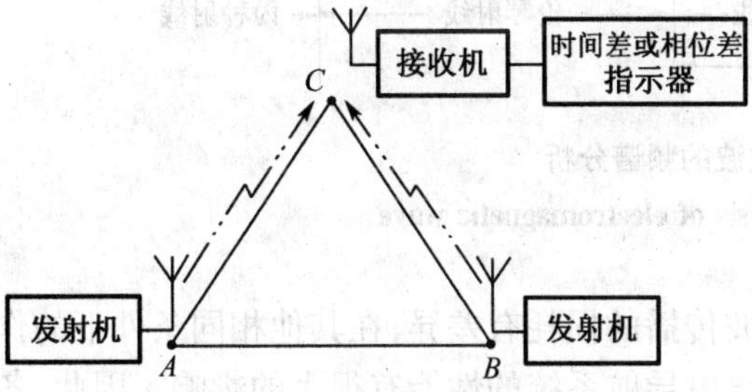

图 7.6　测量距离差原理

Fig.7.6　Principle of range difference measurement

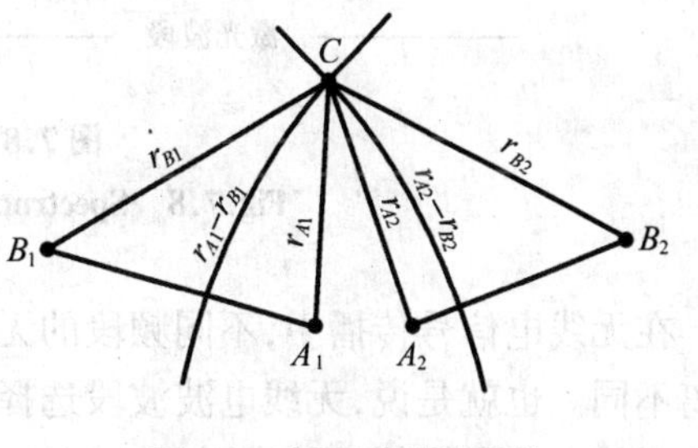

图 7.7　距离差法定船位

Fig.7.7　Ship position fixing by range difference measurement

7.2　无线电波传播的基础知识

无线电导航是基于无线电技术发展起来的导航技术，其本身属于无线电系统。掌握无线电波的基本特性对于学习无线电导航系统是非常重要的。

7.2.1　无线电波基础知识

1. 无线电波定义

一般来讲，把频率 1 kHz（波长 3×10^5 m）到 10^9 kHz（波长 0.3 mm）范围内的电磁波称为无线电波，如图 7.8 所示。

电波在一个振荡周期内传播的距离叫波长。波长 λ、频率 f 及传播速度 V 之间的关系为

$$\lambda = \frac{V}{f} \tag{7.3}$$

上式中，V 的单位为 m/s，f 单位为 Hz，λ 的单位为 m。

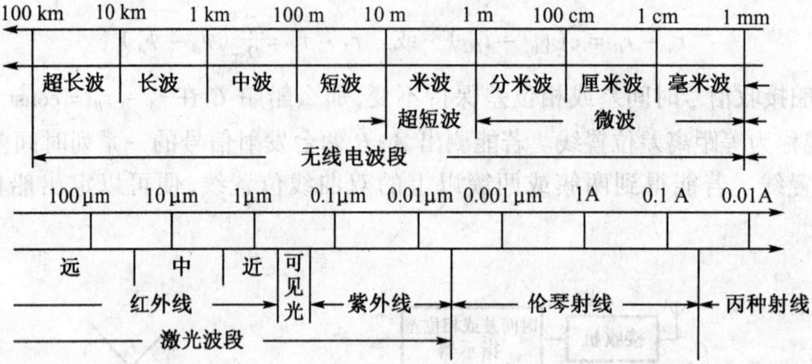

图 7.8　电磁波的频谱分析

Fig.7.8　Spectrum analysis of electromagnetic wave

在无线电信号传播中，不同频段的无线电波传播的损耗有差异，在其他相同条件下的作用距离不同。也就是说，无线电波波段选择对无线电导航系统的性能有很大的影响。因此，各频段的无线电波在导航中的应用是不同的，表 7.1 列出了各频段无线电波的基本特性及在无线电导航中的应用。

表 7.1　无线电波频段划分

Table 7.1　Electromagnetic wave frequency zone division

序号	名称	频率范围/kHz	波长名称		导航上应用
1	极低频	$3\times10^{-3}\sim3\times10^{-2}$	极长波		
2	超低频	$3\times10^{-2}\sim3\times10^{-1}$	超长波		
3	特低频	$3\times10^{-1}\sim3\times10^{0}$	特长波		
4	甚低频(VLF)	$3\times10^{0}\sim3\times10^{1}$	甚长波		奥米伽系统
5	低频(LF)	$3\times10^{1}\sim3\times10^{2}$	长波		罗兰 C,台卡
6	中频(MF)	$3\times10^{2}\sim3\times10^{3}$	中波		罗兰 A,测向
7	高频(HF)	$3\times10^{3}\sim3\times10^{4}$	短波		
8	甚高频(VHF)	$3\times10^{4}\sim3\times10^{5}$	超短波		卫星导航
9	超高频(UHF)	$3\times10^{5}\sim3\times10^{6}$	分米波	微波波段	卫星导航,雷达
10	特高频(SHF)	$3\times10^{6}\sim3\times10^{7}$	厘米波		船用雷达
11	极高频(EHF)	$3\times10^{7}\sim3\times10^{8}$	毫米波		
12	超极高频	$3\times10^{8}\sim3\times10^{9}$	亚毫米波		

无线电波的传播是一种电磁能量的传播,不必需要依赖媒介,可以在真空中进行传播,具有如下的传播特性:

(1)在理想均匀介质中,无线电波是沿直线传播的;

(2)在理想均匀介质中,无线电波传播速度是常值;

(3)无线电波在任何两种介质的边界面上必然产生反射,反射的场强与两种介质电性能差异程度有关。

无线电波的传播特性提供了无线电导航的可能性,利用上述三种特性进行观测及组合,可建立起各种无线电导航系统。

2.无线电波传播速度

在真空中,无线电波的传播速度与频率无关,其电波传播速度与光速相等,这是实际传播速度的依据。实际上,无线电波多在大气中传播,此时,传播速度随电波穿过的大气温度、湿度和气压的不同(变化)而变化,同时也与其途经地表的介质导电率有密切关系,这些因素的相对效应随发射频率而变化。

近地面大气层电波传播速度可表示为

$$V_\alpha = \frac{1}{\sqrt{\varepsilon u_0}} = \frac{1}{\sqrt{\varepsilon^t}\sqrt{\varepsilon_0 u_0}} \tag{7.4}$$

式中 ε——传播介质的介电系数;

ε_0——自由空间的介电系数;

ε^t——相对介电系数;

u_0——自由空间的导磁系数。

当电波在自由空间传播时,$\mu_0 = 4\pi \times 10^7$ H/m,$\varepsilon^t = 1$,$\varepsilon_0 = (4\pi \times 8.987\,5)^{-1} \times 10^{-9}$ F/m。将这些数值代入式(7.4),得自由空间无线电波传播速度为299 792 km/s,它与光速相等。这一计算值与实际测定的无线电波在真空中传播速度平均值299 792 ± 0.3 km/s是非常接近的。

在标准状况下,无线电波在大气层中传播速度与在自由空间传播速度有一定的差别。令 $n = 1/\sqrt{\varepsilon^t}$,称为介质的折射系数,折射系数可通过计算或实际测定获得,其表达式如式(7.5)所示。

$$n = 1 + \frac{77.6 \times 10^{-6}}{T}\left(P + \frac{4.81e}{T}\right) \tag{7.5}$$

式中 T——绝对温度,K;

P——大气压力,mbar;

e——水汽压力,mbar。

标准状况 $T = 15° = 288$ K,$P = 1\,013$ mbar,相对湿度为 70% 时的 $e = 12$ mbar。由式(7.5)得 $n = 1.000\,326$。将这数值代入式(7.4)得标准大气中无线电波传播速度为299 694 km/s。可见,它比真空中传播速度299 792 km/s略小。

3.相速和群速

由式(7.4)决定的无线电波传播速度只有一个,这种介电系数与频率无关的介质,称为非散射性介质。陆地、海水、湖泊及其邻近的大气层、电离层都属于散射性介质。不同频率的电波,在散射性介质中的传播速度是不同的。在散射性介质中通常有相速和群速的区别。相速是无线电波的等相位面在介质中的传播速度。前述由波动方程得到的电波传播速度,严格地说应是相速。群速是无线电波能量传播的速度。

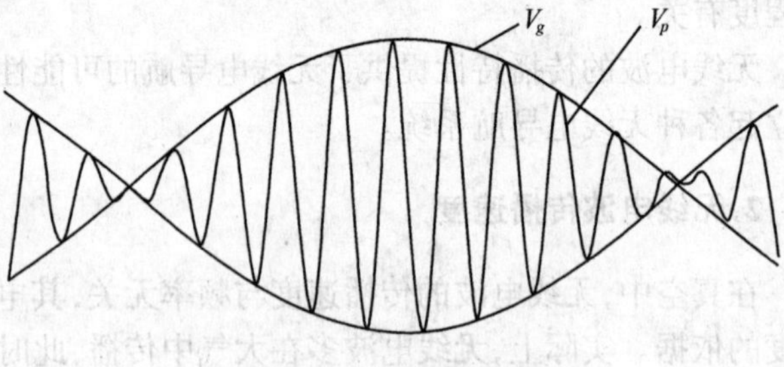

图 7.9 相速与群速关系

Fig.7.9 Relationship of phase velocity and group velocity

无线电波的发射,通常用低频包络调制高频信号,这有利于能量的传播。包络波形变化代表群速,用 V_g 表示。载波变化,即相位改变的速度,是相速,用 V_p 表示,如图 7.9 所示。

对于电离层来说,$V_p = c/n$,$V_g = cn$,其中 c 为光速,$n = \sqrt{1-81 \cdot N/f^2}$。因此,电离层折射系数 n 总是小于 1 的(N 为电子密度)。这也说明电离层中,无线电波相速总比光速大,而群速总比光速小,即 $V_g \cdot V_p = c^2$。研究无线电波在电离层的屈折和波径时需用相速,研究无线电波在电离层中传播时间时,则要用群速的概念。

7.2.2 无线电波传播方式

发射天线或自然辐射源所辐射的无线电波,通过自然条件下的媒质到达接收天线的过程,称为无线电波传播。传播无线电信号的媒质主要有地表、对流层、电离层等,这些媒质的电特性对不同频段无线电波的传播有着不同的影响。

对流层位于地球大气低层,自地面向上延伸约为 9 ~ 17 公里。对流层中主要的传播方式或效应有:大气折射、波导传播、对流层散射、多径传播、大气吸收、水汽凝结体和其他大气微粒的吸收和散射。

由于各种宇宙射线的辐射,引起空气分子的电离,形成了电离层。电离层分为三层:D 层(距离地面高度 60 ~ 80 km)、E 层(距地面高度 100 ~ 120 km)和 F 层(200 ~ 900 km),如图 7.10 所示,受电离层影响的波段从极低频(ELF)直至甚高频(VHF),但影响最大的是中波和短波段。

根据媒质及不同媒质分界面对电波传播产生的主要影响,可将电波传播的方式分为直射波、地面反射波、天波、地波四种传播方式。

(1)地面波传播　沿地球表面的传播称为地面波传播(Ground Wave Propagation)或表面传播(Surface-wave Propagation)。当天线采用直立形式架于地面上,架设高度远小于波长时,其电波的最大辐射方向为沿着地球表面的方向,这时主要是地面波传播。

地面波也称为地波,其特点是信号质量好,传播比较稳定可靠,没有多径效应,基本不受气候的影响。但随着电波频率的增高,地面对于电波的吸收就趋于严重,其传播(绕射)损耗迅速增大。因此,适宜于频率较低的中波、长波、超长波的远距离导航。

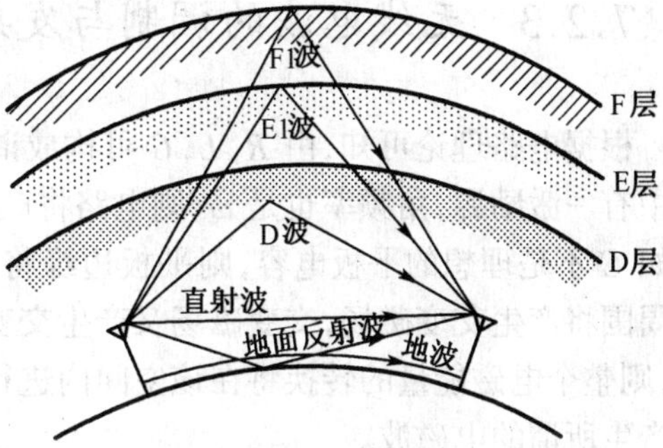

图 7.10　无线电波传播方式

Fig.7.10　Radio wave propagation method

地面波传播与地表的导电性质有很大关系,导电率越高,损耗越小。由于海水远比湿干土地表导电率高,所以地波在海水表面上传播是有利的。

(2)天波传播　电波由发射天线向高空辐射,在高空被电离层连续折射或散射而返回地面接收点的传播方式称为天波传播(Sky Wave Propagation),有时也称电离层电波传播(Ionospheric Propagation)。

电离层变化对天波传播有着重要的影响,当电离层变化时,会使得天波衰减严重,且天波存在延时,因此天波传播不宜做精确导航。

天波主要是以短波传播为主,其工作频率一般为 2 ~ 30 MHz。频率太高的无线电波不能被电离层反射,频率太低的无线电波被电离层吸收。天波最佳的工作频率既与季节、时间、昼夜以及天气有关,也与工作距离有关。

(3)视距传播(Propagation over the Line of Sight)　又称为直接波传播,指电波由发射点直接到达接收点的传播,是一种直接的、对视的传播方式。

大多数的视距传播路径至少有一部分是在大气的对流层中,且通信的一端处于地球表面上。因此地面状态和对流层等都会对视距传播造成影响,表现为反射、折射、散射和绕射。

(4)散射传播　利用对流层或电离层中介质的不均匀性或流星通过大气时的电离余迹对电磁波的散射作用实现超视距传播,这种传播方式主要用于超短波和微波超远距离通信。

散射传播的优点是距离比较远,抗毁性好,保密性强,但需要大功率的发射机、高增益的天线和高灵敏度的接收机来保证。

(5)大地反射波　发射台发射的电波经地面反射传播到接收台的电波。

实际的无线电导航系统往往存在多种传播途径,通常取一种作为主要的传播途径。例如陆基无线电导航系统虽然有天波和地波两种传播途径,但主要利用地波传播实现精确定位。

7.2.3 无线电波的调制与发射

根据电路理论可知,由 R,L,C 可构成谐振回路,其谐振角频率为 $\omega=1/\sqrt{LC}$。此时若回路中有一激励源,角频率也是 ω,则电路将产生谐振电压和谐振电流。若 L 或 C 具有开放性,例如 C 不是理想的平板电容,则平板边缘将存在泄漏的交变电场。由于电磁感应,在交变电场周围将产生交变磁场,交变磁场又产生交变电场,若所有的电能和磁能存在于一个无界空间内,则整个电磁能量的转换将在该空间内进行,形成电场、磁场的互相激发并向外辐射与传播,即产生所谓的电磁波。

利用无线电系统实现数据的传输和参数的测量,需要无线电台发射载有一定信息的无线电信号,这一任务由无线电发射机(Transmitter)、发射天线及其附属设备完成。

发射机的功能就是以足够的功率、合适的载波频率、适当的调制方式和较高的功率效率,产生所需的能用于传输的信号。其工作流程是将无线电信息进行适当的编码,通过振荡器的射频信号进行调制,然后经过功率放大,并馈送至天线,把已调制的射频信号发射出去。单级振荡发射机便是按照上述流程完成信号发射任务的,具有简单、经济、体积小、质量轻的优点,但其频率的稳定度低,不易进行复杂波形的调制。

主振放大式发射机的射频振荡器由多级电路组成,如图 7.11 所示。第一级称为主控振荡器,用于提供足够的频率准确度和稳定度的射频信号;其他各级称为射频放大链,用于放大射

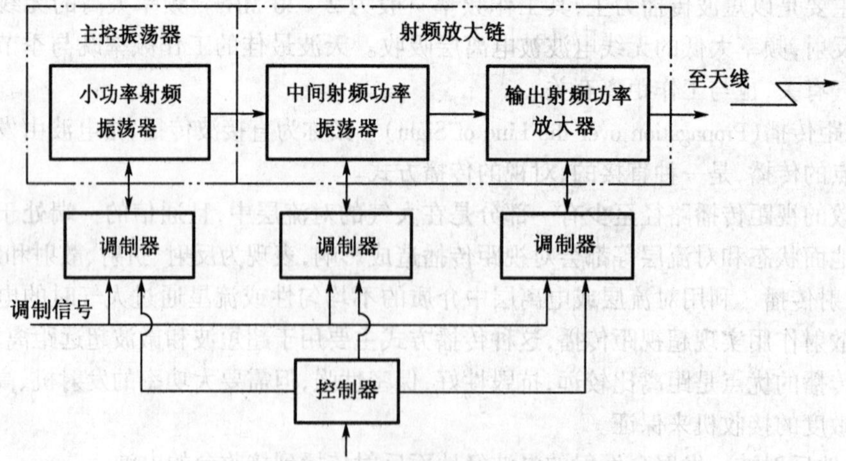

图 7.11 主振放大式发射机

Fig.7.11 Master oscillator amplified transmitter

频信号,提高信号的功率电平。调制器的调制信号可以加到射频放大链的其中一级,也可以同时加到其中的若干级。当需要进行复杂调制时,还可以对各级进行不同方式的调制。为保证各级电路的协调工作,由控制器负责协调各部分电路的工作。

如图 7.11 所示,发射机需要先将需发射的信息进行编码,然后通过调制器对发射信号进行调制。调制是对各种信号变换方式的总称。在无线电通信系统中,为通过天线将信号传播到空间,实现远距离传输的目的,发射机把要发射的消息经过编码形成基带信号,基带信号的振幅对射频正弦波的参数进行调整,即将频率较低的基带信号转移到频率较高的载频上,且已调制波中就"载"有要传递的信息。

信号调制的作用体现在以下三个方面:

(1)将消息或信号变换成易于传输的方式;

(2)提高系统性能,特别是抗干扰能力;

(3)有效地利用频带,使多路信号或消息可以在同一个信道中进行传输。

信号调制方式包括连续波调制和脉冲调制两大类。连续波调制又分为线性调制、非线性调制和数字调制;脉冲调制包括脉冲模拟调制和脉冲数字调制。在一些实际系统中,还常采用复合调制方式,即用不同或相同的调制方式对载波信号进行多级(多次)调制,使载波的多个参数随基带信号或中间信号变化,达到进一步提高信号传输性能的目的。

无线电设备根据其工作距离、信号类型、可靠性能等技术指标,对发射机提出了不同的性能要求,作为发射机设计、制造和测试的基本依据,其主要的性能指标包括以下几条。

(1)工作频率或波段　指发射机发射的无线电载波频率。当工作频率处于一定频率范围内而不局限于单一频率点时,称为波段。

(2)输出功率　发射机馈送至发射天线输入端的功率。对于采用连续波方式工作的发射机,其输出功率一般指平均功率(Mean Power)P_{aV},对于采用脉冲方式工作的发射机,其输出功率可用峰值功率 P_t 和平均功率 P_{aV} 描述。

(3)信号格式　指发射无线电信号所采用的各种调制方式,如调幅、调频、调相、副载频调制、时间编码调制、调幅 - 调频等。

(4)信号稳定度　综合描述发射机信号各项参数的稳定程度,如振幅、频率、相位、脉冲宽度、脉冲重复频率、最大频率偏移等参数随时间变化的程度。信号稳定度在频谱中的表示称为信号的频谱纯度,一般采用实际信号的频谱与理想信号频谱间的差异——寄生频谱的大小来描述。

(5)邻道干扰　发射信号的频谱落入相邻频道内的总功率与落入应占频道内的总功率之比,以 dB 表示,即

$$\text{邻道干扰} = 10\lg\frac{\text{落入邻道内信号总功率}}{\text{应占频道内信号总功率}} \tag{7.6}$$

(6)总效率　由发射机输送到天线的信号发射功率与其本身所消耗的全部电源功率之比。

7.2.4 无线电波的接收

载有有用信息的射频信号被发射机发射后,运载体需要接收射频信号完成导航功能。无线电接收机的任务是将接收天线收到的微弱射频信号从混杂有各种干扰和噪声的背景中提取出来,经放大、解调、解码解算后送入显示器或终端处理器,得到所需要的信息和参数。

一般到达接收机天线的无线电信号非常微弱,因此需要低噪声、高增益的高频放大器才能实现解调器的正常工作。受器件、工艺结构等因素的影响,直接完成高增益的高频信号放大有一定的技术难度。典型的调谐直放接收机(Tuned Radio-Frequency Amplifier,简称 TRF)如图7.12 所示,它由多级级联的射频调谐放大器以及检波器组成,这种结构的接收机的难点在于如何将全部的射频放大器调谐到同一频率上。TRF 结构接收机的所有增益都在 RF 级完成,随着频率的升高,这种接收机的实现难度变大。因此一般接收机不采用直接放大式,而通常采用超外差接收方式。

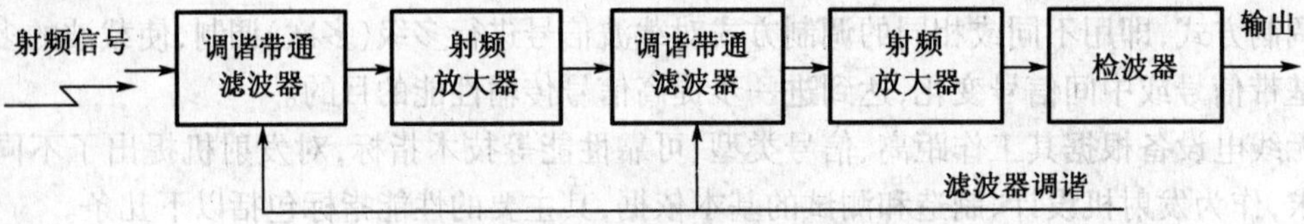

图 7.12 调谐直放式接收机原理图

Fig.7.12 Principle diagram of TRF

"超外差"是指将射频输入信号与本地振荡器产生的信号相乘或差拍,即由混频器混频后的中频滤波器选出射频信号与本振信号频率两者的和频或差频。其主要优点是低中频上容易实现相对带宽较窄、矩形系数较高的中频滤波器,以提高接收机的选择性,而且增益可以从中频级获得,降低了射频级实现高增益的难度。

超外差式接收机主要由三部分组成,如图 7.13 所示。

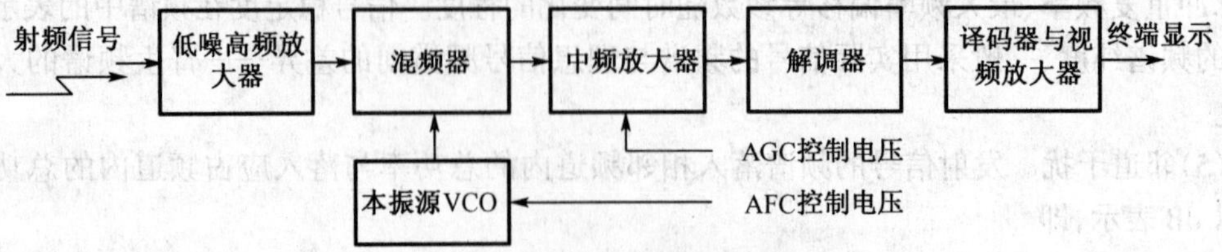

图 7.13 超外差接收机原理图

Fig.7.13 Principle diagram of superheterodyne receiver

(1)高频部分,包括低噪高频放大器、混频器和本振源。低噪高频放大器接收射频信号,并滤除其通带外的干扰和天线噪声。输出的射频调制信号经混频器与来自本振源的高频信号进行混频,混频后的输出信号中心频率等于本地振荡频率与射频信号的载频之差,调制形式不变,从而获得了频率降低后的中频调制信号。

(2)中频放大器。将得到的中频信号进行放大和匹配滤波,提供大部分的增益和选择性以获得最大的输出信噪比。

(3)解调器和译码器。解调器解出调制的低频信号,经译码器处理后进行相关解算,最后送到终端设备,得到所需的信息内容。

超外差接收机容易获得稳定的高增益放大信号,方便对带外噪声或干扰的抑制,可灵活地适应于不同的载波频率,易于实现自动增益控制,因此获得了广泛应用。

无线电接收机接收含有通信、导航等信息的射频信号时,在信号的调制、传输、放大、解调等过程中,其幅度、频率、相位等都将产生一些附加变化,如信号幅值的衰减、中心频率及相位的漂移等,这些变化将影响到信号的接收精度和系统性能。通常这些参量的变化速度比含有通信、导航信息的调制信号慢得多,因此在实际系统中可以将其分离出来作为控制信号,通过自动增益控制(AGC)、自动频率控制(AFC)、自动相位控制(APC)等附属控制电路来削弱这些变化因素对接收机性能的影响。

7.3　无线电测向系统

陆基无线电测向系统(Radio Direction Finding System,简称 DF)是最早(1907 年)使用的无线电导航设备,它利用无线电系统天线的方向性图实现对方位角的测量,是 20 世纪 30 年代甚至是 40 年代主要的无线电导航系统。无线电测向系统可以测定无线电发射台的方向,用于船舶救助、定位和导航。尽管其测向精度(一般为 $\pm(2°\sim5°)$)较其他方位测量仪器低,作用距离较近(白天为 100 n mile,夜间为 50 n mile),但无线电测向系统可测定任何无线电发射台的发射信号,通用性强、测向简单、使用方便、成本较低,对发射台无特殊要求,在世界各航区均可使用。尤为重要的是,无线电测向系统可以用于测定遇险船舶的方向,因此,国际海上人命安全公约(SOLAS 公约)规定1 600 吨以上的船舶必须装备无线电测向系统。

无线电测向系统由测向系统和无线电发射台组成,测向系统可测定无线电发射台的方向,当用测向系统测定固定发射台发射的电波时,可确定发射台方位,得到一条直线位置线,若测出两个或三个发射台方位,则得到两条或三条位置线,其交点就是船舶的位置。无线电发射台,也称无线电信标(Radio Beacons),是专门用来发射无线电测向信号的发射台。目前许多国家和地区仍在广泛使用 DF,据统计美国在 1996 年有1 700个无方向信标(Non Directional Beacon)在工作。

7.3.1 天线方向性

无线电测向的基本原理是利用具有方向性的天线接收无线电波，根据信号幅度与电波传播方向之间的关系，测定电波的传播方向。在无线电测向系统中，通常采用直立天线和环状天线构成的复合天线接收无线电信号进行测向。

直立天线是一种无方向性天线。设天线的有效高度为 h，电场强度有效值为 E，无线电波的角频率为 ω，则直立天线的感应电势为

$$e = \sqrt{2}h \cdot E \cdot \sin\omega t \tag{7.7}$$

由此可知，直立天线产生的感应电势与电场强度 E 和天线的有效高度 h 成正比，而与电波的来向无关。也就是说，用直立天线接收来自任何方向等距离的电台信号时，若发射功率相等，则天线无法测量出无线电台的方位。直立天线的方向性图用极坐标表示是一个圆形，因此直立天线又称为不定向天线或无方向性天线。

环状天线是一种方向性天线，其外形可以是矩形、圆形或其他形状。以矩形天线为例，设天线高度为 L，宽为 S，来波方向与环面的夹角为 θ，如图 7.14 所示。

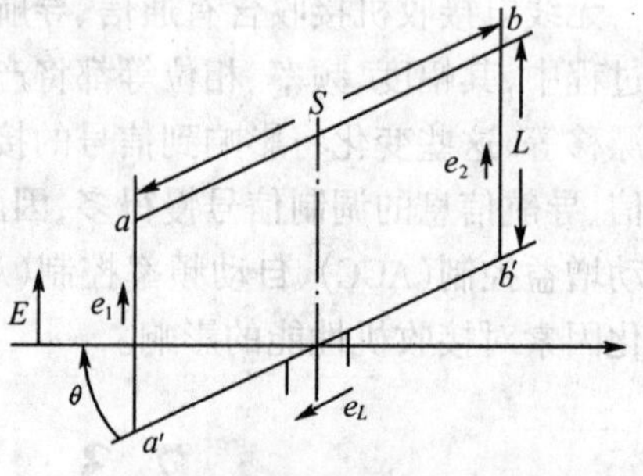

图 7.14 矩形天线测向原理图

Fig.7.14 Principle diagram of direction finding by rectangular antenna method

根据图 7.14 可计算出矩形天线上总感应电势的瞬时值为

$$e = e_1 - e_2 = 2\sqrt{2}LE\sin\omega\frac{S\cos\theta}{2c}\cos\omega t \tag{7.8}$$

其中，e_1，e_2 为矩形天线垂直边上感应电势瞬时值：$e_1 = \sqrt{2}LE\sin\omega(t + S\cos\theta/2c)$，$e_2 = \sqrt{2}LE\sin\omega(t - S\cos\theta/2c)$。

由于在数值上 S 比 c 小得多，由 $c = f\lambda$，并定义矩形天线的有效高度 $h_e = 2\pi A/\lambda$（A 为矩形天线面积），可得到

$$e = \sqrt{2}h_e E\sin\left(\omega + \frac{\pi}{2}\right)\cos\theta \tag{7.9}$$

由(7.9)式可以看出，环形天线的方向性图与 $\cos\theta$ 有关系，也就是说，来波方向与环形天线平面间所夹角度不同，其输出电压也不同，呈余弦变化，如图 7.15 所示。

环状天线的方向性图在极坐标中是一个“∞”字形图。根据图 7.15 所示，当来波方向与环状天线平行（$\theta = 0°$或 180°）时，其感应电动势瞬时值最大；当来波方向与环状天线垂直（$\theta = 90°$

或270°)时,感应电动势为零。但从图7.15中也可以看出,θ旋转一周的过程中有两个输出为零的位置,此时由于多值性无法确定来波方向。

在无线电测向过程中,为使环状天线具有单一的方向性,通常是引入直立天线,与环状天线组合成复合天线,消除环状天线"∞"字形方向性图的双值性。根据式(7.7)和式(7.9),若直立天线和环状天线产生的感应电势振幅相等且相位相同,可得到二者的合成电势为

$$U_R = U_M(1 + \cos\theta) \tag{7.10}$$

式中,U_M是两种天线的最大感应电势。

根据(7.10)作出的方向性图,如图7.16所示,由此可看出复合天线的方向性图是心脏形图,有一个感应电势最小值和一个感应电势最大值。因此,利用"环形+直立"天线的复合天线方式排除了多值性,从原理上解决了测向问题。

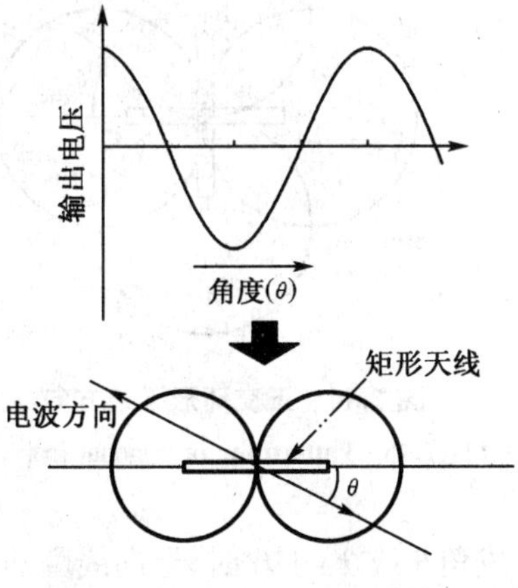

图7.15　环状天线方向性图

Fig.7.15　Pattern for loop antenna

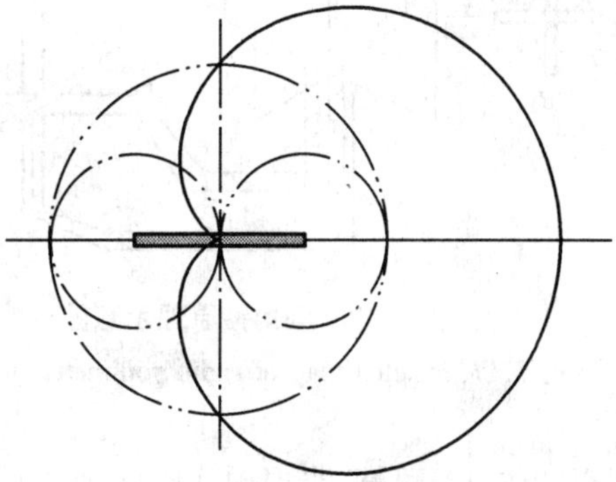

图7.16　心脏线方向性图

Fig.7.16　Pattern for cardioid

7.3.2　测角器

采用环形天线的测向系统需要转动环状天线,从占用的空间和机械稳定性方面都不理想,工程上多采用测角器测向系统。测角器也是用于测定无线电信标方位的装置,由正交的固定环状天线和测角器组成测角系统,即采用电的方法代替天线旋转。

无线电测角系统原理如图7.17所示。测角器由两个互相垂直的固定场线圈A,B和一个可绕中心轴旋转的寻向线圈组成。两个固定场线圈分别与对应的环状天线A,B相连接。

环状天线的输出电压送至测角器的绕组,产生出与环状天线中相同的磁场,磁场又在寻向

线圈中感应出电压,其幅度值为

$$U = U_A\sin\varphi + U_B\cos\varphi \tag{7.11}$$

其中,U_A,U_B 分别为环状天线 A,B 的感应电势,φ 为寻向线圈的方向角。

设来波方向与环形天线 A 的夹角为θ,如图 7.18 所示,则环形天线的感应电势为

$$\left.\begin{aligned} U_A &= U_0\sin\theta \\ U_B &= U_0\cos\theta \end{aligned}\right\} \tag{7.12}$$

根据式(7.11)和式(7.12)可得到寻向天线的感应输出为

$$U = U_0\sin\theta\sin\varphi + U_0\cos\theta\cos\varphi = U_0\cos(\theta - \varphi) \tag{7.13}$$

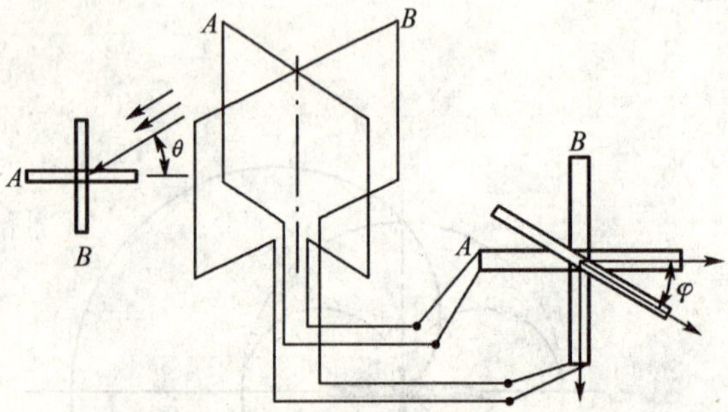

图 7.17 测角器原理示意图

Fig.7.17 Sketch map of radio gonimeter principle

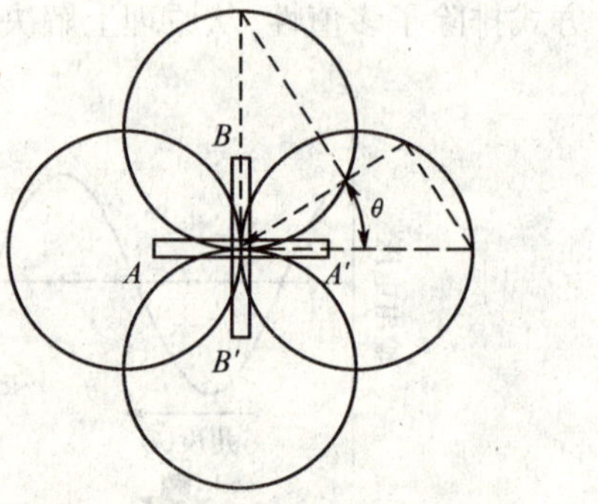

图 7.18 正交环形天线方向性图

Fig.7.18 Pattern for orthogonal loop antenna

由式(7.13)可知,当寻向线圈转到与励磁线圈 AA' 成角 θ 或 $\theta + 180°$时,寻向线圈输出值最大;同样,当寻向线圈与励磁线圈成角 $\theta + 90°$或 $\theta + 270°$时,寻向线圈输出值最小。因此测角器的工作原理是:由两个互相正交的固定环状天线加上测角器,形成一个等效于可转动环状天线的方向性图。这样做的好处是,用两个固定的环状天线取代了一个转动的环状天线,使安装和使用都得到了简化。

为解决测向多值性问题,测角器同样需要与直立天线组合构成成复合天线。此时,搜索线圈和直立天线的输出叠加,形成一个心脏形方向性图。

7.3.3 无线电测向系统误差

角度测量的准确性是衡量无线电测向系统质量的主要指标,在利用无线电系统测向时可能产生各种误差,主要包括设备误差、附近导体的干扰误差、电波传播误差和测定误差等。

1.设备误差

设备误差是指无线电测向系统本身结构、电路的不完善及安装不当所造成的误差，主要包括机械和电气两方面。机械误差如天线、测角器等安装和制造上的不准确，指示器刻度盘的偏心和不准确等；电气误差如天线效应与修正不够、电气耦合不到位、屏蔽不良等。

无线电测向系统在制造过程中，已经由厂家采取措施将设备误差限制在±1°以内，在使用时无须考虑该误差，但在平时保养和检修时，务须保持仪器的原有结构，不得随意移动机内部件或更改电路结构。

2.附近导体的干扰误差

也称无线电测向系统自差。如果在天线附近有导电物体（金属结构体），那么无线电测向系统会受到电磁场的影响而产生感应电流，在导电物体周围产生二次辐射场，与发射台来的基本场一起对测向线起作用。两场叠加的结果使方向性图发生畸变，引起测向误差。

在实际使用无线电测向系统时，为消除该误差，需要首先测定自差，做出自差曲线。在测向时，应将每次测得的结果加上自差值，从而消除无线电测向系统自差。平时还应注意测向系统自差值的变化，在需要时重新对其进行测定与消除。测定自差亦称校差，可使用本船旋转法或电台旋转法进行校差。

3.电波传播误差

无线电波在不同条件下（如电离层、大地、海面、时间和不同季节等）传播性能并不一致，传播环境也会使测向产生误差，主要有夜间效应和海岸效应两种。

夜间效应又称极化误差，是由于椭圆极化的天波对线极化的地波的干涉使测向产生误差。白天在200 n mile以内，接收机主要接收地波信号；在夜间电离层发生变化，可以同时收到地波和天波信号，离发射台20 n mile时可以收到较强的天波信号。天波是椭圆极化波，其振幅、相位和极化程度等是变化的，传播方向与地面有个倾角，因而使测向零点漂移和模糊，导致接收信号衰减和不稳定，引起方位误差。

电波通过海岸时，电波等相位面发生扭曲引起测向误差的现象称为海岸效应。当电波从陆地传到海上或从海上传到陆地，都要通过两种不同电参数的交界线。由于地面传导性能剧变，地波相速发生变化。如果传播方程与海岸不垂直，等相位面的不同部分到达海岸线的时间不一致，引起海岸线附近的过渡区域内等相位面扭曲的现象，形成海岸折射，引起测向误差，最坏的情况可使测向误差达4°～5°。

4.测定误差

测定误差主要与观测方位误差和测向位置线的交角有关，主要因素有：

(1)无线电信标的位置与周围环境;

(2)所得无线电方位线的交角;

(3)夜间效应、海岸效应的影响;

(4)无线电测向系统自差测定精度;

(5)操作者测定方位和读取无线电测向方位读数的经验,熟练程度。

为提高测向定位精度,应尽量采取措施避免各类干扰误差。例如,日出、日落前后 1 h 内,夜间效应最严重,不宜进行测向;当选用两个无线电信标测定时,其位置交角以接近 90°为最佳,不得小于 30°和大于 150°;当船与岸距离较近(小于 10 个波长),且船与无线电信标的连线与海岸线夹角小于 20°时,因海岸效应较重,不宜测向。

7.4 双曲线导航系统

众所周知,无线电波是恒速直线传播的,通过测量无线电信号的时间就可换算出距离(或距离差)。由几何学可知,距球面上两定点距离差为常数的点的轨迹是以这两点为焦点的球面双曲线。也就是说,如果在两个焦点上各配置一个无线电发射台,发射时间严格同步的无线电信号,通过在船舶上装备的无线电接收机接收这些信号,并根据测量信号的时间差或相位差,测定出船舶与两发射台之间的距离差,便可确定此时船舶的位置一定位于所测距离差对应的双曲线上。双曲线导航系统就是以此为基础建立并命名的。

目前的双曲线导航系统主要有相位测距差、脉冲测距差和脉冲—相位测距差三类。相位测距差有台卡系统和奥米伽导航系统,脉冲测距差有罗兰 A 导航系统,脉冲—相位测距差有罗兰 C 导航系统。

7.4.1 相位双曲线导航系统

相位双曲线导航系统通过测量两个无线电发射台所发射的在时间上严格保持同步,且具有固定相位关系的连续波到达船舶的相位差,进而求出两发射台距船舶距离差的导航系统。

利用相位比较法测量距离差的原理如图 7.19 所示。图中,A,B 是设置在地面上的两个发射台,它们发射角频率为 ω 的无方向性等幅振荡信号,当船舶位于 C 点时,它与发射台 A,B 之间的距离分别为 r_A,r_B。

设 A,B 两信号的起始相位分别为:$\phi_1 = \omega t$ 和 $\phi_2 = \omega t + \theta$,$\theta$ 是常数。

当信号传播到载体时,相位分别滞后一个与所传输的距离 r_A 和 r_B 相对应的相位。在运载体处接收到的信号相位差为

$$\phi = \left(\omega t - \omega \frac{r_A}{c}\right) - \left(\omega t + \theta - \omega \frac{r_B}{c}\right) = \frac{\omega}{c}(r_B - r_A) - \theta \tag{7.14}$$

即
$$\phi' = \phi + \theta = \frac{\omega}{c}(r_B - r_A) \tag{7.15}$$

由此得出距离差为

$$\Delta r = r_B - r_A = \frac{c}{\omega}\phi' = \frac{\lambda}{2\pi}\phi' \tag{7.16}$$

式(7.16)给出了载体接收到的信号相位差与到 A,B 点的距离差值之间的关系。可见测出相位差可决定 Δr 为常值的位置线,它在平面上的形状是双曲线。

相位差 ϕ 与距离差 Δr 关系并不是单值关系,如图 7.19 所示。若接收点位于基线 AB 中点法线上 $\Delta r = 0, \phi = 0$,随着接收点沿基线向左或向右偏移,Δr 和 ϕ 增大。当 $\Delta r = \lambda$ 时,$\phi = 2\pi$,经历了一个循环周期。Δr 再继续增大,相位差进入第二相位周期,此后相位差将周期性变化,每经过相位 2π 或每经过 $\Delta r = \lambda$ 的距离,相位读数相同,故 Δr 与 ϕ 间不是单值关系。

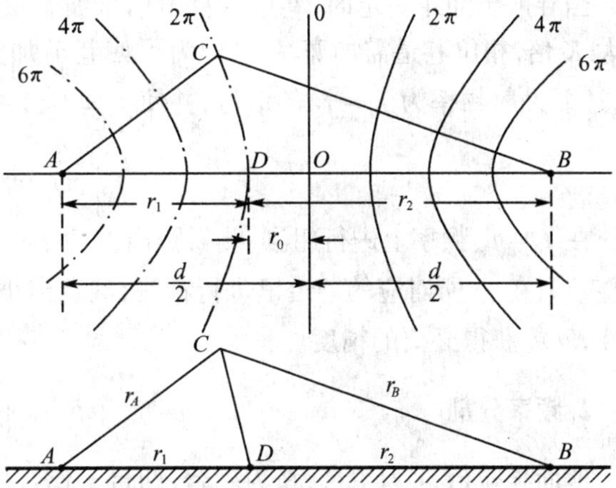

图 7.19　相位双曲线导航系统测距原理图

Fig.7.19　Ranging principle of phase hyperbolic navigation system

如图 7.19 所示,在基线 AB 上,O 点相位差 $\phi = 0$,与 O 点距离最近一个 $\Delta\phi = 2\pi$ 的点为 D 点,O 与 D 的距离为 r_0,若 $AB = d$,此时 $r_1 = d/2 - r_0$,$r_2 = d/2 + r_0$,因此 $\Delta r = r_2 - r_1 = 2r_0 = \lambda\phi/2\pi$,$\phi = 2\pi$,所以 $r_0 = \lambda/2$。故在基线上彼此相隔 $r_0 = \lambda/2$ 的点相位相同。但是双曲线是随离开基线距离增大而发散的,远离基线的一个相位周对应的 $r_0 > \lambda/2$。这样将发射台间及周围空间分成许多小地带,每一小地带相位差变化一个完整相位周 2π,这个小地带称为一个巷道。

1.相位多值性的消除

前面已指出,相位双曲线系统中存在相位读数的多值性,影响到测量准确度与作用距离的提高,因此,需要采取措施予以解决。

一种比较简单的方法是连续不断地计算完整相位循环次数。采用相位循环计数器和相位计记录所测相位信息,相位循环计数器记录相位差变化 2π 的整数倍次数 n。于是,根据计数器的指示,可确定出相位巷道的次序号;而根据相位计指示,可以确定出小于 2π 的相位读数 ϕ,计算出相位差为 $2n\pi + \phi$。这种方法的缺点是可靠性差,一旦丢失信号或设备临时断电等,都会使相位巷道的序号记录丢失或产生混乱,产生更大的定位偏差。

另一种方法是周期性地加宽相位巷道。在加宽的巷道中,取得单值低精度读数,获得原巷道的序号;在原先的巷道中读取高精度读数,获得距离差。展宽巷道的方法有很多种,其共性是改变被测信号频率。

基线 AB 上相位巷道的数目取决于 A,B 导航台间距离和被测信号的波长,即

$$n = 2d/\lambda$$

当导航台间距一定时,巷道数目由信号波长决定。若将信号的频率减小 K 倍,信号波长增大 K 倍,相位巷道需加宽 K 倍。为了使巷道加宽,地面导航台除了发射频率为 f_0 的信号外,还要发射频率为 $f_0 - f_1$ 的信号,并使 $f_1 = f_0(1 - 1/K)$,于是可得

$$\frac{f_0}{f_0 - f_1} = K \tag{7.17}$$

在 $f_0 - f_1$ 频率上进行粗测,测得距离差为 Δr_K,由此可确定原巷道序号为[$\Delta r_K/\lambda$]([]意为取整数);在 f_0 所对应的巷道里进行精测,确定出小于 2π 的相位读数 ϕ。这样,既可以消除多值性,又能获得必要的精度。

2.频率分割

地面导航台 A 为主台,B 为副台,两台工作在成整数关系的频率上,副台跟踪主台信号相位,两台发射振荡信号的相位关系为 $\omega_A/\omega_B = m/n$。副台的组成示意图如图 7.20 所示。

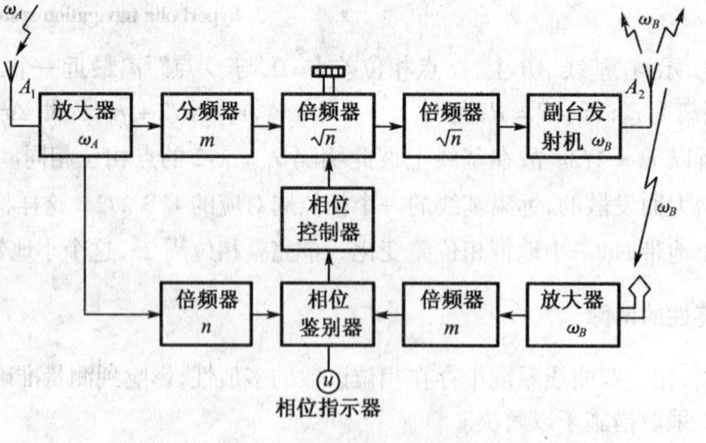

图 7.20 副台组成示意图

Fig.7.20 Sketch map of slave station configuration

天线 A_1 接收主台信号经放大、分频 m 次,再经两次$\sqrt{n}$倍频后,将所得信号加到副台发射机,其发射信号的频率为 $\omega_B = \omega_A \cdot n/m$。通过自动测量主台信号和副台信号间的相位差可检

测相位关系。放大接收到的主台信号，送到相位鉴别器，同时天线 A_2 接收本台信号 ω，经 m 次倍频，加到相位鉴别器上，因此相位鉴别器中同时加入两个相同频率 $\omega_A \cdot n = \omega_B \cdot m = \omega_0$ 进行比较，ω_0 称为比相频率。主、副台信号比较相位差产生误差信号控制副台的第一倍频器相位，实现自动控制副台发射信号的相位。

若主台信号相位 $\phi_A = \omega_A t$，则副台接收信号相位为 $\phi_A^B = \omega_A t - \omega_A d/c$。设载体在 C 点接收到两个台信号，相位都与所经距离成正比。将接收到的信号倍频 n/m，使副台信号对主台信号具有固定的相位差，则

$$\left.\begin{aligned}\phi_A^C &= \omega_A t - \omega_A r_A/c \\ \phi_B^C &= \frac{n}{m}\omega_A(t - d/c) + \theta_B - \frac{n}{m}\omega_A \frac{r_B}{c}\end{aligned}\right\} \tag{7.18}$$

在接收点比较信号相位 ϕ_A^C 与 ϕ_B^C，分别倍频 n 次和 m 次，得到

$$\left.\begin{aligned}\phi_{An} &= n\omega_A(t - r_A/c) \\ \phi_{Bm} &= n\omega_A(t - d/c) + m\theta_B - n\omega_A r_B/c\end{aligned}\right\} \tag{7.19}$$

由于 $n\omega_A d/c$ 和 $m\theta_B$ 均为常数，可在调整设备时置入，所以相位差为

$$\Delta\phi = \frac{\omega_0}{c}(r_B - r_A) \tag{7.20}$$

这样，在比相频率 ω_0 上测出相位差，可求出舰船的位置线。

3.奥米伽导航系统

相位双曲线系统的主要代表产品有超远程的奥米伽系统和近程的台卡系统，它们都属于相位测距差双曲线定位系统，通过测量载体到两个导航台的相位差确定一条双曲线的位置线。为了实现定位，奥米伽导航系统至少需要三个导航台。

奥米伽系统工作在 10 ~ 14 kHz 的甚低频段，发射台基线很长，传播距离远，仅用 8 个发射台就可覆盖全球，在长距离航行中能自动、连续地提供载体的当前位置及各种导航数据。

奥米伽系统由两个发射台组成一个台对，决定舰船位置线。要实现船舶定位，必须接收 4 个台的信号，构成两条位置线，交点即为船位。奥米伽发射台在全球共设 8 个台，每个台信号覆盖范围可达6 000 ~ 10 000 n mile，各个台都是相互独立，不分主、副台，分别设在挪威、利比里亚、夏威夷、北达科他、留尼汪岛、阿根廷、澳大利亚和日本，这种分布使地球上的绝大部分地区都能接收到 4 个或更多台的发射信号。

甚低频传播衰减小，作用距离远；传播时相位稳定，测量精度较高；信号波长长，巷宽宽，有利于定位时巷识别。所以奥米伽相位双曲线系统采用甚低频波段工作，10.2 kHz 用于导航定位，11.33 kHz 和 13.6 kHz 用于巷识别。进行巷识别所用的比相频率是每个台发射的 10.2 kHz 与 13.6 kHz 信号混频，形成低频率的差频信号，其频率为 13.6 − 10.2 = 3.4 kHz。每个台先经过混频处理，再进行巷

位比较，就可确定相宽中的船舶位置线。有时出现的巷滑移太大，以致不能确切知道巷滑移位于 3.4 kHz 方式的哪一个巷内，这时要用 11.33 kHz 信号，11.33 - 10.2 = 1.12 kHz，使比相频率更低，在这频率上比较相位，测出相位差，以得到更宽的巷，足以满足巷识别的需要。

奥米伽系统采用时间分割法发射信号，第一个发射台 A 在最后一个发射台 H 结束发射后一个非常短的时间，按规定频率发射信号，接收机接收的信号中，没有可供识别的休止符号，因此识别发射台有困难。通常是根据接收信号的强弱、持续时间、接收信号与标准时的关系来加以区别发射台。由于 8 个发射台发射信号的顺序是预先知道的，所以只要识别出其中任意一台就可以识别出其他几个台。一般用收听发射台信号的扬声器和耳机可以辨别出最近(声音最强)的发射台。

每个奥米伽地面台都装备有四台精确的原子钟，用它们的平均频率来进行时间控制，保证各台所产生信号的高稳定性和相互之间的严格同步关系。

与其他一些远程导航系统相比，奥米伽导航系统具有如下特点：

(1)工作连续　系统工作不会中断，不需要人工转换工作频率；如果有一、二台发生故障，不会中断导航定位，对定位精度影响较小；

(2)覆盖范围广　系统工作在甚低频段，8 个发射台可覆盖全球，全世界陆地和海上均可导航；

(3)可深入水下　系统信号可以深入水下 20～30 m，能为水下一定深度的潜艇提供定位服务；

(4)绝对精度不高　系统定位精度在白天为 1 n mile，夜间为 2 n mile。采用监测站实测值修正后，精度可达到白天 300 m，夜间 500 m；

(5)信号传播受环境影响　在某些地区的某些时间、地表条件、气象状况、地理位置等因素会造成甚低频率信号的传播异常，导致定位困难。

奥米伽系统虽有些缺陷，但它是卫星导航进入实际应用之前，唯一覆盖全球且能连续定位的无线电导航系统，曾经获得了广泛应用。20 世纪末由于卫星导航技术的发展，甚低频导航的水面和空中定位功能逐渐被全球定位系统所取代，美国于 1997 年关闭了奥米伽导航系统。

4.台卡系统

台卡系统于 1937 年提出，1944 年由英国研制成功，是一种低频连续波的相位差导航系统，工作原理与奥米伽系统类似，使用频率为 70～130 kHz，有效距离为350 n mile，主要用于海上近程的高精度定位，台站分布在英国及一些英联邦国家的沿海。

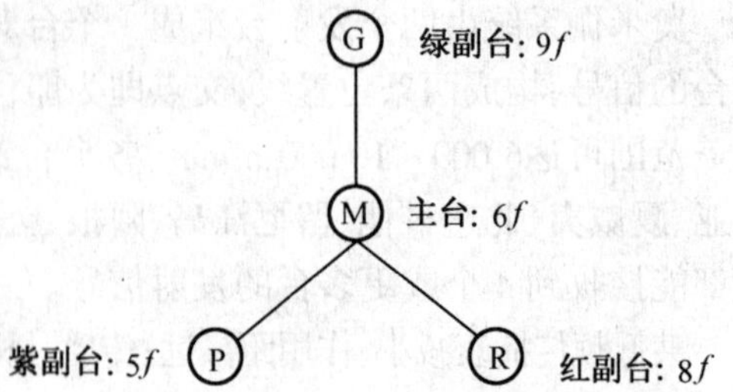

图 7.21　台卡台链分布示意图

Fig.7.21　Distribution chart of Decca chain

一个台卡台链通常由一个主台和三个副台组成，呈星形布局，主台设在中心，三个副台设在以主台为中心的等边三角形的顶点，如图 7.21

所示。

主台控制副台使两台发射相位严格同步的信号，为了在接收机中能够将两个连续波信号区分开，各发射台采用频率分割法发送不同频率信号。台卡台链中规定基本频率为 f(约 14 kHz)，主台为 $6f$，红副台为 $8f$，绿副台为 $9f$，紫副台为 $5f$。这样主台与对应的副台间比相频率(最小公倍数)为 $24f$、$18f$ 和 $30f$，与之相对应比相频率分别为 340 kHz，255 kHz 和 425 kHz。

巷的宽度由比相频率来决定。如取 $24f$ 为比相频率时，基线上半个波长为一巷宽，即地球表面上相位差等于 0 或等于 2π 的两相邻双曲线区域称为巷。区是地球表面上基准频率 f 零相位差双曲线间的空间，用 A，B，…，J 十个字母表示，百分之一的巷称厘巷。区、巷与厘巷的关系如图 7.22 所示。只要定出区和巷，就能确定航行中船舶的位置线。区较宽，一般用推算船位即可确定；而巷由于存在相位多值性的问题需要采用巷识别方法确定。

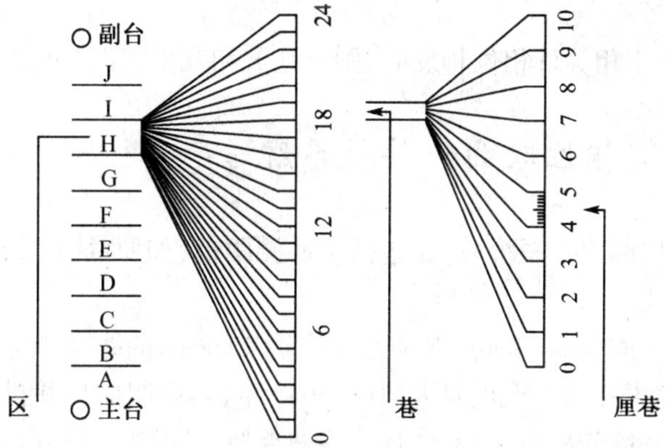

图 7.22　区、巷与厘巷的关系

Fig.7.22　Relationship of region, lane and centi-lane

台卡系统巷识别方法主要采用 MP(Multi-pulse)巷识别法，MP 巷识别法又称为多脉冲法，该方法采用时间分割制，由主台、各副台依次同时发射 $6f$，$5f$，$8f$，$9f$ 四个频率，将四个频率的最大公约数频率 f 作为比相频率，使得稠密的双曲线网变为稀疏的双曲线位置线，即将各基线拉长，用来消除多值性。

如图 7.23 所示，每次巷识别信号由主台先开始发射四个频率，持续 0.45 s，这时各副台暂停发射。主台巷识别信号发射后，各台按自己的常规发射频率发射 1.9 s。接着红、绿、紫副台依次同时发射巷识别信号 0.45 s，相互间隔 2.5 s，整个台链一次巷识别信号发射共占 10 s，此后各台发射常规频率 10 s，故一周期共 20 s。

影响台卡系统定位精度的主要因素有路径上传播速度不均匀、几何发散因子、发射台间同步误差、接收设备误差、气象条件等，尤其是天波干扰比较严重，接收到的天波随时间和距离而

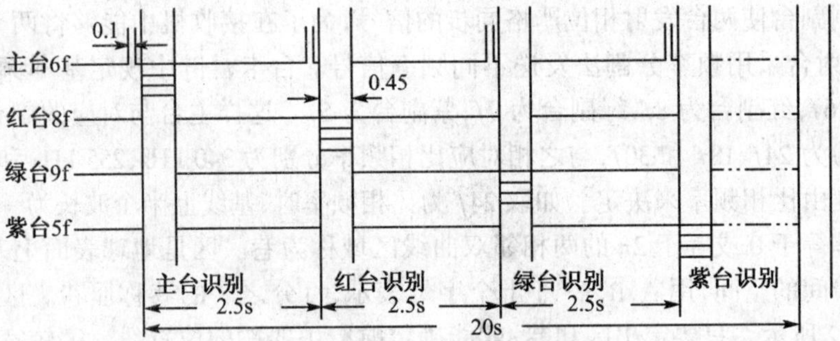

图 7.23 MP 型信号发射格式

Fig.7.23 Tranrimithing format of MP type signal

变化,当天波与地波近于相等且相位相反时,则天地波相互抵消,完全没有信号或幅值很小。

7.4.2 脉冲-相位双曲线导航系统

双曲线导航除相位测距差系统外,还包括脉冲测距差(如罗兰 A 系统)和脉冲-相位测距差(如罗兰 C 系统)两类。

罗兰一词是远程导航(Long Range Navigation,简称 Loran)的缩写译音。最初的罗兰 A 系统也称为标准罗兰,是美国在第二次世界大战中(1942 年初)研制成功并投入使用的海用中程无线电导航系统。罗兰系统先后有 A,B,C,D 等多种类型,目前主要使用罗兰 C 系统。罗兰系统是一种脉冲无线电导航系统,属于测距差双曲线导航系统,即利用测定脉冲波到达的时间差而求得距离差,进而求得双曲线位置线实现定位。

表 7.2 罗兰系族

Table 7.2 The Loran family

系统名称	测量方式	作用距离 /n mile	频率	精度	输出功率	开始年份
罗兰 A	时间差	500 ~ 700	2 MHz	1 ~ 2 n mile	100 kW	1942,航海
罗兰 B	时间/相位	25	2 MHz	15 ~ 100 m	1 kW	试验
罗兰 C	时间/相位	1 200	100 MHz	50 ~ 360 m	1 MW	1959,航海
罗兰 D	时间/相位	400	100 MHz	50 m	40 ~ 60 kW	军用

1.脉冲测距差定位原理

罗兰A系统是由两个固定位置的发射台按一定的时间关系发射脉冲信号,根据脉冲到达接收点的时间差来确定双曲线位置线。罗兰A每一台对都以不同载频、主台在前副台在后的形式发射脉冲信号(也称余弦平方波),其波形的特点是前沿较陡,频谱分量较窄,有利于改善时差测量精度,提高接收机抗干扰能力灵敏度。

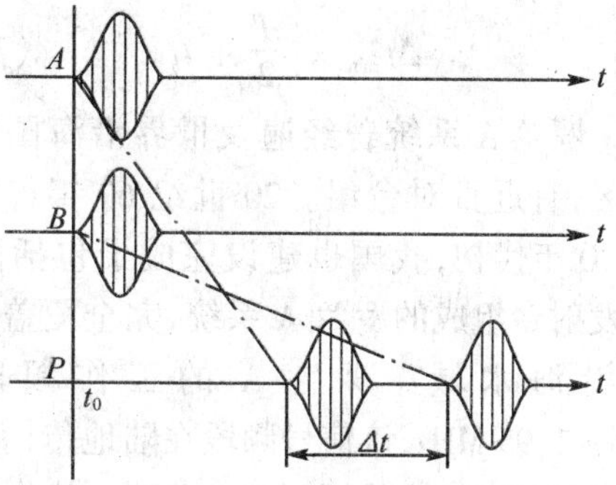

图7.24　脉冲测时差原理图

Fig.7.24　Principle diagram of pulse time difference

设 A,B 两导航台在 t_0 时刻发出两脉冲信号,经过一段时间,先后在 t_A 和 t_B 时刻到达接收点 P,两脉冲信号时差为 Δt,如图7.24所示。

由于电波传播速度为定值,所以船位与导航台的距离 $R_A=(t_A-t_0)\cdot c$,$R_B=(t_B-t_0)\cdot c$,于是测量点 P(船位)距离导航台的距离差为

$$\Delta R = R_B - R_A = (t_B - t_A)\cdot c = \Delta t \cdot c \tag{7.21}$$

根据式(7.21)可知,只要能测得两脉冲信号到达测量点 P 的时间差,就可求得测量点与两导航台的距离差。如果有两导航台对,同时测出时差,则得两组双曲线,两条双曲线的交点,就是测量点,即实现了船位定位。

但是,船位可能靠近 A 台,也可能靠近 B 台,即 $\Delta t = t_B - t_A$ 会出现正负值时差。在实测时只能测出时差的绝对值,因此船位 P 的计算结果将出现多值性。通常的克服方法是使副台发射信号延时一个 t_{AB} 时间,接收点收到副台信号时间比原来的 t_B 增大 t_{AB} 时间,此时得到的实际时差为

$$\Delta t' = t'_B - t_A = (t_B + t_{AB}) - t_A = \Delta t + t_{AB} \tag{7.22}$$

在(7.22)式中,要使 t_{AB} 保证 $\Delta t'$ 只出现正值,需保证 $t_{AB} \geqslant \Delta t_{\max}$,而 Δt 的最大值出现在两导航台基线延长线的主台方向,即 $\Delta t_{\max} = AB/c$。

如图7.25所示,主台 A 连续稳定发射无方向性脉冲波,重复周期为 T,经时间 t_{AB} 被副台 B 所接收,触发副台工作,在副台内经 $T/2$ 和 t_k 延迟后,发射副台脉冲信号,经 t_B 传播时间到达测量点 P,主台经 t_A 时间达到测量点,由此在测量点得到的时间差 $\Delta t'$ 为

$$\Delta t' = \left(t_{AB} + \frac{T}{2} + t_k + t_B\right) - t_A = t_{AB} + (t_B - t_A) + \frac{T}{2} + t_k \tag{7.23}$$

根据式(7.23)可求出最大时间差(船位 P 与 A 点重合)

$$\Delta t'_{\max} = 2t_{AB} + \frac{T}{2} + t_k \tag{7.24}$$

最小时间差（船位 P 与 B 点重合）

$$\Delta t'_{\min} = \frac{T}{2} + t_k \tag{7.25}$$

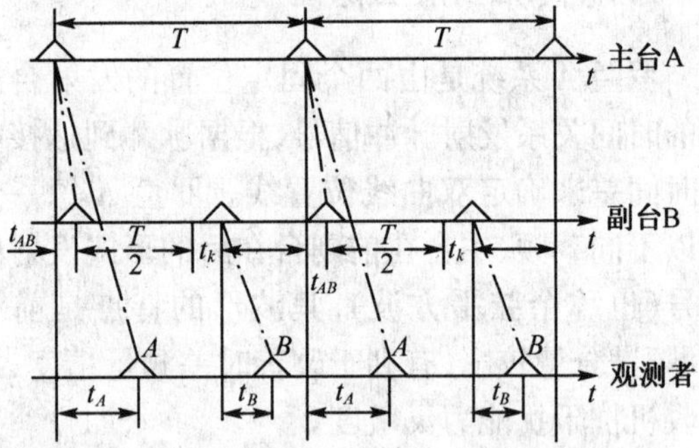

图 7.25 测距差系统时间关系

Fig.7.25 Time relationship of ranging difference system

罗兰 A 系统曾经遍及世界沿海国家和地区，有近百对台组。20 世纪 60 年代中期至 70 年代初，我国也建设完成了包括由 10 个发射台组成的罗兰 A 系统，完全覆盖了我国沿海水域。罗兰 A 的工作频段为 1.6～1.95 MHz，该信号频段在陆地传播的衰减速度很快，仅适用于海上工作，其作用距离也仅有500～700 n mile。罗兰 A 系统发射单个脉冲而不是多脉冲，定位精度较低，为 1～2 n mile。随着无线电导航技术的不断发展，罗兰 A 系统现已被关闭，被更为先进的罗兰 C 系统所取代。

2.脉冲－相位测距差定位原理

罗兰 C 系统是在第二次世界大战末期在罗兰 A 系统的基础上研制开发的。罗兰 A 系统虽然能完成一般的导航问题，但存在作用距离不够远、定位精度不理想和信号在陆上衰减大的缺点。当时，基于军事上的需要，迫切需要一种比罗兰 A 覆盖范围更大，定位精度更高，而且可以在陆地上应用的新型导航系统。

1957 年，美国海岸警卫队（USCG）建成了世界上第一个罗兰 C 台链。至 1970 年，罗兰 C 扩大到 30 个发射台，作用范围覆盖了北半球的广大地区。1974 年 5 月，美国政府正式确定罗兰 C 导航系统为美国海岸汇流区的官方导航手段，规定进入美国海域的船只必须装备罗兰 C 接收设备，相应地，罗兰 C 技术不再列入军事保密的内容，对民用开放。随着全球卫星导航系统的投入使用，美国政府于 1994 年放弃了对设在境外的罗兰 C 管理权限，将设在远东、西北欧和地中海地区的罗兰 C 台站交付给驻在国管理。截至 2007 年，世界上总计有 25 个罗兰 C 台链在工作。我国对罗兰 C 技术的研究起始于 20 世纪 60 年代，1979 年正式批准在我国建立罗兰 C 系统，即“长河二号”工程，目前有“北海链”、“东海链”和“南海链”三个罗兰 C 台链，覆盖范围北起至日本海、东至西太平洋，南达南沙诸岛。

相比罗兰 A，罗兰 C 的优点表现在：

（1）工作频率为 100 kHz 的低频波段，作用距离较远；

（2）通过测量主台与副台脉冲包络的时间间隔，可粗测距离差，无多值性；通过比较载波相位，可精测时间差，提高了测量精度；

（3）采用脉冲相位编码，消除天波干扰，抑制其他干扰，且可用来区分主、副台信号和实现自动化测量。

由此可以看出，脉冲 - 相位双曲线导航系统具有脉冲和相位系统的优点。

设 A,B 分别为主、副台，P 是接收点，d 是主副台基线长度，R_A,R_B 分别是 A,B 至 P 点的距离。若主台发射信号的表达式为

$$u(t)=U(t)\cos\omega t \tag{7.26}$$

式中，$U(t)$是脉冲包络函数，ω 是载波频率。

副台发射的信号由主台同步，在收到主台脉冲后，延迟 Δ 时间发射与主台一样形状的脉冲信号，则接收点收到的主、副台信号为

$$\left.\begin{aligned}u_A&=U(t-t_A)\cdot\cos\omega(t-t_A)\\u_B&=U(t-t_B-t_{AB}-\Delta)\cos\omega(t-t_B-t_{AB}-\Delta)\end{aligned}\right\} \tag{7.27}$$

式中，$t_A=R_A/c,t_B=R_B/c,t_{AB}=d/c$。

接收点 P 将收到的主、副台信号脉冲放大，并按包络和载波进行分离。接收到的主、副台包络前沿时间差为

$$\Delta t=t_B-t_A+t_{AB}+\Delta=t_{AB}+\Delta+\frac{R_B-R_A}{c} \tag{7.28}$$

测量到的主、副台脉冲载波相位差为

$$\Delta\phi=\phi_B-\phi_A=\omega\Delta t=\frac{2\pi}{T}\Delta t\quad(\text{或 }\Delta t=\frac{T}{2\pi}\Delta\phi) \tag{7.29}$$

式中，T 为载波的周期。

由于相位差仅在一个周期内具有单值性，因此时间差与相位差应写为

$$\Delta t=\frac{T}{2\pi}(2\pi N+\Delta\phi)=NT+\frac{T}{2\pi}\Delta\varphi=NT+t_\varphi \tag{7.30}$$

式中，N 为相位差中载波周期 T 的整数部分，测量时是未知数，t_φ 是不足整数周期的相位差。

t_φ 可通过相位法进行测量，但式(7.30)中的 N 无法用相位法测量。在脉冲 - 相位系统中，导航参数 Δt 是用两个方法确定的，即按脉冲包络的脉冲法和载波振荡的相位法。

若在测量主、副台脉冲包络时差 Δt 存在误差 Δt_n，测量载波相位时存在误差 Δt_φ，则真实的时差为

$$\left.\begin{aligned}t_N&=t_n+\Delta t_n\\t_N&=NT+t_\varphi+\Delta t_\varphi\end{aligned}\right\} \tag{7.31}$$

根据(7.31)可得到未知数 N

$$N=\frac{t_n-t_\varphi}{T}+\frac{\Delta t_n-\Delta t_\varphi}{T} \tag{7.32}$$

其中，$(t_n-t_\varphi)/T$ 是实际测得的整数部分，即$(\Delta t_n-\Delta t_\varphi)/T$ 为测量误差。

为了使测量结果的整数部分不产生错误进位，须保证测量误差小于 $T/2$，即为消除相位法

多值性的条件

$$|\Delta t_n - \Delta t_\varphi| < \frac{T}{2} \tag{7.33}$$

在一般情况下,相位法测量具有较高的精度,即 $\Delta t_\varphi \ll \Delta t_n$,因此单值测量条件近似为

$$|\Delta t_n| < T/2$$

也就是说,消除多值性条件是脉冲法测量误差必须小于载波周期的一半。如罗兰 C 载频为 100 kHz,$T = 10\ \mu s$,则要求脉冲法测量误差 $\Delta t_n < 5\ \mu s$。

此外,为了能用脉冲包络消除相位法的多值性,地面发射脉冲信号的包络与包络内的载波信号的相位之间必须保持严格的关系。

3.波形和信号格式

(1)罗兰 C 工作频率

罗兰 C 系统发射的信号是脉冲组信号,脉冲载波频率为 100 kHz。如前所述,相对于罗兰 A 的 2 MHz 高工作频率,罗兰 C 系统采用工作频率较低,作用距离较罗兰 A 系统远,但在选择 100 kHz 工作频率时的考虑不仅仅限于此,还包括以下几点:

①电波传播衰减要小,以获得较远的作用距离。频率在 100 kHz 时,地面上传播的电波场强较海面上传播低 10 dB,而在 200 kHz 时则低 40 dB,频率低有利于陆上应用。

②电波传播的稳定性要高,以获得高的测量精度。对于低频波段,在海面上传播几千公里,由电波速度变化引起的传播时间只有 $0.1 \sim 0.3\ \mu s$。此外,对 100 kHz 的电波,天波相对地波的延迟最小值总大于 $20\ \mu s$,为天、地波分离创造了有利条件。如果采用频率更低的电波,天波延迟时间会变短,区分频率相同的天、地波将会变得困难。

③工作波段的噪声要小。考虑到大气噪声等误差源的影响,罗兰 C 工作频率不宜选得太低。

④工程上易于实现。罗兰 C 系统采用的是低频、脉冲工作方式,脉冲工作方式使信号占有一定的带宽 Δf,若工作频率低就要使信号的相对带宽 $\Delta f/f$ 大,过大的 $\Delta f/f$ 将使设备难以实现。

(2)罗兰 C 信号波形

罗兰 C 信号的发射波形有严格的定义,其特点是从脉冲起始点到脉冲最高点(称脉冲波峰)这一过程(称脉冲前沿)上升较快,而从峰点向后的过程(脉冲后沿)下降较慢。其系统辐射信号表达式为

$$u(t) = U(t)\sin(\omega t + n\pi) \tag{7.34}$$

其中,$U(t)$为波形的包络函数;$n = 0$ 或 1 表示载波相位是 0°(0 相)或 180°(π 相)。

包络函数的表达形式为

$$U(t) = \begin{cases} At^2 e^{-\alpha t} & t \geqslant 0 \\ 0 & t < 0 \end{cases} \tag{7.35}$$

式中,A,α 为系数,$U(t)$由抛物线 t^2 和指数衰减曲线 $e^{-\alpha t}$的乘积所组成。

设脉冲波峰时间为 ζ,则由 $U'(t)|_{t=\zeta}=0$ 可求出:$\alpha=2/\zeta$。

由此可看出,α 越大,峰点出现的时间 ζ 越小。若将式(7.35)归一化,令 $U(\zeta)=1$,则可求得常数 A

$$A=\left(\frac{e}{\zeta}\right)^2$$

所以波形包络归一化函数为

$$U(t)=\left(\frac{t}{\zeta}\right)^2 e^{-2\left(\frac{t}{\zeta}-1\right)} \tag{7.36}$$

罗兰 C 系统规定,波形上升时间 $\zeta=65\pm25\ \mu s$,后沿不作要求;在 20 μs 处,采样点电平与脉冲波峰值之比 $S_\alpha=0.5$;脉冲前沿在 30 μs 处电平对应的脉冲宽度≥90 μs;0.1 电平处对应的脉冲宽度≤220 μs。图 7.26 给出了 0 相和 π 相的罗兰 C 信号波形。

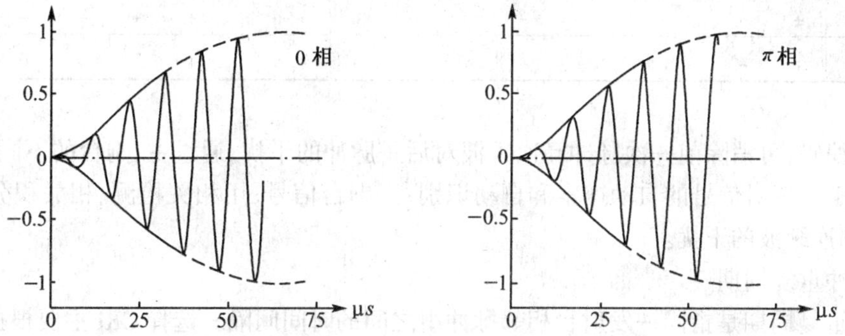

图 7.26　罗兰 C 信号相位编码

Fig.7.26　Phase encoding of Loran-c signal

(3)罗兰 C 的信号格式

罗兰 C 导航系统的发射频率为 100 kHz,台链中各台站都采用相同周期发射信号,主台先发射,而后各副台按顺序发射。

①多脉冲发射

罗兰 C 采用多发射格式,每个发射台都有 8 个为一组的脉冲信号,其脉冲宽度为 200 μs,间隔为1 000 μs。主台除发射一组 8 个脉冲后,还发射第 9 个脉冲,第 8 和第 9 个脉冲间隔 2 000 μs,主要用于识别主台信号。

②相位编码

罗兰 C 系统发射的 8 个信号脉冲的包络与载波初相,按预定顺序变化的现象称为相位编码(Phase Coded),即相位编码是用来按顺序改变脉冲组各脉冲包络和载波初相之间的关系。在罗兰 C 系统中采用 0°(以“0”或“+”表示)和 180°(以“1”或“−”表示)两种相位关系,如表 7.3

所示,称为二元调制。

罗兰 C 系统所用的编码是 8 位码长的二相二周期全互补码,系统的相位编码在两个 GRI (Group-pulse Reception Interval,脉冲重复周期)中重复一次,这两个 GRI 分别称为 AGRI 和 BGRI,也称为原码周期和补码周期,主要的原因是二者的自相关特性互补。为了便于接收和识别,AGRI 和 BGRI、主台和副台分别采用不同的编码。表 7.3 列出了相位编码格式,从表中可以看出,主台信号的第 9 个脉冲不参加互补编码,只取正负相交,消除干扰。

表 7.3 罗兰 C 相位编码格式

Table 7.3 Phase encoding format of Loran-c signal

发射台	主 台									副 台							
码位(k)	1	2	3	4	5	6	7	8	9	1	2	3	4	5	6	7	8
AGRI(原码)	+	+	−	−	+	−	+	−	+	+	+	+	+	+	−	−	+
BGRI(补码)	+	−	−	+	+	+	+	+	−	+	−	+	−	+	+	−	−

相位编码,可消除前一次脉冲高次天波对后一脉冲的干扰;通过主、副台的不同编码,使接收设备便于实现对信号的自动搜索和自动识别主、副台信号;用相关检测、相关积分改善信噪比,并抑制连续波的干扰。

③脉冲重复周期

脉冲重复周期是指同一发射台相邻脉冲组之间的时间间隔。选择 GRI 主要根据是在罗兰 C 系统工作区的任何地方,主、副台的接收信号都不能重叠。

例如,考虑一个主台和一个副台的情况,主台 A 发射一个脉冲,经时间 t_{AB} 传到副台 B,主副台脉冲之差最大值为 $2t_{AB}+\Delta$。如果要求在工作区任何地方接收的主、副台信号都不重叠,则最小的重复周期为 $2t_{AB}+\Delta$。

罗兰 C 允许的 GRI 取值范围是 40 000 ~ 99 990 μs,最小时间间隔为 10 μs。通常用其数值除以 10 μs 后的四位数表示,即范围是4 000 ~ 9 999。如 8390 表示中国罗兰 C 的东海台链,该台链脉冲组重复时间为83 900 μs。

④闪烁警告

这是罗兰 C 系统向用户发出告警的一种手段,表示某发射台或台对的工作不正常。闪烁警告分为主台闪烁警告和副台闪烁警告两种。主台闪烁警告形式是第 9 脉冲按一定格式周期通断,闪烁周期为 12 s,采用莫尔斯码形式,其中“点”持续 0.25 s,“划”持续 0.75 s,不同的点划组合表示台链或某些台的信号不能使用。所有副台的闪烁警告形式相同,即周期性通断脉冲组的第 1 和第 2 脉冲,其中“通”保持 0.25 s,“断”持续 3.75 s,表示该主副台对的时差不能用于定位。

⑤双工作台的封闭

有些罗兰 C 发射台发射两个台链的信号,习惯上称之为双工作台。由于要发射两种不同 GRI 的信号,会碰到这两种信号在时间上重叠的问题。在信号重叠期间,为避免信号的干扰,必须要抑制掉其中的一个信号,这就是双工作台的封闭。

双工作台的封闭有优先封闭和交替封闭两种。采用优先封闭时,要事先规定某一 GRI 信号为优先周期,一般选较大 GRI 的信号为优先周期,此时只要发生信号重叠,总是封闭不优先周期的信号。采用交替封闭时,封闭优先权按时间分段,两种重复周期轮流封闭。优先权的交替周期可以选择,一般选择为较大 GRI 的 4 倍。

4.时差测定原理

罗兰 C 接收机接收主台和副台的脉冲组信号(如图 7.27 所示),并精确地测量这两个脉冲到达接收机的时间差(Time Difference,简称 TD),测量单位为"μs"。每一个时间差都对应着一条双曲线位置线,接收机只要测出主台与两个副台间的时间差,就可以在罗兰 C 海图上确定船位。

接收机通过重合脉冲包络粗测时差(Coarse TD),测出时差值的前四位数值,即万、千、百、十位数值;通过比较载波相位精测时差(Fine TD),测出时差值的个位及小数点的数值。测量时差包括手动时差测定和自动时差测定两种方法。在手动设备中,通过观察阴极射线管荧光屏显示的波形,手动进行包络重合和载波相位比较;在自动设备中,对信号的搜索、检测、跟踪及时差测定均按照一定的程序自动进行。

罗兰 C 脉冲信号的载波频率为 100 kHz,包络的宽度(即脉冲宽度)为 200 μs,如图 7.28 所示。每一个脉冲包络均包含 20 个射频波,周期为 10 μs。脉冲信号离脉冲起点 3 周,即 30 μs 处的波形上升较陡,斜率最大。由于在罗兰 C 的作用范围内的任一接收点,天波比沿海面传播的地波到达时间要延迟 38 μs,在此之前接收到的罗兰 C 信号是纯地波信号,考虑到净电离层反射的天波是不稳定的,因此只能在地波脉冲起点后 30 μs 处提取信号进行测量,这样可以避免天波干扰。而为了不影响其他无线电设备的工作,系统对信号的频谱宽度有一定的限制,即要求辐射信号的能量 99% 以上落在 90 ~ 110 kHz 范围内,因此罗兰 C 系统对发射信号波形脉冲前沿有较严格要求。

自动罗兰 C 接收机能自动完成信号的搜索、检测、跟踪及显示。一旦选定台链,接收机将自动搜索具有足够信噪比的主台和所有副台的信号。搜索信号的目的是使接收机内产生的同样编码的基准信号和外来接收的信号相位对准且同步。首先用本机产生的主台编码基准信号采样,如图 7.29(a)所示,当基准信号和发射信号对准时,检波出来的输出信号各脉冲的极性相同,经过两个或多个重复周期的积累,可达到一定的阈值,使门限装置启动,产生门限信号。图 7.29(b)和 7.29(c)分别表示发射信号比基准信号延迟 1 个和 2 个脉冲,输出有正负,取两个周期的平均值,和为零。由于存在抵消现象,使积累的结果达不到必要的阈值,此时基准信号

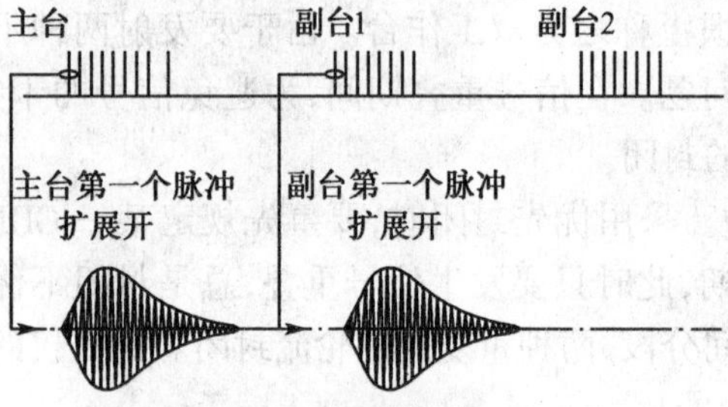

图 7.27 时差测定原理图

Fig.7.27 Principle diagram of time difference determination

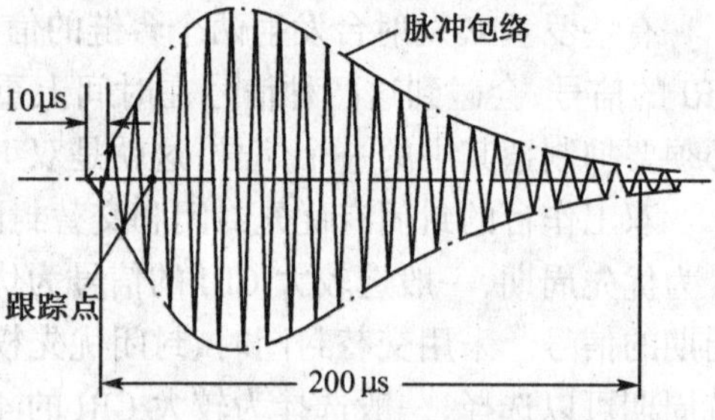

图 7.28 罗兰 C 信号波形

Fig.7.28 Waveform of Loran-c signal

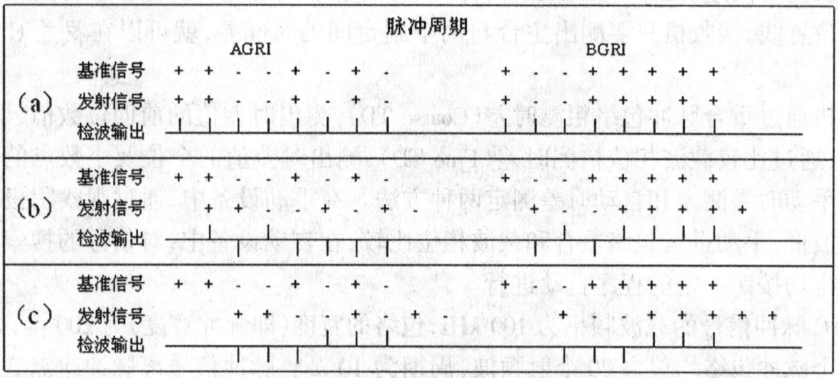

图 7.29 多脉冲相位编码调制

Fig.7.29 Multi-pulse phase-coded modulation

将向后跳步1 000 μs,直到 8 个脉冲一一对准达到阈值为止。

接收机的主台基准信号和接收到的主台信号同步后即可搜索副台信号,其基本步骤与主台相同,只是相位编码有所区别。另外,由于台链内所有副台均采用相同的相位编码,为能搜索到指定的副台,需在接收机面板上预先设定该台对的近似时差值,按副台编码组合的副台基准信号将据此对主台基准信号进行延迟,并在此范围内搜索。当副台基准信号与接收到的副台 8 个脉冲瞬间重合时,接收机便自动完成主、副台的搜索和识别工作。

完成主、副台信号搜索和识别后,需要利用接收机内的定时电路测量时差。若定时电路的基准与接收到的信号同步,则输出的时差是内部定时电路基准的时差。实际上,自动时差测定所进行自动脉冲包络重合就是设法让基准能准确地和接收信号同步,其测定流程为:

(1)接收主台脉冲信号经放大和检波,形成脉冲具有输入脉冲的包络形状,如图 7.30(a)所示;

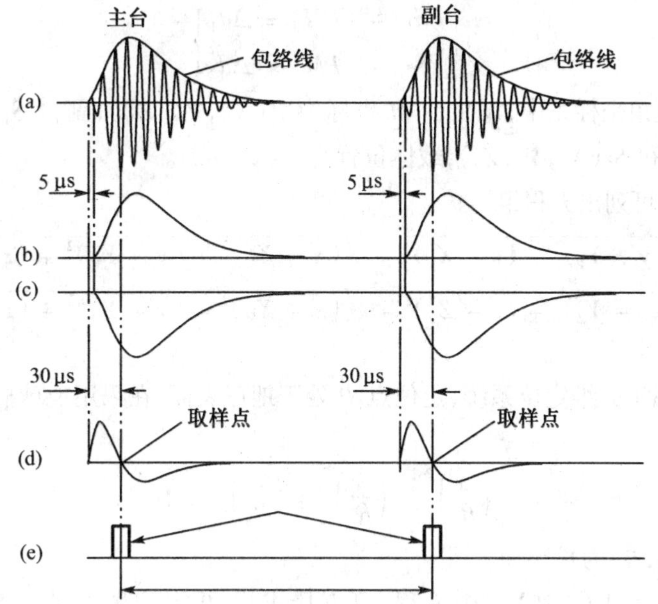

图 7.30　自动脉冲包络重合示意图

Fig.7.30　Sketch map of automatic pulse envelopment coincidence

(2)对主台信号进行检波,取其包络,并延迟 5 μs,如图 7.30(b)所示;

(3)将延迟后的包络倒相,如图 7.30(c)所示;

(4)将(a)和(c)的包络相加,得到合成包络,如图 7.30(d)所示;

(5)合成包络振幅从“+”移向“-”的点(零交会点)作为采样点(位于脉冲前沿 30 μs 处),产生采样波门,即将罗兰 C 接收机产生的脉冲调整到与接收的主台脉冲同步,得到时差值,如图 7.30(e)所示。

主、副台脉冲在采样点的相位差可以用与自动包络重合相同的方法确定,其先决条件是在完成包络重合的基础上,使重合误差小于 5 μs。罗兰 C 载波信号的周期是 10 μs,30 μs 的采样点正好是第三周波的过零点。自动比较相位电路确定正确的载波过零点并完成锁定,从而精确得获得时差数据,其数值以微秒和十分之一微秒显示在计数器上。

5.罗兰 C 导航定位计算方法

通过重合脉冲包络粗测时差和比较载波相位精测时差,接收机可以精确测量出主台与副台脉冲到达接收机的时间差。以由 1 个主台和 2 个副台组成的罗兰 C 台链为例,设接收机所处 P 点到两个副台站的时间差分别为 Δt_1 和 Δt_2,根据时间差可以计算出 P 点到两个副台站

的距离差分别为

$$\left.\begin{array}{l}|PS_1|-|PM|=\Delta d_1\\|PS_2|-|PM|=\Delta d_2\end{array}\right\}\tag{7.37}$$

在地球空间直角坐标系中,设主台 M 坐标为 $M(X_M,Y_M,Z_M)$,副台 S_1 和 S_2 的坐标分别为 $S_1(X_1,Y_1,Z_1)$ 和 $S_2(X_2,Y_2,Z_2)$,载体位置为 $P(x,y,z)$。

根据式(7.37)可列出方程组

$$\left.\begin{array}{l}\sqrt{(x-X_1)^2+(y-Y_1)^2+(z-Z_1)^2}-\sqrt{(x-X_M)^2+(y-Y_M)^2+(z-Z_M)^2}=\Delta d_1\\\sqrt{(x-X_2)^2+(y-Y_2)^2+(z-Z_2)^2}-\sqrt{(x-X_M)^2+(y-Y_M)^2+(z-Z_M)^2}=\Delta d_2\end{array}\right\}\tag{7.38}$$

罗兰 C 系统属于二维定位系统,定位点 P 处于地球表面,在采用地球椭球体时,定位点应满足下式

$$\left(\frac{x}{R_e}\right)^2+\left(\frac{y}{R_e}\right)^2+\left(\frac{z}{R_p}\right)^2=1\tag{7.39}$$

其中,R_e 为短半轴,R_p 为长半轴。

联立式(7.38)和式(7.39)三个方程,可直接求出 P 点位置参数。但观察式(7.38)和(7.39)可以看出,三个方程均为非线性方程,不便直接求解。为此,可先得到 P 点的概略位置,通过在概略位置进行泰勒级数展开,将非线性方程转化为线性方程求解。

如图 7.31 所示,球面基线侧角 α 为球面上由 S_2 到 M 的大圆弧延长线与 M 到 S_1 的大圆弧在台 M 的夹角,其计算公式为

$$\alpha=|\pi-|\beta_3-\beta_1||\tag{7.40}$$

其中,β_1 和 β_3 是两条基线在主台的球面方位角。

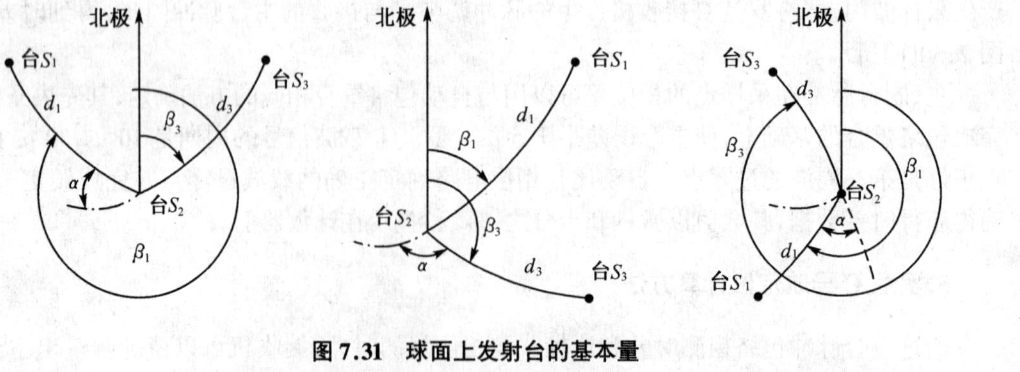

图 7.31 球面上发射台的基本量

Fig.7.31 Basic information of the firing base on the sphere

对于如图 7.32 所示的台链配置,通过球面三角形正余弦定理,可以求出副台 S_1,S_2 到主台 M 在球面上的基线长度(球面角距,记为 D_1,D_2)。由于(φ_M,λ_M),(φ_1,λ_1),(φ_2,λ_2)均为已知量,所以 α,β_1,β_2,D_1,D_2 也是已知量。而 P 是未知定位点,设其坐标为(φ,λ),用球面三角形基本定理可以得到方程组

$$\left.\begin{aligned}\cos\rho_1 &= \cos D_1\cos\rho_M + \sin D_1\sin\rho_M\cos(\pi - \theta - \alpha)\\ \cos\rho_2 &= \cos D_2\cos\rho_M + \sin D_2\sin\rho_M\cos\theta\\ \rho_1 - \rho_M &= \Delta d_1\\ \rho_2 - \rho_M &= \Delta d_2\end{aligned}\right\}\tag{7.41}$$

式中,ρ_1 为 P 点到 S_1 的距离,ρ_2 为 P 点到 S_2 的距离,ρ_M 为 P 点到 M 的距离。

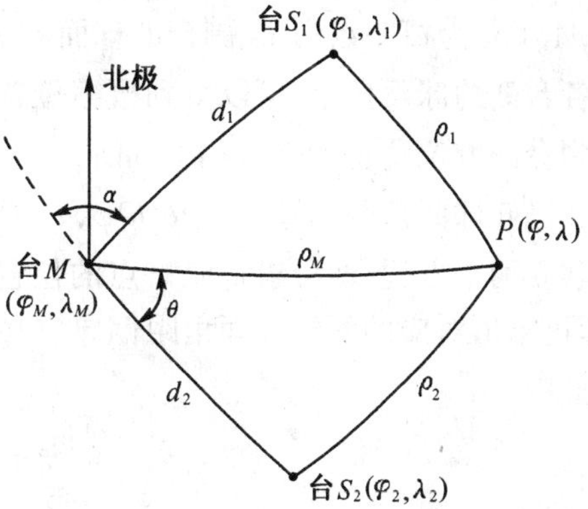

图 7.32　双曲线导航的基本关系

Fig.7.32　Relationship of hyperbolic navigation system

通过计算(7.41)式,可以求得 P 点的极坐标(ρ_M,θ),进而可转化为球面经纬度坐标,此时记所求得的位置为概略位置(φ_c,λ_c)。

由于连续航行中,前一时刻的位置可以看作是后一时刻的概位。因此连续航行中导航仪器只是进行概位修正计算,仅在启航、导航仪器重新加电开机、导航仪器跟踪不上或定位点在发散区需重新定位时才进行概位计算。为求得移动定位点的准确位置(φ,λ)需要不断地对概略位置(φ_c,λ_c)进行修正,通常采用不断迭代的方法来完成。

根据传输时间差 Δt_i($i=1,2$),可得到以弧度表示的接收机到发射台的球面距离差为

$$\xi_i = \Delta t_i \cdot v/R_e \tag{7.42}$$

利用球面距离公式,已知概略位置的球面经纬度(φ_c,λ_c)和各发射台的球面经纬度(φ_T,λ_T),可以计算出概位点到主台的球面角距 σ_M 和概略点到各副台的球面角距 σ_{Si}。

利用 Andoyer-Lambert 公式中的归化弧度计算公式,可得到概略点到主副台的大地线归化长度 $r_i(S)$,$r_i(M)$,进而计算出概略点到主副台的距离差

$$\xi_i^c = r_i(S) - r_i(M) \tag{7.43}$$

由接收机获得的对应于 ξ_i^c 的时差计算出的距离差为 $\xi_i=\Delta t_i\cdot v/R_e$,把 ξ_i 与概略点通过大地距离公式求得的距离差 ξ_i^c 进行比较,求得差值 W_i(弧度值)

$$W_i = \xi_i - \xi_i^c \quad (i = 1,2) \tag{7.44}$$

由式(7.44)可知,W_i 是概略位置(φ_c,λ_c)的函数,通过二元函数的泰勒展开式,可将 W_i 在

概略点(φ_c,λ_c)处展开,并取至一阶项,得到

$$W_i = \frac{\partial \xi_i^c}{\partial \varphi}(\varphi - \varphi_c) + \frac{\partial \xi_i^c}{\partial \lambda}(\lambda - \lambda_c) = \frac{\partial \xi_i^c}{\partial \varphi}\Delta\varphi + \frac{\partial \xi_i^c}{\partial \lambda}\Delta\lambda \tag{7.45}$$

式中,W_i 和 ξ_i^c 为已知量,通过式(7.45)可知,只要求出两个偏导数在概略点上的取值,就可以解出概略点的位置误差 $\Delta\varphi$ 和 $\Delta\lambda$ 的近似值。

利用球面三角形公式,求得球面角距对经纬度的偏导数

$$\left.\begin{aligned} \frac{\partial \xi_i^c}{\partial \varphi} &= \frac{\partial \sigma_{Si}}{\partial \varphi} - \frac{\partial \sigma_M}{\partial \varphi} = \cos A_M - \cos A_{Si} \\ \frac{\partial \xi_i^c}{\partial \lambda} &= \frac{\partial \sigma_{Si}}{\sigma \lambda} - \frac{\partial \sigma_M}{\partial \lambda} = \cos\varphi_C(\sin A_M - \sin A_{Si}) \end{aligned}\right\} \tag{7.46}$$

式中,A_M,A_{Si} 为概略点到主、副台的球面方位角。通过方向角计算公式,结合先前求出的概位点到各台站的球面角距,可以得到概略位置到主台的方位角正余弦 $\cos A_M$,$\sin A_M$ 和概略位置到各副台的方位角正余弦 $\cos A_{Si}$,$\sin A_{Si}$。

在已知球面角距偏导数值$\partial \xi^c / \partial \varphi$,$\partial \xi^c / \partial \lambda$ 和距离差差值 W_i 的情况下,观察式(7.45)可知,只要联立两个方程,即可求解概略点的位置误差 $\Delta\varphi$ 和 $\Delta\lambda$。也就是说,如果能够得到两个时差,即可求出对应的两组球面角距偏导数$\partial \xi^c / \partial \varphi$,$\partial \xi^c / \partial \lambda$ 及距离差的差值 W_i,从而求出 $\Delta\varphi$ 和 $\Delta\lambda$。此时

$$\left.\begin{aligned} \varphi &= \varphi_c + \Delta\varphi \\ \lambda &= \lambda_c + \Delta\lambda \end{aligned}\right\} \tag{7.47}$$

当所获得的有用时差数目大于 2 时,需要充分利用获得时差信息进行迭代。迭代计算过程如下:

(1)以新修正过的概略位置代替原有的概略位置;

(2)重新计算相应的球面角距偏导数值$\partial \xi_i^c / \partial \varphi$,$\partial \xi_i^c / \partial \lambda$ 及距离差的差值 W_i,获得新的 $\Delta\varphi$ 和 $\Delta\lambda$ 的值($i = 1,2,3,\cdots,n$);

(3)以此循环,直到 $\Delta\varphi < \varepsilon$ 且 $\Delta\lambda < \varepsilon$ 为止,其中 ε 为余弦给定的收敛门限。

把迭代修正后的球面经纬度反解,得到大地经纬度

$$\left.\begin{aligned} B &= \arctan \frac{b\tan\varphi}{R_e} \\ L &= \lambda \end{aligned}\right\} \tag{7.48}$$

6. 罗兰 C 导航系统误差

对于罗兰 C 导航系统,定位精度无疑是最重要的系统性能指标之一。与所有其他导航定位系统一样,罗兰 C 系统测取的载体测量位置是有误差的,其误差主要包括测定时差的误差,利用罗兰 C 海图或罗兰 C 表册的计算误差以及船舶与罗兰 C 发射台相对位置的误差等。

(1)测定时差的误差

①主、副台同步误差。时差测量的准确度取决于发射台能否准确地保持其发射信号的定时和同步精度。若主、副台发射之间,同步误差超过 ± 0.2 μs,时间达到 1 min 以上时,则主台信号的第 9 个脉冲呈闪烁状或不停地左右移动。

②地波传播误差。罗兰 C 的地波信号经陆地传播后会产生地波传播误差,由于大地表面的电导率和海水的电导率不同,信号在陆地上的传播速度较海面传播速度稍慢。由于罗兰 C 海图上的位置线是根据一定的海上传播速度绘制的,在时差定位时将产生地波传播速度误差,误差随信号所经过陆地的长度增加而增大。因此在选择台链时,应尽量避免选择途经陆地的发射台。在接收机上可以附加二次相位因子(ASF),用软件的办法部分抵消地波传播误差。

③天波改正误差。罗兰 C 利用天波测定时差定位时,需经天波改正。由于天波改正是按照白天电离层高度为 37 km,夜间为 91 km 计算的,实际电离层的高度将随着太阳活动、季节、时间和环境等因素而不断变化,天波改正会存在一定的误差。通常在使用 E1 天波进行测量时,该项误差约为 1 ~ 1.5 μs。

④周波误差和接收机误差。接收机在低噪声的环境中,采用比较相位精测时差的方法,测量误差在 0.01 ~ 0.1 μs 的范围内。在信噪比很低的情况下,接收机可能跳至不正确的过零点,引起错误跟踪,从而使时差读数产生 10 μs,20 μs 甚至 30 μs 的误差。接收机上设置的周波跟踪报警(CYC)可以对此发出报警,此时显示的时差值或经纬度均含有周波误差。

(2)利用罗兰 *C* 海图或罗兰 *C* 表的计算和作图误差

若使用的接收机只能显示时差,需用罗兰 C 海图或罗兰 C 表定位,定位精度将受到计算和作图误差的影响。利用罗兰 C 海图定位时,其精度受到海图比例尺的限制,所引起的定位误差一般较大。当要获得较高精度的船位时,应优先使用罗兰 C 表。

(3)船舶与罗兰 *C* 发射台相对位置误差

罗兰 C 系统定位精度的一个重要特点是精度与测量点所处的位置有关,即定位精度是测量点相对发射台位置关系的函数。这是因为罗兰 C 系统的定位是通过测量主、副台信号到达接收点的时间差来实现的,时间差转变为距离差后,再根据已知的台站配置计算出测量点的地理坐标。由定位点的时间差转变为地理位置时,同样的时间差测量误差会导致完全不同的定位误差,这取决于测量点相对于发射台的位置。

罗兰 C 的定位精度与双曲线位置的散度和船位相对于主、副台的张角有关,其关系式为

$$E = \frac{0.080\,6 m_{\Delta t}}{\sin \frac{\gamma}{2}} \tag{7.49}$$

式中　E——罗兰 C 位置线的均方误差(n mile);

$m_{\Delta t}$——测量时差的均方误差(μs);

γ——船舶相对于主、副台的张角。

从式(7.49)可以看出,相同时差误差在基线上引起的位置误差最小,而在基线延伸上引起的误差最大。在利用罗兰 C 测定地波时差时,有 50% 的误差小于 0.1 μs,船位精度一般优于 0.25 n mile;测定天波时差时,有 50% 的误差小于 1~1.5 μs,船位测定精度为1~2 n mile。

从 20 世纪 70 年代后期开始,随着商用铯束频标、大规模集成电路、微型计算机和电子技术的发展,特别是固态大功率器件和低频大功率合成技术的飞跃,罗兰 C 技术和设备日臻完善,在系统信号可靠性和用户设备性能价格比这两个最重要的性能上有了突破性进展。同时,罗兰 C 系统的应用领域也在不断扩展,目前广泛应用于飞机航线导航、终端导航和非精密进近的航空应用、海上与空中交通管制应用、高精度区域性差分应用和与其他导航系统的组合等领域,成为 GPS 系统最理想的备份。

第8章 卫星导航系统

The idea that led to development of the satellite navigation systems dates back to 1957. On Oct. 4th of that year, the first artificial satellite, Russia's Sputnik, was launched into orbit. In 1958, the Applied Physics Laboratory of the Johns Hopkins University proposed exploring the possibility of an operational satellite Doppler navigation system. Then the first satellite navigation system, Navy Navigation Satelliteusing System (NNSS, also known as TRANSIT), came into operation. The system's accuracy was about 0.1 nautical mile anywhere in the world. It was used primarily for the navigation of surface ships and submarines.

In 1973, a totally new satellite navigation system, Navigation System using Timing and Ranging (NAVSTAR) Global Positioning System (GPS) was initiated by the United States government. It is a spaced-based radio positioning system which provides highly accurate position, velocity, and time data to worldwide users on a continuous basis in all weather, day and night, anywhere on or near the Earth. The current GPS consists of three major segments: a space segment, a control segment, and a user segment. The space segment contains 24 satellites circling six separate orbital planes with an inclination relative to the equator of 55° and an orbital height of 20, 200 km. Each satellite transmits pseudorandom noise (PRN) signals on two radio frequencies (now increased to four frequencies), modulated on which are navigation and system data, including predicted satellite ephemeris, atmospheric propagation correction data, satellite clock error information, and satellite health data. The control segment includes a master control station (MCS), a number of monitor stations, and ground antennas located throughout the world. This segment tracks the satellite, fulfills the synchronization of the atomic clocks on board and adjusts the ephemeris of each satellite's internal orbital model. The user segment is the user's GPS receiver. In general, GPS receivers are composed of an antenna, tuned to the frequencies transmitted by the satellites, receiver - processors, and a highly-stable clock.

Almost meanwhile, another satellite system, GLONASS, was built by former Soviet Union. It is very similar to GPS in system composition, orbital configuration and signal broadcast. Galileo, a global navigation satellite system (GNSS) currently being built by the European Union (EU) and European Space Agency (ESA), is an alternative and complementary to the U.S. GPS and the Russian GLONASS. The political aim is to provide an independent positioning system upon which European nations can rely even in times of war or political disagreement, since Russia or the USA could disable use of their national systems through encryption.

Another satellite navigation system, Compass (Beidou), must be mentioned because it is now being built by China government. It is a project to develop an independent global satellite navigation system. The new system will be a constellation of 35 satellites, which include 5 geostationary orbit (GEO) satellites and 30 medium Earth orbit (MEO) satellites, which will offer complete coverage of the globe.

At present, the United Nations has already confirmed that the four above - mentioned systems are core suppliers in global satellite navigation.

8.1 概　述

1957年10月4日,前苏联将第一颗人造地球卫星Sputnik送入了轨道。它的发射成功,是人类致力于现代科学技术发展的结晶,它使得空间科学技术的发展迅速跨入了一个崭新的时代,也揭开了导航定位系统的新纪元。

人造地球卫星升空后,美国海军了解到利用卫星进行导航的可能性,并考虑到"北极星"核潜艇正需要一种准确的导航信息用以校准和重调其惯导系统,于是委托约翰·霍普金斯大学应用物理实验室(Applied Physics Laboratory, Johns Hopkins University)研究利用卫星信号的多普勒频移测出地面观测点的地理位置。卫星导航定位的概念就这样提出来了。

8.1.1 美国海军导航卫星系统

第一代卫星导航系统——美国海军导航卫星系统(Navy Navigation Satellite System, NNSS),又称子午仪系统(TRANSIT),由六颗工作卫星构成,于1964年1月由美国军方启用。它的诞生预示着经典的导航定位技术面临着一场重大的变革,它在导航技术的发展史上具有划时代的意义。

子午仪系统的导航卫星连续发射无线电信号,传递三种导航信息,即卫星星历表、偶数分钟的时间信号以及供多普勒频移测量用的399.968 MHz和149.988 MHz的载波频率。它的轨道平均高度为1 000 km,属低轨道卫星;卫星运转周期为106 min;轨道倾斜角约为90°,属极轨道型,各导航卫星的轨道基本上相交于地球的两极,这也是将其称为子午仪系统的原因。该系统在1968年测定的精度为±70 m,1976年提高到±30 m。美国政府于1967年批准将该系统解密,并提供民用。

与此同时,在子午仪卫星导航系统的启发下,前苏联海军于1965年也开始建立了一个称为CICADA的卫星导航系统,它与NNSS系统相似,也是第一代卫星导航系统,该系统的星座由12颗宇宙卫星构成,高度为1 000 km,卫星运行周期为105 min,分别发送150 MHz和400 MHz的导航信号。

尽管子午仪系统和CICADA系统将导航和定位技术推向了一个崭新的发展阶段,特别是前者得到了广泛的应用,但是,它们仍然存在着明显的缺陷。首先由于这些系统卫星数目少、运行高度低、从地面站观测到卫星的时间间隔长，导致系统无法提供连续实时的三维导航，加之获得一次导航解所需的时间较长，所以难以充分满足军事方面、尤其是高动态目标导航的要求，在大地测量学和地球动力学研究方面的应用也受到了很大的限制。为了满足军事和民用部门对连续、实时、三维导航和定位的需求，第二代卫星导航系统便应运而生了。子午仪系统已于 1996 年 12 月 31 日停止发射导航和时间信息。

8.1.2　全球定位系统

鉴于子午仪导航系统存在的不足，美国于 20 世纪 60 年代末期着手研制新型卫星导航系统，以满足海陆空三军和民用部门对导航定位越来越高的要求。1973 年美国国防部批准由十个单位组成联合计划局，提出了全球定位系统 GPS（全称为 Navigation Satellite Timing And Ranging/ Global Positioning System，简写作 NAVSTAR GPS）的方案。该系统由 24 + 3 颗卫星构成，其中 3 颗是备用卫星。这些卫星分布在 6 个轨道平面上，每个轨道平面内分布有 4 颗卫星，在地球上任何一点都可以观测到 4 ~ 11 颗卫星。卫星轨道长半轴为26 560 km，最大偏心率是 0.01，亦即卫星轨道基本上呈圆形。轨道倾角 55°，高度为20 200 km，每 12 恒星时沿近圆形轨道运行一周。

GPS 系统由卫星星座（空间部分）、地面监控系统（控制部分）和 GPS 信号接收机（用户部分）三大部分组成。地面监控系统包括 1 个主控站、4 个注入站和 6 个监控站，负责监控 GPS 信号，编算导航电文和调控卫星。每颗卫星上都携带了四台原子钟，用以确保提供高度稳定的频率标准。卫星采用码分多址（CDMA）技术在 L1（1 575.42 MHz）和 L2（1 227.60 MHz）上播发测距码和导航数据。接收机可根据授权不同分别提供民用的标准定位服务（SPS）或为特许用户提供精密定位服务（PPS）。

GPS 对人类活动影响极大，应用价值极高，被列为美国重点空间计划之一，成为继阿波罗登月计划、航天飞机计划之后的第三项庞大空间计划。GPS 定位系统的建成，对导航和定位技术产生了巨大而深远的影响。它能够进行全球、全天候、全天时、多维连续定位，且精度不随时间变化，具有全球地面连续覆盖、精度高、功能多、实时定位速度快的特点，由于 GPS 采用了数字通信的伪随机噪声编码技术，具有良好的抗干扰性和保密性。GPS 不仅在导航领域表现卓越，而且在大地测量、授时等领域也得到广泛应用，GPS 卫星导航定位技术已经成为一种跨学科、跨行业、多用途、高效益的综合性高新技术。进入 21 世纪后，全球定位系统全面开始实施现代化：分离军民用户伪码频带，增强军用伪码的发射功率；新型卫星实现在轨自主更新星历，提高系统抗毁能力；增设第三导航信号 L5（1 176.45 MHz），并在第二导航信号增加 C 码和军用 M_E 码；全面实施地面监控系统的现代化等。这些措施将进一步改善 GPS 性能、提升 GPS 在导航定位领域的地位和作用，大大强化 GPS 在全球各领域的影响力。

在 GPS 的影响下，前苏联独立研制了全球导航卫星系统 GLONASS（Global Navigation

Satellite System)。该系统的布局为 24 颗工作卫星 + 1 颗备用卫星，分布在 3 个轨道面上，轨道倾角 64.8°，长半轴为25 510 km，卫星运行周期为 11h15min44s，总体布局与 GPS 星座相当。GLONASS 的建成和公开化，打破了美国对卫星导航独家经营的局面，既可为民间用户提供独立的导航服务，又可与 GPS 组合提供更好的几何观测位置，同时它也大大缓解了美国政府利用 GPS 施以主权威慑给用户带来的后顾之忧。GLONASS 系统与 GPS 系统都称为第二代卫星导航系统，它们为全球卫星导航系统在世界范围内得到广泛应用开辟了美好的前景。

8.1.3 伽利略卫星导航系统

欧洲在看到 GPS 和 GLONASS 的巨大成功以后，提出了伽利略卫星导航系统计划(Galileo)。该系统由欧洲空间局和欧盟发起并提供主要资金支持，实现完全非军方控制与管理，旨在建立一个由国际组织控制的、经济高效的民用导航及定位服务系统。伽利略卫星导航系统计划由 30 颗卫星组成，其中包括 27 颗工作卫星和 3 颗备用卫星，它们运行在中等高度地球轨道(MEO)的三个平面上，每个平面内均匀分布的 10 颗卫星中有一颗是当前备用卫星。作为欧洲独立、自主的全球卫星导航定位系统，伽利略系统不仅能够为用户提供高精度、高可靠性的定位服务，而且能够与 GPS 和 GLONASS 实现多系统的相互兼容。预计伽利略系统可以为动态用户提供米级的定位精度，对于运行的火车、特种汽车、飞机着陆等对安全性有特殊要求的应用，伽利略系统具有得天独厚的优势，能够保证在许多特殊情况下为用户提供必要的服务。

伽利略系统的服务信息仍然以位置、速度和时间的形式提供，但服务种类却比只具有 PPS 和 SPS 两种服务的 GPS 丰富得多，其单独提供的服务包括以下内容。

(1)开放服务(Galileo Open Service，OS)。免费为用户提供位置、速度和时间信息，可提供三个不同的信号频率，可以有效地削弱电离层效应对导航定位的影响。

(2)商业服务(Commercial Service，CS)。它提供收费的增值服务，在开放使用的信号基础上增加两个信号，通过商业加密保护付费用户的利益，适合于无线通信网络的综合应用、高精度定位和室内导航等。

(3)生命安全服务(Safety of Life，SoL)。可向全球范围提供完好性信息，向某些精度和完好性要求得不到满足的用户报警，因而性能高于开放服务，可以被加密。

(4)公共特许服务(Public Regulated Service，PRS)。以专用频率向欧共体国家提供比公共服务系统(OS，CS，SoL)更高水平的服务，保护伽利略卫星信号不受威胁。公共特许服务将在涉及国家安全、应急服务、全球环境和安全监测及其他政府行为等情况下供警察、海岸警卫队和海关等团体机构使用。

(5)搜索救援服务(Search and Rescue Service，SAR)。伽利略系统将成为中低轨道搜救系统(MEOSAR)的一个重要组成部分，其卫星上的搜索和救援异频雷达收发机将能捕获到舰船、飞机或个人由 COSPAS-SARSAT 应急信标机发出的求救警报，并最终将其发向各国家救援中心。

伽利略系统的总体构成、频段划分、信号设计和安全保障等导航定位服务特点,使得它与美国全球定位系统相比,具有更高的效率和可靠性,在整个系统全部投入运行后,将为各类用户提供更广阔的应用空间。不过,由于研发经费紧张,目前伽利略系统的建设进度比最初的计划推迟了整整五年,预计将于 2013 年部署完毕。

8.1.4 北斗卫星导航系统

北斗卫星导航系统是由我国独立研制的卫星导航系统,分为"北斗一号"区域性主动定位系统和"北斗二号"全球定位系统。其中文音译名称为 Beidou,英文名称 COMPASS Navigation Satellite System,这是继美国 GPS、俄罗斯 GLONASS 之后第三个成熟的卫星导航系统。

1994 年我国正式批准了北斗卫星导航系统的研制,其工程代号为"北斗一号(Beidou-1)"。先后发射了两颗北斗一号静止轨道卫星,升交点赤经相隔 60°,分别定点在 80°E 和 140°E 赤道上空。它采用主动式定位原理,用户设备既接收来自卫星的导航定位信号,又要向卫星转发该信号,进而由地面中心站解算出各个用户的所在位置,并用通信方式告知用户所在的坐标值。目前整个系统由四颗地球同步卫星(两颗工作卫星,两颗备份卫星)、中心控制系统、标校系统和用户机四大部分组成,信号服务区由 70°E 至 145°E,5°N 至 55°N,覆盖我国大陆和周边地区,定位精度在覆盖区内与 GPS 相当。

2004 年 8 月 31 日,我国拥有完全自主知识产权的"北斗二号"(Beidou-2)卫星导航系统立项,先后成功发射两颗北斗二号卫星进入预定轨道,标志着卫星组网工作正式启动,预计在 2011 年建成覆盖中国及周边地区的区域导航定位系统,并在 2020 年左右形成覆盖全球的卫星导航定位系统。"北斗二号"卫星导航系统空间段计划由 5 颗静止轨道卫星和 30 颗非静止轨道卫星组成,其中 5 颗静止轨道卫星(GEO)高度为36 000 km,在赤道上空分布于58.75°E,80°E,110.5°E,140°E和160°E;30 颗非静止轨道卫星由 27 颗中轨(MEO)卫星和 3 颗倾斜同步(IGSO)卫星组成;27 颗 MEO 卫星分布在倾角为 55°的三个轨道平面上,轨道高度为21 500 km。"北斗二号"卫星导航系统将克服"北斗一号"系统存在的不足,满足全球范围内用户对卫星导航系统的需求。

美国 GPS、俄罗斯 GLONASS、中国的北斗卫星导航系统和欧盟 Galileo 系统并称为全球四大卫星导航系统。目前,联合国已将这四个系统一起确认为全球卫星导航系统核心供应商。

8.2 卫星定位基础

卫星导航定位系统是一种空基无线电导航定位系统,涉及到卫星通信、卫星定轨、信号调制、卫星测距以及导航解算等诸多技术。本节将介绍卫星的轨道运动、卫星信号调制以及伪随机噪声码技术。

8.2.1　卫星轨道及其运动

1.卫星轨道要素

国际电信联盟(International Telecommunication Union,ITU)对于卫星轨道所作的定义是:由于受到自然力(主要是引力)的作用,卫星和其他空间物的质量中心遵循其相应参照系的路径运动,此路径称作轨道。描述卫星运动轨道有多种方法和不同参数,人们一般采用六个参数(习惯上称为轨道六要素)来表征卫星轨道,描述轨道的形状、大小、轨道面在空间的位置和卫星某一瞬时在轨道上的位置。如图 8.1 所示。

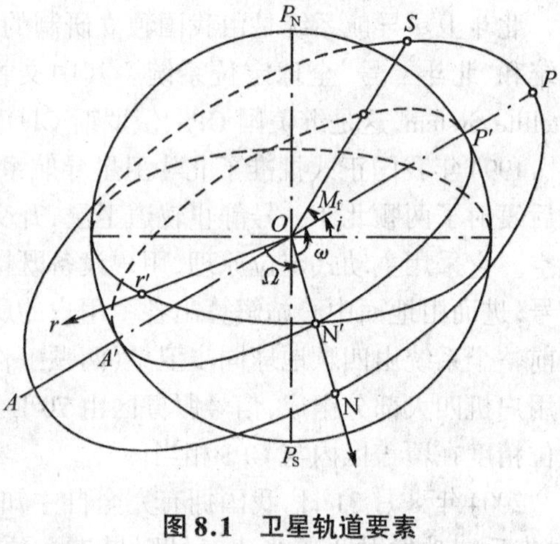

图 8.1　卫星轨道要素

Fig.8.1　Satellite orbital elements

(1)升交点赤经 Ω(the Right Ascension of Ascending Node):升交点 N 是卫星轨道与地球赤道平面的交点,在赤道上以春分点 r 所在经度为基准,向东至升交点在赤道上的投影点 N' 的角距即为升交点赤经 Ω,它用来确定 N 的位置。我们知道,太阳从南向北穿越赤道的一点称为春分点,它是赤经的零点,由此计算的升交点赤经 Ω 在 0°~360°之间变化。

(2)轨道倾角 i(Inclination Angle):赤道平面和卫星轨道面之间的夹角,范围在 0°~180°之间。$i=90°$时,卫星穿过地球的北极,称为极轨道(Polar Orbit);$i=0°$时,卫星在赤道平面内运动,称为赤道轨道(Equatorial Orbit);$0°<i<90°$时称为顺斜轨道(Prograde Inclination Orbit);$90°<i<180°$时称为逆斜轨道(Retrograde Inclination Orbit)。

(3)近地点张角 ω(Argument of the Perigee):在轨道平面上,由地心到升交点方向 ON 和由地心到近地点方向 OP 间的角距称为近地点张角,也称作近地点幅角,用以表示近地点的方向。

(4)轨道长半轴 a(Semi-major Axis):在轨道平面内,远地点至近地点距离的一半。长半轴越长,轨道椭圆越大。

(5)轨道偏心率 e(Eccentricity):椭圆轨道两个焦点间距离的一半与长半轴之比,用以确定椭圆轨道的形状。根据几何知识,$e=\sqrt{a^2-b^2}/a$(a,b 分别表示长半轴和短半轴),因而偏心率的任何变化都会影响近地点的距离。

(6)真近点角 M_f(True Anomaly):卫星与地心连线 SO 和近地点与地心连线 PO 之间的

夹角。

图 8.1 给出了描述卫星轨道六要素的示意图。其中,升交点赤经 Ω 和轨道倾角 i 确定轨道面在宇宙空间的位置;近地点张角 ω、长半轴 a 和偏心率 e 描述轨道的形状;真近点角 M_f 则确定了某一瞬时卫星在轨道上的位置。以上六个要素是相互独立的,它们可以完全决定卫星的瞬时位置。

2. 卫星的无摄运动

卫星被发射并升至预定的高度后,便将环绕地球运行。卫星作匀速圆周运动所需要的向心力是地球对它的引力,假设地球为匀质球体,在忽略摄动力影响的理想情况下,卫星在轨道上的运动称为无摄运动。

根据牛顿万有引力定律,地球对卫星的引力为

$$\boldsymbol{F} = -G\frac{Mm}{r^2}\cdot\frac{\boldsymbol{r}}{r} \tag{8.1}$$

卫星匀速圆周运动的向心力为

$$\boldsymbol{F} = m\ddot{\boldsymbol{r}} \tag{8.2}$$

式中　M——地球的质量,$M = 5.98\times10^{24}$ kg;

m——卫星的质量;

G——万有引力常数,$G = 6.67\times10^{-11}$ $\mathrm{N\cdot m/kg^2}$;

$\boldsymbol{r}$——卫星的地心向径。

将式(8.2)代入式(8.1),可以得到

$$\ddot{\boldsymbol{r}} = -\frac{GM}{r^2}\cdot\frac{\boldsymbol{r}}{r} \tag{8.3}$$

根据式(8.3)来研究地球和卫星之间的相对运动问题,在天体力学中称为二体问题(Two-body Problem)。二体问题下的卫星运动虽然是一种近似描述,但能得到卫星运动的严格解析解,因而它是研究卫星轨道运动的基础。在二体问题中,引力加速度 $\ddot{\boldsymbol{r}}$ 决定着卫星绕地球运动的基本规律,卫星在上述地球引力场中的无摄运动也称为开普勒运动,其规律可通过开普勒三定律来描述。

开普勒第一定律:卫星的运行轨道是一个椭圆,该椭圆的一个焦点与地球的质心重合。

这一定律表明,在中心引力场中卫星绕地球运行的轨道面,是一个通过地球质心的静止平面。当卫星接近地球时,它在长半轴上的点称为近地点(Perigee,如图 8.2 中的 P 点);当卫星远离地球时,它在长半轴上的点称为远地点(Apogee,如图 8.2 中的 A 点)。轨道椭圆的大小和形状,取决于它的长半轴 a 和偏心率 e。根据式(8.3)的解,可知卫星绕地球质心运动的轨道方程为

$$r = \frac{a(1-e^2)}{1+e\cos M_f} \tag{8.4}$$

式中 a——开普勒轨道长半轴；

e——偏心率；

M_f——真近点角。

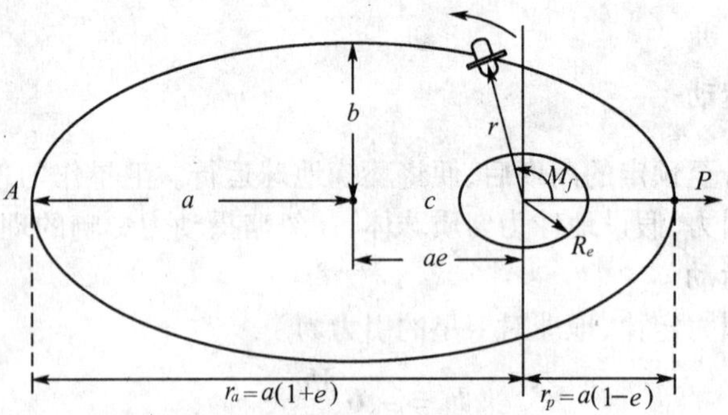

图 8.2 卫星轨道及其运行规律

Fig.8.2 The orbit and laws of satellite motion

开普勒第二定律：卫星的地心向径，即地球质心与卫星质心间的距离向量，在相同的时间内所扫过的面积相等。

这一定律可根据式(8.3)的能量积分而导出。与任何其他的运动物体一样，在轨道上运行的卫星也具有两种能量，即势能和动能。根据能量守恒定理，卫星在运行过程中，其势能和动能的总和应保持不变，即

$$-\frac{GMm}{r}+\frac{mv^2}{2}=\text{常量} \tag{8.5}$$

因此，由开普勒第二定律可知：卫星在椭圆轨道上的运行速度是不断变化的，在近地点 P 处动能最大，速度最高；而在远地点 A 处动能最小，速度最低。

开普勒第三定律：卫星运动周期的平方与轨道椭圆长半轴的立方之比为一常数，该常数正比于地球引力常数 GM 的倒数。其数学表达式为

$$\frac{T^2}{a^3}=\frac{4\pi^2}{GM} \tag{8.6}$$

式中，T 为卫星运动的周期，即卫星绕地球运行一周所需的时间；地球引力常数 $GM=3.986\ 005\times10^{14}\ \mathrm{m^3/s^2}$。

若设卫星运动的平均角速度为 n_0，则有

$$n_0=\frac{2\pi}{T}\ (\mathrm{rad/s}) \tag{8.7}$$

代入开普勒第三定律式(8.6)，上式可写为

$$n_0^2 a^3 = GM \tag{8.8}$$

或表示为更加常用的形式

$$n_0 = \left(\frac{GM}{a^3}\right)^{1/2} \tag{8.9}$$

显然,当开普勒椭圆的长半轴确定后,卫星运行的平均角速度便随之确定,且运行周期保持不变。这一特性在卫星位置的计算中具有重要意义。

值得注意的是,卫星在空间绕地球运行,除了受地球重力场的引力作用外,还将受到太阳、月亮和其他天体引力的影响,以及地球非球性、太阳光压、大气阻力和地球潮汐力等因素的影响。受到其他天体扰动和大气物理现象影响的实际运行轨道称为摄动轨道(Perturbation Orbit)。卫星实际的运动规律极其复杂,以致难以用简单而精确的数学模型加以描述。以 GPS 卫星为例,仅地球的非球性影响一项,在 3 小时的弧段上就可能使卫星的位置偏差达 2 km。因此,必须建立各种摄动力模型,对卫星轨道加以修正,以满足精密定轨的要求。在上述各种摄动力中,大气阻力的影响主要取决于大气密度、卫星的形状及速度。由于导航卫星所处的高空大气密度甚微,其对卫星的阻力影响一般可以忽略。

8.2.2 卫星信号调制技术

卫星通信具有距离远、覆盖面积大、通信频带宽、传输容量大和通信线路稳定可靠的特点。在卫星导航定位系统中,卫星与地面站、卫星与主控站、卫星与接收机都涉及到通信问题,那么,选择工作频段对于卫星通信是个十分重要的问题,因为它将影响系统的传输容量、卫星转发器的发射功率、天线尺寸的大小、接收设备的复杂程度以及成本的高低等。选择频段首先要求电波传播衰减应尽可能小;其次要求天线接收的外界噪声要小;而且要有较宽的可用频带,能满足信息传输的要求;与地面微波通信、雷达等其他无线电系统间的相互干扰要小;尽可能充分利用现有的通信技术,便于地面接收机的配合使用等等。综合上述要求,应将卫星通信工作频段选在特高频或微波频段。目前大多数卫星通信系统工作主要有以下的频段。

表 8.1　卫星数字通信的工作频段

Table 8.1　Working frequencies for satellite digital communication

频　段	频率范围	频　段	频率范围
L	1 000 ~ 2 000 MHz	*Ku*	12.5 ~ 18 GHz
S	2 000 ~ 4 000 MHz	*K*	18 ~ 26.5 GHz
C	4 000 ~ 8 000 MHz	*Ka*	26.5 ~ 40 GHz
X	8 000 ~ 12 500 MHz		

1.载波调制技术

频率很低的电信号,不适宜直接在无线信道中传输,如GPS导航电文频率仅为50 Hz,该信号频率较低,其信道利用率非常低,而且很不经济。为了使卫星导航信号能够在无线信道中进行频带传输,同时也为了提高信道的频带利用率,就需要采用载波调制技术。

载波调制是将基带信号搬移到信道损耗较小的指定的高频处进行传输,调制后的基带信号称为通带信号,其频率比较高。载波调制分为模拟调制和数字调制,当利用模拟基带信号对高频正弦波的某个参量如幅度、频率或相位进行控制,使该参量随基带信号而变化的过程就是模拟调制。数字载波调制与模拟信号的载波调制相类似,利用数字基带信号对载波的幅度、频率或相位进行控制,使载波的这些参量随数字基带信号的变化而变化。以GPS为例,它采用的载波调制方式是BPSK调制,高频载波信号分别是L1:1 575.42 MHz和L2:1 227.60 MHz。

2.扩频调制

在GPS卫星通信中,不同卫星可以同时发送导航信号,与接收机建立各自的信道,称为多址连接。为了使多颗卫星发送的信号互不干扰,GPS卫星导航系统采用了扩频调制技术,不同的卫星采用不同的扩频码发射导航电文。扩频调制也称为码分多址(Code Division Multiplexing Access ,CDMA)。CDMA是利用信号编码码型的正交性来实现的。

对GPS系统而言,在发射端,导航电文信号与扩频码首先进行模2和运算,然后对载波进行BPSK调制。由于采用的扩频码速率远大于导航电文码速率,故形成的BPSK信号频谱被大大展宽。在接收端,先用与发射端相同的扩频码和本振信号与接收到的信号进行混频和解扩,得到窄带的仅被导航电文调制的中频信号。经中频放大、滤波后就可进入普通BPSK解调器恢复导航电文。由于这种系统具有很强的抗干扰能力和保密性,而且比其他多址方式简单、灵活,因此在军用系统中得到广泛应用。在卫星通信系统和移动卫星通信系统中,扩频通信都是重要的通信体制。扩频技术的类型有直接序列方式和跳频方式等,GPS采用的是前者,即用一种伪随机码序列将要发送的信号频谱扩展到一个很宽的频带上,然后再发射出去。在接收端,扩频接收机用与发射端相同的伪随机码对接收到的信号进行相关处理,将接收到的扩频信号恢复成窄带的数据信号。

8.2.3 伪随机噪声码

伪随机噪声码(Pseudo-Random Noise Code,PRN)是一种可以预先确定并可以重复产生和复制、具有白噪声统计特性的二进制码序列,简称为伪随机码或伪噪声码。简而言之,伪噪声码就是一列具有一定周期的取值为0或1的离散符号串,它具有类似于白噪声的自相关系数。GPS的C/A码和P码都是伪随机码,这是噪声通信技术在卫星导航领域的成功实践。

1.移位寄存器和模 2 运算

(1)移位寄存器

移位寄存器由 r 个串接的双态存储器(如双稳态触发器)和一个移位时钟信号发生器组成。每个双态存储器(或寄存器)称为移位寄存器的级,每一级都只能有两个状态,分别用 0 和1 表示。当双态存储器采用双稳态触发器来实现时,可以用触发器的输出端处于“高电平”和“低电平”分别表示这两个不同状态。移位寄存器的级从左至右依次为第一级、第二级、…、第 r 级,其状态用 a_{n-i} 来表示,如图 8.3 所示。每个存储单元只有 0 或 1 两种状态,移位寄存器在控制脉冲的作用下工作。控制脉冲有两个:一个是置“1”脉冲,其作用是使各级存储单元的内容全处于“1”的状态;另一个是时钟脉冲,当时钟脉冲到来时,每个存储单元的内容都顺序地由一个单元移到下一个单元,而最后一个存储单元的内容便作为输出。

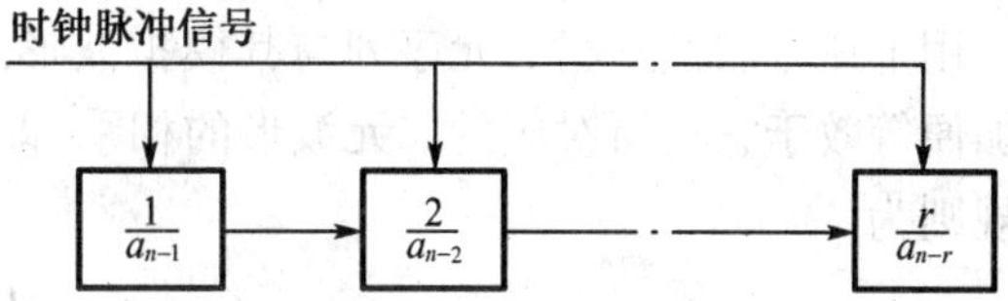

图 8.3　移位寄存器

Fig.8.3　Shift register

移位寄存器每一级的状态 0 或 1 不再具有一般数量的含义,而只具有逻辑含义。

(2)模 2 运算

二进制序列所采用的模 2 运算可以看作是不进位的二进制运算,或者异或运算,即相同为 1,相异为 0。对于模 2 加法,通常用⊕表示,其运算规则为

$$\begin{cases} 0 \oplus 0 = 0 \\ 0 \oplus 1 = 1 \\ 1 \oplus 0 = 1 \\ 1 \oplus 1 = 0 \end{cases} \tag{8.10}$$

对于模 2 加法,交换律和结合律成立。对于模 2 减法运算,可通过定义负元素的办法予以确定。定义 a 的负元素为 $-a$,且

$$a \oplus (-a) = 0 \tag{8.11}$$

根据式(8.10)可知,由于 $0\oplus 0=0$ 以及 $1\oplus 1=0$,所以,不论 a 为 0 或 1,只有当

$$a = -a \tag{8.12}$$

式(8.11)才成立。由此可以定义模 2 减法运算(以⊖表示)

$$a \ominus b = a \oplus (-b) = a \oplus b \tag{8.13}$$

这说明模 2 减法与模 2 加法运算是等效的。因此,模 2 运算也称为模 2 和。

由 0 和 1 组成的二元(或二进制)序列既可以用如上所述的二进制符号描述,以 $\{x\}$ 表示;也可以用波形 $\{x(t)\}$ 进行模拟,其方法是将 0 元素用一定宽度(持续时间)、单位振幅的正电压

(+1)来模拟，而1元素用同一宽度和振幅的负电压(-1)来模拟。通常把二元序列(或波形)中的元素叫做比特或码元，它的持续时间以秒为单位表示，称为码元宽度。若该二元序列是周期信号，则一个周期内的码元数，叫做比特长度或码元长度，简称码长。二元序列与二元波形之间的这种一一对应关系表明，它们是同一事物的两种不同表示方法。一般来说，在进行理论分析时，宜采用二元序列表示方法；而在讨论具体实现时，宜采用二元波形表示方法。

用上述方法建立起二元序列与其模拟波形之间的对应关系后，两个二元序列的逐项模2相加便等效于它们所对应的二元波形的相乘，即对于二进制信号波形，采用普通的乘法运算，其规则为

$$\begin{cases} 1\times 1 = 1 \\ 1\times(-1) = -1 \\ (-1)\times 1 = -1 \\ (-1)\times(-1) = 1 \end{cases} \tag{8.14}$$

也就是说，两个二元序列的模2和序列对应于两个相应二元波形乘积的波形。这种等效关系可以记作

$$\{x\} \oplus \{y\} \sim x(t)\cdot y(t) \tag{8.15}$$

2.最长线性移位寄存器序列——m序列

m序列(Maximum Sequences)是最长线性移位寄存器序列。我们知道，由于抽头式反馈移位寄存器反馈方式不同可以产生不同的二元序列，那么，这些二元序列当中周期最长的序列就称为m序列。

m序列是由“多级反馈移位寄存器”装置产生的。图8.4是一个四级反馈移位寄存器的示例，它由四级触发器1,2,3,4构成，取第1级和第4级的状态经模2加法器运算后反馈至第1级，这样在第4级的输出端就得到一个四级m序列。

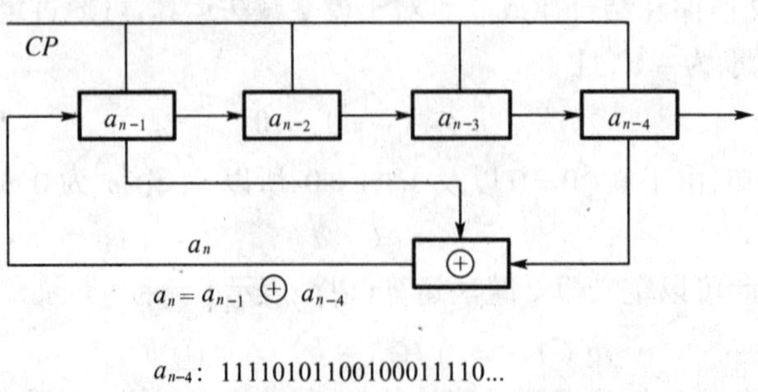

图8.4 四级线性反馈移位寄存器

Fig.8.4 4-bit linear feedback shift register (LFSR)

移位寄存器的状态变化是:首先在置“1”脉冲(图 8.4 中未示出)作用下,移位寄存器各级均处于“1”的状态;当第一个时钟脉冲到来时,各级寄存器的状态依次移位,而第 1,4 级的状态经模 2 加法运算后成为“0”,它被反馈至第 1 级触发器的输入端,从而使第 1 级处于“0”状态。当时钟脉冲依次来到,在时钟脉冲和反馈状态作用下,移位寄存器输出端的状态依次变化,其输出序列如表 8.2 所示。

表 8.2　四级线性反馈移位寄存器状态序列

Table 8.2　States sequences of 4-bit linear feedback shift register

状态编号	各级状态				模 2 加反馈	末级输出的序列
	①	②	③	④	①⊕④	
1	1	1	1	1	0	1
2	0	1	1	1	1	1
3	1	0	1	1	0	1
4	0	1	0	1	1	1
5	1	0	1	0	1	0
6	1	1	0	1	0	1
7	0	1	1	0	0	0
8	0	0	1	1	1	1
9	1	0	0	1	0	1
10	0	1	0	0	0	0
11	0	0	1	0	0	0
12	0	0	0	1	1	1
13	1	0	0	0	1	0
14	1	1	0	0	1	0
15	1	1	1	0	1	0

由表 8.2 的末级输出序列可以看出,该序列具有周期性,一个周期内码长为 15 个码元。由于四级移位寄存器最多有 $2^4=16$ 种不同状态,其中全 0 状态不允许出现(因为如果处于全 0 状态,则输出将持续地为 0),因此,最多有 15 个状态。以上序列是四级移位寄存器的最长线性移位寄存器序列,简称为 m 序列。

将以上讨论扩展至 r 级移位寄存器,其最多有 2^r-1 个状态,表 8.3 给出了 1 ~ 24 级移位寄存器的 m 序列的码长 L_p。

表 8.3 r 级移位寄存器 m 序列的码长

Table 8.3 Code lengths of maximum sequences with r-bit shift register

r	L_p 2^r-1	r	L_p 2^r-1	r	L_p 2^r-1
1	1	9	511	17	131 071
2	3	10	1 023	18	262 143
3	7	11	2 047	19	524 287
4	15	12	4 095	20	1 048 575
5	31	13	8 191	21	2 097 151
6	63	14	16 383	22	4 194 303
7	127	15	32 767	23	8 388 607
8	255	16	65 536	24	16 777 215

通过对上述 m 序列的分析可以发现，m 序列具有与随机事件相似的统计特性。

(1)在每一周期内，两种元素出现的次数仅相差一次，即“1”的个数比“0”的个数多一个。这是由于移位寄存器不允许出现全零状态所致。

(2)在一个周期内，长度为 n 的游程(即同一元素连续出现 n 次)出现的次数，比长度为($n+1$)的游程出现次数多一倍。

(3)r 级移位寄存器总共可能有 2^r 种不同的状态，由于不允许出现全零状态，故线性反馈情况下最大周期为 2^r-1。

(4)伪噪声特性：如果对伪随机码采样，并将每次采样按次序排成序列，我们会发现其功率谱呈正态分布，由此形成的随机码具有噪声特性。m 序列在出现概率、游程分布和自相关函数等特性上与随机噪声十分相近。

下面再来分析一下 m 序列的自相关特性。设两个周期同为 T_p 的周期函数 $x_1(t)$ 和 $x_2(t)$，则其互相关系数的定义为

$$\rho(\tau)=\frac{1}{T_p}\int_0^{T_p}x_1(t)x_2(t-\tau)\mathrm{d}t \tag{8.16}$$

式中，τ 为 $x_2(t)$ 相对 $x_1(t)$ 的时间延迟。

当 $x_1(t)=x_2(t)$ 时，$\rho(\tau)$ 就称为自相关系数，定义如下

$$\rho(\tau)=\frac{1}{T_p}\int_0^{T_p}x_1(t)x_1(t-\tau)\mathrm{d}t \tag{8.17}$$

通俗地说，相关系数 $\rho(\tau)$ 表示序列 $x_1(t)$ 和 $x_2(t)$ 之间的“相似”程度。对于二元码 m 序列，其自相关系数为

$$\rho(\tau) = \frac{1}{L_p}\sum_{m=1}^{L_p} a_m a_{m-(\tau)} \tag{8.18}$$

式中　L_p——周期内码元数，即码长；

m——码的序号；

(τ)——相应于 τ 的码元数。

式(8.18)是用普通乘法表示的，码序列元素 a_m 取值应为 +1 或 -1。考虑到码运算中乘法与模 2 和的等效性，当序列元素用 1 或 0 表示时，则式(8.18)可写成

$$\rho(\tau) = \frac{1}{L_p}\left[\sum_{m=1}^{L_p}(a_m \oplus a_{m-(\tau)}\right] \tag{8.19}$$

理论上可以证明，对上述公式括号内两个序列元素进行模 2 和运算的结果同两个序列相同码元个数与相异码元个数之差相等，亦即，式(8.19)所定义的自相关系数可以等效为下列的表达式

$$\rho(\tau) = \frac{相同码元个数 - 相异码元个数}{码元总数}$$

于是，根据 m 序列的统计特性，得自相关系数为

$$\rho(\tau) = \begin{cases} 1 & \tau = 0, \pm T_p, \pm 2T_p, \cdots, \pm nT_p \\ -\dfrac{1}{L_p} & \tau \neq 0 \text{ 或 } jT_p(j = \pm 1, \pm 2, \cdots, \pm n) \end{cases} \tag{8.20}$$

由式(8.20)可知，当 τ 为周期的整数倍时，$\rho(\tau) = 1$ 为极大值；其他情况下 $\rho(\tau) = -\dfrac{1}{L_p}$ 为最小值。

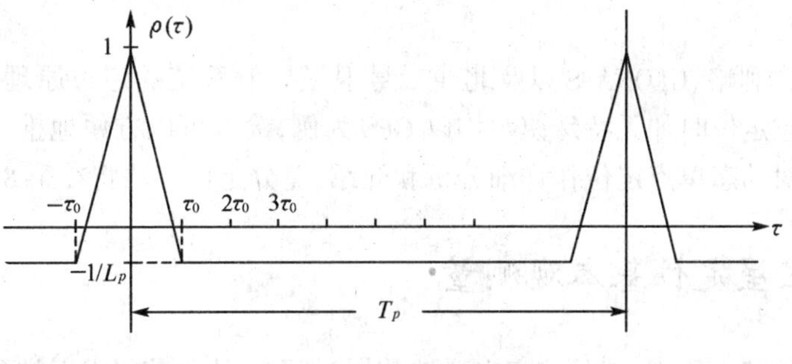

图 8.5　m 序列的自相关系数

Fig.8.5　Autocorrelation of maximum sequences

由于 m 序列自相关系数只有两个可能的取值，故称 m 序列具有双值自相关系数特性，图 8.5 给出了 m 序列自相关系数的图形。m 序列的这种自相关特性具有重要的意义，它是伪随

机码测距技术的理论基础。当卫星发射一组伪随机码,经过延迟 τ 后到达接收机,如果接收机内也产生(复制)一个相同的伪随机码,而且假设两者之间是精确同步的,那么,对接收到的卫星信号与本地复制码进行相关处理,即移动本地码使相关系数达到最大值。这样,本地码所移动的时间延迟值就是卫星信号传播时间 τ,乘以光速值 c 便可以得到卫星至用户接收机之间的距离。

正是 m 序列伪随机噪声码的这种特性,使得它在扩频通信中得到广泛应用。在具体使用过程中,还经常在 m 序列码的基础上,采用由两个周期和速率相同而码元结构不同的 m 序列组合成新的复合伪随机噪声码,称为 Gold 码。其特点是结构简单、调整方便,具有大量的可用码型,适宜于码分多址的大量用户需求。GPS 卫星所发射的 C/A 码就是由两个1 023 bit的 m 序列构成的 Gold 码。

应当指出,自相关系数 $\rho(\tau)$不仅在 $\tau=0$ 时为极大值,而且在 τ 等于整周期时也出现极大值,如图 8.5 所示。因此,这样就会产生多值性问题,在测距技术中称之为不定度或模糊度(Ambiguity)问题,需采用其他方法解决。

8.3 卫星定位基本方法

卫星导航定位的方法多种多样,但不管用何种方法实现,都必须获取测站与卫星间的距离或距离差,从而求解用户的导航信息。在众多的导航方法中,通过伪随机码测定传播时间定位的方法,称为测码伪距法定位;通过测量载波相位定位的方法,称为测相位伪距法定位(又称载波相位法定位);通过测量信号中的多普勒频移定位的方法,称为多普勒法定位。其中,多普勒法定位最早应用于子午仪系统中,由于其实时性能较差,且实现高精度定位所需的观测时间较长,所以如今的卫星导航接收机广泛采用伪距定位或载波相位定位,多普勒频移常用于测定用户的速度。

由于 GPS 和伽利略、GLONASS 以及北斗二号卫星导航系统的定位原理相似,本节介绍伪距定位和载波相位定位时如无特殊说明均以 GPS 为例,读者可以方便地推广到其他卫星导航系统。本节重点对动态单点定位作详细分析和介绍,差分定位方法将在第 8.4 节予以说明。

8.3.1 卫星定位基本观测量

无线电测距的基本原理,就是测定电磁波传播时间 τ,从而获得发射端到接收端的距离观测量为

$$R = c\tau$$

式中,c 为电磁波传播速度。

GPS 所使用的伪随机码有良好的自相关和互相关特性,可以在很低的电平情况下进行检

测和相关接收,具有抗干扰能力强、所需信号功率小、保密性能好、无模糊度等优点,通过测量相关函数最大值的位置使本地信号与接收信号同步,利用本地复制码的相位测量值达到精确测量距离的目的。伪随机码测距技术就是这一理论的体现。

1.测码伪距观测量

图 8.6 是伪随机码相位测量原理图。由卫星钟控制的伪随机码 $x_s(t)$,从卫星天线发播,经传播延迟 τ 到达接收机,于 t 时刻接收到的卫星信号为 $x_s(t-\tau)$。由接收机时钟控制的本地码发生器产生一个与卫星伪随机码相同的本地码 $x(t+\delta t)$,其中 δt 为接收机时钟与卫星时钟的钟差。经码移位电路将本地码移位(延迟)τ' 得到 $x(t+\delta t-\tau')$,将其送至相关器与所接收到的卫星信号 $x_s(t-\tau)$进行相关运算,经积分器可得相关输出

$$R(\Delta\tau) = \int x_s(t-\tau)x(t+\delta t-\tau')\mathrm{d}t \tag{8.21}$$

式中,

$$\Delta\tau = (t+\delta t-\tau') - (t-\tau) \tag{8.22}$$

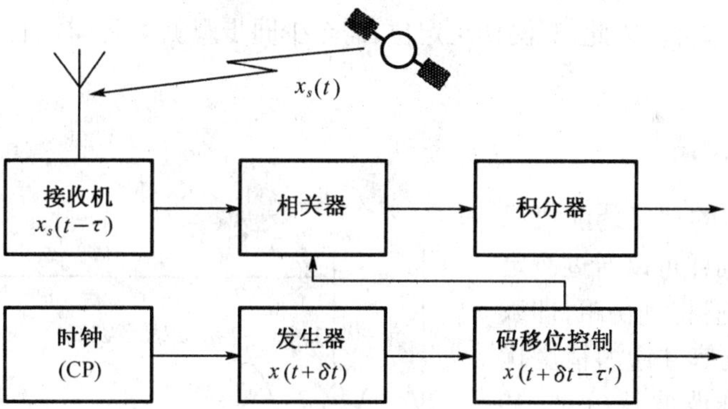

图 8.6　伪随机码相位测量

Fig.8.6　Pseudo-random noise Code phase measurement

如果调整本地码延迟 τ',使相关输出达到最大值,根据伪随机码的自相关特性,可知

$$R(\Delta\tau) = \max, \Delta\tau = nT(n = 0,1,2,\cdots) \tag{8.23}$$

则由式(8.22)可得

$$\tau' = \tau + \delta t - nT \tag{8.24}$$

式中　T——伪随机码的周期;

n——整周期数,$n=0,1,2,\cdots$;

τ'——所测定的本地码延迟。

因此,当测得本地码延迟 τ' 后,即可得

$$\rho' = R + c\delta t - n\lambda \tag{8.25}$$

式中　ρ'——所测定的距离观测值,$\rho' = c\tau'$;

R——卫星信号传播的真实距离,$R = c\tau$;

λ——伪随机码的波长,$\lambda = cT$。

上式为伪随机码测距的基本方程,其中 $n\lambda$ 称为测距模糊度。在使用单一周期信号测距时,如果信号波长小于所测距离,则存在模糊度问题。用 GPS 的 P 码测距时,由于其波长远大于所测距离,此时 $n = 0$,则

$$\rho' = R + c\delta t \tag{8.26}$$

称为无模糊测距。用 C/A 码测距时,其波长 $\lambda \approx 300$ km。只要将卫星至接收机的概略距离精确至 300 km 以内,即可确定 n 值,此时也就没有模糊度问题。

由式(8.25)可知,由于存在接收机时钟与卫星时钟的钟差 δt,所测定的距离 ρ' 并不等于卫星至接收机间信号传播的真实距离,因此将 ρ' 称为伪距(Pseudo-range)。若可以精确获得接收机时钟和卫星时钟相对 GPS 基准时的钟差,则可求得 δt 予以修正,从而由 ρ' 求得 R。实际上,卫星时钟钟差在导航电文中已给出,而接收机时钟钟差无法获得,只能在定位解算中将其作为一个待定参数求得。因此,观测伪距定位,需至少同步观测 4 颗 GPS 卫星的伪距才能求得用户的三维位置。

2.测相伪距观测量

除了前面介绍的利用伪随机码测定距离外,我们同样可以通过测定载波信号提供的信息得到伪距,即载波相位测量。载波信号量测精度优于波长的 1/100,载波波长(L1 = 19 cm,L2 = 24 cm)比 C/A 码波长短得多,所以 GPS 测量采用载波相位观测值可以获得比伪码(C/A 码或 P 码)定位高得多的精度。如图 8.7 所示,假设卫星 S 在时刻 T_j 发出载波信号时的相位为 $\varphi^j(T_j)$,信号到达接收机时的相位为 $\varphi_k(T_k)$,对应的时刻为 T_k,如果不考虑误差因素,则卫星 S 至接收机 k 的距离 R 可表示为

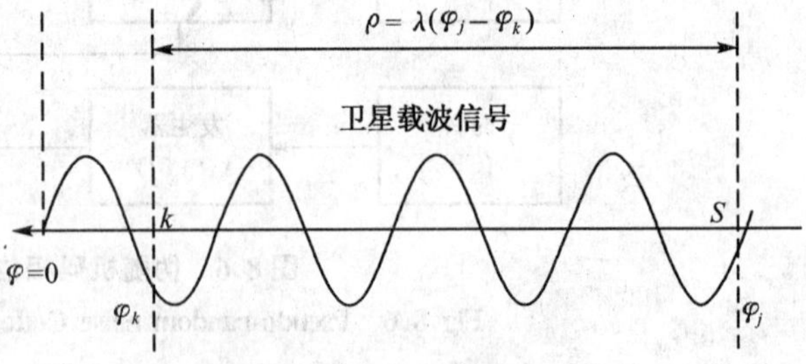

图 8.7　载波相位测量伪距

Fig.8.7　Pseudo-range measuring by carrier phase

$$R = \lambda[\varphi^j(T_j) - \varphi_k(T_k)] \tag{8.27}$$

式中,λ 为载波波长。

$\varphi_k(T_k)$可由接收机测量得到,而卫星发出信号时的载波相位 $\varphi^j(T_j)$却无法在接收机处直

接测量得到。因为伪距法测量设备知道伪码结构，它通过相关处理可以获得原载波；无码测量时，采用载波平方技术等方法也可得到载波信号，因此，可通过在接收机内重新获取纯净的载波(通常称为本地载波)，来达到测量载波相位的目的。也就是说，使接收机本地振荡器产生一个频率和初相与卫星载波信号完全相同的基准信号，则任一时刻 T_i，载波在卫星 j 处的相位 $\varphi^j(T_i)$等于接收机基准信号相位 $\varphi_k(T_i)$

$$\varphi_k(T_i) = \varphi^j(T_i) \tag{8.28}$$

当发播于 T_j 时刻的信号到达接收机 k 处，此时接收机接收到的基准信号相位为 $\varphi_k(T_j)$。使接收到的卫星信号与本机参考信号的相位求差，并考虑相位与伪距的关系，则卫星至接收机的距离可表示为

$$R = \lambda[\varphi_k(T_j) - \varphi_k(T_i)] \tag{8.29}$$

式中　$\varphi_k(T_j)$——接收机接收到的载波相位值；

$\varphi_k(T_i)$——T_i 时刻接收机本振参考信号的相位值。

至此，接收机可以实现由载波相位得到距离的解算，然而，接收机实际进行载波相位测量时，只能测定不足一周的相位(差)，而且在测量中必须连续跟踪卫星，所以实际相位差中还包含接收机首次测量时相位(差)的整周数。当接收机跟踪上信号，并在起始历元进行首次载波相位测量时，所测得的相位差应包含整周部分和不足一周的小数部分，下面来看接收机连续测量时载波相位整周数的变化关系。

设在 T_1 时刻进行首次载波相位观测，此时接收机基准信号相位为 $\varphi_k(T_1)$，接收到的来自卫星的载波信号相位为 $\varphi_k^j(T_1)$，相应的相位差观测值为

$$\phi_k^j(T_1) = \varphi_k(T_1) - \varphi_k^j(T_1) = N_k^j + \delta\varphi_k^j(T_1) \tag{8.30}$$

式中　$\phi_k^j(T_1)$——接收机需要测定的相位差；

N_k^j——载波相位整周部分，它是未知量；

$\delta\varphi_k^j(T_1)$——载波相位中不足一周的小数部分，可由接收机测定。

在随后的相位测量中，相位是连续检测和计数的，因此，可以测定 T_1 至 T_i 时刻载波整周数的变化$\Delta N_k^j(T_i)$和 T_i 时刻不足一周的小数相位$\delta\varphi_k^j(T_i)$，则 T_i 时刻测得的载波相位差为

$$\phi_k^j(T_i) = \varphi_k(T_i) - \varphi_k^j(T_i) = N_k^j + \Delta N_k^j(T_i) + \delta\varphi_k^j(T_i) \tag{8.31}$$

其中，$\Delta N_k^j(T_i)$由接收机计数器实现，是载波整周数在两次测量期间的变化量，是接收机的测量值，$\delta\varphi_k^j(T_i)$是不足一周的相位，也由接收机测量得到，所以接收机在 T_i 时刻测量的与载波相位有关的值实际上为

$$\Delta\phi_k^j(T_i) = \Delta N_k^j(T_i) + \delta\varphi_k^j(T_i) \tag{8.32}$$

则第 i 次测量的相位差可表示为

$$\phi_k^j(T_i) = N_k^j + \Delta\phi_k^j(T_i) \tag{8.33}$$

由以上分析可知,首次测量的未知整周数 N_k^j 包含在随后的连续相位测量中,而且如果在测量过程中接收机不发生整周计数的丢失(即周跳),则 N_k^j 保持不变。

以上讨论是以标准的卫星导航系统时间 T 为基础的,忽略了接收机时钟误差。但在实际观测中,系统时钟无法获得,只能已知接收机的时钟 t_i

$$t_i = T_i + \delta t_k$$

式中 t_i——信号接收时接收机的钟面时;

T_i——信号接收时卫星的系统时;

δt_k——接收机钟差。

对于一个稳定度良好的振荡器来说,当相位以周为单位时,若 ΔT 很小,则相位 ϕ 与频率 f 之间的关系可表示为

$$\phi(T + \Delta T) = \phi(T) + f\Delta T \tag{8.34}$$

由此可知

$$\phi(T_i + \delta t_k) = \phi(T_i) + f \cdot \delta t_k \tag{8.35}$$

代入到式(8.31),得到

$$\phi_k^j(t_i) = N_k^j + \Delta N_k^j(t_i) + \delta\phi_k^j(t_i) - f\delta t_k \tag{8.36}$$

将上式载波相位测量值转化为伪距值

$$R_k^j(t_i) = \lambda\phi_k^j(t_i)$$

且考虑到式(8.32),于是得到载波相位伪距观测方程

$$\lambda\Delta\phi_k^j(t_i) = R_k^j(t_i) + c\delta t_k - \lambda N_k^j \tag{8.37}$$

3. 多普勒频移观测量

由物理学可知,凡是波源(声源、光源和无线电波发射源等连续辐射波)和接收者之间有相对运动时,接收者收到的信号频率和波源发出的信号频率之间都会发生改变,这种现象叫多普勒效应(Doppler Effect)。接收者收到的信号频率跟波源发出的频率之差称为多普勒频移(Doppler Shift),它跟波源的频率及其相对运动速度有关。波源向接收者运动时,接收频率高于波源频率;波源背离接收者运动时,接收频率低于波源频率。多普勒频移值的大小,可以表示波源接近或远离速度的大小。

卫星在轨道上运动,以固定频率连续发射信号。由于卫星绕地球运动,它和地面测站间有一个相对速度,所以地面接收到的卫星信号频率相对于发射频率会发生变化,从而产生多普勒效应。由物理学得知,接收频率(f_R)是发射频率(f_T)、信号传播速度和单位时间内的距离变化 $\mathrm{d}s/\mathrm{d}t$ 的函数,在不考虑相对论效应时,接收频率为

$$f_R = f_T\left(1 - \frac{\mathrm{d}s/\mathrm{d}t}{c}\right) \tag{8.38}$$

式中，ds/dt 为单位时间内卫星与地面接收机间的距离变化，即卫星相对于测站的径向速度，记为 v。相应的多普勒频移(或称多普勒频率，单位为周/秒)为

$$f_D = f_R - f_T = -f_T \frac{v}{c} \tag{8.39}$$

如图 8.8 所示，当卫星从地面升起逐渐接近测站时，两者之间的距离逐渐减少，v 为负，此时接收频率大于发射频率，多普勒频移大于零，且逐渐减少；当卫星过顶时，距离变化率为零，接收频率等于发射频率，多普勒频移为零；当卫星远离测站时，接收频率小于发射频率，多普勒频移为负。

利用卫星信号中的多普勒频移或多普勒计数值作为观测量，求得距离差，同样可以实现测站的定位，具体实现方法见 8.3.4 节。

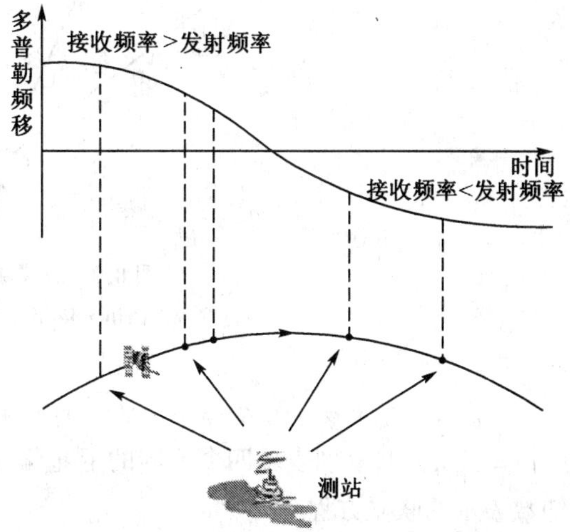

图 8.8　多普勒频移随相对距离的变化

Fig.8.8　Doppler shifts varying with relative distance

8.3.2　伪距定位

在前面的介绍中，我们已经知道通过伪随机码测量可以得到卫星至用户接收机之间的伪距。为了简化起见，假设电离层、对流层的大气延时已经得到修正，卫星钟差由导航电文提供的参数予以补偿，其他未补偿完全或由卫星星历、多径误差等造成的等效距离误差记作 ε_k，则式(8.26)可以扩展成如下形式

$$\rho_k^j = c\tau' + \varepsilon_k^j = c(\tau + \delta t_k) + \varepsilon_k^j = R_k^j + c\delta t_k + \varepsilon_k^j \tag{8.40}$$

式中　ρ_k^j——接收机测定的用户 k 至卫星 j 的距离观测值，即伪距；

τ——信号自卫星发射到接收机的传播时间；

R_k^j——卫星 j 到接收机 k 的真实距离，$R_k^j = c\tau$；

δt_k——接收机相对于系统时的时钟误差；

ε_k^j——与测量误差等效的距离误差。

设(X^j, Y^j, Z^j)表示第 j 颗卫星在地心地固坐标系的位置，(x_k, y_k, z_k)为用户 k 在地心地固坐标系的位置，则卫星至接收机的真实距离 R_k^j 可表示为

$$R_k^j = \sqrt{(X^j - x_k)^2 + (Y^j - y_k)^2 + (Z^j - z_k)^2} \tag{8.41}$$

参见图 8.9 所示，在式(8.40)中，为了求解用户的三维位置(x_k, y_k, z_k)和接收机时钟偏差 δt_k 四个未知数，至少需要 4 个伪距观测量，即需要同时观测至少四颗卫星，建立 4 个类型相同

的观测方程组

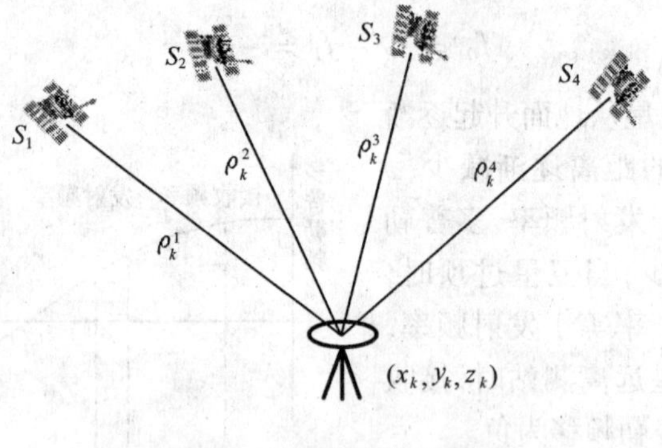

图 8.9 卫星单点定位原理

Fig.8.9 Principle of satellite single positioning

$$\rho_k^j = R_k^j + c\delta t_k + \varepsilon_k^j = \sqrt{(X^j - x_k)^2 + (Y^j - y_k)^2 + (Z^j - z_k)^2} + c\delta t_k + \varepsilon_k^j \tag{8.42}$$

式中，$j = 1,2,3,4$，分别表示四个不同的卫星编号。方程(8.42)可展开成以 x_k, y_k, z_k 和 δt_k 等未知数表示的联立方程

$$\begin{cases} \rho_k^1 = \sqrt{(X^1 - x_k)^2 + (Y^1 - y_k)^2 + (Z^1 - z_k)^2} + c\delta t_k + \varepsilon_k^1 \\ \rho_k^2 = \sqrt{(X^2 - x_k)^2 + (Y^2 - y_k)^2 + (Z^2 - z_k)^2} + c\delta t_k + \varepsilon_k^2 \\ \rho_k^3 = \sqrt{(X^3 - x_k)^2 + (Y^3 - y_k)^2 + (Z^3 - z_k)^2} + c\delta t_k + \varepsilon_k^3 \\ \rho_k^4 = \sqrt{(X^4 - x_k)^2 + (Y^4 - y_k)^2 + (Z^4 - z_k)^2} + c\delta t_k + \varepsilon_k^4 \end{cases} \tag{8.43}$$

由上可知，由于将接收机钟差等效距离参数 $c\delta t_k$ 作为一个未知数来求解，可大大放宽对接收机时钟的要求，降低接收机的成本。

由于式(8.43)是非线性方程组，在解算用户位置时，如果近似地知道接收机的位置，那么可以将真实位置(x_k, y_k, z_k)与近似位置($\hat{x}_k, \hat{y}_k, \hat{z}_k$)之间的偏移用位移($\Delta x_k, \Delta y_k, \Delta z_k$)来标记，则用户真实位置为

$$\begin{cases} x_k = \hat{x}_k + \Delta x_k \\ y_k = \hat{y}_k + \Delta y_k \\ z_k = \hat{z}_k + \Delta z_k \end{cases} \tag{8.44a}$$

同时，选择用户接收机时钟误差的概略值 $\hat{\delta t_k}$，一般假定为 0，那么

$$\delta t_k = \hat{\delta t_k} + \Delta t_k \tag{8.44b}$$

式中，Δt_k 为用户接收机钟差与所选概略值之间的偏移。

根据泰勒级数展开公式

$$f(x,y,z,t) = f(x_0,y_0,z_0,t_0) + \left.\frac{\partial f}{\partial x}\right|_{\substack{x=x_0\\y=y_0\\z=z_0\\t=t_0}} \Delta x + \left.\frac{\partial f}{\partial y}\right|_{\substack{x=x_0\\y=y_0\\z=z_0\\t=t_0}} \Delta y + \left.\frac{\partial f}{\partial z}\right|_{\substack{x=x_0\\y=y_0\\z=z_0\\t=t_0}} \Delta z + \left.\frac{\partial f}{\partial t}\right|_{\substack{x=x_0\\y=y_0\\z=z_0\\t=t_0}} \Delta t + \cdots$$

将式(8.42)在用户概略坐标($\hat{x}_k,\hat{y}_k,\hat{z}_k$)和接收机时钟误差的概略值 $\delta\hat{t}_k$ 处展开,并忽略二阶以上高次项,可以得到伪距测量线性化方程

$$\begin{aligned}\rho_k^j = &\sqrt{(X^j-\hat{x}_k)^2+(Y^j-\hat{y}_k)^2+(Z^j-\hat{z}_k)^2} + c\delta\hat{t}_k \\ &+ \frac{-(X^j-\hat{x}_k)}{\sqrt{(X^j-\hat{x}_k)^2+(Y^j-\hat{y}_k)^2+(Z^j-\hat{z}_k)^2}}\Delta x_k \\ &+ \frac{-(Y^j-\hat{y}_k)}{\sqrt{(X^j-\hat{x}_k)^2+(Y^j-\hat{y}_k)^2+(Z^j-\hat{z}_k)^2}}\Delta y_k \\ &+ \frac{-(Z^j-\hat{z}_k)}{\sqrt{(X^j-\hat{x}_k)^2+(Y^j-\hat{y}_k)^2+(Z^j-\hat{z}_k)^2}}\Delta z_k + c\Delta t_k + \varepsilon_k^j\end{aligned} \tag{8.45}$$

令 $\hat{r}_k^j = \sqrt{(X^j-\hat{x}_k)^2+(Y^j-\hat{y}_k)^2+(Z^j-\hat{z}_k)^2}$ 为用户 k 到卫星 j 的距离近似值,设 $a_x^j = \frac{X_j-\hat{x}_k}{\hat{r}_k^j}$, $a_y^j = \frac{Y^j-\hat{y}_k}{\hat{r}_k^j}$, $a_z^j = \frac{Z^j-\hat{z}_k}{\hat{r}_k^j}$, a_x^j, a_y^j, a_z^j 表示由近似用户位置指向第 j 号卫星的单位矢量的方向余弦。则式(8.45)可简单地记为

$$\rho_k^j = \hat{r}_k^j + c\delta\hat{t}_k - a_x^j\Delta x_k - a_y^j\Delta y_k - a_z^j\Delta z_k + c\Delta t_k + \varepsilon_k^j \tag{8.46}$$

令 $\Delta\rho_k^j = \rho_k^j - \hat{r}_k^j - c\delta\hat{t}_k$,于是上式可以写作

$$\Delta\rho_k^j = -a_x^j\Delta x_k - a_y^j\Delta y_k - a_z^j\Delta z_k + c\Delta t_k + \varepsilon_k^j$$

当同时观测 $n(n\geqslant 4)$颗卫星时,有如下联立方程

$$\begin{cases}\Delta\rho_k^1 = -a_x^1\Delta x_k - a_y^1\Delta y_k - a_z^1\Delta z_k + c\Delta t_k + \varepsilon_k^1 \\ \Delta\rho_k^2 = -a_x^2\Delta x_k - a_y^2\Delta y_k - a_z^2\Delta z_k + c\Delta t_k + \varepsilon_k^2 \\ \Delta\rho_k^3 = -a_x^3\Delta x_k - a_y^3\Delta y_k - a_z^3\Delta z_k + c\Delta t_k + \varepsilon_k^3 \\ \vdots \\ \Delta\rho_k^n = -a_x^n\Delta x_k - a_y^n\Delta y_k - a_z^n\Delta z_k + c\Delta t_k + \varepsilon_k^n\end{cases} \tag{8.47}$$

写成矩阵矢量的形式

$$\boldsymbol{L} = \boldsymbol{G}\boldsymbol{X} + \boldsymbol{V} \tag{8.48}$$

其中,$\boldsymbol{L} = \begin{bmatrix}\Delta\rho_k^1\\ \Delta\rho_k^2\\ \Delta\rho_k^3\\ \vdots\\ \Delta\rho_k^n\end{bmatrix}$, $\boldsymbol{G} = \begin{bmatrix}-a_x^1 & -a_y^1 & -a_z^1 & 1\\ -a_x^2 & -a_y^2 & -a_z^2 & 1\\ -a_x^3 & -a_y^3 & -a_z^3 & 1\\ \vdots & \vdots & \vdots & \vdots\\ -a_x^n & -a_y^n & -a_z^n & 1\end{bmatrix}$, $\boldsymbol{X} = \begin{bmatrix}\Delta x_k\\ \Delta y_k\\ \Delta z_k\\ c\Delta t_k\end{bmatrix}$, $\boldsymbol{V} = \begin{bmatrix}\varepsilon_k^1\\ \varepsilon_k^2\\ \varepsilon_k^3\\ \varepsilon_k^h\end{bmatrix}$。

式(8.48)就是卫星导航伪距观测的测量方程。测量残差 $\boldsymbol{V}$ 是指消除掉各种已知偏差后的残存误差,一般由一些缓慢变化的项及随机噪声组成,主要由接收机噪声和量化误差产生。

由于接收机观测的卫星数量不同,所以对上式的求解方法也有差异,分为以下几种情况。

(1)当观测 4 颗卫星时($n=4$),只能忽略观测随机误差(即 $\boldsymbol{V}=0$)求得代数解为

$$\boldsymbol{X} = \boldsymbol{G}^{-1}\boldsymbol{L} \tag{8.49}$$

(2)观测 4 颗以上卫星时($n>4$),可以根据最小二乘法求解,即组成法方程

$$\boldsymbol{G}^{\mathrm{T}}\boldsymbol{G}\boldsymbol{X} = \boldsymbol{G}^{\mathrm{T}}\boldsymbol{L}$$

解法方程,求得未知参数向量

$$\boldsymbol{X} = (\boldsymbol{G}^{\mathrm{T}}\boldsymbol{G})^{-1}\boldsymbol{G}^{\mathrm{T}}\boldsymbol{L} \tag{8.50}$$

(3)如果给每个观测值都指定一个加权值 $\boldsymbol{W}^{-1}$,则相应的加权最小二乘估计为

$$\boldsymbol{X} = (\boldsymbol{G}^{\mathrm{T}}\boldsymbol{W}^{-1}\boldsymbol{G})^{-1}\boldsymbol{G}^{\mathrm{T}}\boldsymbol{W}^{-1}\boldsymbol{L} \tag{8.51}$$

解算出 $\boldsymbol{X}=[\Delta x_k,\Delta y_k,\Delta z_k,c\Delta t_k]^{\mathrm{T}}$ 后利用式(8.44)即可求得用户接收机的位置。

当概略坐标误差较大时,用于建立矩阵 $\boldsymbol{G}$ 的先验估值与真实值相差较大(如数公里以上),会使定位结果产生较大的误差。实际上,当接收机位置未知时,通常会将概略坐标设置在地球的中心,对最小二乘求解过程进行多次迭代后,解算结果误差逐步缩小,将收敛于真实位置。

可以看出,上述最小二乘解的精度由两个因素决定,即测量的精度和用户与卫星之间的几何关系。测量的精度由测量误差的方差 σ 来描述;用户与卫星的几何关系由"$(\boldsymbol{G}^{\mathrm{T}}\boldsymbol{G})^{-1}$"矩阵描述,称为几何精度因子,记作 GDOP(Geometric Dilution of Precision),它对测距误差起着"放大"的作用。我们把$(\boldsymbol{G}^{\mathrm{T}}\boldsymbol{G})^{-1}$写成矩阵形式

$$(\boldsymbol{G}^{\mathrm{T}}\boldsymbol{G})^{-1} = \begin{bmatrix} \sigma_x^2 & \sigma_{xy} & \sigma_{xz} & \sigma_{xt} \\ \sigma_{yx} & \sigma_y^2 & \sigma_{yz} & \sigma_{yt} \\ \sigma_{zx} & \sigma_{yz} & \sigma_z^2 & \sigma_{zt} \\ \sigma_{tx} & \sigma_{ty} & \sigma_{tz} & \sigma_t^2 \end{bmatrix} \tag{8.52}$$

在大多数情况下,我们主要关心的是对角线元素。下面的 DOP 表达式概括地说明了几何关系的影响:

几何精度因子(GDOP):$\mathrm{GDOP}=\sqrt{\mathrm{trace}(\boldsymbol{G}^{\mathrm{T}}\boldsymbol{G})^{-1}}=\sqrt{\sigma_x^2+\sigma_y^2+\sigma_z^2+\sigma_t^2}$;

三维位置几何精度因子(PDOP):$\mathrm{PDOP}=\sqrt{\sigma_x^2+\sigma_y^2+\sigma_z^2}$;

平面位置几何精度因子(HDOP):$\mathrm{HDOP}=\sqrt{\sigma_x^2+\sigma_y^2}$;

高程几何精度因子(VDOP):$\mathrm{VDOP}=\sqrt{\sigma_z^2}$;

时间几何精度因子(TDOP):$\mathrm{TDOP}=\sqrt{\sigma_t^2}$。

因此,总的位置误差值可用 $\sigma\times\mathrm{PDOP}$ 来估算,垂向位置误差可用 $\sigma\times\mathrm{VDOP}$ 估算,等等依

此类推。卫星导航系统星座与用户构成的几何图形越好，GDOP 就越小，它对用户定位精度的不利影响就越小。研究表明，四颗定位卫星与用户可以构成一个四面体，而 GDOP 与星座四面体的体积成反比。因此，优选卫星参与导航解算是获取高精度导航定位的有效方法之一。但是，由于我们的结论是基于所有卫星伪距测量值的误差非相关且具有相同的统计特性的这样一个假定，所以这仅仅是一个近似值。典型的接收机能够同时跟踪 5 ~ 12 颗卫星，卫星数目增多，产生较好几何关系的概率就大，一般说来便可以生成更为精确的单点导航解。

8.3.3　载波相位定位

由式(8.36)可知，接收机测相伪距观测方程与伪码定位方程(8.40)比较，载波相位定位方程中多了一个未知量 λN_k^j，设 $R_k^j(t_i)$为接收机 k 与卫星 j 间的几何距离

$$R_k^j(t_k) = \sqrt{(X^j - x_k)^2 + (Y^j - y_k)^2 + (Z^j - z_k)^2} \tag{8.53}$$

式中　(X^j, Y^j, Z^j)——观测历元时刻卫星 j 在地固坐标系中的位置坐标，可由导航电文星历文件计算；

(x_k, y_k, z_k)——观测历元时刻接收机 k 在地固坐标系中的位置。

若已知接收机的概略坐标为$(\hat{x}_k, \hat{y}_k, \hat{z}_k)$，则它相对于接收机真实位置的偏移为$(\Delta x_k, \Delta y_k, \Delta z_k)$，采用与前节伪距解算相同的方法，可以得到

$$\lambda \Delta \phi_k^j(t_i) - \hat{r}_k^j(t_i) = \begin{bmatrix} -a_x^j & -a_y^j & -a_z^j & 1 \end{bmatrix} \begin{bmatrix} \Delta x_k \\ \Delta y_k \\ \Delta z_k \\ c\delta t_k \end{bmatrix} + \lambda N_k^j + \varepsilon_k^j \tag{8.54}$$

式中　$a_x^j = \dfrac{X^j - \hat{x}_k}{\hat{r}_k^j}, a_y^j = \dfrac{Y^j - \hat{y}_k}{\hat{r}_k^j}, a_z^j = \dfrac{Z^j - \hat{z}_k}{\hat{r}_k^j}$——方向矢量；

$\hat{r}_k^j = \sqrt{(X^j - \hat{x}_k)^2 + (Y^j - \hat{y}_k)^2 + (Z^j - \hat{z}_k)^2}$——用户 k 到卫星 j 的概略距离；

ε_k^j——量测噪声。

写成矢量形式，有

$$\boldsymbol{L} = \boldsymbol{GX} + \lambda N_k^j + \boldsymbol{V} \tag{8.55}$$

对于式(8.55)，接收机 k 在历元时刻观测卫星 j 时的误差方程中包含的未知数有：三个位置误差改正项 $\Delta x_k, \Delta y_k, \Delta z_k$；一个接收机时钟误差 δt_k；卫星 j 的初始整周模糊度 N_k^j。如果接收机同时观测 n 颗卫星，则可列出 n 个式(8.55)形式的观测方程，而未知数个数为 $4 + n$，方程组无法求解。因而确定整周模糊度是载波相位测量的一项重要工作，常用的方法有伪距法、经典方法、多普勒法（三差法）以及快速确定整周未知数法等。

通过上面的介绍可以看出,载波相位法具有以下主要特点。

1.定位精度高

相位测量法的定位精度取决于波长和相位测量的分辨率。实际上,一般采用的伪距法,实质上也是一种相位测量法,只不过它是对伪码信号进行相位测量。载波相位伪距测量由于其波长短,理论上可达到很高的精度,但实际上由于卫星误差、大气层延时等影响,载波相位单点定位精度并不高,不能体现出其定位的优势,通常在进行载波相位测量定位时采用相对定位或差分定位的方式,消掉大部分传播延迟等误差,使得定位精度达到毫米至分米级。

2.无码测量

载波相位法直接测量卫星的载波信号,不需要知道卫星的伪码结构。它既能利用 GPS 信号,同样也能利用 GLONASS 全球卫星导航系统的信号工作。

3.需要单独提供星历

载波相位法不需要知道伪码结构,因而它也就接收不到卫星电文。但定位计算需要知道卫星星历,需通过其他途径获取。

8.3.4 多普勒法定位

多普勒频移是接收频率和卫星发射频率之差,因为电波频率对时间的积分表现为电波的周数,它和距离变化率有关。把某段时间间隔内一共差多少个相位周,用计数的办法累计出来,称为多普勒计数,或称多普勒积分值。在一次卫星通过期间,多普勒积分值会出现双值性的问题。

为了避免出现多普勒积分值的双值性,接收机不是直接测量接收频率与发射频率之差,而是测量接收频率 f_R 与本机基准频率 f_G 之差,求其多普勒频移积分值,由此求得距离差。本机基准频率和卫星发射频率相差一个固定值。

如图 8.10 所示,假设在 t_1 时刻,卫星在 S_1 处发射信号,此时与观测点相距 D_1,电波以速度 c 传播,测者在 $t_1+\frac{D_1}{c}$时刻接收到信号;t_2 时刻,卫星在 S_2 处发射信号,此时卫星与观测点距离为 D_2,测者在 $t_2+\frac{D_2}{c}$时收到信号。

接收机在 $t_1+\frac{D_1}{c}$至 $t_2+\frac{D_2}{c}$时间内接收卫星发播信号,可测量到多普勒积分值 N,它是距离差 D_2-D_1 函数。

$$N = \int_{t_1+D_1/c}^{t_2+D_2/c}(f_G - f_R)\mathrm{d}t = \int_{t_1+D_1/c}^{t_2+D_2/c}f_G\mathrm{d}t - \int_{t_1+D_1/c}^{t_2+D_2/c}f_R\mathrm{d}t \tag{8.56}$$

式(8.56)右边第二部分代表接收机在$(t_1 + D_1/c) \sim (t_2 + D_2/c)$时间内，所收到的电波总周数，它等于卫星在 $t_1 \sim t_2$ 之间发射的周波数，即

$$\int_{t_1+D_1/c}^{t_2+D_2/c}f_R\mathrm{d}t = \int_{t_1}^{t_2}f_T\mathrm{d}t \tag{8.57}$$

把式(8.57)代入式(8.56)

$$N = \int_{t_1+D_1/c}^{t_2+D_2/c}f_G\mathrm{d}t - \int_{t_1}^{t_2}f_T\mathrm{d}t \tag{8.58}$$

卫星发射频率 f_T 和本机振荡频率 f_G 都很稳定，在卫星通过测者上空期间可以认为是常数，于是式(8.58)可改写成

$$N = f_G[(t_2 - t_1) + (D_2 - D_1)/c] - f_T(t_2 - t_1) = (f_G - f_T)(t_2 - t_1) + (D_2 - D_1)f_G/c \tag{8.59}$$

式中，如果 $f_G, f_T, c, t_2 - t_1$ 都是已知值，那么只要测得多普勒频移积分值 N，就可求得 t_2 和 t_1 两时刻卫星与测者之间的距离差 ΔR。公式如下

$$\Delta R = D_2 - D_1 = N\frac{c}{f_G} - (f_G - f_T)(t_2 - t_1)\frac{c}{f_G} \tag{8.60}$$

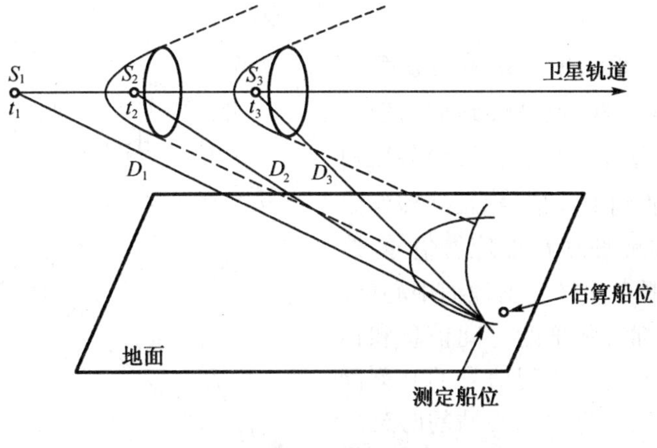

图 8.10　卫星多普勒频移定位原理

Fig.8.10　Principle of satellite Doppler shift positioning

接收机接收卫星信号后，就能获得卫星轨道参数、时间和多普勒频移三种信息。根据轨道参数，可以确定卫星位置；根据多普勒频移积分值，可以得出相应时间卫星和测者的距离差。这时与 S_1 和 S_2 空间两定点距离差为一定值的点的轨迹，是以这两个点为焦点的旋转双曲面，

参见图 8.10 所示。曲面与地球表面相交的曲线，就是测者所在的位置线。同时测得多条位置线时，它们的交点即为观测点的位置，这就是子午仪卫星导航系统的定位原理。

比较多普勒定位与伪距定位，我们可以知道以下信息。

(1)用伪距法进行 GPS 定位，三维定位需跟踪 4 颗卫星，二维定位也需跟踪 3 颗卫星。为保证达到较高的定位精度，对所选用星组的 GDOP 值还有严格的限制。用多普勒法进行 GPS 定位，由于仅需跟踪用户视界内的一颗卫星，因此即使计划中的卫星尚未全部升空，也可获得定位信息。

(2)在用伪距法定位时，用户可同时跟踪几颗卫星，测出伪距，实现动态情况下的高精度定位，实时性很强。但是，在用多普勒法定位时，由于必须以一定时序对某一颗被跟踪卫星进行多次积分多普勒计数才能定位，且只有计数次数较多时才能实现较高精度的定位，故实时性较差，高动态用户不宜使用；进行静态定位时，所需要的观测时间一般要数小时，多应用于大地测量中。

(3)鉴于伪距定位和多普勒定位各有所长，可考虑在多通道接收机中同时跟踪几颗卫星。既测量各颗卫星到用户的伪距，又按一定的时序对每颗卫星进行积分多普勒计数，将两种方法组合起来使用，在不影响实时性的前提下提高定位的连续性和精度。对以定点定位为主的静态测量用户，还可利用多普勒积分来平滑伪距测量中的量测噪声，从而达到提高测量精度的目的。

8.3.5 静止轨道双星定位原理

如图 8.11 所示，地面中心站采用频率 f_1 向卫星 S_1 发射询问信号，卫星接到询问信号后，将它转换为频率 f_2 的卫星信号，向各用户转发。用户设备接收到卫星信号后，立即作出响应，并发出另一种频率为 f_3 的应答信号，这个频率的信号经两颗卫星转发给地面中心站。中心站发出的信号都有精确的时间信息和标记，因此，中心站根据发出访问信号的时刻和应答信号通过两颗卫星返回中心站的时刻之差 τ_1 和 τ_2，乘以无线电传播速度 c，就可以测定两条信号路径的距离和，即

$$\begin{cases}2\times(D_{S1}+D_1)=c\tau_1\\D_{S1}+D_1+D_{S2}+D_2=c\tau_2\end{cases}\tag{8.61}$$

当中心站和卫星位置精确已知时，可计算

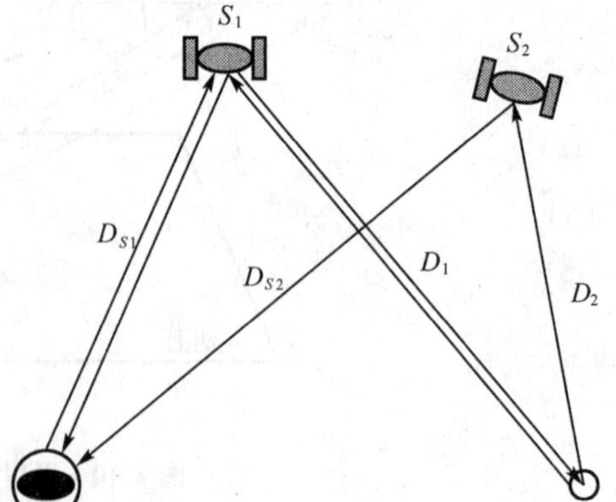

图 8.11 双星定位系统原理示意图

Fig.8.11 Sketch map of dual-satellite positioning system

出各卫星至用户的距离 D_1 和 D_2。根据大圆定位方法可知，用户一定位于以卫星为中心、以 D_1 和 D_2 为半径的球面上。两球相交于一个大圆，用户位置则在此大圆上。当用户在海面上，则该大圆与大地水准面有两个交点，一个在北半球，另一个在南半球，用户根据自己所处的半球很容易确定实际位置。若用户不在海平面上，则需要知道用户的高程，才能够确定用户的位置。理论上，若增加一颗卫星，用户能向三颗卫星发出应答信号，便可以列出三个观测方程，从而确定用户的三维坐标。但由于三颗静止卫星是共面的，几何位置不好，定位精度不高。故一般都采用两颗卫星进行两维定位，而第三维坐标（高程）通过其他途径获取，如数字地图和测高仪等，因此系统又称为双星定位通信系统。

8.3.6　速度测量原理

卫星导航接收机测速大致有三种方法：第一是基于高精度定位结果，通过位置差分来获取速度；第二是利用原始多普勒观测值直接计算速度；第三是利用载波相位中心差分所获得的多普勒观测值来计算速度。

位置差分法利用两次位置解算结果除以时间间隔获取速度；载波相位中心差分法将历元 $t-\Delta t$ 和 $t+\Delta t$ 的载波相位观测值 φ_1 和 φ_3 作中心差分，获得历元 t 的多普勒频移观测值

$$\dot{\varphi}_2 = \frac{\varphi_3 - \varphi_1}{2\Delta t} \tag{8.62}$$

式中，Δt 为采样间隔。

用式(8.62)代替原始多普勒频移观测值可以求解载体的速度。显然，这两种方法的测速精度不仅与接收机的定位结果、载波相位观测值的精度有关，而且还受到载体运动状态的影响。如果载体的运动不是匀速的，那么其速度精度必定受到影响，而且速度变化越大，速度测量误差就越大。

实际接收机中通常采用原始多普勒频移法，其速度精度主要取决于多普勒频移观测值的精度，基本不受载体运动状态的影响。下面介绍原始多普勒频移测速法。

由图 8.8 可知，对于动态用户来说，由于接收机相对于卫星在不停地运动，导致用户与观测卫星间的距离不断地变化，产生多普勒频移，由式(8.39)可知，接收机与卫星间的多普勒频移 f_D 为

$$f_D = f_R - f_T = -f_T\frac{v}{c}$$

式中　f_R——接收机收到的载波频率；

f_T——卫星信号发送时的载波频率；

v——卫星相对于接收机的径向运动速度；

c——光速。

由于多普勒频移反映了卫星与接收机间的距离变化,即

$$\dot{\rho} = \frac{\mathrm{d}\rho}{\mathrm{d}t} = f_D \frac{c}{f_T} = f_D\lambda \tag{8.63}$$

不考虑大气层延迟的影响,而卫星钟差也可由导航电文提供的信息进行修正,所以,由伪距定位方程式对时间求导可得

$$f^j_D\lambda = \dot{\rho}^j_k + c\delta\dot{t}_k + \dot{\varepsilon}^j_k \tag{8.64}$$

式中 f^j_D——卫星 j 的多普勒频移观测值,单位为 Hz;

λ——载波波长;

$\delta\dot{t}_k$——接收机钟差变化率;

c——光速;

$\dot{\varepsilon}$——观测值噪声;

$\dot{\rho}^j_k$——接收机 k 至卫星 j 的几何距离变化率。

将 $\rho^j_k = \sqrt{(X^j - x_k)^2 + (Y^j - y_k)^2 + (Z^j - z_k)^2}$ 对时间 t 求导可得

$$\dot{\rho}^j_k = \frac{(X^j - x_k)(\dot{X}^j - \dot{x}_k) + (Y^j - y_k)(\dot{Y}^j - \dot{y}_k) + (Z^j - z_k)(\dot{Z}^j - \dot{z}_k)}{\sqrt{(X^j - x_k)^2 + (Y^j - y_k)^2 + (Z^j - z_k)^2}}$$

记 $r^j = (X^j, Y^j, Z^j)^{\mathrm{T}}$, $r_k = (x_k, y_k, z_k)^{\mathrm{T}}$ 分别为信号发送时刻的卫星位置矢量和接收机信号接收时刻的位置矢量,求导项为其对应的速度,则有

$$\dot{\rho}^j_k = \frac{(r^j - r_k)^{\mathrm{T}}(\dot{r}^j - \dot{r}_k)}{\rho^j_k} \tag{8.65}$$

式(8.64)和式(8.65)中,卫星位置 r^j、卫星速度 $\dot{r}^j$ 可通过导航星历求出。载体位置 r_k 和速度 $\dot{r}_k$ 为未知参数。

式(8.65)为非线性方程,求解时需要对其线性化。选取前一时刻接收机的位置 $\hat{r}_k$ 和速度 $\hat{\dot{r}}_k$ 作为近似值,相应的位置改正数为 Δr_k,速度改正数为 $\Delta\dot{r}_k$,则有下列关系式成立

$$\left.\begin{aligned} r_k &= \hat{r}_k + \Delta r_k \\ \dot{r}_k &= \hat{\dot{r}}_k + \Delta\dot{r}_k \end{aligned}\right\}$$

Δr_k 可由接收机定位的结果来确定,而不作为未知参数求解。式(8.65)线性化后的结果为

$$\dot{\rho}^j_k = \hat{\dot{\rho}}^j_k - \frac{(\dot{r}^j - \hat{\dot{r}}_k)^{\mathrm{T}}\Delta r_k + (r^j - \hat{r}_k)^{\mathrm{T}}\Delta\dot{r}_k}{\hat{\rho}^j_k} \tag{8.66}$$

将式(8.66)代入式(8.64),并写为误差方程的形式

$$\dot{\varepsilon}^j_k = \frac{(r^j - \hat{r}_k)^{\mathrm{T}}}{\hat{\rho}^j_k}\Delta\dot{r}_k - c\delta\dot{t}_k - (\lambda f^j_D - \hat{\dot{\rho}}^j_k) + \frac{(\dot{r}^j - \hat{\dot{r}}_k)^{\mathrm{T}}}{\hat{\rho}^j_k}\Delta r_k \tag{8.67}$$

式中,$\Delta\dot{r}_k$ 为待求的接收机速度修正量。若同时观测 n 颗卫星,可采用前文已经介绍的最小二

乘方法求得。

8.3.7　卫星导航的误差来源

卫星导航的误差按性质可以分为系统误差和偶然误差两大类。偶然误差主要包括信号的多径效应和偶然测量误差;系统误差则主要包括卫星的星历误差、卫星钟差、大气折射以及接收机时钟误差等。系统误差无论从误差的大小还是对定位结果的影响程度都比偶然误差要大得多,它是卫星导航系统的主要误差源。同时,系统误差有一定的规律可循,可采取一定的措施或方法加以消除或抑制,因而这是我们研究的重点。

卫星导航系统的误差从来源上可以分为四个部分,即与卫星有关的误差、与信号传播有关的误差、与接收机有关的误差以及会对高精度定位造成影响的地球潮汐、负荷潮等误差。以 GPS 为例,表 8.4 中列出了这些误差的具体分类和对距离测量的影响程度。

表 8.4　GPS 测量误差分类及对测距的影响

Table 8.4　Classification of measurement errors and its effects to range measurement

误 差 来 源		对测距的影响/m
与卫星有关的误差	星历误差	1.5 ~ 15.0
	卫星时钟误差	
	相对论效应	
与信号传播有关的误差	电离层延迟	1.5 ~ 15.0
	对流层延迟	
	多径效应	
与接收机有关的误差	接收机时钟误差	1.5 ~ 5.0
	位置误差	
	天线相位中心变化	
其他误差	地球潮汐	1.0
	负荷潮	

下面根据误差来源的不同分别介绍这些误差产生的原因以及对导航定位的影响。

1. 与信号传播有关的误差

(1)电离层折射

我们知道,天空中距地面 50 ~ 90 km 之间的大气层称为电离层,其中的气体分子由于受到太阳等天体各种射线的辐射，产生强烈的电离，形成大量的自由电子和正离子。当卫星信号通过电离层时，如同其他电磁波一样，信号的路径会发生弯曲，传播速度也会发生变化。所以用信号的传播时间乘上真空中光速而得到的距离与卫星至接收机间的真实几何距离就会出现偏差，这种偏差叫电离层折射误差。电离层折射对信号传播的影响与信号频率有关，而且伪距测量值与载波相位测量值的电离层折射误差大小相等，方向相反。基于此，目前广泛采用双频接收机、伪距/载波相位测量组合技术以及误差建模方法对电离层折射误差加以抑制。

(2)对流层折射

对流层位于大气层的最底层，是离地面 50 km 以下的大气层，包括对流层和平流层，属于非电离大气层。对流层中的大气成分比较复杂，主要由氮(78.03%)和氧(20.99%)组成，还包含少量的水蒸气、氩、二氧化碳、氢等气体和某些不定量的混合物。对流层的折射与地面气候、大气压力、温度和湿度变化密切相关，这也使得对流层折射比电离层折射更复杂。观测卫星的高度角越小，对流层对卫星导航信号的影响越大。

(3)磁暴的影响

太阳耀斑到达地球表面引起的地球磁场的急剧变化，称为磁暴。高能质子沿地球磁场落到高纬度地区产生电子和强大的磁场反应，引发强大的电子密度和较大的切断效应，使得在高纬度地区工作的 GPS 接收机产生强大的振幅闪烁和相位闪烁，甚至改变卫星信号的传播路线。由电离层诱发的这种磁暴在高纬度地区可能要持续几小时到几天，在中、低纬度地区一般较少出现。磁暴期间，单频接收机的电离层修正误差，将远大于磁暴平静期。

(4)多径效应

在卫星测量中，如果测站周围的反射物所反射的卫星信号(反射波)进入接收机天线，它将和直接来自卫星的信号(直接波)产生干涉，从而因多径信号叠加而产生多径误差或称多路径误差。这种由于多径的信号传播所引起的干涉时延效应被称作多径效应(Multipath Effect)。多径效应的发生与反射体特性、天线增益形式和接收机相关器的类型有关，在静态观测条件下，多径效应是非高斯分布的，且由于卫星几何位置的变化，表现为周期为几分钟的正弦震荡，在动态条件下，多径效应是随机变化的。多径效应是卫星信号中一种重要的误差源，将严重损害卫星定位的精度，严重时还将引起信号的失锁。

2.与卫星有关的误差

与卫星本身有关的误差包括卫星星历误差、卫星时钟误差及相对论效应。

(1)卫星星历误差

由星历所给出的卫星位置与实际位置之差称为卫星星历误差。我们知道，卫星定位中是将卫星的在轨位置作为动态已知点参与定位解算的，由于卫星在运行中要受到多种摄动力的复杂影响，而通过地面监测站又难以充分可靠地测定这些作用力并掌握它们的作用规律，因此在星历预报时会产生较大的误差。在一个观测时间段内星历误差属系统误差特性，它将影响单点定位的精度,也是精密相对定位中的重要误差源。

(2)卫星时钟误差

卫星时钟误差包括由钟差、频偏、频漂等产生的误差,也包含时钟的随机误差。虽然导航卫星上均设有多台高精度的原子钟(铷钟和铯钟,甚至精度更高的氢原子钟),但与理想的卫星系统时之间仍存在着偏差或漂移。

(3)相对论效应

相对论效应是由于卫星钟和接收机钟所处的状态(运动速度和重力位)不同而引起两者之间产生相对钟误差的现象,所以严格地说,将其归入与卫星有关的误差不完全准确。但是由于相对论效应主要取决于卫星的运动速度(GPS 卫星的运行速度约为 3.9 km/s)和重力位,并且卫星运行轨道是一个椭圆,卫星在轨道各点运行速度是不相同的,所以相对论效应频率补偿后仍会导致残留误差。

3. 与接收机有关的误差

与接收机有关的误差主要有接收机时钟误差、接收机天线位置误差、天线相位中心位置误差及几何强度误差等。

(1)接收机时钟误差

接收机一般采用高精度的石英钟,若接收机钟与卫星钟间的同步差为 1 μs,则由此引起的等效距离误差约为 300 m。

(2)接收机的天线位置误差

接收机天线相位中心相对测站中心位置的误差,叫做接收机位置误差。这里包括天线的置平和对中误差以及量取天线高误差。如当天线高度为 1.6 m、置平误差为 0.1°时,可能会产生对中误差 3 mm。因此,在精密定位时,必须仔细操作,以尽量减少这种误差的影响。

(3)天线相位中心位置的偏差

在卫星导航定位测量中,观测值都是以接收机天线的相位中心位置为准的,理论上天线的相位中心与其几何中心应保持一致。可实际上天线的相位中心随着信号输入的强度和方向不同而有所变化,即观测时相位中心的瞬时位置(一般称相位中心)与理论上的相位中心将有所不同,这种差别叫做天线相位中心的位置偏差。这种偏差的影响,可达数毫米至数厘米。

4. 其他误差

(1)地球自转的影响

当卫星信号传播到观测站时,与地球固联的协议地球坐标系相对卫星的瞬时位置已产生了旋转(绕 Z 轴)。因此,信号到达时卫星的在轨位置已经不同于信号发送时的卫星位置。若取 ω 为地球的自转速度,则旋转的角度为

$$\Delta\alpha = \omega\Delta\tau_i^j$$

其中,$\Delta\tau_i^j$ 为卫星信号传播到观测站的时间延迟。由此引起坐标系中的坐标变化($\Delta X,\Delta Y,\Delta Z$)为

$$\begin{bmatrix}\Delta X\\ \Delta Y\\ \Delta Z\end{bmatrix}=\begin{bmatrix}0 & \sin\Delta\alpha & 0\\ -\sin\Delta\alpha & 0 & 0\\ 0 & 0 & 0\end{bmatrix}\begin{bmatrix}X^j\\ Y^j\\ Z^j\end{bmatrix}$$

其中,(X^j,Y^j,Z^j)为卫星的瞬时坐标,$\Delta\alpha$ 为旋转角。由于 $\Delta\alpha<1.5''$,所以当取至一次微小项时,上式可简化为

$$\begin{bmatrix}\Delta X\\ \Delta Y\\ \Delta Z\end{bmatrix}=\begin{bmatrix}0 & \Delta\alpha & 0\\ -\Delta\alpha & 0 & 0\\ 0 & 0 & 0\end{bmatrix}\begin{bmatrix}X^j\\ Y^j\\ Z^j\end{bmatrix}$$

(2)地球潮汐改正

因为地球并非是一个刚体,所以在太阳和月球的万有引力作用下,固体地球要产生周期性的弹性形变,称为固体潮。此外在日月引力的作用下,地球上的负荷也将发生周期性的变动,使地球产生周期的形变,称为负荷潮汐,例如海潮。固体潮和负荷潮引起的测站位移可达 80 cm,使不同时间的测量结果互不一致。

最后需要指出,在卫星定位中除上述各种误差外,卫星钟和接收机钟振荡器的随机误差、大气折射模型和卫星轨道摄动模型的误差等也都会对卫星信号的观测量产生影响。随着对长距离定位精度要求的不断提高,研究这些误差来源并确定它们的影响规律具有重要的意义。

8.4 差分定位技术和卫星导航增强系统

差分定位(Differential GPS, DGPS)是利用卫星导航系统的误差随时间变化缓慢,而且与距离和路径强相关的特性,利用在位置精确已知的点位上设置的基准接收机和在移动站或运载体上设置动态接收机,通过求差的方法,消除公共误差,部分消除传播延迟误差,显著改善卫星导航系统精度和完好性。在静态定位中,“差分定位”称为“相对定位”。

根据差分系统基准站发送的信息内容不同,差分定位系统可分为三类:位置差分、伪距差分和载波相位差分。这三类差分方式的工作原理是相同的,即都是由基准站发送改正数,由用户站接收并对其测量结果进行改正,以获得精确的定位结果。所不同的是,发送改正数的具体内容不一样,其差分方式的技术难度、定位精度和作用范围也不同。

差分技术按照工作方式不同可分为单站差分、具有多个基准站的局域差分和广域差分三种类型。单站差分系统结构和算法简单,技术上较为成熟,主要用于小范围的差分定位工作;对于较大范围的区域,则可以应用局域差分技术;对一个国家或几个国家的广大区域应用广域差分技术。图 8.12 给出了上述几种差分 GPS 所能达到的精度。

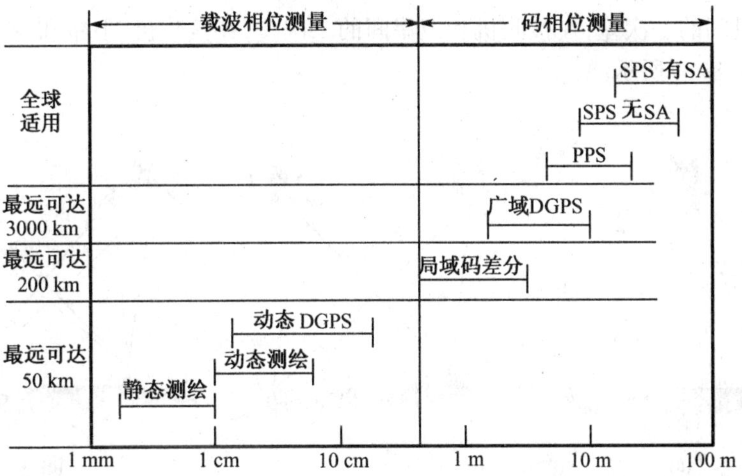

图 8.12　不同差分测量模式下 GPS 水平定位精度(1σ)

Fig.8.12　Horizontal positioning accuracy (1σ) in various differential GPS modes

8.4.1　差分定位原理

差分定位是在一个地理位置准确已知的点位建立差分基准台,实时计算出误差信息,并将此信息传送给用户,对本机的定位结果或观测量进行修正。这种差分修正主要有两种实现方式:在测量过程中修正(如伪距差分、载波相位差分等)和计算结果修正(如位置差分)。本节仅以位置差分和伪距差分为例,简要介绍差分定位的基本原理。

求差法是一种有效的手段,可以消除定位解算过程中的一些公共误差。与"参数约束"方式相比,不必对约束条件建立精确的模型,因而可以有效提高定位精度,在实际中得到广泛的使用。

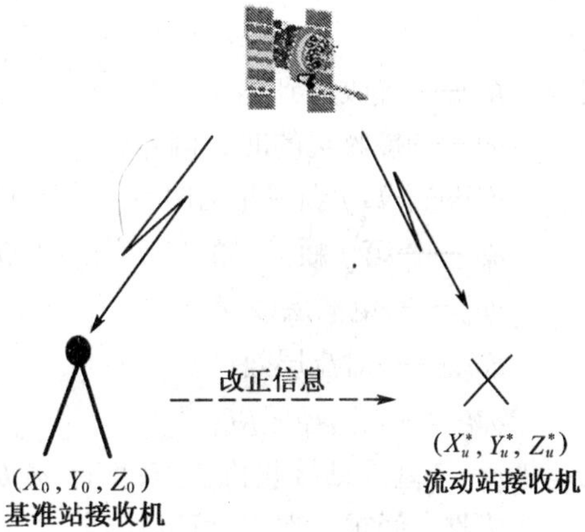

图 8.13　差分定位示意图

Fig.8.13　Scheme outline for differential positioning

测量数据可以在卫星间求差,也可以在接收机间求差,还可以在不同历元时刻间求差。将直接观测值(如载波相位测量的基本观测值)相减的过程称为求一次差,或单差。在一次差的基础上继续求差,便可以得到二次差,或称双差。二次差仍可以继续求差,称为三次差。求差的结果与先后次序无关,但在实际使用时采用的方法只有:在接收机间的一次差,在接收机和卫星间的二次差,在接收机、卫星和观测历元时刻之间的三次差,如图 8.14 所示。

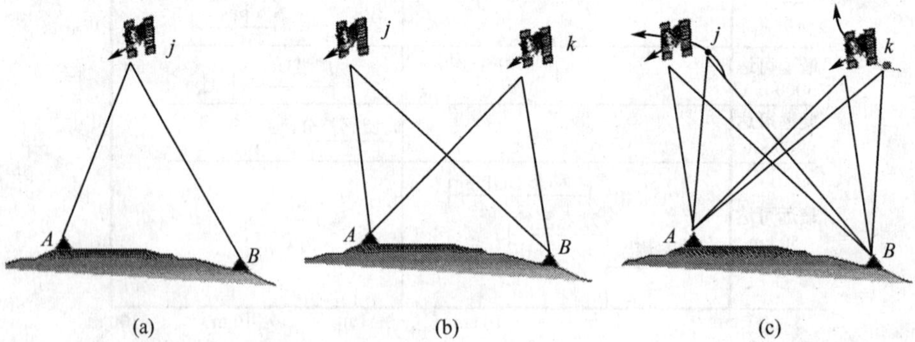

图 8.14 不同差分定位方式

Fig.8.14 Various differential positioning methods

(a)求一次差;(b)求二次差;(c)求三次差

设图 8.14 中的 A 站为基准站,B 为用户站。考虑到信号传播及时钟等误差,A,B 站设置的接收机测量的到第 j 颗卫星的伪距分别为

$$\left.\begin{aligned}\rho_a^j &= R_a^j + c(d\tau_a - d\tau_s^j) + d\rho_a^j + d\rho_{aion}^j + d\rho_{atrop}^j + dM_a^j + v_a^j \\ \rho_b^j &= R_b^j + c(d\tau_b - d\tau_s^j) + d\rho_b^j + d\rho_{bion}^j + d\rho_{btrop}^j + dM_b^j + v_b^j\end{aligned}\right\} \tag{8.68}$$

式中 R^j——接收机到第 j 颗卫星的真实距离;

$d\tau$——接收机的时钟偏差;

$d\tau_s^j$——第 j 颗卫星的时钟偏差;

$d\rho^j$——第 j 颗卫星的星历误差引起的伪距差;

$d\rho_{ion}^j$——电离层效应;

$d\rho_{trop}^j$——对流层效应;

dM——多路径效应;

v——基准站接收机噪声;下标 a、b 分别表示 A,B 测站接收机。

在接收机间求一次差,可以得到

$$\begin{aligned}\Delta\rho_{ab}^j = \rho_a^j - \rho_b^j = (R_a^j - R_b^j) + c(d\tau_a - d\tau_b) + (d\rho_a^j - d\rho_b^j) + (d\rho_{aion}^j - d\rho_{bion}^j) \\ + (d\rho_{atrop}^j - d\rho_{btrop}^j) + (dM_a^j - dM_b^j) + (v_a^j - v_b^j)\end{aligned} \tag{8.69}$$

当基准站与用户站相距较近时(小于 100 km),则有

$$d\rho_a^j \approx d\rho_b^j,\ d\rho_{aion}^j \approx d\rho_{bion}^j,\ d\rho_{atrop}^j \approx d\rho_{btrop}^j$$

所以式(8.69)可以近似写作

$$\Delta\rho_{ab}^{j} = (R_a^j - R_b^j) + c(d\tau_a - d\tau_b) + (dM_a^j - dM_b^j) + (v_a^j - v_b^j) \tag{8.70}$$

上式即为一次差的观测方程,可见在接收机间求一次差,可以消除卫星时钟误差的影响,大大削弱卫星星历误差、大气对流层、电离层折射的影响。但一次差无法消除接收机时钟误差和多路径误差的影响。

假设 A,B 两站还可同时观测另外一颗卫星 k,同样可以得到如式(8.70)的一次差观测方程

$$\Delta\rho_{ab}^{k} = (R_a^k - R_b^k) + c(d\tau_a - d\tau_b) + (dM_a^k - dM_b^k) + (v_a^k - v_b^k) \tag{8.71}$$

在上述两个一次差观测方程的基础上,增加对卫星的二次求差,于是得到二次差观测方程

$$\begin{aligned}\nabla\Delta\rho_{ab}^{jk} &= \Delta\rho_{ab}^{j} - \Delta\rho_{ab}^{k}\\ &= (R_a^j - R_b^j - R_a^k + R_b^k) + (dM_a^j - dM_b^j - dM_a^k + dM_b^k) + (v_a^j - v_b^j - v_a^k + v_b^k)\end{aligned} \tag{8.72}$$

由此可见,双差的数学模型中不仅消除了卫星时钟误差,而且消除了用户接收机时钟误差 $d\tau_a$,$d\tau_b$,避免了因为接收机采用石英钟而导致的建模困难,既不涉及接收机时钟的误差模型,同时又使未知数个数大为减少,因而在实际中获得了广泛的应用。

当然在上述二次差的基础上,还可对不同历元时刻进一步求三次差。然而,三次差的计算较为复杂,而且实践证明三次差不会明显提高差分定位结果,因而使用的并不多。由于三次差不存在整周模糊度的问题,因而它可以用来作为初次解,以协助解决整周未知数和整周跳变等问题。

1.位置差分原理

这是一种最简单的差分方法,任何一种导航接收机均可采用这种差分系统。安装在基准站上的导航接收机观测 4 颗卫星后便可进行三维定位,解算出基准站的坐标。由于存在着轨道误差、时钟误差、SA 影响(针对原 GPS 系统而言)、大气影响、多路径效应以及其他误差,解算出的坐标与基准站的已知坐标是不一样的,存在误差,即

$$\left.\begin{aligned}\Delta X &= X^* - X_0\\ \Delta Y &= Y^* - Y_0\\ \Delta Z &= Z^* - Z_0\end{aligned}\right\} \tag{8.73}$$

式中,(X^*, Y^*, Z^*)为实测的基准站位置,(X_0, Y_0, Z_0)为通过其他手段已经获得的基准站精确位置,$(\Delta X, \Delta Y, \Delta Z)$为坐标改正数。

基准站利用数据链将此改正数发送出去,由用户站接收,并且对其解算的用户站坐标进行改正

$$\left.\begin{aligned} X_u &= X_u^* - \Delta X \\ Y_u &= Y_u^* - \Delta Y \\ Z_u &= Z_u^* - \Delta Z \end{aligned}\right\} \tag{8.74}$$

其中,(X_u^*, Y_u^*, Z_u^*)为导航接收机实测的用户位置,(X_u, Y_u, Z_u)为差分定位结果。

改正后的用户坐标已消去了基准站和用户站的共同误差,例如卫星轨道误差、SA 影响、大气影响等,提高了定位精度。这种差分方式的优点是计算方法简单,适用范围较广。缺点是实现上述位置差分原理的先决条件是必须保证基准站和用户站观测同一组卫星,由于基准站和移动站之间的位置和观测条件不一致,很难保证同时采用同样的最佳四颗星定位。

2.伪距差分原理

伪距差分是目前用途最广泛的一种差分方法,几乎所有的商用差分 GPS 接收机均采用这种技术,国际海事无线电委员会推荐的 RTCM SC-104 标准也支持这种技术。

在基准站上的接收机计算出基站至可见卫星的距离,并将此计算出的距离与含有误差的测量值加以比较。利用一个 $\alpha-\beta$ 滤波器对此差值进行滤波并求出其最优估值,然后将观测的所有卫星的测距误差传输给用户,用户利用此测距误差来改正测量的伪距。最后,用户利用改正后的伪距解算出观测站的位置,就可消去公共误差,提高定位精度。

基准站的导航接收机已知其精确位置坐标(X_b, Y_b, Z_b),利用卫星导航电文解算出各个可观测卫星的地心坐标(X_i, Y_i, Z_i),于是各卫星到基准站的真实距离 R_i 为

$$R_i = \sqrt{(X_i - X_b)^2 + (Y_i - Y_b)^2 + (Z_i - Z_b)^2}$$

基准站的接收机测量的伪距 ρ_i 包含各种误差,与真实距离 R_i 不同,因此可以求出伪距的改正数 $\Delta\rho_i$ 为

$$\Delta\rho_i = R_i - \rho_i \tag{8.75}$$

同时可以求出伪距改正数的变化率 $\Delta\dot{\rho}_i$

$$\Delta\dot{\rho}_i = \frac{\Delta\rho_i}{\Delta t} \tag{8.76}$$

基准站通过数据链将 $\Delta\rho_i$ 和 $\Delta\dot{\rho}_i$ 传送给用户台,用户台测量出用户至卫星的伪距 $\rho_i(u)$后加上上述改正数,便可以得到经过差分修正的伪距 $\hat{\rho}_i(u)$

$$\hat{\rho}_i(u) = \rho_i(u) + \Delta\rho_i + \Delta\dot{\rho}_i(t - t_0) \tag{8.77}$$

由于基准站和用户台之间的距离在一定范围内,可以认为卫星信号传输的路径、大气层的延时以及 SA 误差(仅对施加了 SA 误差的 GPS 而言)均相等或近似相等,那么利用消除了这些误差的伪距进行定位,势必会提高卫星导航的定位精度。

伪距差分的优点是:

(1)由于计算的伪距改正数是直接在 WGS-84 坐标系上进行的,使用时不必进行坐标转

换,因此可以达到较高的精度;

(2)能同时提供 $\Delta\rho_i$ 和 $\Delta\dot{\rho}_i$ 两种改正数,使得在未得到改正数的空隙也可以采用外推的方法继续进行高精度定位,而且这也满足 RTCM SC-104 标准的要求;

(3)基准站能提供所有可见卫星的改正数,允许用户接收任意 4 颗星的信号进行定位,而不要求必须与基准站采用相同的 4 颗星,因而放宽了使用限制。

8.4.2　区域差分 GPS 系统

单站差分的结构和算法相对比较简单,技术上也较为成熟,特别适合于小范围内的差分定位工作,在一些工程测量项目中得到了成功应用。然而在单站差分中,用户只能收到一个基准站的改正信号,当基准站或信号发射系统出现故障时,该系统中的所有用户便无法开展工作;当改正信号出现错误时,用户的定位结果就会出错,系统的可靠性较差。另外一个问题是,单站差分是建立在用户的位置或距离误差与基准站的误差完全相同这一基础之上的,当用户与基准站之间的距离不断增大时,这种误差相关性将变得越来越弱,从而使用户的定位精度迅速下降。

为解决此问题,国际导航界尝试了许多差分定位系统和差分定位技术,局域差分 GPS 系统(Local Area Differential GPS, LADGPS)和广域差分 GPS 系统(Wide Area Differential GPS, WADGPS)就是其中较为成功的例子。局域和广域技术实质上是一种差分技术,用以提高导航精度,一般采用地球静止卫星为用户提供附加的伪距源。

1.局域差分 GPS 系统

局域差分(LADGPS)实时定位技术由基准站、数据通信链和用户组成,三者构成差分 GPS 网,每个基准站与用户之间均有无线电数据通信链,各站的信号应具有足够大的覆盖区域以保证系统中的用户能同时收到多个基准站的改正信息。由于需要有较大的信号覆盖区域,所以较多采用长波和中波无线电通信。

LADGPS 系统中,基准站接收机的位置必须是已精确测量的,若基准站和用户站同步观测同一颗卫星,且基准站和用户站间隔在一定距离内,一般不超过 500 km,则这两个站上的观测值相应于同一卫星的同一轨道弧段,它们之间存在强相关性,即它们都包含相同的误差,可利用基站的准确坐标和观测值为用户站提供定位修正信息,达到提高精度的目的。

2.广域差分 GPS 系统

广域差分 GPS(WADGPS)的基本思想是对 GPS 观测量的误差源加以区分,分别对每一种误差源加以“模型化”,然后将计算出的每一误差源的数值,通过数据链传输给用户,对用户定位的误差加以改正,达到削弱这些误差源、改善用户 GPS 定位精度的目的。具体而言,它集中表现在三个方面。

(1)星历误差　广播星历是一种外推星历,精度不高,特别是在施加 SA 抖动的情况下,它是 GPS 定位误差的主要来源之一。广域差分 GPS 依赖于区域精密定轨,确定精密星历,并以此取代广播星历。

(2)大气延时误差(包括电离层延时和对流层延时)　常规差分 GPS 提供的综合改正值,包含参考站处的大气延时改正。但当用户距离参考站很远,两地大气层的电子密度和水汽密度会有所不同,对 GPS 信号的延时也不一样,使用参考站处的大气延时来代替用户的大气延时必然会引起误差。广域差分 GPS 技术通过建立精确的区域大气延时模型,能够精确地计算出其作用区域内的大气延时量。

(3)卫星钟差误差　精确改正上述两种误差后,残余误差中卫星钟差误差影响最大,常规差分 GPS 利用广播星历提供的卫星钟差改正数,这种改正数仅近似反映了卫星钟与标准 GPS 时间的物理差异,而广域差分 GPS 可以计算出卫星钟各时刻的精确钟差值。

WADGPS 修正值的发射可以通过下面的任何一种方式实现:地球同步卫星广播、FM 副载波或其他任何合适的广播系统。修正值可以转换成 RTCM SC－104 制订的标准差分格式发送,普通的 DGPS 用户无需作重大的修改。

8.4.3 局域增强系统

任何星基导航系统的应用,都和其系统的完好性(由未诊断故障而引发的危险)、可靠性(服务的连续性)、时间可用性及精度息息相关,单个卫星的故障也会影响一大片区域用户的工作。在 GPS 和 GLONASS 等卫星导航系统的早期应用中,很难满足一些高端用户,尤其是航空用户的使用需求。而在这些应用中,当位置误差超过预定的范围时,系统应具有及时通知用户的完好性报警能力。为此,相继出现了卫星导航系统增强技术。建设比较早也比较完善的是美国的局域增强系统 LAAS(Local Area Augmentation System)和广域增强系统 WAAS(Wide Area Augmentation System),前者又称地面增强系统(Ground Based Augmentation System,GBAS),后者被国际民航组织(International Civil Aviation Organization,ICAO)称为星基增强系统(Satellite Based on Augmentation System,SBAS)。随后,欧盟、澳大利亚、日本和印度等国家分别建立了自己的星基增强系统,如欧洲地球静止卫星导航重叠服务(EGNOS)、日本的多功能卫星增强系统(MSAS)和印度的 GAGAN 等。

1.局域增强系统

LAAS 是为满足民用航空用户在精密进近与着陆中的应用需求设计的一种 C/A 码差分定位系统。它包含空间卫星系统、LAAS 用户系统、LAAS 地面站设备(含机场伪卫星系统)三个主要部分。

LAAS 利用局域差分定位技术,提供参考站和用户接收机共同误差的修正信息,利用甚高频无线电广播这些数据,覆盖距离为 30 海里。尽管 LAAS 的作用距离远小于 WAAS,但它能为用户提供更高的定位精度,并在出现故障时在更短时间通知用户。

2.广域增强系统

WAAS 设计目标是增强 GPS 的可用性,满足航空导航需求。WAAS 通过下述三种服务来增强 GPS:通过附加测距信号,改善 GPS 的可用性、连续性和可靠性;通过广域差分 GPS 修正,改善用户定位精度;通过完好性监测,提高 GPS 应用的安全性。WAAS 信号通过 GEO 卫星向用户广播完好性、修正信号以及测距信号。一般所谓的广域增强系统实际上是广域差分技术、完好性监测和地球静止卫星测距三者的组合。

WAAS 主要由地球静止轨道卫星、广域参考站、广域主控站和用户接收机等部分组成。

(1)广域参考站。广域增强系统在大范围内设置多个参考站,其布设密度主要与系统误差改正精度和实时性有关,WAAS 参考站坐标必须已知,其点位精度应不低于 0.2 m。GPS 的广域参考站分布如图 8.15 所示,能够覆盖美国和墨西哥周边地区。参考站的任务是将其原始伪距观测数据、气象数据和当地电离层时间延迟改正等各类数据实时地或准实时地传输至主控站。

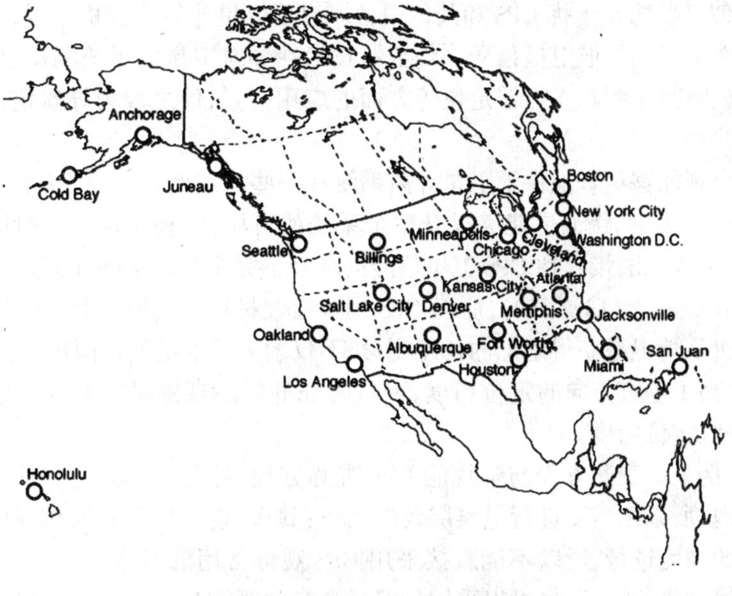

图 8.15　广域增强系统的参考站分布

Fig.8.15　Locations of WAAS reference stations

(2)广域主控站。主控站是增强系统的数据处理中心,兼有参考站的功能,主要完成对参考站的数据进行收集处理,形成各种改正数信息,如电离层修正模型、卫星钟差改正模型、卫星轨道修正模型。同时,主控站还要计算这些差分改正信息的置信程度和误差情况,即完好性综合处理、增强信息发布及对参考站的状态监测与控制等。主控站将处理后的数据通过地球同步卫星播发给用户。

(3)用户接收机。具有差分处理功能的用户接收机是系统的应用终端,其基本任务是同时接收卫星的观测数据、GEO 卫星广播的差分改正和完好性信息,用差分改正信息进行定位解算、完好性分析、导航处理以及其他的一些辅助工作,最终得到实时的差分定位结果和完好性信息。

8.4.4 伪卫星技术

伪卫星(PseudoLite,PL)概念的提出,最早可以追溯到 GPS 初期预研阶段,为了验证接收机而使用了四个地面发射机提供模拟 GPS 信号,在 L1 频率发送伪卫星所在地的固定坐标,这就是伪卫星的雏形。在 20 世纪 80 年代中期,海运无线电技术委员会(RTCM)对 GPS 伪卫星作了如下定义:可接收 GPS 信号、计算伪距和伪距率,并在 L1 波段以每秒 50 位发送修正信号,该信号既和 GPS 类似又要防止干扰 GPS 和其他设备。对于卫星导航接收机来说,只需做小的改动便能同时接收伪卫星和导航卫星信号。伪卫星技术在导航卫星的系统测试、导航系统的区域增强、室内导航、空间探测和飞行器定位等方面的应用前景,使之成为导航定位领域中新的研究热点。

伪卫星的出现能够更好地保证卫星导航系统在一些特定地区实现特殊用途定位的精确性和可靠性。以 GPS 为例,伪卫星能够提升整个系统的可用性、稳定性、可靠性以及测量精度,甚至在室内、地下等无法接收到 GPS 卫星信号的场合下完全替代 GPS 卫星。伪卫星信号通常都在 GPS 的工作频率上(L1 或 L2),所以 GPS 用户接收机可以同时接收 GPS 信号和伪卫星信号。用户接收机从伪卫星获得附加的伪距测量,不仅增大了卫星覆盖面积,更有效地改善了几何图形结构,提高了垂直方向的定位精度,而且附加的伪距观测量还有利于增强 GPS 模糊度的解算,提高系统定位精度。

一般来讲,伪卫星观测方程与常规的 GPS 观测方程不同。首先,由于伪卫星一般放置在大气对流层以内,所以不需要进行电离层延迟改正;其次,伪卫星信号所传播的路径一般都是在对流层较低的高度进行,所以不能直接采用 GPS 观测常用的对流层改正模型,而必须采用特殊的对流层模型进行改正,也可以采用伪卫星自身的观测量进行改正。另外由于伪卫星的钟差远大于 GPS 卫星的钟差,因此在测量时必须进行修正,对于单频的伪卫星装置可采用类似于传统 GPS 测量中的双差组合观测值的方式进行消除。

总体看来,伪卫星增强 GPS 主要体现在以下几个方面。

(1)增加传统 GPS 定位的观测时段:虽然 GPS 是一种全球性、全天候的定位系统,但在不同的地理位置和不同的观测时段,由于卫星的升降以及障碍物遮挡的影响,往往会使作业区域上空可用卫星数过少,不能定位或者定位精度不佳。而采用伪卫星技术就可以根据实际需要真正做到全天候、长时段的定位。

(2)对于定位精度的改善:在传统 GPS 测量中增加伪卫星装置使其信号覆盖区域的几何图形条件大大改善,不仅 HDOP 值会降低,而且由于伪卫星是处于较低高度角的信号源,因此 VDOP 值也会大大改善,从而提高传统 GPS 测量的高程观测精度。

(3)定位完好性与可靠性的提高:在动态或实时定位应用中,常常会因为卫星被遮挡等原因造成某些时段的卫星失锁,或者可用卫星数目太少,采用伪卫星之后可以在出现上述情况的时候使系统仍能保证一定的定位精度,这在 GPS 航空导航定位中有着非常重要的意义。

(4)定位求解速度的提高:与 GPS 卫星相比,伪卫星到接收机的距离通常较近,这样对于动态定位而言,不同观测时段历元之间的相关性降低,从而加快载波相位测量整周模糊度的求解,有利于提高动态定位精度。

伪卫星作为一种无线电信号发送设备,除了可以增强 GPS 系统的导航能力外,还可以和其他传感器一起形成独立的导航定位系统。

第9章 电子海图系统

Electronic Chart Display and Information System (ECDIS) is a marine Geographical Information Systems (GIS) which has been developed for navigational purposes. It is based on the data transfer standard (such as S-57, etc) which supports most of the voyage management requirements including an ability to accept additional objects necessary for new subjects, and handling of the temporal variability of the dynamic objects. This flexibility is extended to military, port, coastal zone and oceanographic applications. Hydrographic community recognized early the need for this capability, and an appropriate methodology developed gradually over the last years.

ECDIS uses the GIS concept of storing the information in form of thematic layers that can be linked together by geographic co-ordinates. However, all data in ECDIS are in a vector format where, by definition, every object has a set of geographic x and y co-ordinates and each object is described by its attributes. Search and presentation can be done according to objects and/or attributes. ECDIS is also able to handle the z co-ordinate of vector data, thus allowing describing the three-dimensional world.

ECDIS data are encoded or encapsulated in accordance with the data standards, which ensures a full interoperability preventing the users from becoming locked into a vendor-specific system. Thematic overlays allow superimposition of selected time variables (known as Marine Information Objects or MIO) on the underlying, also temporally variable, bathymetry and topography. All objects on a chart or overlay can be interrogated for additional detailed information.

ECDIS facilitates the re-use and transformation of data. It can incorporate models for forecasting time variables and supports usage of the knowledge-based methods enabling the combination of environmental data and process simulations. In addition, it will be able to integrate marine and terrestrial data including remote sensor based information like GIS, ECDIS software provides the functions and tools needed to store, analyze, and display geographic information. It can integrate spatial data with other information as well. However, generally, a GIS is not capable of handling the temporal variability of the objects, spatial or otherwise, the data have to be static. The main advantage of ECDIS over the conventional GIS is its capability to display temporal variability of its objects. This is of utmost importance in the marine and coastal environment where most of the data are time variable. In reality all objects which make up the charts or maps, including coastlines, topography and bathymetry, change with time at varying speed and frequency and with varying level of regularity and predictability.

In addition, another two typical navigation instruments, Automatic Identification System (AIS) and marine radar are presented as well in this chapter, which can be integrated with ECDIS effectively.

电子海图系统是随着航海技术、测绘技术、计算机技术的发展而产生的一种以数字形式表示的实时导航信息系统，被认为是继导航雷达之后在航海领域出现的又一项伟大的技术革命。电子海图系统以全数字海图数据为基础，综合显示各类地理信息，并完成航线设计、航线检查、航行作业、航行计算、航行标记、信息处理等诸多航海功能，是一种将海图信息、定位信息、雷达信息、船舶动态参数集于一体的交互式航海自动化系统。本章将重点介绍电子海图系统的数据标准、设计原理以及电子海图/导航雷达、电子海图/自动识别系统集成技术等内容。

9.1　电子海图技术概述

9.1.1　电子海图技术相关术语

我们通常所指的"电子海图"是一个很模糊的概念，一般把各种数字式海图及其应用系统统称为电子海图。为便于理解与区分，需明确以下术语的含义。

(1)电子海图(Electronic Chart，EC)，用数字形式表示的以海洋地理信息和航海信息为主的海图，与国际海上生命安全公约(SOLAS)所规定的纸质海图等效，电子海图亦称为数字海图(Digital Chart，DC)。

(2)电子航海图(Electronic Nautical/Navigational Chart，ENC)，是指由官方海道测量机构发行的在内容、结构和格式上均已标准化，专为电子海图系统使用的数据集。ENC包含安全航行需要的全部海图信息，以及其他一些纸海图上没有的、但被认为是保证航行安全所必需的补充信息(如航路指南、港口概况等)。

(3)电子航海图数据库(Electronic Nautical/Navigational Chart Data Base，ENCDB)，是指生产和维护电子航海图的基础数据库，由官方海道测量机构以数字形式提供，其中包括海图信息和其他航海及海道测量信息。

(4)电子海图显示与信息系统(Electronic Chart Display and Information System，ECDIS)，是指在专用计算机控制下，把海图信息、船位信息、雷达信息、船舶动态参数集中处理，以多媒体形式综合表现航海情况的船用自动化系统。由海图数据文件、控制显示设备、外部传感器和软件构成。其基本功能是显示海区情况，提供航海资料，监测航行状态。ECDIS显示的海图等效于纸质海图。本章中如不特殊说明，电子海图系统均指电子海图显示与信息系统。

(5)系统电子海图(System Electronic Nautical/Navigational Chart，SENC)，是指ECDIS中直接读取和显示的数据，是ECDIS内部的一个数据集。它由ECDIS对ENC进行格式转换而成，并且包括ENC改正信息和由航海人员输入的其他信息(如航线信息)以及ECDIS图库中的符号及文本注记等信息，其目的是为了保证系统快速显示ENC。

(6)电子海图系统(Electronic Chart System，ECS)，是指用来显示海图和航迹的船用系统，在海图显示上并不完全等效于纸质海图,航行中与纸质海图配合使用,是辅助航海设备。

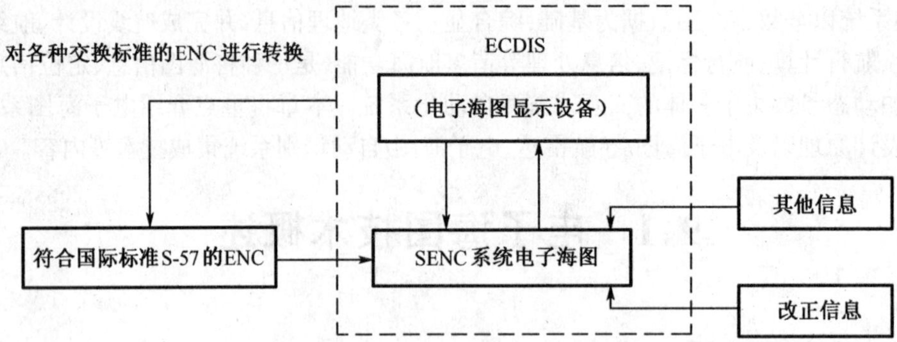

图9.1 SENC,ENC和ECDIS的相互关系

Fig.9.1 Relationship of SENC,ENC and ECDIS

9.1.2 电子海图技术发展状况

1.国内外发展历史与现状

电子海图技术兴起于20世纪80年代中期,由于其对保障船舶航行安全所起的重要作用,得到了国际海事组织(IMO)、国际海道测量组织(IHO)、国际电工委员会(IEC)以及众多航海专家的关注和认可。1986年,IMO和IHO同意成立一个由各国有关部门组成的协调小组(HGE),共同参与电子海图技术的讨论。1987年和1989年两次起草了电子海图(ECDIS)规范,1989年IMO通过了ECDIS规范草案(第三稿),1994年IMO的安全委员会批准了ECDIS执行标准草案,1995年IMO第十九届大会正式采纳了该电子海图执行标准,从此ECDIS的IMO性能标准被确定。而IHO先后于1987年和1992发布了专用出版物《电子海图内容和显示规范》(即S-52篇)和《IHO数字海道测量数据交换标准》(即S-57篇),而后进行了多次修改完善,到1997年9月正式颁布了S-57 V3.10格式,成为各国相关部门广泛采用的国际民用数字海图数据传输标准。IEC应IMO的要求也于1996年公布了IEC61174(即ECDIS性能与测试标准),对按照IMO和IHO的ECDIS技术规范和标准研制的有关设备的性能测试和评定方法给予规定和说明,IEC的这个标准已成为ECDIS形式认可技术规范的基础。

尽管电子海图技术的发展只有二十余年的历史,但应用系统的发展速度远快于ENC的发展。目前,能够提供符合国际标准的ECDIS厂家有美国的Sperry公司、英国船商公司、德国Raytheon公司和ATLAS公司、加拿大OFFSHORE公司等。除此之外,能够提供非国际标准的电

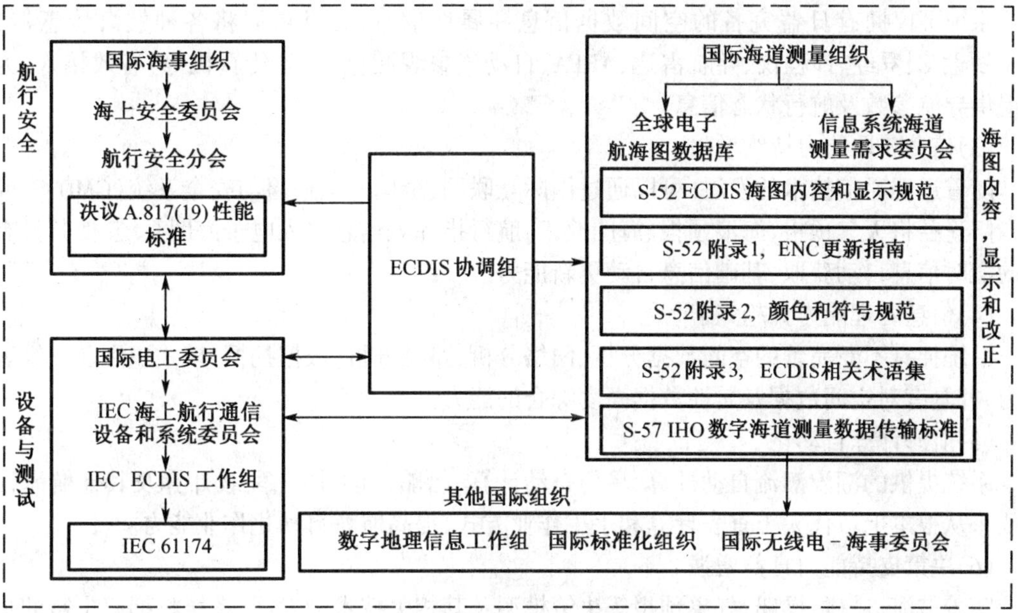

图 9.2　与电子海图技术相关的国际组织和国际标准关系图

Fig.9.2　International organizations and standards relating to electronic chart technology

子海图系统(ECS)的开发商有数百家。

我国从 20 世纪 80 年代后期就开展电子海图技术的研究，并取得了可喜的成果。海军海图出版社不仅完成了数字海图的建库工作，而且紧跟国际标准发展，能够批量生产发行国际标准数据和军用海图数据。与此同时，包括海军海洋测绘研究所、海军大连舰艇学院、哈尔滨工程大学、船舶系统工程部等多家单位成功研制多种系列电子海图应用系统，并推广应用到军民船舶领域。

2. 电子海图技术的发展趋势

随着电子海图系统的广泛使用，电子海图技术呈现蓬勃发展的趋势，其特点可归纳如下。

(1)数据生产趋于国际标准化

对于远洋航行的船舶而言，不仅需要国内生产发行的数据，还需要配有其他国家(公司)提供的有法律效力的数字海图，因此要求电子海图系统必须具有良好的兼容性，能够支持各种海图数据源，这使得系统研制非常困难。为解决该问题，世界各国在海图出版时趋于采纳 IHO 和 IMO 制定的国际标准格式进行生产，以便数据交换和应用系统的研发。

(2)系统集成度不断提高

系统不仅拥有日益完备的空间数据信息和属性信息,而且可以将各种航海传感器(如GPS、罗兰C、罗经、计程仪、导航雷达、ARPA、自动气象观测仪、气象传真机等)有效接入,为系统提供导航参数及航行状态信息。

(3)信息获取能力持续增强

随着远程通信技术的发展,可以通过国际互联网、全球海上遇险与安全系统(GMDSS)或其他专门途径将天气预报、海浪预报、海图改正、航行指挥等信息接入电子海图系统,使其具有完善的实时信息自动获取、基础信息自动更新能力。

(4)信息处理能力日趋完善

系统拥有不断完善的空间数据分析、网络分析、路径分折、数据挖掘、模式识别及三维表达能力,并具有对空间数据及属性数据高度综合的能力。

(5)航海计算自动化

系统提供的潮汐潮流自动计算、星历自动计算、船舶机动计算、配载计算及其他航海计算模块将从根本上取代人工查表计算和手工作业方式,提高航海自动化作业能力。

(6)决策支持能力日益增强

随着航海、避碰、操船、气象预报等决策模型及其相关技术的发展,系统将拥有丰富的决策支持功能,各类知识库及相应的系统分析推理机制将逐步完善,模拟航海专家的思维过程进行智能决策,为复杂环境下航海问题的解决提供支持。

(7)人机交互多样化

由于多媒体技术、视窗技术、超文本技术等的引入,电子海图系统的人机界面日趋友好,语音、图像、视频等各种媒体形式将在系统中得到广泛应用,终端设备的使用将更加便捷、灵活、友好,系统提供信息的能力和途径将越来越丰富,"以人为本"的思想将深度融合到系统设计全过程。

(8)系统结构组件化

开放式框架支持了系统分段更新概念,系统硬件被分解成不同的功能组件,采用即插即用模式,可根据需要灵活配置。

(9)系统软件模块化

系统软件采用统一的操作平台,并提供标准的API接口供第三方开发具有特色的应用界面,嵌入特定的功能模块。

9.2　电子海图数据标准

对于电子海图系统,海图数据是各项功能实现的基础,只有深入研究电子海图的空间数据模型、数据结构以及数据编码的基本规则,才能将原始的海图数据组合设计成系统所需的结构,从而达到快速、准确显示海图的目的,并为系统其他功能的实现奠定基础。

通常情况下,海图数据的获得主要依靠海洋测绘。过去世界各国在生产数字海图时大多采用自己的数据标准,如英国的 ARCS 数据、挪威的 CM-93 数据、我国的 MVCF(军用矢量数字海图格式)数据等,为了使电子海图数据能够在世界范围交换,IHO 先后发布了《IHO 数字海道测量数据交换标准》(即 S-57 标准)和《电子海图内容和显示规范》(即 S-52 标准),并不断对其进行增补和修订。目前,这两个标准已经成为世界上多数国家采纳的数据生产和交换标准。本节将简要介绍 S-57 与 S-52 标准的内容及特点。

9.2.1　S-57 标准

S-57 标准是针对矢量电子航海图(ENC)定义的、具有法律效力的数据交换和传输标准,它规定了用于各国海道测量部门之间进行海图数据交换以及向航海人员、ECDIS 生产商发布海图数据的方法和准则。S-57 标准涉及的内容主要包括五部分:

(1)标准概述和专业术语定义表;

(2)理论数据模型;

(3)数据结构和封装格式;

(4)附录 A.IHO 物标类目;

(5)附录 B.IHO 产品制作规范(包括 ENC 产品规范和数据字典产品规范)。

该标准的核心问题是理论数据模型、数据结构和封装格式。为了实现从真实世界到计算机世界的信息传递,S-57 标准采用分层逼近的方式建立信息之间的联系,如图 9.3 所示。首先,通过建立理论数据模型实现对真实世界的高度概括和抽象;然后,将获得的模型转换成各种命名的组成部分(如记录和字段),通过对组成部分及其内容进行各种规则和约束的定义,实现从理论模型到数据结构的转换;最后,利用国际标准化组织(ISO)/国际电工委员会(IEC)8211 标准对数据结构进行封装,从而建立统一的物理结构,实现海图数据在不同计算机之间的传递与交换。

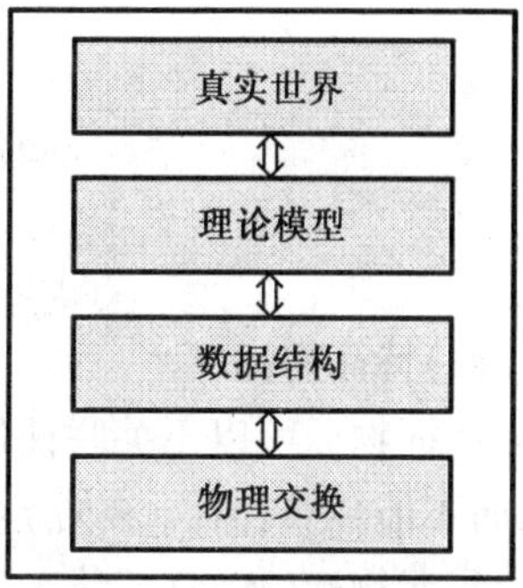

图 9.3　S-57 标准的信息传递关系

Fig.9.3　Information transfer relationship of S-57

附录A和附录B中详细规定了根据上述方法定义的数据模式和数据产品的制作说明,读者可通过阅读标准自行了解,本书中不予赘述。

1.S-57 理论数据模型

为了能够利用信息技术来描述现实世界并解决其中的问题,必须对现实世界进行建模。空间数据模型是关于现实世界空间实体及其相互间联系的概念,它为描述空间数据的组织和设计空间数据管理模式提供基本方法。

无论是纸质海图还是数字海图,都是根据航行安全需要以一定的方式描述真实世界的实体(在S-57标准中定义为物标)。S-57标准数据模型将真实世界定义为特征物标和空间物标,特征物标描述了实体的种类、性质、特征等属性信息,但不包括任何几何属性(如关于真实世界实体形状和位置的信息),而空间物标包含位置信息,同时包含几何形状。S-57标准ENC的概要数据模型如图9.4所示。

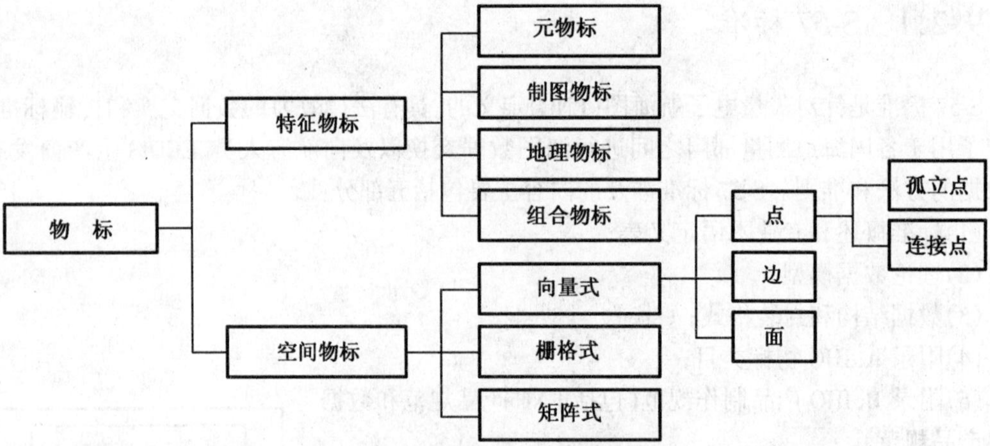

图9.4　S-57标准ENC的概要数据模型

Fig.9.4　ENC concept data model of S-57

(1)特征物标

特征物标可以不关联任何空间物标而存在,但每一个空间物标必须至少关联一个特征物标,而不能独立存在。S-57定义了四类特征物标。

①元物标(Meta)

含有其他物标共有信息的特征物标,即关于物标的物标。它描述诸如海图数据的品质、特性和内容,如数据精确度、比例尺、海图投影方式、高程、测量单位等信息。

②制图物标(Cartographic)

含有真实世界实体制图(包括文字)表示的特征物标。描述海图中图形的呈现方式,如制图线条、图例、文字字型、呈现角度等。在新版S-57标准中,此类属性已禁止使用,由S-52标准来规定。

③地理物标(Geo)

描述真实世界实体特征的特征物标,如灯塔的灯光、射程等。

④组合物标(Collection)

描述与其他物标之间相互关系的特征物标。

(2)空间物标

空间物标含有物标的几何状态,如形状、位置等空间信息。目前,S-57标准中对空间物标只定义了向量式空间物标,对于栅格式和矩阵式物标没有定义。向量式空间物标分为点、边、面三种类型。

①点(Node)

点状物标又分为孤立节点(Isolated Node)和连接节点(Connected Node)。孤立节点用VI表示,一个孤立节点空间物标表明点特征物标的位置。连接节点用VC表示,作为一条或多条边的起点或终点。

②边(Edge)

用VE表示,由两个或两个以上的连接点坐标(或两个连接点及内插曲线参数)来定义的一维空间物标,如无内插曲线,相邻坐标点对用直线连接。

③面(Face)

用VF表示,由一个以上的边所包围的封闭区域,面的边界除了与连接点相交外不可与其本身的其他边相交,亦不可与其他面的边相交。

点、边、面三者之间有以下拓扑关系:孤立节点包含于面;面包含孤立节点;边包围面;面由边包围;连接节点是边的起点或终点;边由连接节点作为起点或终点;边与面相邻。根据这些关系,S-57标准中把海图物标描述为四个级别的拓扑结构:无拓扑结构(No-topology)、链一节点结构(Chain-Node)、平面图结构(Planar Graph)和全拓扑结构(Full Topology)。每一种拓扑结构下编码的向量物标都反映了客观世界的空间属性。

①无拓扑结构(No-topology)

如图9.5所示,无拓扑结构的物标为孤立的节点(Node)和边界(Edge)组成的集合。边界不参考节点,特征物标不能共享空间物标。点(Point)图形用孤立节点来编码,线(Line)图形用互相连接的一系列边界来编码,区域(Area)图形用闭环来编码。若要求保持逻辑的一致性,则公共边界必须包含有相同的坐标几何。

②链一节点结构(Chain-node)

如图9.6所示,链一节点结构是节点和边界的集合。边界必须以连接节点作为其开始和结束的节点(可以是一个节点)。连接节点并不属于与其相联系的边界的一部分。矢量空间物标可以被共享。点图形用孤立节点或连接节点来编码,线图形用互相连接的一系列边界和连接节点的集合来编码,区域图形被编码成多条边界组成的封闭环。需要注意的是,该结构中不允许重复描述同一条边。

③平面图结构(Planar Graph)

如图 9.6 所示,与链—节点结构类似,平面图同样是节点和边界的集合,但要求各边之间不能相交,并且只能在连接节点处交汇。矢量空间物标可以被共享,并且限定:交汇的边总是共享同一个关联节点,而且相邻的区域总是共享组成它们的公共边界的边,不允许重复描述同一个坐标几何。

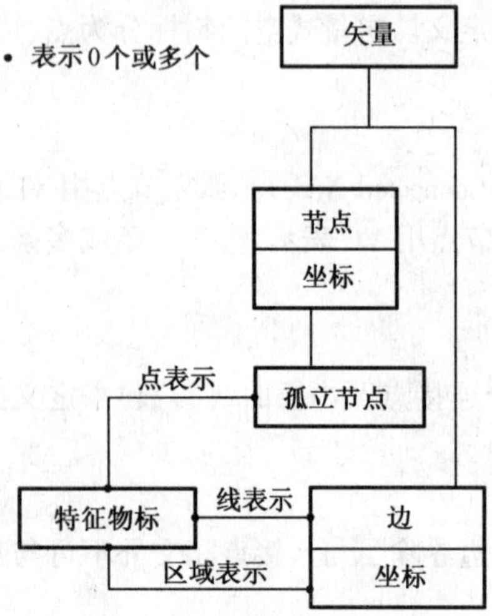

图 9.5 无拓扑结构

Fig.9.5 No-topology structure

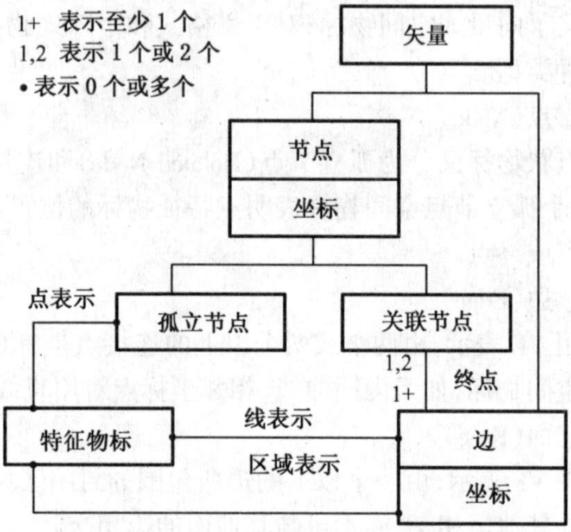

图 9.6 链—节点/平面图拓扑结构

Fig.9.6 Chain-Node/Planar graph topology structure

④全拓扑结构(Full topology)

如图 9.7 所示,全拓扑结构是节点、边和面的集合,在平面图的基础上定义了面。海图图域范围被分割为相互独立并且聚集起来无缝的面。孤立节点可以参照包含它的面,边可以参照其左右面。点图形用孤立节点或连接节点来编码,线图形被编码成互相连接的一系列边界和连接节点的集合,区域图形被编码为面。需要注意的是,该结构中不允许重复描述同一个坐标几何。

2.S-57 数据结构

由于理论数据模型仅实现了对地理现象的认知,其建立的抽象描述并不能被计算机认识和理解,因此必须设计相应的数据结构。数据结构是指用计算机世界的语言和方法对地理实

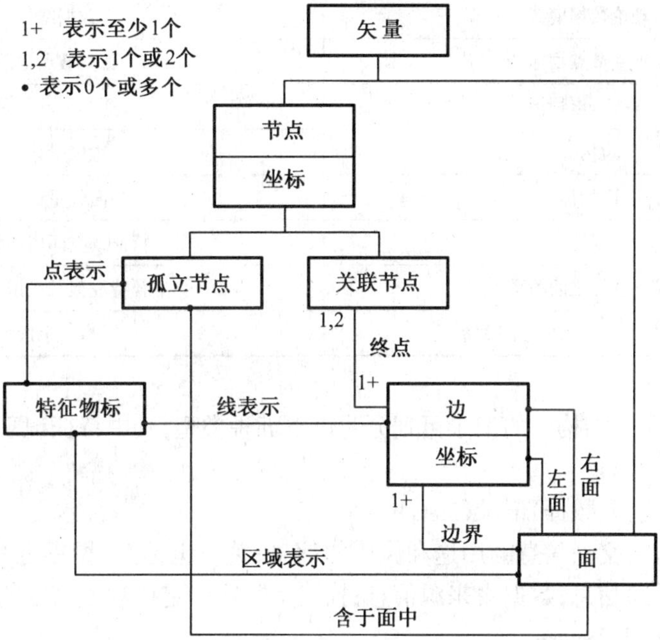

图9.7　全拓扑结构

Fig.9.7　Full topology structure

体的空间排列方式和相互关系的描述,它是对数据的一种理解和解释,不说明数据结构的数据,不仅用户无法理解,计算机程序也一样不能正确的处理。

S-57标准规定了将理论数据模型转换为S-57数据结构的细则,这种转换隐含了从理论模型到数据结构之间的链接关系。理论模型和数据结构之间的转换关系如表9.1所示。

表9.1　理论数据模型与数据结构的转换关系

Table 9.1　Transform relationship between theoretical data model and data structure

理论数据模型	数据结构
特征物标	特征记录
元特征对象	元特征记录
制图特征物标	制图特征记录
地理特征物标	地理特征记录
集合要素物标	集合要素记录
空间物标	空间记录
矢量物标	矢量记录

表 9.1(续)

理论数据模型	数据结构
孤立节点物标	孤立节点记录
连接节点物标	连接节点记录
边物标	边矢量记录
面物标	面矢量记录
属性	特征或空间属性字段
特征物标之间关系	集合特征记录或指针字段
特征物标与空间物标之间关系	指针字段

一般情况下,数据结构中的记录可划分为以下五种类型,其中特征记录和空间记录构成了交换集的主体。

(1)数据集描述(元数据)记录(Meta)

数据集记录包含交换信息的用途和性质的信息;关于坐标系、投影方式、基准面、比例尺、高程和深度数据单位信息;数据集来源信息;描述空间物标定位数据精度的信息等。

(2)目录记录(Catalogue)

目录记录包含在整个交换集内允许解码者查找或引用文件的信息;在交换集内关于特定记录之间特定关系的信息。

(3)数据字典记录(Data Dictionary)

数据字典记录包含在交换集中使用的物标、属性和属性值的描述信息。如果在一个交换集中只使用 IHO 物标目录,则不必使用这些记录。但是,如果在交换集中使用了任何非 IHO 物标目录中的物标、属性或属性值,则必须使用这些记录。

(4)特征记录(Feature)

特征记录包含真实世界的非定位数据,它们可以是元物标、制图物标、地理物标和关系物标,包括关系和更新指令的物标信息。

(5)空间记录(Spatial)

空间记录包含定位数据。它们可以是矢量、栅格或矩阵类型,一个交换集可以包含各种空间记录类型。S-57 标准目前只使用矢量数据类型,其中矢量记录包含与特征记录相连的坐标几何形状,包括空间属性、拓扑关系和更新指令,矢量记录可以是节点、边或面类型。

通常,在一个数据产品中,参与交换的物标不止一个,而每个物标结构由一条记录定义,因此一个交换集会包含多条记录。为简化这种交换,将记录分组到不同的文件中,最终进行交换的那组信息被称为交换集(这里交换集可以理解为数据产品,如一幅海图可以看作是一个交换集)。S-57 标准规定了记录组成文件以及文件组成交换集的方法,它通常遵循以下几个规则:

①一个交换集由一个或多个文件构成；

②一个文件由一个或多个记录构成；

③一个记录由一个或多个字段组成；

④一个字段由一个或多个子字段组成。

S-57 标准中数据结构的等级规定如图 9.8 所示。其中点线下面是 S-57 数据结构部分，点线上面是对数据产品或应用的规定，该结构中的最低层是子字段，子字段只能包括一个基本数据项（例如某个属性值）。规范化的子字段（例如日期子字段），需由应用程序进一步分析，在 S-57 标准中，这类子字段是不可分割的。S-57 的数据结构一般采用 ASCII 码和二进制码两种形式，至于特定交换所应用的形式在相关的产品规范中另作定义。

```
交换集
  |
  |--<R>--文件（集）
             |
...................................................................
             |--<R>--记录（集）
                        |
                        |--<R>--字段（集）
                                   |
                                   |--<R>--子字段（集）
    <R>表述允许重复
```

图 9.8　S-57 数据结构

Fig.9.8　Data structure of S-57

3.S-57 数据封装标准 ISO/IEC 8211

S-57 数据结构以记录来组织数据，但由于数据结构本身不能直接从一个计算机系统转换到另一个系统，为了实现这种转换，结构必须被封装于一种物理转换标准中。S-57 采用 ISO/IEC 8211:1994（信息交换数据文件技术要求）作为其封装标准，该标准提供了独立于计算机结构之外从一种计算机体系向另一种计算机体系传递基于文件模式信息的机制。

(1)数据结构和数据封装之间的关系

S-57 数据结构与 ISO/IEC 8211 封装结构之间的对应关系如表 9.2 所示。

表 9.2 S-57 数据结构与 ISO/IEC 8211 封装结构的对应关系

Table 9.2 Corresponding relationship between S-57 data structure and ISO/IEC 8211 encapsulation structure

S-57 数据结构	ISO/IEC 8211 封装结构
记录	包含一组字段的逻辑记录
字段	字段
子字段	子字段

在 S-57 标准中,数据结构特指文件结构,其各个字段的组织关系是借助树形结构来定义的。这种方法以树形结构图解释信息的顺序关系,也可称作前序遍历顺序(自上而下,左侧分支优先)。因在 ISO/IEC 8211 数据记录中没有其他显式的方法来指定内部字段(父/子)关系,这种顺序极为重要且不可违反。

(2)ISO/IEC 8211 交换文件结构

ISO/IEC 8211 是以文件为基础的交换格式。ISO/IEC 8211 文件的基本成分是逻辑记录(LR),其第一个逻辑记录叫做"数据描述记录"(DDR),它包含该文件中实际数据的描述和逻辑结构。ISO/IEC 8211 文件中所有其他部分叫做"数据记录"(DR),其中包含所要交换文件中的实际数据。每一个逻辑记录(包括 DDR 和 DR)有 3 个基本元素:头标区(Leader)、目次区(Directory)和字段区(Field area)。ISO/IEC 8211 文件结构如图 9.9 所示。

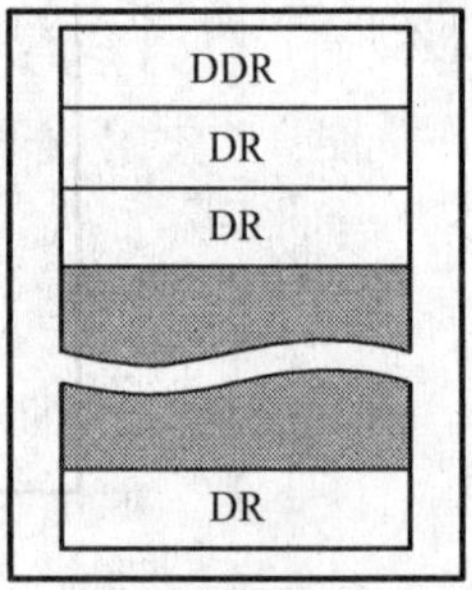

图 9.9 ISO/IEC 8211 文件结构

Fig.9.9 File structure of ISO/IEC 8211

①头标区

逻辑记录的头标区包括读取记录和分解成项目款项所需参数。此外,DDR 的头标区还包含可用于整个文件的一些描述参数。DDR 头标区结构如表 9.3 和表 9.4 所示。

表 9.3 DDR 头标区的结构

Table 9.3 DDR Leader Structure

起始位	长度	项目名	内 容
0	5	记录长度	记录中的字节数
5	1	交换级别	"3"
6	1	头标区标识符	"L"
7	1	线内扩充代码指示符	"E"
8	1	版本号	"1"

表 9.3(续)

起始位	长度	项目名	内　容
9	1	应用指示符	空格
10	2	字段控制长度	“09”
12	5	字段区基地址	字段区起始地址(头标区和目录中的字节数)
17	3	扩充字符集指示符	“ ! ”(空格,!,空格)
20	4	项目表	(见表 9.4 DDR 头标区项目表)

表 9.4　DDR 头标区项目表

Table 9.4　Items of DDR Leader

起始位	子项目名	长度	内容
20	字段长度字段的大小	1	变量 1-9(由编码者定义)
21	字段定位字段的大小	1	变量 1-9(由编码者定义)
22	保留字	1	“0”
23	字段标识字段的大小	1	“4”

②目次区

逻辑记录的目次区包含确定每一个字段在字段区的标识和定位参数。目录由重复的目录项组成,目录项包括字段标记、字段长度和字段位置,目录项各要素的字节数由逻辑记录头标区的项目表定义。字段区的起始位置是紧随目次区的第一个字段,其定位参数定义为0,目录以字段结束符结尾。

③字段区

DDR 和 DR 的字段区有所不同。在 DDR 的第一个记录中字段区包括数据描述字段,每一个数据描述字段包含对 DR 字段区中的用户数据译码时所需的信息;DR 的字段区则包含需转换的具体数据。

a. DDR 字段区

(a)文件控制字段

DDR 的第一个字段是文件控制字段。文件控制字段的标记是“0000”。文件控制字段包含文件标记对列表。该表定义 DDR 中所有文件的父/子关系,它还包括 DDR 中描述字段的前序遍历顺序,形成了交换文件的树形结构。字段标记对可以以任何次序置于列表中,但必须连续。图 9.10 给出一个树形结构示

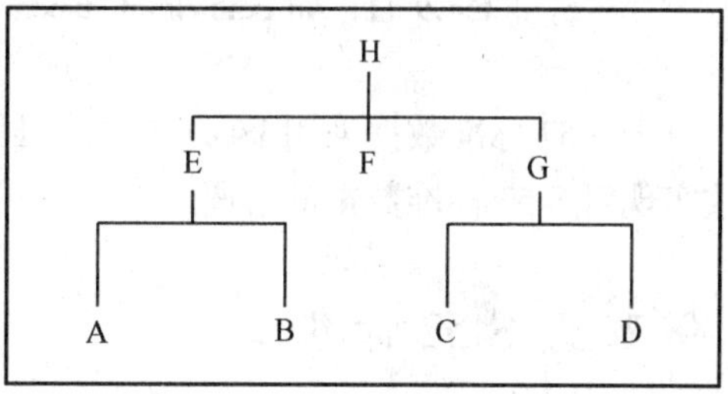

图 9.10　树形结构示例

Fig.9.10　An example of tree structure

例，文件标识对有 HE，EA，EB，HF，HG，GC 和 GD。

文件控制字段的结构为

字段控制	外部字段名	单元结束符 UT	字段标识对列表	字段结束符 FT

(b)数据描述字段

字段区里的下一个字段是数据描述字段，在 DDR 中以前序遍历顺序编码。图 9.10 所示的树的前序遍历顺序是 HEABFGCD。

数据描述字段的结构为

字段控制	字段名	单元结束符 UT	格式控制	字段结束符 FT

b. DR 字段区

DR 字段区必须以 DDR 中定义的前序遍历顺序编码，数据字段的结构由 DDR 中的数据描述字段定义。图 9.11 给出一个交换文件范例(ASCII 码形式)。

DDR leader

019003LE1□0900319□!□5504

DDR directory

0000001630000000010004400163FRID0011400207FOID0007400321ATTF000600039
5NATF0006900450FFPC0008900524FFPT0008300613FSPC0008900696FSPT0009100785
VRID0008300876ATTV0005900959VRPC0007001018VRPT0007701088SGCC000590116
5SG2D0004601224SG3D0005101270ARCC0007801321AR2D0006001399EL2D00074014
59CT2D0004801533

DDR field area (field control field)

0000;&???　0001FRIDFRIDFOIDFRIDATTFFRIDNATFFRIDFFPCFRIDFFPTFRID
FSPCFRID..............

图 9.11　S-57 标准海图数据交换文件示例

Fig.9.11　An example of standard S-57 electronic chart data transfer file

由于 S-57 标准数据采用 ISO/IEC 8211 封装格式，因此可以利用 ISO/IEC 8211 所提供的库函数实现对 S-57 标准数据的解码。

9.2.2　S-52 标准

IHO S-52 标准又称《ECDIS 海图内容和显示规范》，它规定了电子航海图的内容和结构、改正、制图框架以及电子海图信息显示和使用方法等。该标准实施细则包含在以下三个附录中：

• 附录1.ENC更新指南；
• 附录2.颜色和符号规范；
• 附录3.ECDIS相关术语集。

其中附录2详尽说明了IHO规定符号的颜色和显示方法，它对于ECDIS开发人员设计和实现标准表示库是至关重要的，本小节将重点介绍其核心内容。

1.表示库构成

IHO表示库将每一个海图物标的分类、属性和表示方法有机结合起来，明确定义了电子海图数据的显示说明。表示库主要包括以下七个方面内容：

• ECDIS符号库，包括国际电工委员会(IEC)的导航符号；
• ECDIS的颜色表，包括晴朗白昼、白昼－白背景、白昼－黑背景、黄昏、夜晚－使用滤光器和夜晚－不使用滤光器六类；
• 查找表，通过符号说明的方式将SENC物标解释为适当的颜色、符号、IMO分类、显示优先级、雷达覆盖和显示分组；
• 为某些特殊应用提供的条件符号显示方法：包括依赖于环境条件的符号显示(如航海人员对安全水深的选择)，画法过于复杂而无法用查找表定义的符号等；
• 符号指令的描述说明；
• 航海人员导航物标(为方便ECDIS处理，其说明方式与海图符号说明相同)；
• 增补物标，颜色差别检测表和颜色校准软件。

2.颜色编码方案

ECDIS所使用的颜色在表示库中有十分详细的规定。其颜色规范既用于海图显示操作(如表9.5给出了海图显示颜色表的分类情况)，也用于与海图同屏显示的各种文本要素显示。

对颜色和符号的设计，应致力于确保重要的海图和航行要素在强烈的阳光下和黑暗的夜晚都能保持清晰的可视性。为此，S-52标准表示库提供一个颜色编码系统，将颜色按照用途进行分类，以适应不同光线条件下的物标显示。

对应颜色表中的每一种模式，都由若干种颜色定义组成。每种特定用途的颜色用5个标明其用途的字符代码，即颜色标识来命名，例如CHMGD为“chart magenta，dominant”的缩写，其意义表示深紫色，该颜色用途是表示危险物标的颜色。目前，在S-52标准附录2中的颜色标记一览表中共定义了64种颜色标识，这64个颜色标识根据用途可详细分为一般使用、海图显示、雷达图像叠加、船员导航信息、未来使用预留、船符和航线计划、用户接口几大类。

表 9.5 颜色表的分类

Table 9.5 Classification of color table

颜色表模式	中文名称	背景属性	备注
DAY-BRIGHT	晴朗白昼	白背景	通常情况下系统设计应包含前 5 种颜色表模式,第 6 种模式仅供没有安装滤光器的设备参考
DAY-WHITEBACK	白昼 - 白背景	白背景	
DAY-BLACKBACK	白昼 - 黑背景	黑背景	
DUSK	黄昏	黑背景	
NIGHT	夜晚 - 使用滤光镜	黑背景	
NIGHT-UNFILTERED	夜晚 - 不使用滤光镜	黑背景	

图 9.12 给出一个表示库中颜色配置文件对应的颜色编码表实例,在每个符号说明中使用颜色代码作为颜色表入口的唯一标识,每一种颜色的颜色值采用国际照明联合会(CIE)对颜色定义的坐标(该坐标由三维信息定义,前两维是色度坐标,第三维是亮度坐标)给出,对于 CIE 配置颜色,可转换为显示器的 RGB 配置值(转化方法可参考 S-52 附录 2 的附件 B -《彩色显示器初始校准步骤》)。

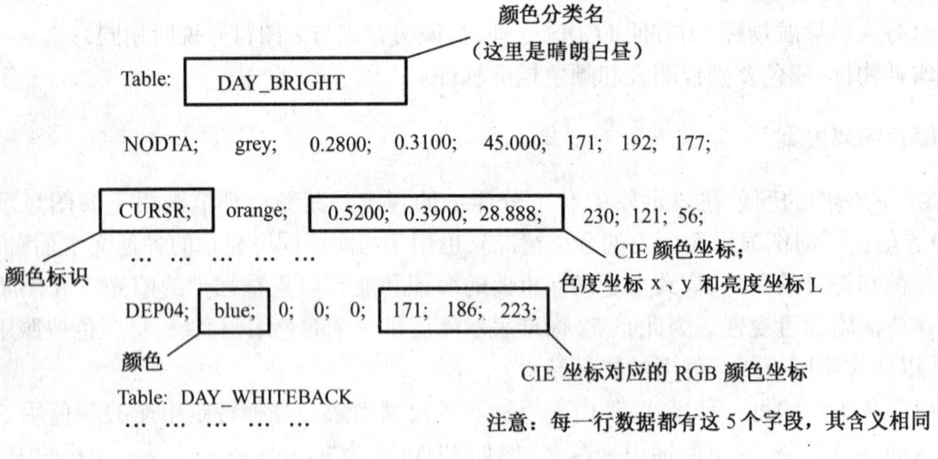

图 9.12 颜色编码表文件内容结构

Fig.9.12 Structure of color coding table

3.符号库和符号说明

对于海图中的物标符号,符号库提供了多种表示方法和显示手段。ECDIS 每一个物标符号的显示是通过符号说明产生的，符号说明是将符号库中的一系列符号指令语句进行组合而成。符号说明通过查找表找到物标的符号指令/条件符号指令，符号指令语句是计算机可读的，可以被直接解释为底层的图形操作，在 ECDIS 中形成图形显示。通常符号库中有五种符号说明形式：

- 点物标说明；
- 线物标说明；
- 面物标说明；
- 文本说明；
- 条件符号说明程序。

大部分物标都可以通过点、线、面的说明而直接显示。为了实现复杂物标的显示，条件符号是必不可少的。条件符号与标准符号的不同之处是：条件符号需要一段处理程序，而不是直接的一条符号说明。因此，在显示物标时，物标的符号说明、优先级、显示类别等信息是由计算机经过程序处理后决定的。

符号说明针对不同的物标类型采用不同的描述方法，如矢量符号描述语言、光栅符号描述格式和文本符号说明。

(1)矢量符号描述语言

矢量符号格式采用一个虚构的画笔，画笔在直角坐标系范围内作画。直角坐标系的范围是 0 到 32767 个单位，每个单位代表 0.01 毫米，坐标系的原点是左上点，坐标系的 X 轴向右延伸，Y 轴向下延伸。矢量符号格式规定如下：

- 每个说明使用分号作为结束标志；
- 说明内部不同参数之间用逗号分隔，如果说明内没有参数，不可以使用逗号。

矢量画法描述语言如表 9.6 所示。

表 9.6　矢量画法描述语言表

Table 9.6　Vector drawing description language table

描述语言	含义	解　释
SP	Colour	为画笔选择一个颜色。参数是一个字母，用以确定颜色代码
ST	Transparency	定义当前颜色的透明度，以 25% 的幅度给出。透明度只对多边形填充有影响，其他符号是没有透明度的
SW	Width	定义画笔的宽度，单位是 0.3 毫米
PU	*X*-coordinate，*Y*-coordinate [$x, y, \cdots, x, y$]	将画笔移动到绝对坐标 x, y 处，不画线

表 9.6(续)

描述语言	含义	解释
PD	X-coordinate, Y-coordinate [x,y,…,x,y]	从当前位置到 x,y 处画一条线。画笔使用当前选定的颜色和宽度
CI	Radius	以当前点为圆心,使用当前画笔画一个半径为 Radius 的圆,画笔最后返回圆心
AA	X-coordinate, Y-coordinate, arc angle	使用当前画笔,以 x,y 为中心,当前点为起始点,画角度为 arc angle 的一段弧。arc angle 为正时,按顺时针方向画弧,反之按逆时针方向画弧。画笔停留在结束位置,不需要返回起始点
PM	n	定义多边形的边数。定义语句存储在多边形缓冲区里,直到整个多边形定义结束后才执行画图操作
EP	—	用于画出存储在多边形缓冲区中多边形的边界
FP	—	用于填充多边形区域
SC	symbol name, orientation	用于调用另一个符号定义。Orientation 说明符号的旋转角度,当前画笔的位置为符号的轴点

矢量符号的高度和宽度以 0.01 毫米的单位给出,每个符号都有轴点,轴点是符号缩放和旋转所依据的点。在符号显示时,符号的轴点被置于物标所处位置,符号的所有相关要素几何位置都由轴点来确定。复杂线形是符号不断重复形成的,复杂线形所用的符号定义与点状符号的定义十分相似。

图 9.13 给出一个符号库文件的实例。每个符号库都由固定的文件格式构成,主要由格式描述说明和描述语言表示的内容构成。格式描述说明将每个符号库文件的主要内容结构进行描述,如 LNST 是对线型的描述,LIND 是线型的定义,LXPO 是扩展使用状态字段,LCRF 是该线型的颜色参考字段,最后 LVCT 是线型矢量画法描述字段。每个格式描述字段又由很多子字段构成,这些内容说明具体符号画法,包括点、线、面和条件符号的各种参数,如中轴点、符号宽度、边框高度、边框宽度等。各种符号的详细说明读者可参照 S-52 标准附录 2 中的符号库使用手册。

(2)光栅符号描述格式

光栅符号就是把海图符号以像素存储在介质上,像素是图像上定义颜色、明亮程度的最小单位。像素通常以行或者列排列。光栅符号的轴点通过行和列号给出,大小可以由 ECDIS 屏幕的实际像素数确定。光栅符号不支持符号的旋转操作。

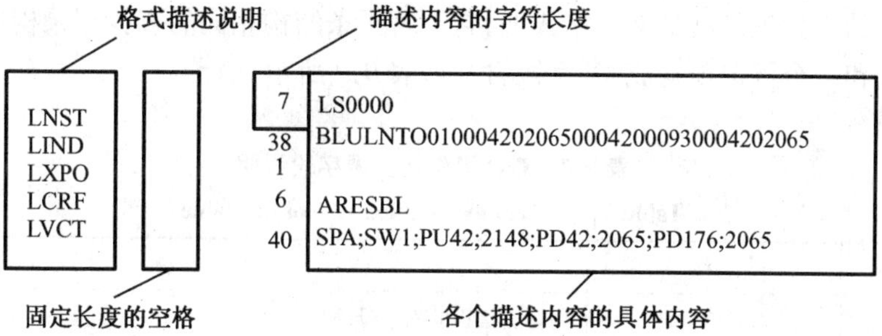

图 9.13　符号库的内容结构

Fig.9.13　Structure of symbolic library

(3)文本符号说明

文本说明用于为 ECDIS 提供点、线、面状物标的文字说明。文字符号是独立于点、线、面的另一种符号,它不是点、线、面符号的一部分,因此文本说明不是调用某一点、线、面符号,而是从特征物标和制图物标的定义中调用独立的文本表示。

需要说明的是,水深数据不作为文本符号处理。符号库专门设计了一组条件符号用于显示水深数据。

文本符号不进行旋转操作。面状符号的文本的轴点位于面状符号的中心,线状符号的文本的轴点位于线状符号的中心。

文本显示命令字有两种形式:①TX 命令针对纯字符文本显示;②TE 命令针对数字文本显示。文本的显示控制必须独立于所对应的物标,船员可以完全控制文本的显示,所有的文本在类别中属于“其他信息”。

4.查找表

查找表是联系海图物标和 S-52 表示库的桥梁,它描述了物标和表示库之间的对应关系。S-52 标准中提供了 6 种查找表:

- 纸质海图点状符号查找表,又称传统点状符号;
- 简化点状符号查找表;
- 纸质线状符号查找表,又称传统线状符号;
- 简化线状符号查找表;
- 简单边界符号查找表,用于一般情况;
- 符号化边界符号查找表,用于大比例尺显示。

由于 ECDIS 要求实时显示数字海图,相比纸质海图显示方式,需要引入使用一些新的物标内容,这些新的物标用于确定安全水深、无数据区域等,另外还新增了一系列简化的、更容易识别的浮标和灯塔符号,用于在显示条件比较恶劣的情况下使用。

表示库中的查找表一般是文本格式的,它由若干条结构相同的查找记录构成,每条查找记录由六个字段和一个可选项构成,各字段含义如表9.7所示。

表9.7 查找表结构主要字段说明

Table 9.7 Field explanation of look-up table

字段序号	名称	说 明
1	物标类编码	物标类标识的六字母缩写
2	组合属性	一组属性或属性值的集合
3	符号指令组	文本描述的指令组合
4	显示优先级	共10个优先级,定义为0~9
5	雷达叠加标志	根据物标是否在原始的雷达图像上面显示将物标分类:'O'表示在雷达图像上显示;'S'表示物标被雷达图像覆盖
6	显示类别	分三类:基础显示,标准显示,其他显示。在S-52标准附件2中的表4中列出了所有物标的显示分类说明
7	可选显示组	显示分组可以根据船员的选择增加或减少屏幕的显示信息

图9.14给出一个查找表文件实例,在查找表里通过物标标识和相关显示属性来确定物标类实例对应的符号说明,最终查到的符号说明可以由ECDIS的显示驱动部分处理。

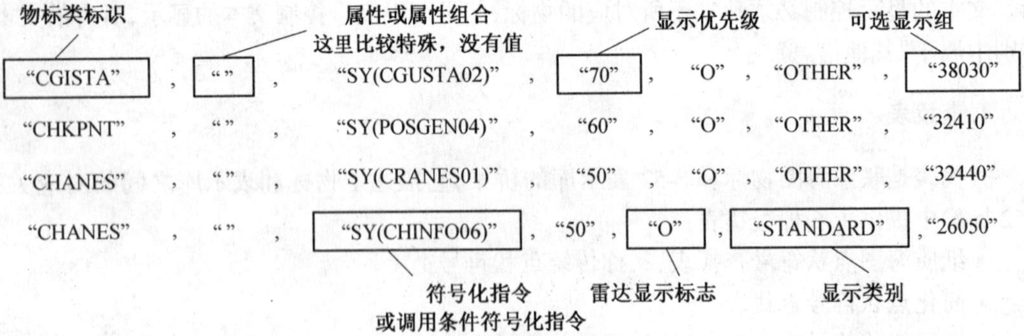

图9.14 查找表文件结构图

Fig.9.14 Structure of look-up table

9.3　电子海图系统原理与设计

9.3.1　电子海图系统硬件组成

电子海图系统通常以计算机处理装置为核心，以电子海图（ENC）数据为基础，通过连接各种导航传感器、雷达、自动舵等设备，将海图信息和航海信息相互融合，图文并茂地集中显示在一个监视器上，从而综合反映船舶行驶状态，为船舶驾驶人员提供信息查询、海图量算和航海作业等功能。根据国际海事组织相关文件的要求，电子海图系统的基本配置应包括以下几个部分。

(1)计算机处理单元

主要是指计算机主机和有关的处理器，它是系统的核心，大多采用速度快、图形处理工作强的工作站，主要完成下列功能：

- 电子海图应用系统的信息控制、与图形加速卡微处理器及智能接口板微处理器的通信；
- 各个应用程序的控制和计算；
- 各种数据的处理；
- 系统故障的检测；
- 各种命令和中断的处理。

(2)监视器

监视器是ECDIS系统的主要输出设备，用于显示海图、航行要素和其他有关的图形和数据。一般要求选用分辨率在1280×1024以上的彩色显示器，用户还可选择图形加速卡来提高显示质量和显示速度。

(3)智能I/O接口单元

智能I/O接口单元配备微处理器及接口芯片（如串口、以太网等），对数字I/O信息实行统一管理，它主要完成下列功能：

- 检测并采集各路导航传感器的信息，如GPS、计程仪、罗经、风速风向仪等信息；
- 采集ARPA发出的数字信息；
- 向主机发出中断申请，及时处理有关信息。

(4)输入输出模块

输入输出模块主要是指光盘系统与硬盘系统，光盘存储的是标准ENC数据，而硬盘存储的是经过转换以后的SENC数据；键盘和摸球可实现各种交互指令的输入，打印设备则帮助用户输出航海日志等多种文件。

(5)其他模块

电子海图系统中配有语音卡等辅助模块,主要用来实现语音报警等功能。

图 9.15 给出了典型电子海图系统硬件组成结构图,对于不同的船型而言,电子海图系统的硬件配置要求可能略有不同。

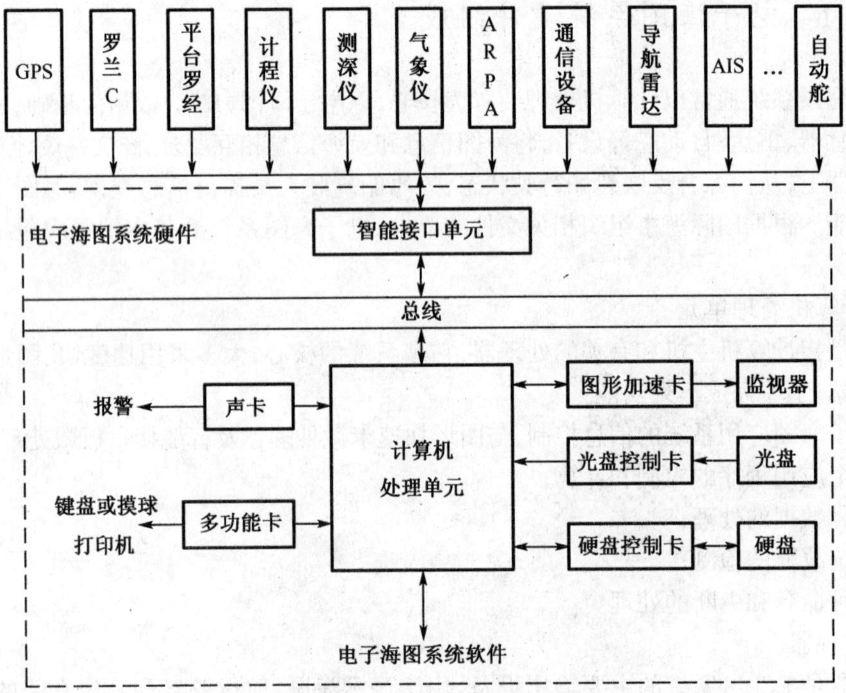

图 9.15　典型电子海图系统硬件组成框图

Fig.9.15　Hardware structure of a typical ECDIS

9.3.2　电子海图系统软件组成

1.电子海图系统需求分析

根据 1995 年 IMO 在伦敦召开的第十九次大会通过的 A.817(19)决议《电子海图显示与信息系统性能标准》,以及国内外各种电子海图显示与信息系统的技术资料,明确 ECDIS 应满足如下的基本需求。

(1)电子海图系统界面应按用户友好操作的人机工程学原理进行设计。

(2)电子海图系统应该能够显示 S-57 标准的 ENC 信息、航线设计、辅助的航海作业信息以及航路监视信息。

(3)电子海图系统应该能够提供基本的海图操作功能,包括海图的缩放、移动、比例尺变换、返回初始图、海图旋转等。

(4)电子海图系统能够用简单可靠的方法实现航线设计和航路监视,其中航线设计应该能实现直线和曲线,在航线上应可以增加、删除、插入、移动航路点。

(5)电子海图系统应该能够存储并回放前12小时的航行过程,并且能够以至少1分钟的可选间隔存储本船航迹以及使用官方ENC数据情况。

(6)航海人员应该能够从SENC提供的水深等深线中选择一条安全等深线。在显示过程中,电子海图系统应该着重显示安全等深线。

(7)电子海图系统应该能够接受手工输入的对ENC的改正数据,并能够用简单的方法在最后接受数据之前对数据进行核对。手工输入的改正数据在显示时应该与官方数据相区别。

(8)与纸制海图相比,电子海图系统应能够减少航行中的工作量,使航海人员能够方便及时地实施目前在纸制海图上所进行的全部航线设计、航路监视和定位等工作,它应能连续地标绘船舶的位置。

(9) 电子海图系统能够根据设备的故障情况提供适当的警报或提示。

(10)电子海图系统应该方便用户对与海图相关的信息进行查询。

(11)电子海图系统应该与提供连续定位、航行信息的系统相连接,且不能降低提供相关信息的任何设备的性能,也不应使电子海图系统的性能降低到标准以下。

(12)可以实现系统的登录和退出,系统可以进行日志的管理维护操作。

2.电子海图系统软件主要功能

软件是电子海图应用系统的核心。结合电子海图系统的需求分析,图9.16给出电子海图系统软件主要功能配置。

在上述体系结构中,电子海图应用系统软件由两大组件构成:基础显示功能组件和应用功能组件。每个功能组件又包含若干个模块,各个模块有效地组合在一个完整的系统内。

(1)电子海图基础显示功能

主要用来处理符合S-57标准的ENC数据,并按照S-52表示库的要求完成电子海图的显示。该功能组件还可实现海图的分层显示、颜色显示控制、海图缩放、海图漫游、海图旋转、最小比例尺控制、安全水深控制等功能。

(2)电子海图应用功能

在电子海图基础显示功能的基础上主要完成各种航海导航功能,包括海图管理、海图改正、信息查询、海图绘算、航线管理、航海作业、航行日志记载、航迹回放、外接导航定位设备、雷达信息标绘、危险报警等。

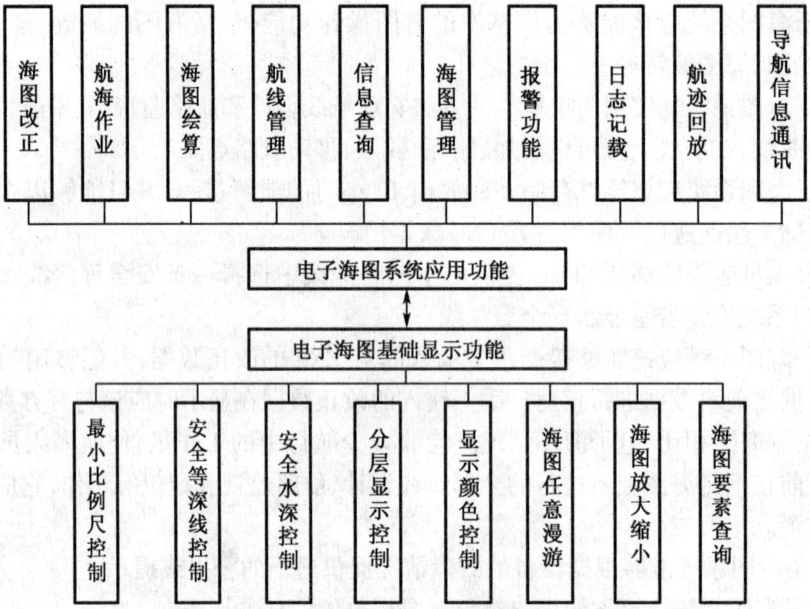

图 9.16 电子海图应用系统软件功能配置图

Fig.9.16 Software fuction arrangement of a typical ECDIS

9.3.3 电子海图系统主要功能设计

电子海图系统功能设计是电子海图系统开发过程中的首要任务。根据上节内容可知,电子海图系统功能组成复杂、涉及内容广泛,因此在功能设计时需采用模块化设计思想,尽可能保持各个功能的独立性和完整性,以便软件的维护和功能扩展。本节简要介绍电子海图系统的两个典型功能设计过程,读者可参考其设计思路,实现电子海图系统功能的设计与开发。

1.电子海图基础显示功能设计

电子海图显示功能是电子海图系统的核心功能,它是系统所有功能设计开发的基础。为实现这项功能,设计人员必须对数据生产单位发行的海图数据(ENC)格式进行深入的研究,以解析海图文件。对于电子海图系统而言,原始发行的海图数据并不是存储、操作数据的最佳方式,设计人员需要结合应用特点定义系统内部数据存储格式或者结构,即系统电子航海图(SENC),使其不仅满足 ECDIS 规范所述的功能和性能要求,并且 SENC 结构应当能够完整地描述海图数据,并提供访问、操作、维护和更新的手段。

(1)系统电子海图(SENC)设计

SENC设计的好坏直接关系到电子海图系统的性能优劣。设计SENC必须遵守以下三条原则:

• SENC必须考虑IHO数字海道测量数据交换标准(即IHO S-57标准)的要求,使其从内容上能够完整地体现和表示S-57格式的ENC所描述的信息。

• SENC设计必须快速、高效地支持IMO ECDIS性能标准中所规定的各项功能。

• SENC设计应支持电子海图内容与显示规范(即IHO S-52标准)中规定的ECDIS信息显示颜色和符号等要求,还应考虑IHO S-52附件1中关于电子海图改正的规定。

根据9.2节所述电子海图数据标准内容,并参考上述设计原则,可以把符合S-57标准的ENC数据封装成特征物标集、描述表集、空间物标集、海图元集和属性集五类结构,其结构定义如图9.17所示。

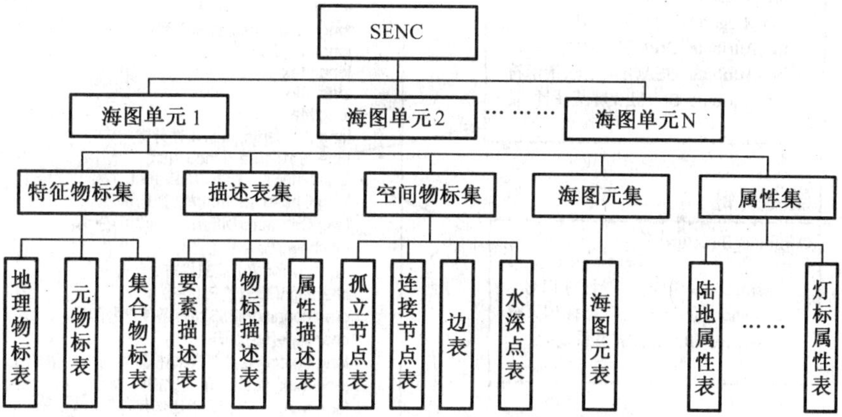

图9.17 SENC结构图

Fig.9.17 SENC structure

①特征物标集

为便于真实世界实体所具有的非空间描述信息的有效交换,S-57标准中定义了制图物标、元物标、地理物标和集合物标等四类特征物标,制图物标一般用于海图生产系统中,因此在ECD2S设计时不予考虑,由于都是特征物标,所以在设计时可以考虑用相同的表结构定义,并把它们封装成一个记录集,在SENC文件中统一存放。

特征物标用特征记录来表示,特征记录包括真实世界的非定位数据,具体包含描述真实世界的物标信息(物标之间的关系和更新方法)。特征记录主要由记录标识符字段、物标标识符字段、属性字段、指针控制字段、指针字段等组成。特征物标的属性编码在“特征记录属性”字段中,可把它们集中封装在物标属性集内,并通过属性外键建立起二者之间的联系。

特征物标含有描述属性但没有任何几何属性,几何属性包含在空间物标中。S-57 标准中定义了“特征记录指向空间记录的指针”字段用来建立起特征物标与空间物标的联系。开发人员可根据该字段的值设计空间外键。

特征物标之间并不是相互孤立的,它们之间也存在着一定的联系。“特征记录指向特征物标的指针”字段就是为建立特征物标之间的关系而定义的,“关系指示符”子字段具体描述了它们之间的关系。开发人员可根据该字段的值设计组合外键。

图 9.18 给出了特征物标的数据结构设计示例。

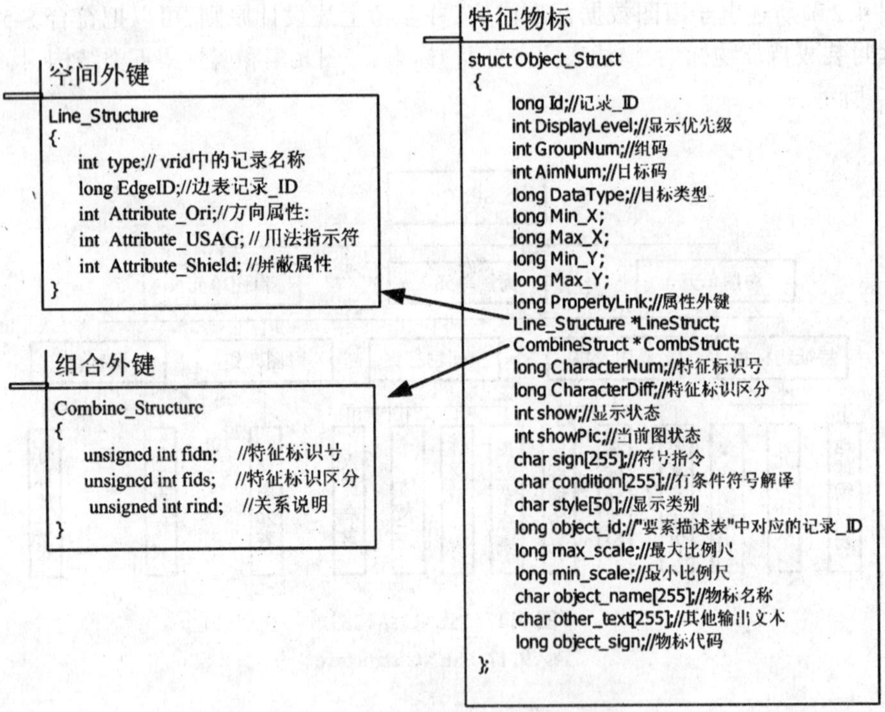

图 9.18 特征物标数据结构图

Fig.9.18 Data structure of feature object

②描述表集

描述表集包含要素描述表、物标描述表和属性描述表。其中要素描述表中包含了当前海图所有要素的相关信息,通过该结构可以方便物标属性的查找;物标描述表中包含 S-57 标准中所有物标的基本信息。属性描述表包含了 S-57 标准中所有物标属性的相关信息;通过它可以方便地获得物标属性信息。图 9.19 给出了描述表数据结构设计示例。

物标描述

```
struct Object_description
{
   long Id;//记录_ID
   char Name[24];//物标名
   char Abbrname[8];//名称缩写
  long ObjectId;//物标代码
}
```

要素描述表

```
struct Basic_Struct
{
   long Id;//记录_ID
   char Name[24];//要素名
   int  VisibleFlag;//可视
   int  EditFlag;//可编辑
   long DefaultColor;//默认颜色
   long Scale;//比例尺
   int GroupIndex;//组码
   int Layer_ID;//层号
};
```

属性描述表

```
struct Attribute_description
{
   long Id;//记录_ID
   char name[200];//目标名
   char initialword[10];//字首词
   long attributeCode;//属性代码
   char attributeType[1];//属性类型
}
```

图 9.19　描述表集数据结构图

Fig.9.19　Data structure of description set

③空间物标集

空间物标由空间记录描述，空间记录所包含的定位数据可分为矢量、栅格和矩阵类型，在 S-57 标准中没有定义矩阵类型数据。矢量记录包括与特征记录相关的几何坐标、空间属性、拓扑关系以及更新指令等信息。矢量记录可以分为孤立节点（水深数据可以看作是孤立节点的特殊情形）、连接节点、边和面，矢量记录包含记录标识字段、属性字段、指针控制字段、指针字段、坐标控制字段和坐标字段。

根据矢量记录的特点把空间物标集划分为孤立节点表、连接节点表、边表和水深表等四种类型，图 9.20 给出了空间物标数据结构设计示例。

④海图元集

海图元集由 S-57 标准 ENC 中的数据集描述记录和目录文件封装而成。数据集描述记录规定了每幅海图数据单元的一般用途和特性、数据来源信息以及在数据集中空间记录定位精度的信息。它主要由数据及标识字段、数据集结构信息字段和数据及地理参照记录字段组成。图 9.21 给出了海图元集数据结构设计示例。

孤立节点

```
struct IsoPt_Struct
{
    long Id;//记录_ID
    long point_pro;//点属性
    long x;// 坐标X
    long y;// 坐标Y
    char relationship[150];//关联要素
}
```

连接节点

```
struct LinkPoint_Struct
{
    long Id;//记录_ID
    long point_pro;// 点属性
    long x;//坐标X
    long y;//坐标Y
    char relativeedge[50];//关联边
    char relationship[150];//关联要素
}
```

水深点

```
struct Edge_Struct
{
   long Id;//记录_ID
   long point_num;// 点数
   long begin;//起始点外键
   long end;// 终点外键
   char relationship[150];//关联要素
   Edge_Point * pointArray//坐标组
}
```

边点

```
Struct  Edgc_Point
{
   long num;/点数
   long x;
   long y;
}
```

水深点

```
struct Sounding_Struct
{
    long Id;//ID
    long point_link;//点外键
    long x;//坐标X
    long y;//坐标Y
    long z;//坐标Z
}
```

图 9.20　空间物标数据结构图

Fig.9.20　Data structure of spatial object

海图元数据表

```
struct Data_Struct
{
   long Id;// ID
   char name[16];//图名
   long south_point;//最南坐标
   long north_point;// 最北坐标
   long west_point;// 最西坐标
   long east_point;// 最东坐标
   long scale;// 比例尺
   long gene;// 坐标乘数因子
   long ddd;// 3D水深乘数因子
};
```

图 9.21　海图元数据图

Fig.9.21　Data structure of metadata

属性

```
struct Attribute
{
   long name;//名称
   long position;//位置
   char Type[2];//类型
   long *m_l_data;//long型数据
   int  *m_i_data;//int型数据
   float *m_f_data;//float型数据
   double *m_d_data;//double型数据
   int *m_b_data;//bool类型
   char **c_data;//字符型数据
};
```

图 9.22　属性集数据结构图

Fig.9.22　Data structure of attribute set

⑤属性集

属性集包含当前海图中所有特征物标的属性信息以及来自于IHO物标目录的属性信息。特征物标的属性编码在“特征记录属性”字段中，而后者则包含在“属性/代码”子字段中。由于不同物标属性的个数、类型均不同，设计时应考虑利用统一数据结构实现所有属性操作，图9.22给出了属性集数据结构设计示例。

(2)电子海图显示流程及相关功能示例

电子海图显示功能是基于SENC数据设计的。在显示海图前，电子海图系统应完成ENC数据向SENC数据的转换。图9.23给出电子海图显示的基本流程：首先系统从SENC数据集中循环获得要显示的物标，根据数据字典获得物标的描述信息，然后利用属性外键获得物标的各种属性值，并通过查找表找到相应的物标符号画法说明，这些画图说明经解释转换为一系列的画图指令，通过调用这些指令从符号库和颜色表中取出符号和颜色值的相关信息，并利用操作系统提供的画图函数实现画图操作，循环操作上述步骤直至最终实现海图显示。

按照上述流程操作可实现电子海图基础显示软件功能，以下给出海图显示功能部分示例：

①最小比例尺控制

通过改变显示比例尺，可以控制海图要素特征表现的详实程度。下面两幅图展示了比例尺分别为1:7 500和1:2 000时海图显示要素的变化情况。

②分层显示控制

系统可设置不同的显示模式。在扩展显示模式下，还可以控制是否为全要素显示。

③安全水深显示控制

海图上水深的颜色可以根据安全水深设置而变化，方便航海人员区分安全海域与不安全海域。

④颜色表显示模式控制

航海人员根据驾驶台上的光亮程度，选择适当的海图显示颜色表。

2.电子海图系统航线管理功能设计

航线管理是电子海图系统应用功能的重要内容之一。船舶在启航前，航海人员需要根据航海图书、推荐航线、海图等信息，为船舶出行设计计划航线，以确保船舶沿着计划航线安全、经济地航行到目的港口。最佳航线是指在确保安全的前提下，船舶航行时间最短、最经济的航线，可以引导船舶安全又经济地从一个港口航行到另一个港口。

(1)航线的种类

船舶航线按航行特点可分为大圆航线、恒向线航线、等纬圈航线和混合航线四种类型。

①大圆航线

大圆航线是基本沿着两点间大圆弧航行的航线。这是两点间地理航程最短的航线，特别是在高纬度海区航行，航向接近东西方向、横跨经差较大时，大圆航程比恒向线航程要短达数百海

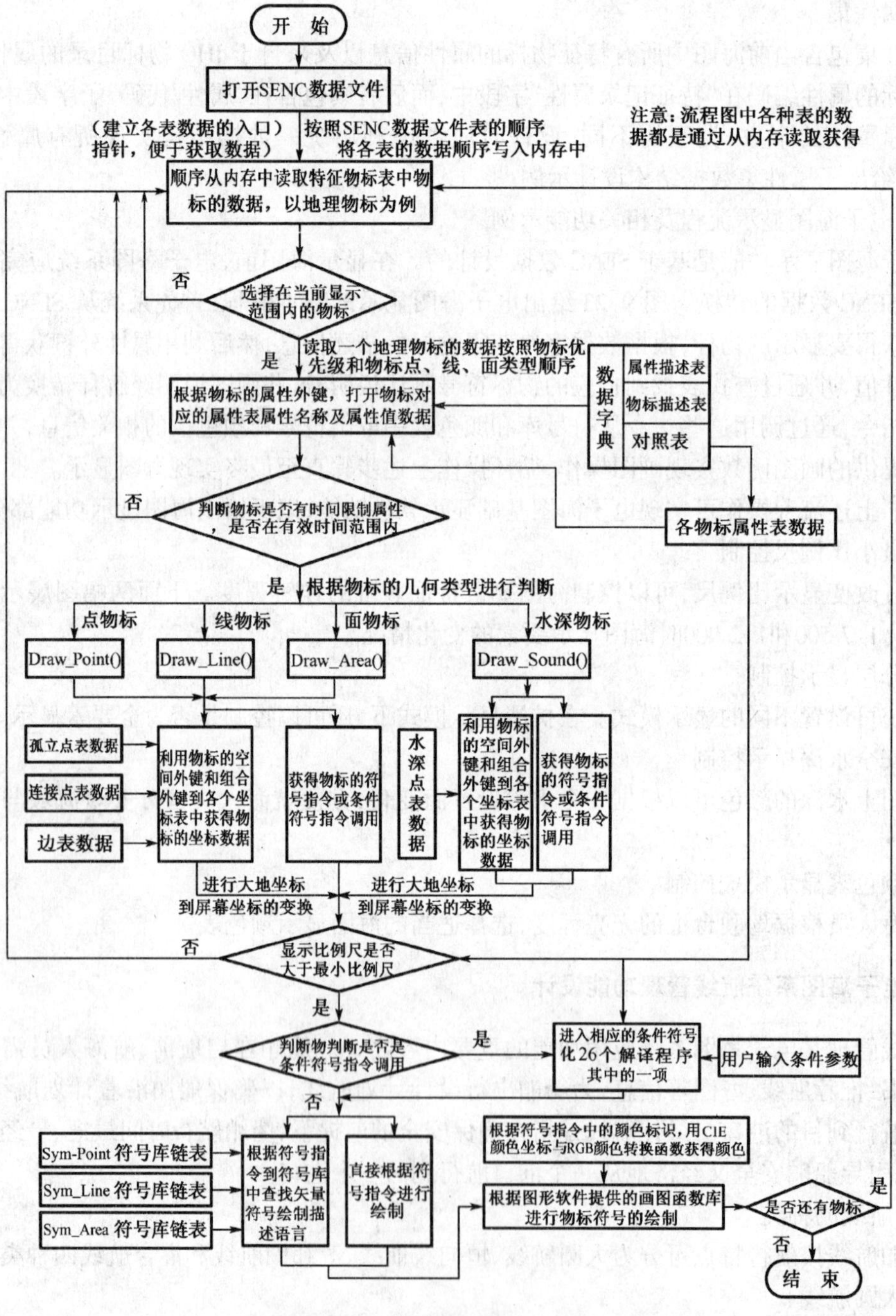

图 9.23　电子海图显示功能实现流程

Fig.9.23　Flowchart of ECDIS display function

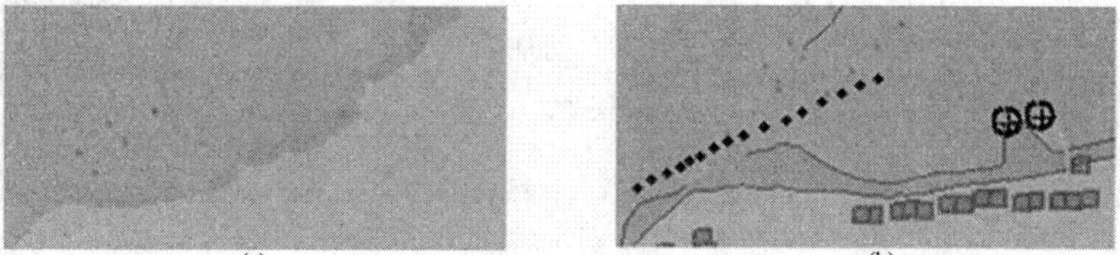

(a) (b)

图9.24 不同比例尺状态的海图显示

Fig.9.24 Display example with different scales

(a)比例尺为1:7 500;(b)比例尺为1:2 000

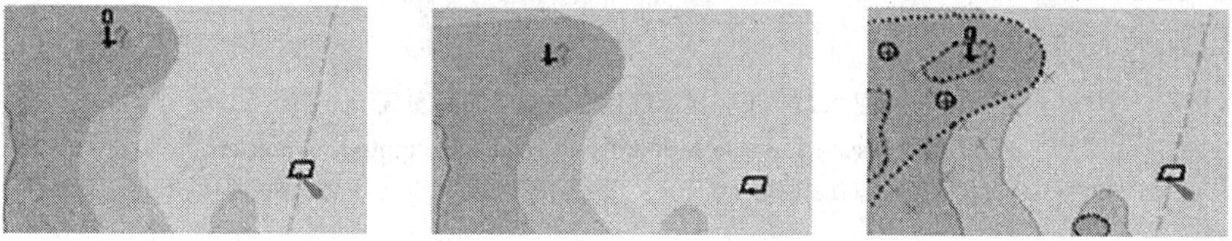

(a) (b) (c)

图9.25 不同模式下的海图显示

Fig.9.25 Display example with different modes

(a)标准显示;(b)基础显示;(c)扩展显示

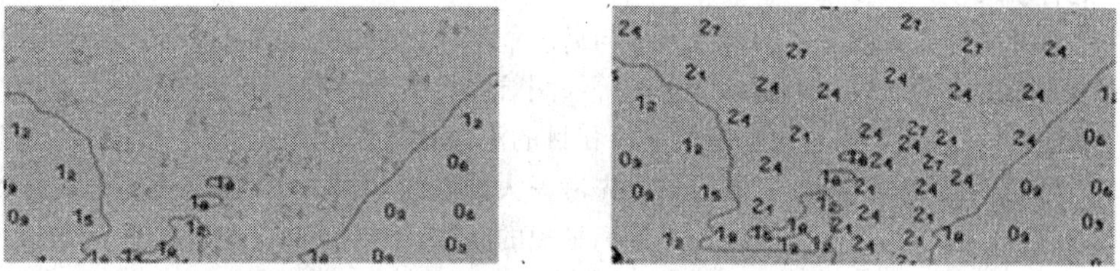

(a) (b)

图9.26 不同水深控制条件下的海图显示

Fig.9.26 Display example with different safety depth control parameters

(a)安全水深为2米;(b)安全水深为5米

里。但由于大圆弧和所有子午线相交角度不等,如果严格沿大圆航行,则必须不断改变航向。

②恒向线航线

恒向线航线是沿两点间恒向线航行的航线。这不是航程最短的航线,而是操纵方便的沿

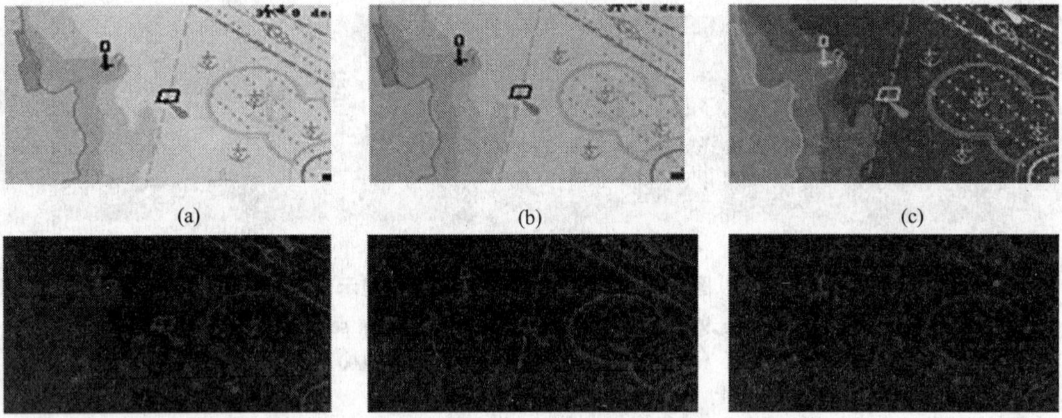

(a) (b) (c)

(d) (e) (f)

图 9.27 不同显示颜色表控制下的海图显示

Fig.9.27 Display example with different color table control parameters

(a)晴朗白昼;(b)白昼-白背景;(c)白昼-黑背景;(d)黄昏;(e)夜晚-使用滤光器;(f)夜晚-不使用滤光器

单一航向航行的航线,在低纬度海区或航向接近南北方向时,它和大圆航线的航程相差甚小。

③等纬圈航线

等纬圈航线是出发点与到达点位于同一纬度时沿着等纬圈航行的航线,是恒向线航线的特例。

④混合航线

为了避开高纬度海区恶劣的气象条件与岛礁危险区,要求航线不超过某个限制纬度,这种情况下所采用的大圆航线和限制纬度上的等纬圈航线相结合的最短距离航线即为混合航线。

在航线设计时,船舶需要根据起始港口和目的港口位置来确定选择哪种航线。以上四种航线中,如果船舶是跨大洋航行,则应该优先考虑大圆航线和混合航线,因为跨洋航行的特点是离岸远、航行距离长,而大圆航线正是距离最短的航线;如果船舶是近岸航行,则应该优先考虑恒向线航线,因为近岸航行的总航程不是很长,大圆航线与恒向线航程差别不大,而恒向线航线便于船舶操纵。

(2)船舶航行的原则

船舶航行的目的是把人员和货物安全、快捷地从起始港口航行到目的港口。在航线设计时需遵循以下原则:

• 安全原则:船舶的航行方法一定要保障船舶航行安全。航线设计时应严格遵守 IMO、IHO 有关安全航行的规定,采用分道通航原则,并利用导航仪器、雷达、自动雷达标绘仪(Automatic Radar Plotting Aids,ARPA)等信息辅助避碰决策,确保船舶航行安全。

• 时间最短原则:在充分保障船舶航行安全的前提下,应该遵从航行时间最短原则,从而提高航运效益。在航线设计时,充分利用航海图书资料和航海经验,并结合实时气象预报和海况报告,找到总航程尽可能短、穿越灾害性天气和恶劣海况海域航段尽量短的最佳航线。

• 距离最短原则:由于受到海上风、流和船舶的操纵性能等原因影响,船舶在沿着计划航线航行时很难做到直线航行,因此需要通过优化航线设计和航行方法使船舶尽可能航行在计划航线附近,达到航行距离最短。

(3)影响航线设计的主要因素

船舶航线按照航行距离的远近可分为大洋航线和近岸航线两类。

大洋航线距离较远,航行时间较长,设计时应考虑以下因素:

①气象条件:查阅《世界大洋航路》、《航路指南》和相关气候图等历史资料,综合考虑航线上遭遇季风、热带气旋等灾害性天气的可能性。

②海况:分析海流、海浪和流冰等因素对航行的影响。

③障碍物:大洋航行时,必须对岛、礁等危险障碍物予以充分的注意,留有足够的安全距离。

④定位与避让条件:选择航线时,充分考虑利用各种方法定位的可能性。接近陆地时,应选有显著物标或等深线有明显特征的水域。注意避让条件,特别是能见度不良时更应尽可能避免航线通过渔区和拥挤水域。

⑤本船条件:选择大洋航线时,必须充分考虑本船条件,如本船的船型、航行能力、船速、续航能力等。

⑥推荐航线和分道通航:一般应尽量采用《世界大洋航路》和航路设计图中的推荐航线,在有分道通航制的区域,应遵守分道通航的规定。

近岸航线距离较短,危险物较多,设计时应考虑以下因素:

①分析航次情况:根据航次任务分析本船性能、客货承载量、航程长短等因素。

②环境因素:研究海图、航路指南、航标表和潮汐潮流表等有关航海图书资料,了解本航次的气象特点,掌握海区内风、流、能见度、障碍物和导航定位物标等情况,特别是可能遇到的灾害性天气和避风港等,注意根据航海通告和航行告警信息对有关图书资料进行仔细改正,必要时要结合装卸和泊位情况以及航线和进出港的航行条件,确定开航时间。

③预画航线:本着安全、经济的航行原则,航线设计时尽可能采用推荐航线,并确定适当的离岸距离,确定避离危险物的安全距离。

(4)基于推荐航线库的航线设计方法

推荐航线是航海人员智慧和经验的结晶,是航线设计的基础性资源,电子海图系统在实现航线设计功能时,通常按照下列步骤执行:

①收集全球所有推荐航线,在系统中建立一个推荐航线数据库。

②根据本船条件参数和出航时段,从推荐航线数据库中选出所有适合于该船舶参数和当前时段的推荐航线,组成一张推荐航线网络图。推荐航线网络图由所有推荐航线的起始港、目

的港以及各推荐航线的交点组成,并将所有起始港、目的港和航线交点定义为节点。

③将推荐航线的航程设定为推荐航线网络图中两节点之间的权值,将该网络图转换为加权网络图。根据网络分析原理,利用加权网络图上最短路径求解算法(如狄杰斯特拉算法),找出一条最短路径,作为船舶计划航线。

依据该方法,当起始港和目的港之间直接存在推荐航线的时候,得出的航线即为推荐航线。当起始港和目的港之间没有直接存在的推荐航线时,可能出现两种结果:一种可能是找不出计划航线;另一种可能是找到由若干推荐航线航段组成的航线,但要注意这种推荐航线段组成的航线未必合理,需要结合航海经验进行合理选择。

图 9.28 给出一个推荐航线网络图示例,其中 $A_1,B_1,C_1,D_1,E_1,A_4,B_4,C_4,D_4,E_4$ 代表港口,它们组成的推荐航线是 $A_1A_2A_3A_4$,$B_1B_2B_3B_4$,$C_1C_2C_3C_4$,$D_1D_2D_3D_4$ 和 $E_1E_2E_3E_4$。推荐航线的交点为 M_1,M_2,M_3,M_4。

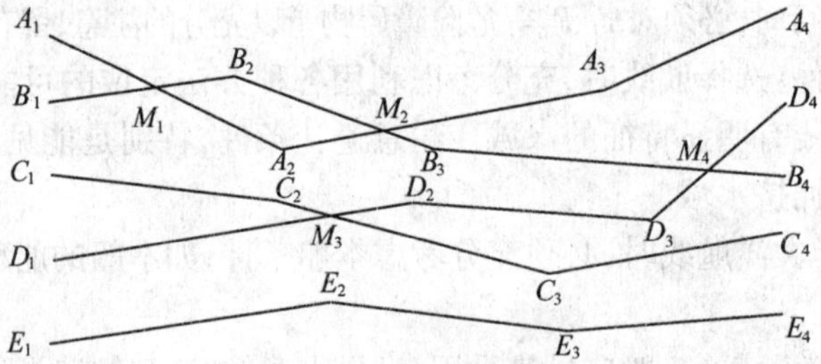

图 9.28 推荐航线网络图

Fig.9.28 Network diagram of recommended routes

当起始港为 A_1、目的港为 A_4 时,找到的最短路径是 $A_1M_1A_2M_2A_3A_4$,该最短路径是推荐航线。

当起始港为 B_1、目的港为 E_4 时,在网络图中无法找到最短路径,因为 B_1 和 E_4 之间并没有通路。

当起始港为 C_1、目的港为 A_4 时,找到的最短路径是 $C_1C_2M_3D_2D_3M_4B_3M_2A_3A_4$,可以看出该路径并不符合现实情况。

当起始港为 D_1、目的港为 C_4 时,找到的最短路径是 $D_1M_3C_3C_4$,该路径比较符合现实情况,可以作为推荐航线使用。

(5)主要航行参数计算方法

船舶在沿着计划航线航行的过程中,总是以"之"字形方式前进,这是由于海上的风、流等因素的影响使得船舶难以按照直线前进,同时船舶在转向的时候,也会受航速、水流对舵产生的力矩等因素影响使船舶很难按照计划规则地航行。虽然存在这些不可改变因素,但当船舶偏离计划航线时，驾驶人员应及时确定船舶航向，使得船舶沿着既定航线前进。

通常情况下，电子海图系统可以实时获得导航传感器提供的船位、航向、航速和对水速度等信息，通过特定的计算方法可获得以下航行参数，从而辅助航海人员实现船舶最优航行。

①转向点的确定

船舶航行时，因为受到风、流影响，通常航行在计划航线附近，如图 9.29 所示，A，B 为计划航线中的两个转向点，B 点是A 点的下一转向点。虚线表示的是船舶偏航报警距离警戒线，在虚线内部的区域认为是安全可航区域。当船舶偏航距离大于偏航报警距离的时候，电子海图系统应给出报警信号，船舶则应及时改变航向使其航行在安全可航区域内。

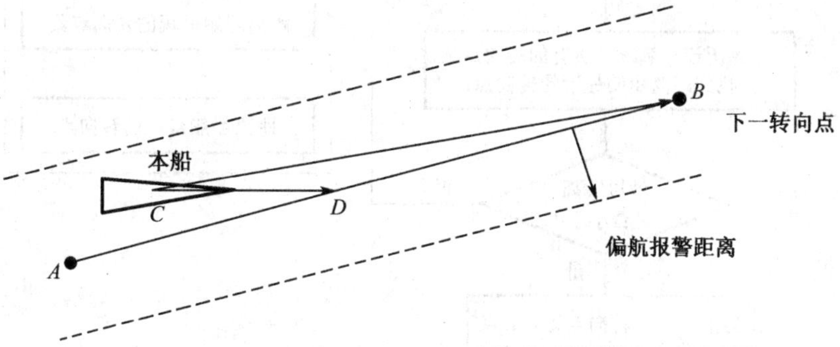

图 9.29　船舶沿计划航线航行示意图

Fig.9.29　Sailing sketch map of ship along the planning route

设定计划航线转向点序列为 1,2,3,4,…,N，偏航报警距离为 d。当船舶航行时，位置信息可以由 GPS 实时提供，相对计划航线而言，船舶每时每刻都存在寻找下一转向点问题。图 9.30 给出计算下一转向点的方法：

首先，遍历计划航线中所有航段（相邻两个转向点间的线段为航段），计算出船舶到所有航段的距离，从中找出最短距离，并找出与最短距离对应的航段。最短距离航段可能是一条或多条，当船舶到几个航段距离相等且同为最短距离时，取转向点序号大的航段，则更新下一转向点为距离最短航段中序号大的转向点。

然后，遍历计划航线中所有的转向点，计算出船舶到所有转向点的距离，从中找到距离最短的转向点。最短距离转向点可能是一个或多个，当最短距离转向点为多个时，取转向点序号大的转向点。当最短距离小于设定的偏航报警距离 d 时候，则更新下一转向点为当前转向点的下一转向点。

②偏航距离计算方法

在船舶航行中，航海人员最关心的是船舶偏离计划航线的距离，即偏航距离。当船舶偏航距离较大时，船舶的航行安全将无法保障。因此电子海图系统需要精确计算出偏航距离参数。

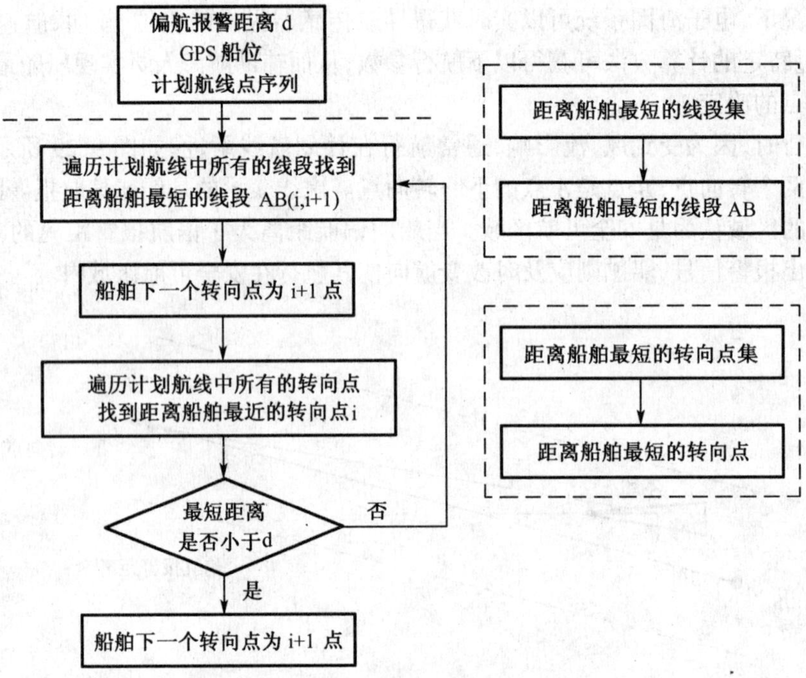

图 9.30 确定船舶下一转向点流程图

Fig.9.30 Flowchart of confirming the next turning point

由上节内容可知,根据 GPS 提供的船位信息、计划航线以及偏航报警距离 d,可以确定船舶当前位置的下一转向点。由下一转向点和它前一个转向点可以组成本船当前执行的计划航线航段,船舶偏航距离即为本船船位到当前计划航段的垂直距离。

③最佳艏向计算方法

从图 9.29 可以看出,$|CB| < |CD| + |DB|$,这说明船舶直接朝下一转向点航行(即沿着 CB 方向航行),比船舶沿着 CD,再沿着 DB 方向航行距离短。为了满足距离最短原则,船舶在航行时,电子海图系统应能动态计算出一个最佳船舶艏向参数。此艏向的含义是:船舶保持当前船速不变的前提下,把船舶艏向调整到此最佳艏向上,船舶即能朝下一转向点航行。

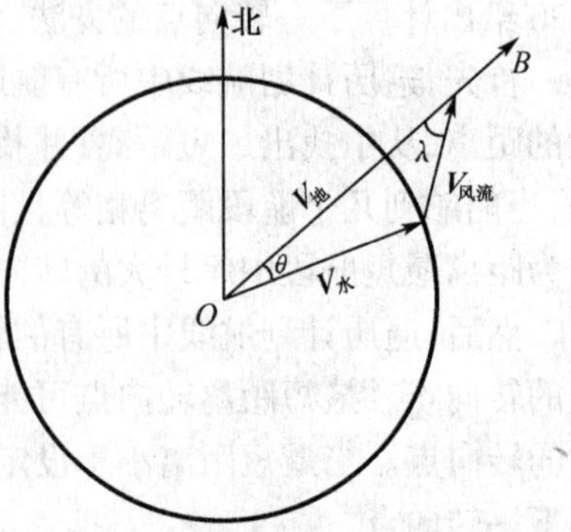

图 9.31 船舶最佳艏向计算示意图

Fig.9.31 Calculating sketch map of optimal heading

如图 9.31,已知风、流速度矢量 $V_{风流}$(可参考第 3 章 3.2.3 节内容计算)、船舶对水速度 $V_{水}$(由计程仪提供信

息)以及船舶航迹向 $C_{地}$(由 GPS 提供信息),求解 $C_{水}$,即船舶最佳艏向。其计算过程如下

$$\lambda = C_{地} - C_{风流}$$

$$\theta = \arcsin(V_{风流} \sin\lambda / V_{水})$$

$$C_{水} = C_{地} + \theta$$

根据上述航线管理功能设计原理及方法,图 9.32 给出了一个电子海图系统航线管理功能软件示例,该系统具备航线设计、航行参数监视等功能。

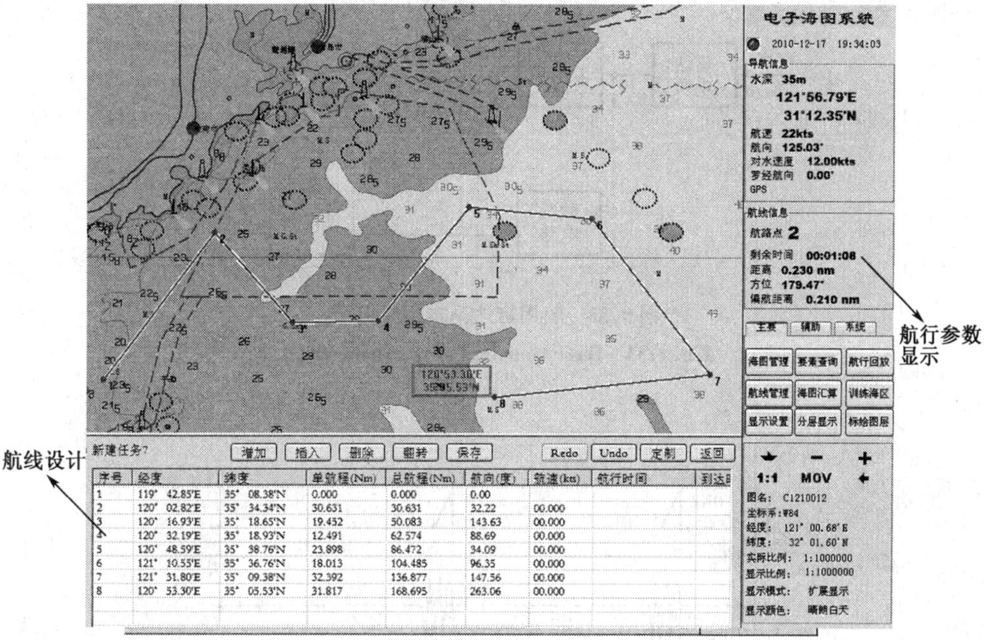

图 9.32 航线管理功能示例

Fig.9.32 Route management function of ECDIS

9.4 电子海图与雷达图像叠加导航技术

9.4.1 航海雷达简介

航海雷达是现代航海技术史上的重要发明之一。由于航海雷达能够显示船舶周围目标回波,能准确测定目标的方位和距离,并且具有作用距离较远、受天气、昼夜变化等自然条件影响

较小的优点,所以成为近岸航行特别是夜雾中航行时必不可少的导航设备。

虽然船用雷达产品很多,但其组成结构基本相同,图 9.33 给出一个典型船用雷达的组成结构及连接关系。

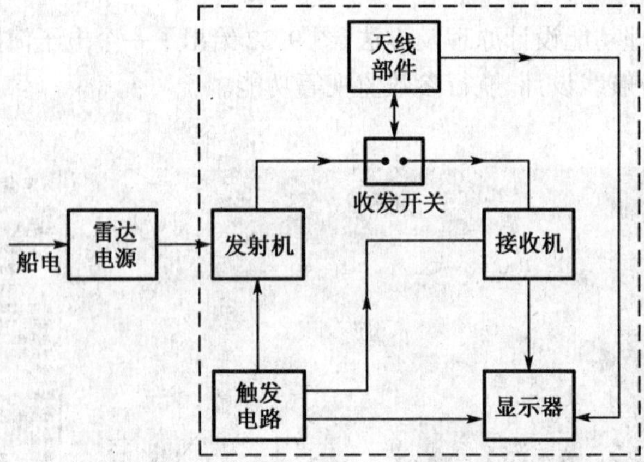

图 9.33 船用雷达基本组成框图

Fig.9.33 Basic components of marine radar

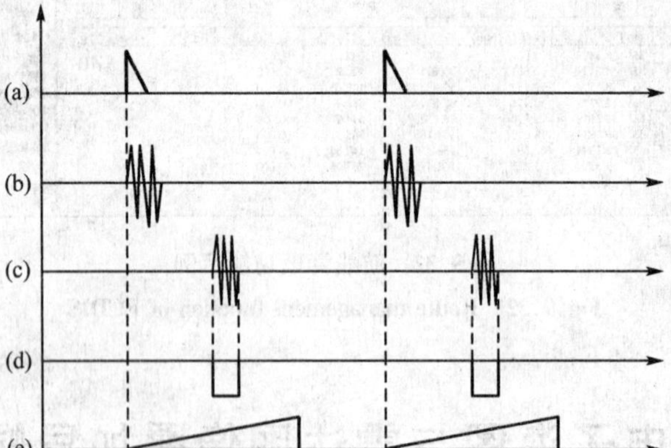

图 9.34 雷达基本波形时间关系图

Fig.9.34 Basic wave-time relation of radar

(a)触发脉冲;(b)发射脉冲;(c)回波脉冲;

(d)回波视频脉冲;(e)扫描锯齿电流

(1)触发电路(Trigger or Timer)

触发电路又称触发脉冲发生器、定时器或定时电路,其任务是每隔一定时间(例如 1 000 μs)产生一个作用时间很短的尖脉冲(触发脉冲),如图 9.34(a)所示,并把该信号分别送到发射机、接收机和显示器,使它们同步工作。

(2)发射机(Transmitter)

发射机的任务是在触发脉冲的控制下产生一个具有一定宽度(0.05 μs ~ 2 μs)的大功率(3 kW ~ 75 kW)超高频(如 *X* 波段9 300 MHz ~ 9 500 MHz或 *S* 波段2 900 MHz ~ 3 100 MHz)的脉冲信号,即发射脉冲(或称射频脉冲),如图 9.34(b)所示。射频脉冲经波导馈线送入天线向外发射。

(3)天线(Scanner or Antenna or Aerial)

雷达天线是一种方向性很强的天线。它把发射机经波导馈线发送来的发射脉冲能量聚成细束朝一个方向发射出去,同时,接收该方向物标反射的回波,并再经波导馈线送入接收机。

雷达天线由驱动电机带动并按顺时针方向(从天线上方向下看)匀速旋转,转速一般为 15 ~ 30 rpm。天线系统还向显示器发出船首位置信号和天线偏离船首方向的角位置信号。由于电磁波在空中传播和经物标反射,故回波强度大大减弱并滞后于发射脉冲,其回波波形如图 9.34(c)所示。

(4)接收机(Receiver)

由于从天线送来的超高频回波信号十分微弱,一般仅有几个微伏($1\ \mu V = 10^{-6}\ V$)的幅度,而显示器显示需要约几十伏的幅度且应是视频信号。因此,必须将回波信号放大近百万倍才行。雷达中的接收机均采用超外差式接收机,它把回波信号先进行变频处理使其变成中频回波信号,然后经放大、检波、再放大,变成显示器可以显示的视频回波信号,如图 9.34(d)所示。

(5)收发开关

在船用雷达中,发射和接收是用同一个天线进行的,天线和收发机间用一根微波传输线传输信号。收发开关的作用是在发射时自动关闭接收机入口,让大功率发射脉冲只送到天线向外辐射而不进入接收机,以防止损坏接收机;在发射结束时,又能自动接通接收机通路让微弱的回波信号顺利进入接收机,同时关断发射机通路,以防止回波信号能量的流失。

(6)显示器(Display or Indicator)

船用雷达的显示器是一种平面位置显示器(即 PPI—Plane Position Indicator)。传统的显示器在触发脉冲的控制下产生一个锯齿电流,在屏幕上形成一条径向亮线(即距离扫描线),如图 9.34(e)所示,用来计时和计算物标回波的距离,同时,这条扫描线由方位扫描系统带动随天线同步旋转。这样,显示器根据接收机送来的回波信号、天线送来的方位信号将物标回波显示在物标所在的方位和距离。此外,显示器还配有测量物标方位、距离的装置,可以用来测量物标的方位和距离。

(7)雷达电源设备(Power Supply)

电源设备的作用是把各种船电变换成雷达所需的具有一定频率、功率和电压的专用电源。

雷达采用中频电源供电,频率一般在400 Hz ~ 2 000 Hz之间。

9.4.2　电子海图与雷达叠加处理技术

1.雷达图像显示基本原理

(1)雷达图像光栅扫描原理

船用雷达一般采用光栅扫描方式。雷达信号的采集通常是径向圆扫描方式,信息用极坐标表示,而雷达显示器显示信息通常采用 TV 扫描方式(即从左到右的行扫和从上到下的帧扫方式),用直角坐标表示每一位信息,所以要实现雷达数据的 TV 扫描显示,首先要将雷达的极坐标信息转换成直角坐标信息存入存贮器,再以 TV 扫描方式从存贮器中读出数据并显示出来,其工作原理如图 9.35 所示。

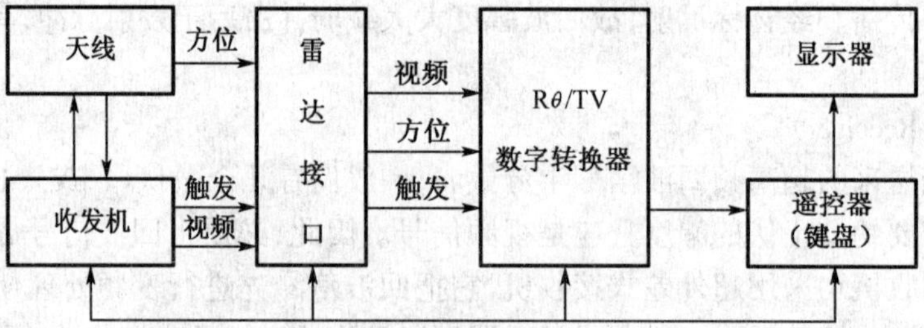

图 9.35　TV 显示雷达工作原理图

Fig.9.35　Display principle of marine radar

图中雷达接口的作用是:对雷达信号进行杂波抑制及量化处理,将雷达天线方位信号变换成数字信号(包括起始信号和方位量化单元信号)以及量程控制等。$R\theta$/TV 数字转换器的作用是:将视频信号进行 $R\theta$/TV 坐标转换,并以视频信号的幅度代码为内容、以转换得到的坐标为地址存入 RAM 中,产生 TV 扫描的行、场同步信号,按 TV 扫描方式将从 RAM 中取出的视频信号和 TV 行、场同步信号按时序混合成 TV 信号,经遥感部件送 TV 显示器显示。

(2)$R\theta$/TV 数字扫描转换原理

$R\theta$/TV 坐标转换原理如图 9.36 所示。先将雷达极坐标信息转换成以扫描中心为原点的雷达直角坐标信息

$$\left.\begin{aligned} x &= R\sin\theta \\ y &= R\cos\theta \end{aligned}\right\} \tag{9.1}$$

再将雷达直角坐标原点(扫描中心 O)移到 TV 扫描直角坐标的原点 O'。

$$\left.\begin{aligned} x' &= x + x_0 = R\sin\theta + x_0 \\ y' &= y + y_0 = R\cos\theta + y_0 \end{aligned}\right\} \tag{9.2}$$

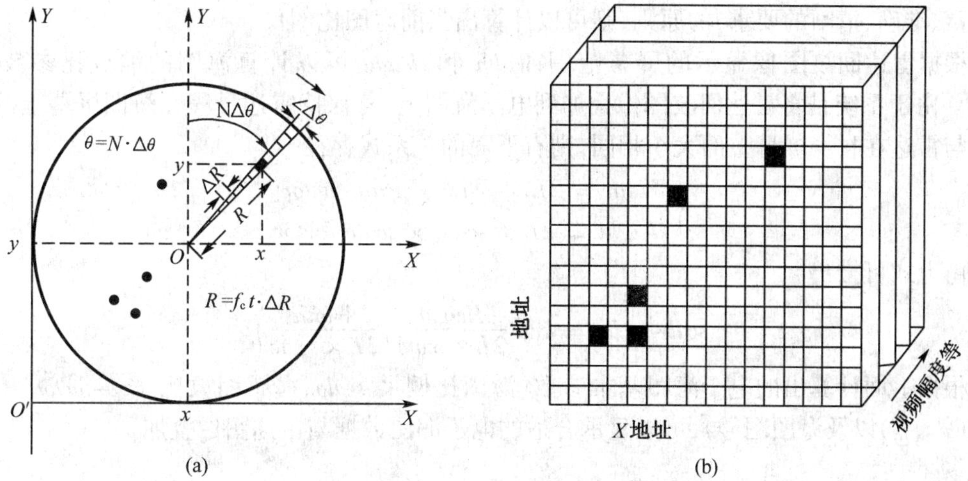

图 9.36　扫描转换原理图

Fig.9.36　Scan conversion principle of *Rθ*/TV

(a)坐标转换;(b)雷达视频存储器

在进行数字采样时,方位角 θ 等于方位量化单元 $\Delta\theta$ 乘以从船首开始计数的方位单元数 N,即 $\theta = N \cdot \Delta\theta$。距离 R 等于距离量化单元 ΔR 乘以计数频率 f_c 和计数的时间 t(即从开始扫描到回波到达天线止的时间):$R = \Delta R f_c t$,则式(9.2)可写为

$$\left.\begin{aligned} x' &= \Delta R f_c t \sin(N \cdot \Delta\theta) + x_0 \\ y' &= \Delta R f_c t \cos(N \cdot \Delta\theta) + y_0 \end{aligned}\right\} \tag{9.3}$$

然后,以求出的(x', y')坐标值为地址将物标回波的幅度数据等存入雷达视频 RAM 中,显示雷达图像时,按 TV 扫描规律再从 RAM 中取出数据送 TV 显示器进行显示。

2.电子海图与雷达图像的坐标转换

由于雷达图像在极坐标系下建立,而电子海图信息建立在平面直角坐标系上,因此需要根据雷达图像的中心位置、量程以及显示方式,计算电子海图需要显示的海图区域范围、海图比例尺及海图缩放比等参数,使对应信息统一在相同的坐标系中。

根据海图要素的投影变换可得雷达扫描的经纬度范围

$$\begin{cases} (w_{\min}, j_{\min}) = \phi^{-1}(\phi(w_0, j_0) - L) \\ (w_{\max}, j_{\max}) = \phi^{-1}(\phi(w_0, j_0) + L) \end{cases}$$

式中,$(w_{\min}, j_{\min})$,$(w_{\max}, j_{\max})$为雷达搜索的经纬度范围,(w_0, j_0)为雷达中心经纬度,$\phi(,)$表示地图投影映射(如地理坐标映射为海图坐标),$\phi^{-1}(,)$表示地图投影反变换,L 为雷达量程。

根据计算得到的经纬度范围搜索满足显示需要的海图,根据海图比例尺最大(满足显示要素丰富、准确、清晰的要求)的原则,则可以计算出当前海图比例尺。

根据雷达回波图像显示的屏幕范围 *Width* 和 *Height* 可以计算海图的缩放比参数 *scale-factor*。由于系统是将雷达回波图像叠加到电子海图上,若保持雷达量程在海图屏幕上的投影大小与雷达在自身屏幕上的大小相同,则有下面的关系式存在

$$\begin{cases} Width = 2L \times scale \times scale\text{-}factor \\ Height = 2L \times scale \times scale\text{-}factor \end{cases}$$

由上式可推出

$$scale\text{-}factor = \mathrm{Min}\left(\frac{Height}{2L \times scale}, \frac{Width}{2L \times scale}\right)$$

根据上面计算出的电子海图基本参数(海图比例尺 *scale*、海图缩放比 *scale-factor*、中心经纬度(w_0, j_0)以及海图图号),可以显示合适的电子海图数据与雷达图像叠加。

3.电子海图与雷达图像叠加原理

为了实现电子海图/雷达的视频叠加,必须对原始雷达信号进行一定的转换处理。通常采用雷达信号采集卡(包括雷达视频转换卡和高速图形加速卡两部分)进行处理。雷达信号采集卡可直接插在计算机的总线上,既可在主机控制下工作,也可脱离主机自主地工作,其结构如图 9.37 所示,图 9.38 给出了一个雷达信号采集卡实例。

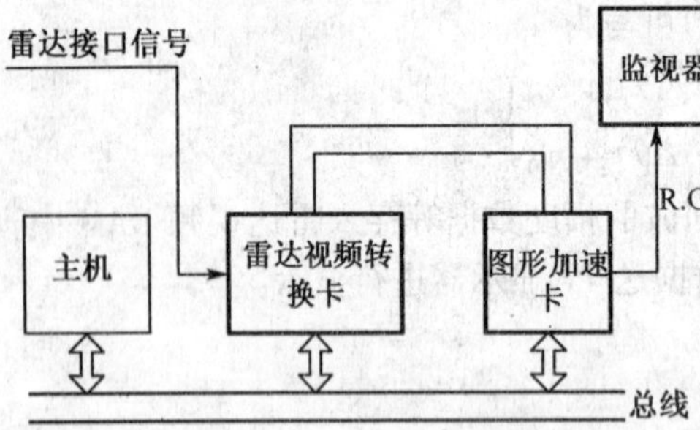

图 9.37 雷达信号采集卡硬件结构图

Fig.9.37 Structure of a typical radar signal collecting card

图 9.38 凌华 PXI-9820 雷达信号采集卡

Fig.9.38 PXI-9820 radar signal collecting card

电子海图/雷达视频叠加原理如图 9.39 所示。其工作过程是:在主机控制下,将矢量电子海图数据读入内存,并将矢量数据转化为点阵形式,存入图形加速卡的 DRAM(动态随机存取存储器)中,在显示海图时,将 DRAM 中特定范围的点阵式海图数据映射到图形加速卡的 VRAM(视频存储器)中,通过视频处理器转换为 RGB(红、绿、蓝)信号,送给监视器显示。同

时，视频转换卡将随机扫描方式的雷达信号转换为数字光栅信号，在完成电子海图/雷达图像坐标统一变换的基础上，将雷达数据送入到 Overlay（专门存储雷达叠加数据的显存），在显示雷达图像时，将 Overlay 中的雷达视频数据同步地送入视频处理器进行合成，转换为 RGB 信号显示，此时显示的图形即为电子海图/雷达图像叠加结果。图 9.40 给出了一个电子海图/雷达

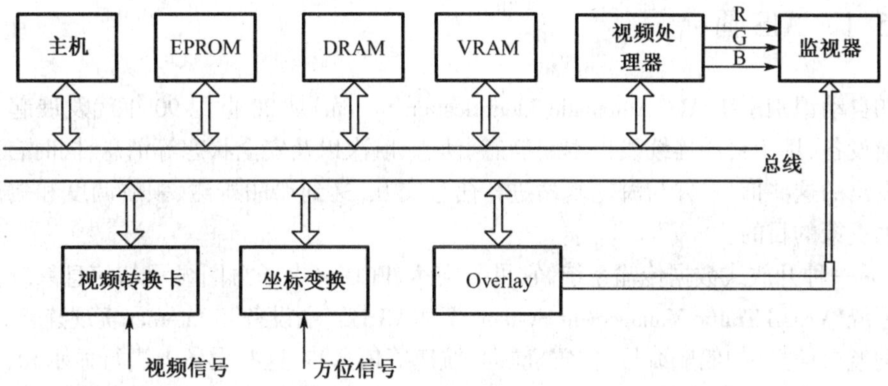

图 9.39　电子海图与雷达图像叠加显示原理

Fig.9.39　Principle of radar image overlay display with ECDIS

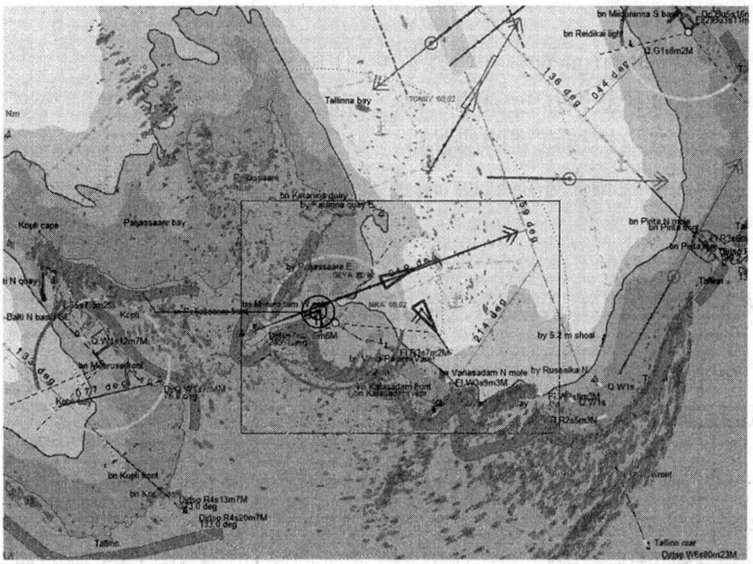

图 9.40　电子海图与雷达图像叠加显示实例

Fig.9.40　An example of radar image overlay display with ECDIS

图像叠加实例。

9.5 电子海图与 AIS 集成技术

9.5.1 AIS 简介

船舶自动识别系统 AIS(Automatic Identification System)是 20 世纪 90 年代发展起来的一种船舶导航设备,用于自动连续发出本船静态、动态、航次以及安全状态等消息,同时自动接收周围船舶发出的这些信息,并与海岸基站进行信息交互,达到船舶避碰、领航调度和航运管理等航行辅助决策的目的。

AIS 是一种开放式数据传输系统,它可与雷达、ECDIS(电子海图显示与信息系统)、船舶交通管理系统(Vessel Traffic Management System,简称 VTS)终端设备和 Internet 实现连接,将 AIS 自动播发的航行信息(如船舶编号、位置、航向、航速等信息)在这些设备上进行显示和自动标绘,从而保证航行中船与船相互“可见”,并为海事部门对过往船舶进行识别与跟踪管理提供依据。

近年来,在国际海事组织(IMO)、国际电信联盟(ITU)和国际航标协会(IALA)的关注下,AIS 技术得到了迅速发展,AIS 正进入通用普及时代。

AIS 设备的主要特点:

- 在 VHF(Very High Frequency,甚高频信号)作用范围内自动识别来往船舶。
- 预测其他船舶的位置及最短会遇距离。
- 识别岛屿后面或航道转弯处的船舶。
- 实时动态显示标绘相关船舶航向、航速。
- 数据链短文通信。

9.5.2 AIS 系统组成及工作原理

1.AIS 系统组成

AIS 通常由船台设备和岸台设备两部分组成。

(1)船台设备

船台设备是一种 VHF 船载广播式应答器,其典型结构由一个 GPS 接收机、一个通信处理器(计算机)、两个多信道 VHF 数据接收机和一个 VHF 数据发射机组成,如图 9.41 所示。其中 VHF 数据接收机负责接收指定频率的数据,VHF 发射机负责在指定的两个频段上(国际电信联盟 1977 年无线电大会指定了 161.975 MHz(87B 频道)和 162.025 MHz(88B 频道))轮换发射数据信号。

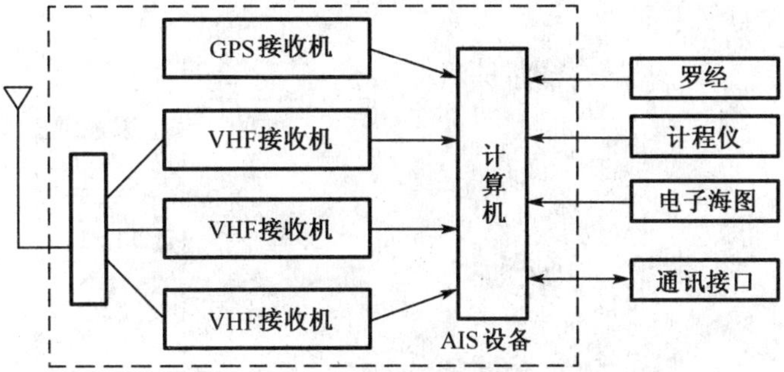

图9.41　AIS应答器结构图
Fig.9.41　Responder structure of AIS

根据船—船通信使用条件，AIS采用自组织时分多址技术（Self-Organized Time Division Multiple Access，简称SOTDMA），每分钟可以处理2 000个以上报告，数据每隔2 s可以更新一次。SOTDMA技术可以自动解决本台与其他台的竞争问题，即使系统过载，通信仍能保持完好。为防止干扰和转换频道时造成通信损失，每个AIS站均同时在2个频道进行收发。

(2)岸台系统

岸台系统由一系列岸台联网而成。一个典型的岸台由VHF收发机、VHF接收机、基站控制器、网络设备、控制软件和应用软件组成。AIS基站收发机遵从国际电信联盟《AIS技术特性标准》，可安装在VTS系统中或作为AIS沿岸网络的核心单元，借助基站控制器，基站收发机可以相互连接实现对海岸线的覆盖。

AIS基站由Intranet或Internet网络互联，组成网络系统，最大限度地发挥AIS的潜力，实现区域性管理和信息共享。

2.AIS工作原理

AIS的工作原理是：由GPS接收机提供精确的位置和导航信息，把这些信息与船速、船号、航向和对地速度等信息合成在一起，通过数据链VHF播发出去，所有在VHF范围内配备有AIS应答器的船舶都能收到这些信息，且把信息数据在ECDIS（电子海图）进行显示。图9.42给出了一个AIS/电子海图信息叠加显示态势图。

AIS能以“双工”模式进行“船—船”和“船—岸”间信息交换。在开阔海域，系统自动播发船位信息并自动与其他VHF覆盖范围内的船舶建立通信网络，从而提供一个局域海上交通态势图像，增强海上避碰功能。当船舶驶向VTS水域时，系统的一路接收单元受岸台遥控，转到本地VTS中心规定的双工频道上，以“船—岸”模式工作；而另一路接收单元仍工作在海上专

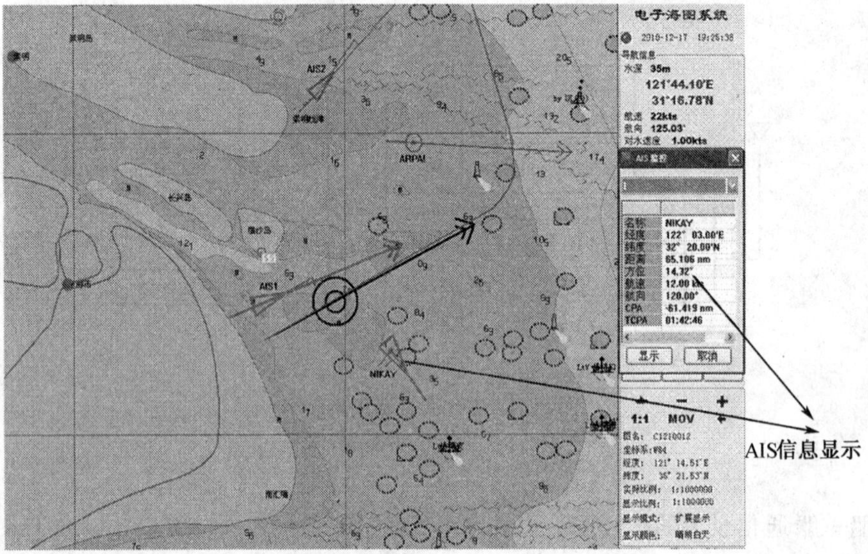

图 9.42 船舶在电子海图上显示
Fig.9.42 An interface of AIS information overlay display with ECDIS

用频道上,这样船舶既能与 VTS 中心进行信息交换,又能同时保持与其他船舶间的信息交换。

3. AIS 主要功能

AIS 设备的主要功能包括:

- 精确可靠的船舶跟踪和定位,从而有效地减少操作者的工作量。
- 在电子海图上为船舶提供整体的交通状况图。
- 可在任意移动的船舶、VTS 数据中心和广域网之间进行数据信息转换。
- 短信息服务。

AIS 系统可提供以下主要信息:

静态数据:

—IMO 编号;

—船舶国籍;

—船名及船型。

动态信息:

—船舶位置及定位误差;

—信息播发时间(以 UTC 为准);

—对地航向;

—对地航速。

与航行有关的信息：

—船舶排水量；

—载货量；

—船上人数；

—船长的姓名及编号；

—始发地和目的地；

—安全信息。

第 10 章　现代先进导航系统

Marine navigation blends both science and art. Navigation methods and techniques vary with the type of vessel, the conditions, and the navigator's experience. With the development of modern science and technology, modern navigation system could gather information from every available source, evaluate this information, and determine a position. In this chapter, several interesting and potential navigation system are introduced for readers who are enthusiastic for the future of marine navigation.

Marine weather navigation develops an optimum track for ocean voyages based on forecasts of weather, sea conditions, and a ship's individual characteristics for a particular transit. Within specified limits of weather and sea conditions, the term optimum is used to mean maximum safety and crew comfort, minimum fuel consumption, minimum time underway, or any desired combination of these factors.

Light wave and electromagnetic wave are seriously attenuated when they propagate in water. This made the acoustic navigation become an important navigation method for the underwater vehicle. LBL, SBL and USBL can provide position measurement, Doppler can realize velocity measurement of the underwater vehicle and echosounder can measure the depth of the ocean.

In recent years, the marine navigation problem of a moving object by geophysical fields is considered. Terrain aided navigation has been used for decades in air and land navigation systems, some of the issues of underwater terrain navigation are addressed in 2000. A concept has been built around a narrow-beam altimeter, measuring the depth directly beneath the vehicle as it moves ahead. Then filter algorithms has been implemented to estimate the vehicle location, based on the depth measurements. Meanwhile, gravity aided navigation technology based on gravimeters, gradiometers and geomagnetic aided navigation system are also important manner of the future passive navigation and discussed in this chapter.

对于现代舰船以及海洋运载器而言,导航技术无疑是至关重要的。虽然导航技术研究历史悠久,但是其始终具有源源不断的发展动力。当今许多重大科学发现和新技术的出现,很快便在导航领域得到应用,有力地推动了导航技术和系统的发展。近年来,气象导航系统、声学辅助导航系统(如长短基线)、地球物理场(如重力、磁力、地形)辅助导航技术等现代先进导航技术研究工作逐渐兴起,成为导航技术领域的热点问题。本章重点介绍了船舶气象导航系统、声学导航系统以及地球物理场辅助导航技术的基本原理、主要特点和模型方法。

10.1　气象导航系统

气象导航是通过研究海洋的自然条件,诸如风速风向、气温水温、能见度、波浪、海流、雨、雪、雾、冰、湿度、气压以及风暴等因素来指导船舶在海上航行的技术。古代的航海家,都要根据长期航海积累的经验来选择适合航行的季节和航线。为了航行的安全性和快速性,他们要选择晴好的天气,避开风暴、雪、雾等恶劣气候,这是一种简单的气象导航。气象科学的发展,特别是通信技术、空间技术、海洋开发和计算机技术的发展,为气象资料的搜集和综合分析创造了极为有利的条件。船舶气象导航可分为两种方式:一种是目前船舶普遍采用的岸上气象导航;另一种是船舶自行气象导航。

10.1.1　船舶气象导航概述

1.船舶气象导航技术国内外现状

船舶气象导航技术研究始于 20 世纪 50 年代初,当时美国海军首先采用气候学的方法进行航行、试验和服务。20 世纪 60 年代后期,随着预报技术的提高,英、德、苏等国也先后建立了气象导航服务机构。20 世纪 80 年代末以来,由于恶劣气象原因造成的海难事故已经成为海上事故的主要原因,所以利用船舶气象导航技术进行减灾防灾受到各国重视,法国、瑞典、挪威、加拿大和日本等国为此纷纷起步发展本国的气象导航技术。

(1)英国船舶气象导航概况

创建于 1855 年的英国国家气象局,技术力量较为雄厚,拥有世界上最大的气象专用计算机,还具有现代化的通信系统,用于世界气象资料的信息交换和传输。气象资料来自由全球 800 个地面站和 500 艘船舶组成的测报网,每隔六小时测报一次;每隔 12 小时接收来自 35 公里高空气象气球测得的探空资料。气象局预报中心室把这些气象资料自动输入 MS360/195 计算机,对信息进行处理分析,给出 7 天内高空各层标准等压面的高度值和地面气压值的预报。计算机还将预报的风场转换成波浪数值模式的运算,得到 24 小时和 48 小时波浪场的预报。预报中心室还利用卫星云图作为预报的辅助手段,接收世界各地气象传真图(如汉堡、鹿特丹、关岛、迈阿密),对照热带风暴和飓风的监测,掌握表层海流、潮汐以及热带风暴的最新资料。英国气象局海务部所属的航线设计组自 1968 年在大西洋开展气象导航业务,1972 年业务扩展到太平洋,现在已遍及北半球任何海域,而且已经取得了很好的经济效益和社会效益。如对航行在纽芬兰岛和不列颠群岛之间运输造纸厂各类产品的船只,因气象导航使恶劣天气对货物造成的损失已减少到了微乎其微的程度,在这之前平均每条船每年的损失达 3 万英磅,而每年每条船气象导航的费用只有 300 英磅,损失费和气象导航费相比确实是一笔相当大的数目。

(2)美国船舶气象导航概况

美国海洋气象导航有限公司创办于1952年,当时称太平洋气象分析公司,是世界上第一个在船舶启航前提供气象资料和航线选择指导的组织,1968年正式命名为“海洋气象导航有限公司”。公司资料来源的渠道多种多样,通过两条2 400波段线路与世界气象组织保持计算机连接,每天大约从5 700艘船只(包括气象导航的船舶)获得天气报告和气象资料,还从美国气象局收到600余次的船舶气象报告。另有来自蒙特律海洋数值预报中心的风、浪预报和海面水温分布等内容,该公司每天可通过三台计算机收集14 000余个站台发来的气象资料(包括北极到南极的风情和北纬60度至南纬45度之间的波浪资料),该公司还从6 000余航次的报告中分析得出不同船型的特性曲线。根据被气象导航船舶的马力、载重和吃水差等情况,与这些曲线相对照可作出船舶性能的预报。他们还将世界上的海洋以2.5°纬度为间隔绘制成9 000个网点,每个网点各积累有30年天气历史资料,并储存在计算机磁盘存储器中,供以后寻找与其历史相似天气模型使用。航线结束后,和英国气象局海务部所属的气象导航机构一样,向采用气象导航的舰船发送气象总结报告,总结报告中记载实际报告的船位以及推算出的逐日船位。其中还记录着逐日的航向、航程、平均航速以及算出的实际天气与洋流对船舶的影响,还包括风向、风力、浪向、浪高以及航程中受风的天数,并绘制航线图。

(3)日本船舶气象导航概况

日本气象协会从20世纪70年代起也正式经营气象导航业务,到目前为止,已为船舶横渡大洋航行进行过一万五千次气象导航。在近30年间,不仅掌握了气象和海况的实际数值,而且在短、中、长期预报,波浪预报等方面也取得了显著的进展。目前,日本气象协会的气象导航业务区域是赤道以北的北太平洋海域和包括加勒比海、墨西哥湾、地中海在内的北大西洋海域。预计在不久的将来将对印度洋、南太平洋、南大西洋海域开展气象导航业务。

(4)我国船舶气象导航概况

20世纪80年代初,我国成立了中央气象台海洋气象导航中心,这是国家气象中心的一个专门为海洋航运部门服务的新技术实体。在此之前我国的气象导航完全处于空白,我国的远洋船舶只好向外国申请气象导航或凭经验导航。我国气象导航虽然比美国起步晚了30年,但到80年代后期,我国气象导航业务也有了迅速发展,气象导航已完成从过去手工操作的经验性阶段过渡到以计算机为主的客观化、数值化和最优化决策阶段的转变,逐步完善了全球海洋气象导航服务手段。我国气象导航是以国家气象中心为依托,拥有强大深厚的科技服务优势,有中央气象台的业务支持,有广州、上海、天津、大连、青岛气象台气象导航分中心的配合、有2 000多个陆地气象台站,11个海洋气象台,30多个海岛自动测风站昼夜监测提供大量的信息。

2.船舶气象导航技术发展趋势

船舶气象导航就是一门气象学、海洋学、计算机科学与航海学相结合的应用科学,它的发展依赖于其他各门学科的发展。船舶气象导航要进一步发展,首先要提高天气和海况预报的准确率,并延长预报时效,目前世界范围内的预报水平离这个要求还有一定距离。另外,船舶实际运动状态的研究和预报,不同种类船型、船龄、装载情况受风浪的极限、失速等也有必要进一步研究。即使有了准确的预报,如果对船舶的各种性能了解不透,也不可能选出最佳航线。再有就是通信问题,船舶如果不能及时收到气象导航机构的修改意见,可能会遇到不必遭遇的大风浪区,甚至造成一些不必要的损失。解决通信问题的最佳方法是采用卫星通信,但目前各国商船上还未普遍配备卫星通信装置,随着空间技术的发展将会逐渐改变这种状况。

10.1.2 典型船舶气象导航方法

1.岸上气象导航

岸上气象导航(简称岸导),是指船舶在出航前,向气象导航局提出气象导航申请后,岸上气象导航机构向被导船舶提供航行途中的最佳天气航线服务。船舶在出海航行前,向气象导航服务部门提供船舶的操纵特性、货物的装载情况、航行的目的要求,气象导航机构根据气象的分析、预测及船舶的特性,选择一条最佳的航线,并提供航行前方的天气和海浪预报。船舶出航后,气象导航机构随时跟踪在航船舶,标出船舶的航速、航向和位置,测定实际航迹偏离计划航线的距离,并分析预测航行海区及航行前方海区的海洋天气、海浪情况,及时提出修正计划航线的建议,不断引导船舶避开各种不利的航行海况,使其安全经济地到达航行目的地。

这种导航方式的优点在于岸导机构拥有大量全面的各类资料,有大容量、高速的计算机系统进行最佳航线设计和跟踪导航。更主要的是它拥有充分的时间进行最佳航线的分析和选择。但是岸导也有其不足之处。由于岸导机构远离现场,有时无法准确及时地掌握被导船舶周围的大气、海况和当时状态下的船舶操纵能力。尤其是在天气、海况发生突变的情况下,有时得不到及时的通信联系和指导,可能会导致导航失败。另外,岸导的推荐航线也不可能绝对无误,即使准确率相当高,也不可能取代船长的现场指挥。

2.船舶自行气象导航方法

船舶自行气象导航(简称自导)是船长根据船上安装的无线电传真仪器,接收所在航行地区的现时和预测的天气分布图、天气形势预报、海浪预报、水温预报、冰情预报和卫星云图等资料,根据海洋气候信息,画出天气图和航行图,分析研究天气形势和海况,根据本船性能和航行任务来选择航线,并随时调整航向、航速。

船舶自导虽然在设备、资料和人员上远不及岸导,但自导有几个优点:其一,自导具有灵活主动性,因船长十分熟悉本船的各种性能,并能亲自分析天气形势和现场情况,这就使得船长在任何时候都不失主动性、不受限制,并能充分发挥船长灵活指挥航行的主动权;其二是自导无需支付导航费用和导航中的通信费用,减少船舶开支,赢得更多的经济效益;其三,即使船舶接受岸导服务,自导也可帮助船长充分理解岸导定线示意图,从而积极与其配合、弥补岸导不足之处,取长补短,使航行达到最佳效果。随着海洋和环境预报准确率的不断提高,船舶自行气象导航将是一种值得推广的导航方法。

船舶自行气象导航包括以下基本条件。

(1)在船舶自导中船长的作用是决定性的,因此,要求船长必须具有丰富的航海技术和航海经验。船长应具备良好的海洋和气象知识,能够熟练应用各种传真天气图、海况图,熟悉航海海域天气和气候资料的获取和应用;熟悉本船的各种设备性能和本船的运动性能资料,遇到特殊情况时,船长应具有果断的决策和指挥才能。

(2)自导船舶船龄要小并有坚固良好的船体结构,主机性能良好并能保持连续正常运转,货物配载要合理,稳定性良好,并能长时间抗大风浪航行。因为在航线选择的时候,有时候为了赢得航线前方大范围的好天气,可能要闯过一段时间大风浪区,因此要掌握本船的抗风浪上限,在选择航线时超过抗风浪上限的海域一定要避开。

(3)自导船舶要具有较先进的助航设备,如卫星导航系统、两部正常工作的雷达、气象传真接收机、NAVTAX、GNSS 系统和卫星通信系统等。

(4)自导船舶的必备资料,主要有航区气候资料、各种传真天气图、海况图、天气预报、船舶实测资料、船舶各种性能资料、船舶运动性能曲线图(船舶在不同风浪情况下的失速曲线)等。船长可以通过对上述资料进行综合分析后得出航线决策。

自导气象导航方法较多,常用的自导方法叫做等时线法,又称作图法,它是利用天气预报图、波浪预报图和船舶失速图等,在航路图或航线选择专用图上,用作图比较的方法选择最佳气象航线,具体做法如下。

(1)船舶在启航前根据季节、当时海域的气候状况及中长期天气和海洋预报,选定一条基础航线(通常取大圆航线或习惯气候航线),从始发港 A 点用一条连线连接到目的港 B 点。

(2)从 A 点出发,在基础航线的两侧以 α 角作若干条辐射线(即不同航向的航线),条数可任意取,每条射线代表不同航向。

(3)根据 24 小时的风浪预报以及船舶时速推算出沿不同航向 24 小时后的航程,再将这些点以平滑的曲线连接起来,即可得到曲线 S_1,即第一条等时线,如图 10.1 所示。

(4)在 S_1 曲线上取若干个点,在每个船位点作该等时线的法向线,并根据未来 48 小时的风、浪预报,可得出第二条等时线 S_2,若有五天的预报就可得到 S_1,S_2,S_3,S_4,S_5 五条等时线,这样在风、浪预报时效内一天接一天地重复上述计算。对预报时效以外和预报未涉及到的航区,则可根据气候资料进行计算,一直作到接近 B 点为止。

(5)以终点 B 为圆心作弧与 S_n 相切,取半径最小及最短距离的切点,再以该点为圆心做弧与 S_{n-1} 相切,得到一个新的切点,以此类推一直到 A 点,连接 A,B 点的各切点,就可得到 A 点

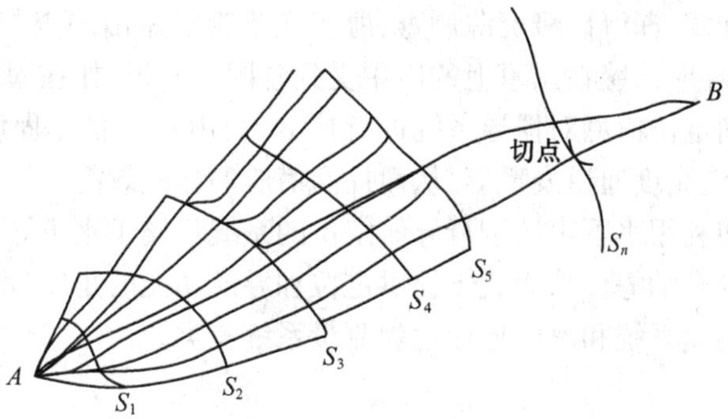

图 10.1　等时线图
Fig.10.1　Isochrone chart

到 B 点最短航时航线。

此方法简单易行,有严密的数学依据,既可用手工方法制作,又可在计算机上实现。目前在船舶气象导航优选初始航线和变更航线中得到广泛的应用。

10.2　水声导航系统

对于水面舰船的导航定位,地文导航、天文导航、无线电导航、卫星导航、推算导航和惯性导航等系统均能满足其需求。然而,对于水下载体的导航定位,除惯性导航设备外,其余的导航定位系统很难得到应用。以无线电和卫星导航为例,在具有强传导率的海水中,电磁波能量随距离的传播损失约为1 400 $f^{1/2}$ dB/km,这里 f 以 kHz 计。因此,在海水中仅 100 m 的距离,对于频率为2 000 Hz的电磁波,能量损失高达20 000 dB。即使是频率为 30 kHz 的波长的电磁波,其损失也高达 770 dB。这意味着水下载体基本上无法通过无线电导航系统进行定位导航。

众所周知,目前获取水下信息最有效的传播载体仍然是声波,因此,水下载体导航定位的任务不可避免的要使用水声导航系统。

10.2.1　水声导航定位系统概述

自 1912 年美国研制了第一台水声测深仪以来,先后出现了一批水声助航设备。第二次世界大战期间,对水下目标的探测和测量受到了重视,并在战后得到了快速的发展。1958 年,美国华盛顿大学应用物理实验室在达波湾建成三维坐标跟踪水下武器靶场,在海底放置了四个间距严格测定的水听器,在近距离上为带有同步器声信标发射机的鱼雷提供距离和方位信息。

随着海洋开发事业和科学技术的发展,水声导航系统有愈来愈广泛的应用。当前大多海洋工程,如海洋油气开发、深海矿藏资源调查、海底光缆管线路由调查与维护等都大量应用了水声导航技术。水声导航系统在军事上的应用受到各国的重视,如在固定区域对潜艇、潜器进行精确定位,利用精确定位信息对惯导系统进行校准,利用多普勒计程仪对惯导进行阻尼,利用测深仪阻尼惯导系统高度通道发散等,从而提高潜艇的作战效能。

从广义上说,一切利用水下声波进行导航定位的系统均属于水声导航系统,例如目标的探测定位声呐、水下成像声呐等。从为载体提供定位和导航功能的角度,水声导航系统大体分为水声定位系统、声学测速系统和海底地形地貌测量系统三类。

1.水声定位系统

水声定位系统主要指可用于水下局部精确定位的导航系统。根据声基线的距离或激发的声学单元的距离可分为长基线(Long Baseline,简称 LBL)声学定位系统、短基线(Short Baseline,简称 SBL)声学定位系统和超短基线(Ultra/Super Short Baseline,简称 USBL 或 SSBL)声学定位系统。另外,国外一些研究人员正尝试研制出一些联合式的声学定位系统,例如 L/USBL,L/SBL,S/USBL 和 L/SBL/USBL,充分发挥不同系统的优势,提高定位精度、扩大应用范围。

2.声学测速系统

基于声学原理的速度测量系统,是迄今为止舰船对地绝对速度的最佳测量手段。主要有多普勒速度计程仪和声相关速度计程仪,其测速原理在本书第 3 章推算航行系统中的速度测量设备中已作介绍。

3.海底地形地貌测量系统

用于测量海底地形地貌的声学测量系统。海底地形地貌主要是基于海深的测量,近年来提出的水下地形匹配导航新概念,其基本先验信息便是海底地形和地貌。其主要设备有:单波束回波测深仪(Single Beam Echosounder)、多波束回波测深仪(Multibeam Echosounder)和侧视声呐(Side Scan Sonar)。

10.2.2 短基线水声定位系统

1.定位原理

短基线水声定位系统因基阵尺度小而得名,由三个以上的水听器组成声基阵,水听器之间的距离一般超过 10 cm。短基线定位系统可布放在海底,各水听器接收的信号往往通过海底电缆传送到岸上处理,也可以将声基阵直接安装在船上。

短基线水声定位系统得到的是信标或应答器相对于载体中心点的位置坐标。如图 10.2 所示的使用应答器的短基线水声定位系统中，声基阵由四个位于边长为 $2a$，$2b$ 矩形顶点的水听器构成，安装于船底。声基阵中心还有一个用以发射询问信号的换能器 T，设应答器的坐标为 (x, y, z)，在不考虑声线弯曲的情况下，根据几何关系可得到定位方程

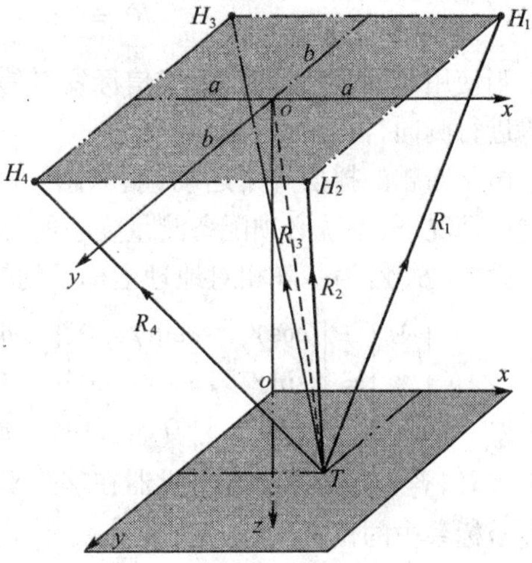

图 10.2　短基线水声定位系统原理

Fig.10.2　Principle of short baseline acoustic navigation system

$$\left.\begin{aligned}(x-a)^2+(y+b)^2+z^2&=R_1^2\\(x-a)^2+(y-b)^2+z^2&=R_2^2\\(x+a)^2+(y+b)^2+z^2&=R_3^2\\(x+a)^2+(y-b)^2+z^2&=R_4^2\end{aligned}\right\}\tag{10.1}$$

两两相减消去 z，得到

$$\left.\begin{aligned}R_3^2-R_1^2=4ax\quad R_4^2-R_2^2=4ax\\R_1^2-R_2^2=4by\quad R_3^2-R_4^2=4by\end{aligned}\right\}\tag{10.2}$$

于是得到应答器的水平坐标 (x, y) 为

$$\left.\begin{aligned}x&=\frac{(R_3^2-R_1^2)+(R_4^2-R_2^2)}{8a}\\y&=\frac{(R_1^2-R_2^2)+(R_3^2-R_4^2)}{8b}\end{aligned}\right\}\tag{10.3}$$

根据式(10.1)中的任一方程可求出 4 个可能的 z 值

$$\left.\begin{aligned}z_1&=\sqrt{R_1^2-(x-a)^2+(y+b)^2}\\z_2&=\sqrt{R_2^2-(x-a)^2+(y-b)^2}\\z_3&=\sqrt{R_3^2-(x-a)^2+(y+b)^2}\\z_4&=\sqrt{R_4^2-(x-a)^2+(y-b)^2}\end{aligned}\right\}\tag{10.4}$$

利用 4 个值的平均可得到深度的均值，即

$$z=\frac{z_1+z_2+z_3+z_4}{4}\tag{10.5}$$

根据短基线水声定位系统的原理可知，要得到应答器的位置 (x, y, z)，首先要确定应答器至各水听器的距离 R_i。

设中心的问答器与应答器的信号往返时间为 T_0，问答器到应答器再回到各水听器的信号传输时间为 t_i，则应答器与各水听器间的距离为

$$R_i = ct_i - c\frac{T_0}{2} = c\left(t_i - \frac{T_0}{2}\right) \tag{10.6}$$

当使用非同步信标时，由于信标发射信号的时刻未知，只能利用两两接收器接收信号间的时差进行测向，再进行定位。

由于船舶的摇摆等角运动，船舷悬挂的短基线水声定位系统会造成基阵有转动和倾斜。在这种情况下，系统必须配备测量姿态的传感器，以便对测量数据进行姿态修正。

设(α,β,γ)为基阵相对地理坐标系的转动角，根据不同坐标系间的坐标变换方程，可得

$$\begin{bmatrix} x_i \\ y_i \\ z_i \end{bmatrix} = \begin{bmatrix} \cos\gamma & -\sin\gamma & 0 \\ \sin\gamma & \cos\gamma & 0 \\ 0 & 0 & 1 \end{bmatrix} \begin{bmatrix} \cos\beta & 0 & \sin\beta \\ 0 & 1 & 0 \\ -\sin\beta & 0 & \cos\beta \end{bmatrix} \begin{bmatrix} 1 & 0 & 0 \\ 0 & \cos\alpha & -\sin\alpha \\ 0 & \sin\alpha & \cos\alpha \end{bmatrix} \begin{bmatrix} x_i' \\ y_i' \\ z_i' \end{bmatrix} \tag{10.7}$$

其中，(x_i', y_i', z_i')为第 i 号水听器在基阵坐标系中的位置坐标，(x_i, y_i, z_i)为第 i 号水听器在地理坐标系中的位置坐标。

从实现方式和定位原理看，短基线水声定位系统水听器体积小、安装简单、系统集成价格低、操作简便容易；但在深水测量要达到高精度，基线长度一般需要大于 40 m；系统安装时，水听器的位置即声基阵需严格校准。

2.定位误差分析

考虑图 10.2 中(H_1, H_2, H_3, H_4)不同情况下的定位斜距方程为

$$(x - x_i)^2 + (y - y_i)^2 + (z - z_i)^2 = c^2 t_i^2 \tag{10.8}$$

对式(10.8)求微分，得到

$$(x - x_i)\mathrm{d}x + (y - y_i)\mathrm{d}y + (z - z_i)\mathrm{d}z = t_i^2 c\,\mathrm{d}c + c^2 t_i \mathrm{d}t_i + (x - x_i)\mathrm{d}x_i + (y - y_i)\mathrm{d}y_i + (z - z_i)\mathrm{d}z_i \tag{10.9}$$

其中，$\mathrm{d}x, \mathrm{d}y, \mathrm{d}z$ 为目标在该坐标系中的位置误差；$\mathrm{d}x_i, \mathrm{d}y_i, \mathrm{d}z_i$ 为第 i 号水听器在该坐标系中的位置误差；$\mathrm{d}c$ 为水中声速误差；$\mathrm{d}t_i$ 为应答信号传输时间测量误差。

由式(10.9)可以看出，短基线水声定位误差与各水听器的坐标位置误差、水中声速误差、信号传输时间测量误差有关。传播时间误差 $\mathrm{d}t_i$ 由两方面原因产生，一是发射、接收端的同步误差，二是接收机对信号到达时间的测量误差。另外，从式(10.7)可以看出，水听器阵的转动角(α,β,γ)大小及摇摆角的测量误差也会对定位结果产生影响。以六元阵为例，其坐标测量误差可表示为

$$\begin{cases} \mathrm{d}x_i = a_{11}\mathrm{d}\gamma + a_{12}\mathrm{d}\alpha + a_{13}\mathrm{d}\beta + a_{14}\mathrm{d}x_i' + a_{15}\mathrm{d}y_i' + a_{16}\mathrm{d}z_i' \\ \mathrm{d}y_i = a_{21}\mathrm{d}\gamma + a_{22}\mathrm{d}\alpha + a_{23}\mathrm{d}\beta + a_{24}\mathrm{d}x_i' + a_{25}\mathrm{d}y_i' + a_{26}\mathrm{d}z_i' \\ \mathrm{d}z_i = a_{31}\mathrm{d}\gamma + a_{32}\mathrm{d}\alpha + a_{33}\mathrm{d}\beta + a_{34}\mathrm{d}x_i' + a_{35}\mathrm{d}y_i' + a_{36}\mathrm{d}z_i' \end{cases} \tag{10.10}$$

式中 $a_{11} \sim a_{36}$共 18 个系数，可通过对式(10.7)求微分得到。

由于短基线定位系统的作用距离比较短(一般只有几百米),因此由声线弯曲带来的测距误差可以忽略不计。但由于基阵尺度小,各个基元位置的测量误差对整个定位精度的影响很大,也就是说,在短基线水下定位测量系统中,接收基元的位置坐标(x_i', y_i', z_i')是一个至关重要的参数。为提高对目标定位的精度,应对接收基阵进行标校,确定出各基元的实际位置,并将其存入计算机供定位计算用。

10.2.3　超短基线水声定位系统

超短基线水声定位系统是短基线系统的一个特例,它采用尺寸更小的声基阵。不同于短基线系统中各声基阵基元由独立的水听器组成,超短基线系统将三个或三个以上的声基元集中安装在一个换能器中,组成声基阵,声单元之间的相互位置精确测量,组成声基阵坐标系。

由于超短基线系统水听器基阵的尺寸很小,只能通过测量两个水听器之间的相位差,而不是测量时间差,如图 10.3 和图 10.4 所示,图中 $D \gg d$。

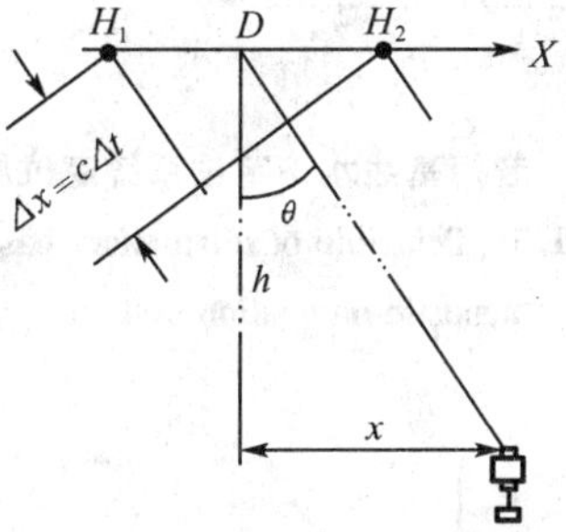

图 10.3　短基线系统测距离差原理

Fig.10.3　Distance measurement of SBL

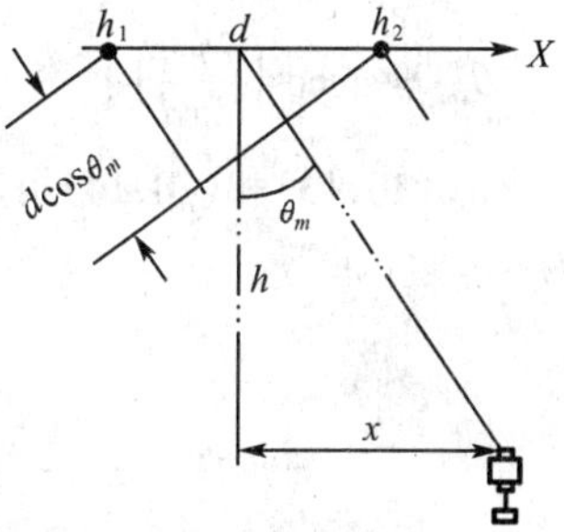

图 10.4　超短基线系统测相位差

Fig.10.4　Phase measurement of USBL

由于基阵尺寸非常小,可认为是远场接收的情况,即入射线到所有基元的声线平行。对于短基线系统,基元 H_1, H_2 到应答器的距离差用声波速度与接收时间差描述

$$x = r\sin\theta = rc\frac{\Delta t}{D} \tag{10.11}$$

对于超短基线系统,很多情况下 $D \gg d$,此时只能用两个水听器的相位差 ϕ 来测量,即

$$\cos\theta_m = \frac{\phi\lambda}{2\pi d} \tag{10.12}$$

对于如图 10.5 所示的超短基线定位系统,3 个水听器位于两个互相垂直的基线上(即在 x 和 y 轴上),应答器 $T(x_a, y_a, z_a)$发出的信号到基阵原点的声线与 x 和 y 轴的夹角分别为 θ_{xm} 和 θ_{ym}。

首先，可得到 1 号水听器的斜距 R 与应答器的坐标关系为

$$R^2 = x_a^2 + y_a^2 + z_a^2 \tag{10.13}$$

由图 10.5 可知

$$\left.\begin{aligned} x_a^2 &= R^2\cos^2\theta_{xm} \\ y_a^2 &= R^2\cos^2\theta_{ym} \end{aligned}\right\} \tag{10.14}$$

对于使用应答器的超短基线系统，斜距 R 可通过询问和应答往返时间 $T_{T,R}$ 获得。根据式(10.12)，两个水听器接收信号的相位差 ϕ 与入射角 θ_m 的关系为

$$\phi = \frac{2\pi d}{\lambda}\cos\theta_m$$

测出相位差 ϕ 后，便可求得 θ_m，因此有

$$\left.\begin{aligned} \theta_{xm} &= \arccos\left(\frac{\lambda\phi_{12}}{2\pi d}\right) \\ \theta_{ym} &= \arccos\left(\frac{\lambda\phi_{13}}{2\pi d}\right) \end{aligned}\right\}$$

于是根据式(10.13)和(10.14)可求得应答器的坐标为

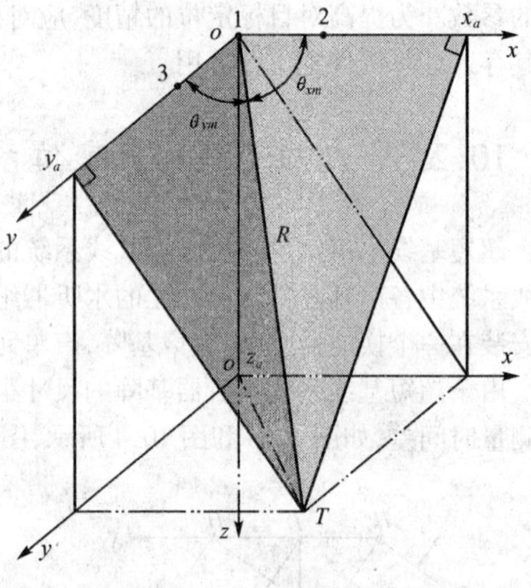

图 10.5 超短基线水声定位系统定位原理图

Fig.10.5 Principle of ultra short baseline acoustic navigation system

$$\left.\begin{aligned} x_a &= R\cos\theta_{xm} \\ y_a &= R\cos\theta_{ym} \\ z_a &= R\sqrt{1-\cos^2\theta_{xm}-\cos^2\theta_{ym}} \end{aligned}\right\} \tag{10.15}$$

超短基线的优点是低价的集成系统、操作简便容易；只需一个换能器，安装方便；高精度的测距精度。超短基线的缺点在于系统安装后的校准需要非常准确，而这往往难以达到；测量目标的绝对位置精度依赖于外围设备精度——罗经、姿态传感器和深度传感器。例如，法国 IXSEA GAPS 系统，采用超短基线声学定位系统和光纤陀螺惯性导航系统构成全球声学惯性导航定位系统，内置一套 PHINS 惯性导航系统，换能器的姿态信息能够以高刷新速率输出，无论 GAPS 的换能器姿态如何，系统均能解算出高精度的水下目标位置，定位精度可达 0.2% 斜距。

10.2.4　长基线水声定位系统

1.定位原理

长基线水声定位系统一般在海底放置三个以上的水声应答器，构成具有一定几何形状的应答器阵，应答器阵的基线长度通常为几千米。

长基线系统的优点是独立于水深值，具有较高的定位精度；增加多余观测值；对于大面积的调查区域，可以得到非常高的相对定位精度；换能器非常小，易于安装。缺点是系统复杂，操作繁琐；数量巨大的声基阵，费用昂贵；需要长时间布设和收回海底声基阵；需要详细对海底声基阵校准测量。

短基线和超短基线系统的水听器安装在载体上，所要确定的目标是海底信标或应答器，得到的是信标或应答器相对于载体中心参考点的位置坐标。与短基线和超短基线不同，长基线系统利用海底应答器阵来确定载体的位置，定出的位置坐标是相对于海底应答器阵的相对坐标，在已知海底应答器阵的绝对地理位置情况下，可得到载体在大地坐标系中的绝对位置。因此，它可以在局部海域对水下或水面载体进行精确导航定位（可提供亚米级的定位精度）。目前，长基线水声定位系统在海洋开发诸如水下施工、海底电缆敷设、海上石油勘探和水下载体定位方面有着广泛的应用，还可以与 GPS，INS 组合，提供高精度、功能强大的导航和定位。

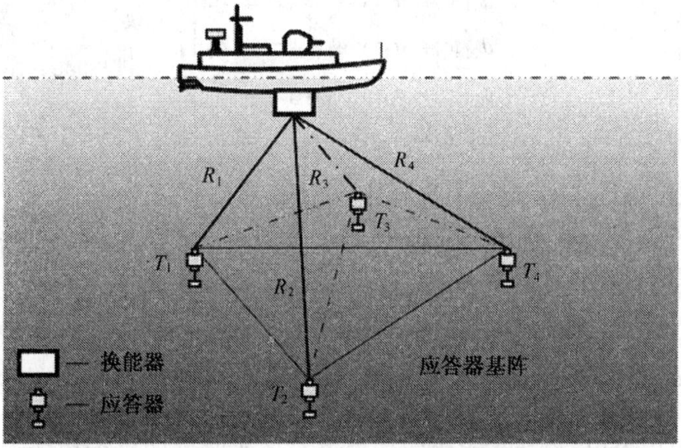

图 10.6　长基线水声定位系统原理图

Fig.10.6　Principle of long baseline acoustic navigation system

从原理上讲，系统导航定位只需要 2 个海底应答器就可以，但是这样会产生目标的偏离模糊问题，另外不能测量目标的水深，所以至少需要 3 个海底应答器才能得到目标的三维坐标。实际应用中，需要接收 4 个以上海底应答器的信号，产生多余观测，提高测量的精度，如图 10.6 所示，在海底布设四个水听器 $T_1(x_1,y_1,z_1)$，$T_2(x_2,y_2,z_2)$，$T_3(x_3,y_3,z_3)$和 $T_4(x_4,y_4,z_4)$，各应答器本身的坐标位置在经过测量校准后均为已知量。

设目标的位置坐标为(x,y,z)，根据各应答器测得的目标斜距 R_1,R_2,R_3 和 R_4，可得到定位方程

$$\left.\begin{aligned}(x-x_1)^2+(y-y_1)^2+(z-z_1)^2&=R_1^2\\(x-x_2)^2+(y-y_2)^2+(z-z_2)^2&=R_2^2\\(x-x_3)^2+(y-y_3)^2+(z-z_3)^2&=R_3^2\\(x-x_4)^2+(y-y_4)^2+(z-z_4)^2&=R_4^2\end{aligned}\right\}\tag{10.16}$$

两两相减，消去二次项，得到

$$\left.\begin{aligned}-2(x_1-x_2)x-2(y_1-y_2)y-2(z_1-z_2)z&=(R_1^2-R_2^2)+(x_1^2-x_2^2)+(y_1^2-y_2^2)+(z_1^2-z_2^2)\\-2(x_2-x_3)x-2(y_2-y_3)y-2(z_2-z_3)z&=(R_2^2-R_3^2)+(x_2^2-x_3^2)+(y_2^2-y_3^2)+(z_2^2-z_3^2)\\-2(x_1-x_3)x-2(y_1-y_3)y-2(z_1-z_3)z&=(R_1^2-R_3^2)+(x_1^2-x_3^2)+(y_1^2-y_3^2)+(z_1^2-z_3^2)\\-2(x_1-x_4)x-2(y_1-y_4)y-2(z_1-z_4)z&=(R_1^2-R_4^2)+(x_1^2-x_4^2)+(y_1^2-y_4^2)+(z_1^2-z_4^2)\end{aligned}\right\}\tag{10.17}$$

根据方程(10.17)的特点，可将其写成

$$\left.\begin{aligned}a_{11}x+a_{12}y+a_{13}z&=b_1\\a_{21}x+a_{22}y+a_{23}z&=b_2\\a_{31}x+a_{32}y+a_{33}z&=b_3\\a_{41}x+a_{42}y+a_{43}z&=b_4\end{aligned}\right\}\tag{10.18}$$

即

$$\boldsymbol{AX}=\boldsymbol{B}$$

其中，$\boldsymbol{A}=(a)_{4\times3}$，$\boldsymbol{B}=(b)_{1\times3}$，$\boldsymbol{X}=(x\quad y\quad z)^{\mathrm T}$。

根据最小二乘法可得到最佳解为

$$X=(A^{\mathrm T}A)^{-1}(A^{\mathrm T}B)\tag{10.19}$$

2.定位误差分析

由式(10.16)可以看出，长基线水声定位误差与各水听器的坐标位置误差、水中声速误差和信号传输时间测量误差有关。

由于长基线水声定位系统要分别测量目标至各水听器的斜距才能解算目标的位置，因此各水听器的坐标位置必须精确已知，由于风、流的影响，在将应答器放入水下时测得的地理坐标与其在海底的真实位置之间并不完全符合。通常，采用测量船在不同位置发射询问脉冲，对

水下基阵的坐标位置进行精确的标校,测量误差可以达到 0.05% 左右。

虽然声速的测量值可达到 0.05% 的精度,但由于长基线水声定位系统的作用距离一般都在几公里甚至几十公里的量级,此时声速 c 将受到海区海水的深度、盐度、温度的影响而发生变化,式(10.20)给出了一种计算水中声速的近似公式

$$c = 1\,449 + 4.6T + 0.055T^2 + (1.39 - 0.012T)(S - 35) + 0.017d \qquad (10.20)$$

其中,c—声速,T—温度,S—含盐度,d—深度。

同时,由于声波在传播途径上各点的声速不同,声波经过的路径(声线)要发生弯曲。因此,必须根据实际情况对声线进行校正,减少其对定位精度的影响。工程上可采用经验公式法和根据射线声学理论方法完成声线修正。

换能器在接收信号的同时,会受到噪声的干扰,即声信号在水中传播时间的测量要受到信号信噪比的影响。根据信号检测和估计理论可知,时间的测量误差可表示为

$$\Delta t = \frac{1}{B\sqrt{S/N}}$$

其中,Δt 为声信号传播时间测量误差(单位:秒);B 为接收信号带宽(单位:Hz);S/N 为功率信噪比。在高信噪比条件下,采用 CW 脉冲一般时间测量误差可以优于 0.1 ms。

10.2.5　回波测深仪

水深的测量最初是为了满足船舶航行的需要,目前随着海洋开发事业和军事的需要,水深数据已成为不可或缺的资料,例如海底电缆的架铺、水下潜艇潜器安全航行、海底障碍物的定位、海底施工以及海底资源的开发等均需要海底深度分布的详细资料。

海底地形和地貌的测量基于海深的测量,回波测深仪是应用声波在水中所具有的直线传播、速度恒定以及反射等物理特性来测量水深的水声导航仪器。

回波测深原理如图 10.7 所示,在船底装有发射换能器 A 和接收换能器 B,两个换能器中心距离为 S,称为基线。发射换能器 A 以间歇脉冲方式垂直向下发射超声波,声波经海底反射,一部分被接收换能器 B 接收,通过测量声波往返海底的时间 t,便可以求出水深

$$H = h + D = \sqrt{\left(\frac{ct}{2}\right)^2 - \left(\frac{S}{2}\right)^2} + D \qquad (10.21)$$

其中,D 为水面至换能器的距离,h 为换能器至海底的距离,c 为声速,S 为基线长度。

图 10.7 所示为单波束回波测深仪的基本工作原理,这种单波束垂直测深仪有很大的局限性:

(1)数据质量差,精度不高。主要是受到海底有斜坡存在和舰船摇摆的影响,会产生较大测量误差。如图 10.8 所示,当海底较平坦时声波的波谐面将先接触海底,利用前沿测量信号往返时间,不会带来大的误差。但是当海底有斜坡存在时,将会带来较大的测深误差。倘若使

用一个较窄的波束向下发射声波,可以部分地解决深度误差问题。但当船有摇摆时,又会引入较大测量误差,这是由于当船有摇摆时,会将声波达到 B 点的往返时间用来计算 A 点的实际深度,如图 10.9 所示。

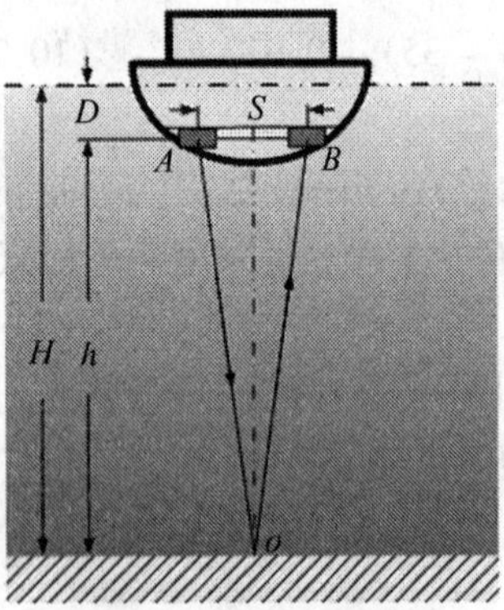

图 10.7 回波测深原理图

Fig.10.7 Principle of beam echosounder

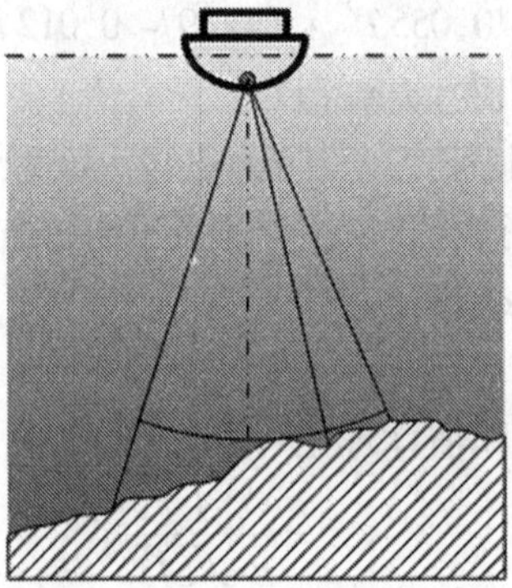

图 10.8 海底有斜坡测深

Fig.10.8 Depth measurement with the sloping ground condition

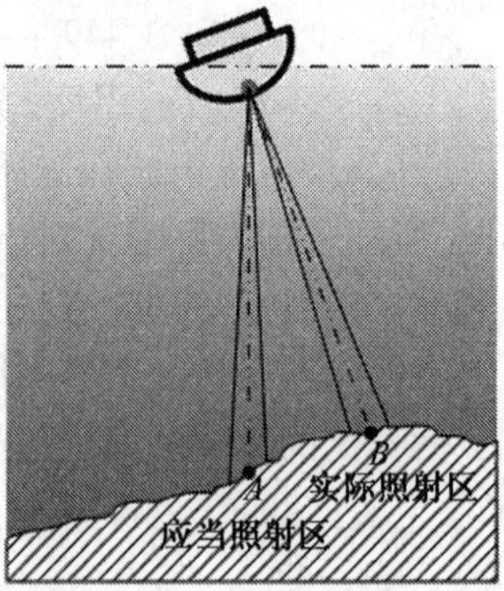

图 10.9 舰船有摇摆测深

Fig.10.9 Depth measurement with the sway condition

因此,单波束测深仪使用宽波束在海底有较大坡度时很难测得海底精确深度;而窄波束很难测得船舶有摇摆时的海底精确深度,因此在实际中很难解决对波束宽度要求的矛盾。

(2)测量速度低。由于每一收发信号周期内只能得到一个深度数据,当进行大面积测量时,必须按照预定航线反复测量。特别是在深海作业时耗时巨大,要消耗大量人力、物力。而要减小消耗,只能增大测量点的间隔,无法得到高分辨率的海底地形图。

20 世纪 60 年代,多波束测深技术的应用,很好地克服了单波束测深的弊端。利用多波束测深,可以在一个收发周期内测量多个海底点的深度数据,获得比单波束测深仪高的分辨率。它通过在一次信号发射中测绘一个连续(或间隔很小的)海底区域,称为条带(Swath)。利用与发射阵垂直布设的接收阵接收回波。此时发射阵照射的海底条带将被接收阵观察的条带截取,截取的小面积对应于发射束宽和接收束宽。此时尽管整个被照射区均产生回波,但只有发射阵和接收阵观察到的一小部分海底的回波可被接收到,从而可测出这一交叉面积的深度,如图 10.10 所示。

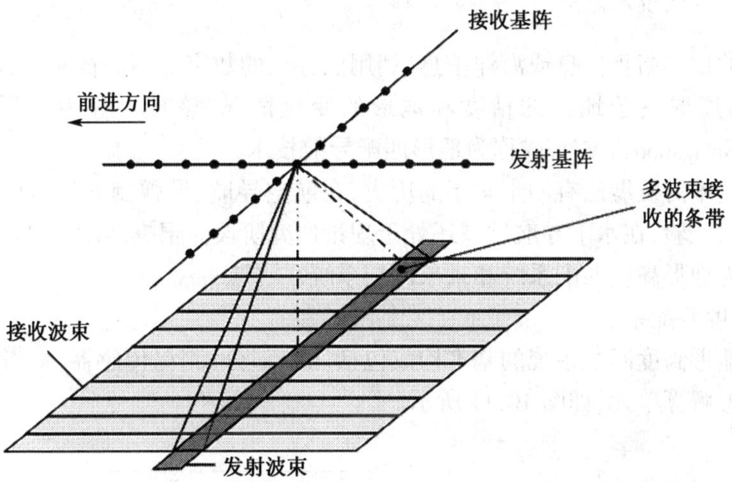

图 10.10　多波束回波测深原理图

Fig.10.10　Depth measurement principle of multibeam echosunder

10.3　无源导航系统

无源导航系统(Passive Position Fix System,PPFS)是一种通过识别地球物理场特征进行定位的导航方法。所谓地球物理场,是指存在于地球内部及其周围的、具有物理作用的空间场,其中重力场、地磁场(也可以包括地形地貌)是目前人类认识范围内可用于导航的地球物理场信息。重力场强度取决于地下岩石密度、成分、地形等因素;地球的磁力场则取决于地球的液态外核与太阳等因素。海洋中任一点的重力场强度和磁场强度都不尽相同但是连续变化,通过将重力场、地磁场特征的测量信息与预存的参考重力/地磁信息相匹配,可以实现惯性导航系统的水下校正,提高导航系统长期精度。同时在对重力和磁力测量时,传感器不向外部辐射能量,不需要发射和接收其他电磁信号,这将极大地提高水下运载体的隐蔽性和生命力。

10.3.1　无源导航技术概述

现阶段无源导航研究的重点是利用海洋物理场信息的水下无源导航定位技术,该技术利用图像匹配方法将实测地理特征,在已知地理特征数据库中进行匹配定位,由此产生的无源导航方法包括海底地形辅助导航、海洋重力辅助导航、海洋磁场辅助导航等。

1.地形辅助导航技术概述

根据实测的地形高程信息或海洋信息,利用已存贮的数字地图进行匹配,可以实现较为精确的导航,其精度取决于地图的精度和地形的变化情况,该技术称为地形辅助导航技术(Terrain Aided Navigation,TAN),或称为地形匹配导航技术。

地形匹配技术的发展已有四十多年的历史,在航空导航、导弹制导领域已进入实用阶段,积累了许多宝贵经验,在水下导航领域还处于理论研究阶段。根据匹配原理的不同,地形辅助导航系统可分为地形高度匹配系统和景象匹配系统。

(1)地形高度匹配系统

水下潜器地形高度匹配系统的基本构成包括四个部分:测深传感器、参考导航系统、基准数字地图和位置解算单元,如图 10.11 所示。

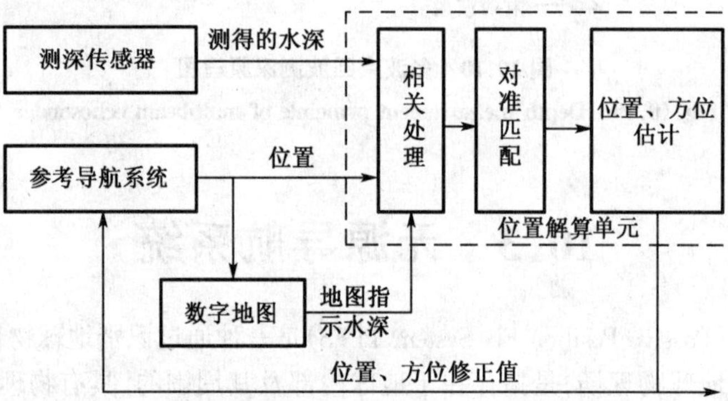

图 10.11 地形高度匹配定位的原理

Fig.10.11 Principle of terrain aided navigation

水下潜器在某些特定的地形区域(称为地形匹配区)航行时,测深传感器(如多波束测深设备等)测得潜器正下方的绝对水深;同时,结合参考导航系统(如惯性导航系统)指示的位置数据,一起输入给位置解算单元。其后,由计算机借助水下潜器事先存储的数字地图(该地图本质上是水深关于地理位置的函数),通过对水深的实时测量值和参考地图的深度数据利用相关算法进行匹配,所得的相关极值点对应的位置就是水下潜器的实际位置,并用来代替参考导航系统(如惯性导航系统)的指示位置,进而限制了参考导航系统导航误差的累积。

考虑到在参考地图中可能有多个地理位置的水深与实测的水深值相等或相近,在相似的地形和平坦地形区域更是如此。为了从这多个地理位置中确定真正的匹配位置,就需要沿着航行路径连续测量潜器正下方的水深。通过这些水深的测量值序列和来自参考导航系统的导航信息,比如带有误差的潜器位置、速度和方向信息,排除错误的地理位置以确定潜器地理位置唯一的估计值。

在水下潜器地形高度匹配系统的研究过程中，大多会参考典型航空和飞行器地形辅助导航系统的成熟技术，其中比较有代表性的是 TERCOM 系统和 SITAN 系统。

TERCOM(Terrain Contour Matching)系统又称地形轮廓匹配系统，是美国 E 系统公司于 20 世纪 70 年代研制的。TERCOM 系统的主要特点如下：

• 如果地形特征独特，而且搜索范围足够大，该系统在任何初始位置误差的情况下都能工作。

• 不必对搜索区域内的地形作线性或高斯分布这样的假设。唯一的假设是，每个剖面都与后续的剖面无关。

• 相关算法要在获得一串地形高程序列后才能进行，属于后验估计或批处理方法，因而实时性较差，每隔几公里才能做一次相关定位，在各次修正之间导航系统的位置误差将增长。

• 对航向误差较敏感，同时在定位过程中不能机动飞行。

• 存在等于搜索间隔(格网间隔)一半的量化误差，使用小的搜索间隔能减小这种误差，但会增加计算处理的工作量。

SITAN(Sandia Inertial Terrain Aided Navigation)系统全称为桑地亚惯性地形辅助导航系统，是由美国 Sandia 实验室于 20 世纪 70 年代末研制的，该系统采用了递推的卡尔曼滤波技术，实时性更好，已在美国空军得到广泛应用。SITAN 系统的主要特点如下：

• SITAN 算法对系统的修正是实时的；

• 不仅能修正导航系统的位置误差，而且可以对导航系统的速度误差、姿态误差进行估计与修正；

• 容许有较大速度和航向误差，同时允许载体作机动飞行。

• 在高信噪比的情况下，SITAN 系统与 TERCOM 系统的导航精度相近，在低信噪比条件下 SITAN 系统精度稍高；

• SITAN 算法需要较精确的初始位置。当初始位置误差过大时，需要采用批相关处理技术或并行卡尔曼滤波技术来减小初始位置误差。

• SITAN 系统的主要缺陷在于要对地形作线性化估计。虽然这种假设在几百米范围内对某些地形有效，但毕竟不是一般情况，当地形斜率的正负号发生变化时，有可能产生多值性，甚至使滤波发散。

(2)景象匹配地形辅助导航系统

景象匹配地形辅助导航系统(Scene Matching Aided System, SMAS)又称为地表二维图像相关，它通过一个数字景象匹配区域相关器，将航行器行进区域的景象，与预存在计算机中有关地区的数字景象进行匹配，如满足匹配要求则产生一次定位。该系统主要由采集图像装置(传感设备)、基准数字地图、匹配方法组成，是借助传感设备(如电视摄像机、合成孔径声呐等)传来的遥感景象和计算机中存储的基准图像，经数字相关器处理进行导航定位的。

这种技术可用于为相距几千米的各孤立地点提供精确定位，主要应用于远程导弹末端制导。对于需要精确定位的水下航行器而言，景象匹配往往也是必不可少的，比如，一些类似直升机的、需要水中悬浮（Hovering）的水下航行器，利用景象匹配效果就比较好。还有一些用于大型船只外壳检查的自主水下航行器，利用景象匹配也可以达到意想不到的效果。

在实际运用中它要求水下运载器按预设的路线航行。首先，在距目标一定范围内选择地貌特征明显的地区作为景象匹配区，通过侦察获得匹配景象的光学图像，把景象匹配区分成若干个正方形小单元，每个单元尺寸可以小到几米，根据每个单元的平均光强度，赋予相应的数值，就构成了景象匹配区反射可见光强弱的基准数字景象地图。将这种数字地图存储在航行体的计算机中，水下运载器经过景象匹配区时，成像探测器（目前采用电视摄像机）拍摄的景物图像经过数字化处理后，与预存的数字景象地图进行相关处理，并计算出相关幅度，将所得结果与相关质量门限值进行比较，若相关的幅度高于门限值，则产生一个表明是有效的相关信号和修正航迹误差的控制信号，迫使水下运载器回到预定航线，然后，再驶向下一个匹配区，如此不断进行相关比较和匹配，一般经过2～3次景象匹配修正后，可达到较高的定位精度。

完整的景象匹配，涉及匹配区选择准则的确定（如灰度相关准则，空频域特征的准则，几何准则等）、景象的预处理（图像的增强，直方图均衡，图像的细化，图像去噪声，图像的几何畸变校正等）、景象特征提取（景象区域相关性提取，景象边缘跟踪，景象频域参数的提取，景象形态学参数的提取等）、景象分析（通过一组现有的景象选择准则与从景象图提取出的参数进行比较、综合的过程）、景象评价（进行比较、综合后，对给定基准图中的可用景象进行评价和输出）、粗匹配定位算法、精匹配定位算法和匹配结果评估算法等多个环节，是一个复杂的过程。

2.重力辅助导航技术概述

重力辅助导航的研究始于20世纪70年代，美国海军试图寻找提高三叉戟弹道导弹潜艇性能的方法。最初应用海洋重力场信息的目的，一是提供垂线偏差实时估计，以减小惯导系统的舒勒误差和平台误差；二是实时估算重力异常，用以改正以前使用的正常重力模型。20世纪80年代，贝尔实验室研制出重力敏感器系统，可在运动平台上实时测量重力异常和重力梯度，该系统于1983年成功地在海上进行了演示。同期美国SCRIPPS海洋研究所开展了利用卫星测高资料反演海洋地区垂线偏差和重力异常的研究。

20世纪90年代初，利用重力图形匹配技术改善惯导系统性能的新概念被提出。贝尔实验室研发了重力梯度仪导航系统（GGNS）和重力辅助惯性导航系统（GAINS）。GGNS中的重力梯度图形匹配是三维空间处理过程，通过将重力梯度仪（GGI）测出的重力梯度与重力梯度图进行匹配后得到定位信息，对惯导系统进行校正。GAINS系统利用重力敏感器系统、静电陀螺导航仪（ESGN）、重力图和深度探测仪，通过与重力图匹配提供位置坐标，以无源方式实现减少和限定惯性误差。洛克希德·马丁公司研制的通用重力模块（UGM），利用重力仪和重力梯度仪的测量数据可实现重力无源导航和地形估计。试验数据表明，采用重力图形匹配技术，可将导航系统的经度误差和纬度误差降低至导航系统标称误差的 10% 以内。1999—2002 年间,美国开展了多项以重力地磁等信息为主要辅助手段的无源定位技术研究,从发布的有关专利可以看出,重力地磁信息应用已是美国水下导航系统的基本配置。

3.地磁辅助导航技术概述

地磁场在空间相对比较稳定,易于描述表达和应用。地磁场测量最早用于卫星自主定轨,在导弹制导技术中的应用研究也见诸报端,另外还有通过对三维磁场分量的测量,可以提供载体姿态的研究。美国生产的波音飞机上配备有地磁匹配导航系统,俄罗斯也采用磁通门传感器进行过地磁场等值线匹配制导技术试验。国外有关地磁定位的文献、专利的内容多半只涉及到概念和框架结构层面,具体方法和关键技术难以得知。由于水下地磁场情况比较复杂,影响因素较多,应用于水下运载体的定位难度比较大,相关研究还处于起步阶段。

10.3.2　无源导航技术原理

1.水下潜器地形辅助导航技术

近年来,有关地形辅助导航技术在水下潜器上的应用研究日渐兴起。2002 年,挪威 KONGSBERG 研制的 HUGIN 潜器进行了地形导航装置的海试。同期澳大利亚的 OBERON 试验潜器、美国洛克希德·马丁公司研制的水下潜器也都安装有地形辅助导航系统。图 10.12、10.13 给出了水下潜器地形辅助导航应用示意图。

水下潜器地形辅助导航与飞行器地形辅助导航在传感器类型、测量方式、实测数据精度、先验地形图分辨率及精度和航行器的运动特点上有着较大不同。

①飞行器一般使用雷达高度计或激光进行地形测量,与大气条件(气压、温度)无关,暴露目标的危险性较低,可以长时间进行测量更新;由于海水介质对电磁波和声波不同的吸收能力,无线电波和光波在水中传播距离非常有限,而声波在水中传播速度比空气中要快、传播距离也更远,所以潜器一般使用声呐进行地形测量,测深声呐是主动声呐,对于隐蔽的潜器来说有暴露目标的危险,所以潜器不宜长时间连续测量更新。

②地形线测量过程中,飞行器保持一定的航线,用导航系统的速度信息控制采样间隔,测量的是航线正下方的地形线;单波束声呐测量过程类似,也是用导航系统的速度信息控制采样间隔,测量与航线一致的一条海底地形线;多波束声呐由波束角决定测点间距离精度,比由惯导决定的测点间距离精度高很多,而且一次测量就能获得航线两侧多个点的地形数据,沿航线测量的是一个面,有些 3D 声呐一次就能测量一个地形面。

图 10.12 无人水下潜器概念图
Fig.10.12 Concept of Unmanned Underwater Vehicle

图 10.13 潜艇辅助导航示意图
Fig.10.13 Sketch Map of AUV Terrain Aided navigation

③海况、环境噪声、声速变化、沉积层厚度等多种因素会影响海底地形的测量结果,而陆上环境相对就要好很多,测量设备的精度也要比水下好,因此水下地形测量的精度比陆上地形测量的精度要低(一般低 1~3 个数量级),同时水下先验地形图的分辨率和精度也比陆上地形图低。

④飞行器的飞行速度比水下潜器的航行速度大很多,所以在相同的时间内,飞行器可以测量更长的地形线用于匹配,可以较高频率进行滤波;潜器运动速度较慢(0.5~10 m/s 或 1~20 kn),惯导系统的位置误差随着时间不断累积,如果使用相同精度的惯导系统,对于相同的距离,潜器惯导系统的累积误差要比飞行器惯导系统的累积误差大很多,所以潜器推算位置的方差比飞行器大很多。

⑤海底地形深度测量涉及到瞬时测量深度和基准测量深度之间偏差问题,而陆上地形高程测量不涉及这个问题。因此海底地形匹配过程中存在的不确定性要比飞行器大很多。

(1)海底地形图测量

根据联合国有关机构共同制定的《海底地形名称标准化准则》,所谓"海底地形"是指海底或海床的一部分,其地势起伏可测或具有明显的地形轮廓。海底地形测量是一切海洋工程活动的基础,它最基本的任务就是测量海水的深度。

随着海洋测深技术的发展,先后出现了测深杆、测深锤、回声测深仪、双频测深仪、精密智能测深仪、多波束测深系统、测扫声呐、机载激光测深和卫星遥感测深等手段。当前比较主流的测深手段主要有以下几种:

①机载激光测深

机载激光水深测量系统利用高频激光器所发出的红光和绿光,对 50 m 以内的浅水区进行快速测量,测深精度 ±0.3 m。激光器发出的光束经过高速转动的反射镜反射后,射向海面,红光经海面反射后返回接收器,绿光穿透水体,经海底反射后,返回到接收器。根据红绿光返回的时间差即可计算出海水的深度。由于反射镜的快速转动和飞机的高速前进,激光点在海面的排列与多波束的覆盖方式非常相似，因此可以认为机载激光水深测量也是面状测量。

②航空摄影测量

20 世纪 90 年代中后期，航空摄影测量技术在海洋测量中真正得到应用，主要是进行船只无法到达海区的岛礁及浅水测量，结合高精度的潮汐预报确定岛屿高程与岛屿周围水深。

③卫星测高

卫星测高技术的出现，使人们能够在广阔的海洋里探测海山、预测水深，取得了许多前所未有的研究成果。根据重力学知识，局部的大地水准面异常与海山海沟的出现具有很强的相关性。由于每种类型的海底构造单元对大地水准面都有特定的影响，人们通过系统地研究分析卫星测高数据，已经发现了许多未曾探明的海山、海沟的存在，在有些情况下还发现了断裂带、甚至消减带。测高仪所测的距离是卫星到星下点足迹（Footprint）某一范围内的平均距离。根据海况的不同，该星下点足迹的直径从 2.4 km 到 12 km 不等。尽管这些成果还不能作为选择海上安全航行路线的依据，也不能作为测深成果出版航海图使用，但这些信息在布设水深测线、发现危险的碍航物、研究声波在海水中的传播以及研究机载和船载惯性导航系统等方面具有重要的意义。

④多波束测量

多波束测深系统是一种多传感器的复杂组合系统。它利用安装于船底或拖体上的声基阵在每个波次向海底发射上百条声波，接收海底返回的散射信号，经过模拟/数字信号处理，形成多个波束，获得几十个甚至上百个海底条带上采样点的水深数据(其中一个波次就获得一条海底地形线，长度一般为测量平台到海底距离的 3～8 倍)，然后与现场采集的导航定位及姿态数据相结合，绘制出高精度、高分辨率的数字海底地形图。多波束测量是目前获得高精度海底地形图的主要手段。

(2)海底地形适配性分析

地形高度匹配系统的正常使用受到地形匹配区的地形特性、高度方向测量误差、INS 性能和匹配开始时 INS 位置误差等环境因素的影响。在影响地形高度匹配算法定位精度的诸因素中，地形匹配区的地形特性是其中一个重要的因素。

地形适配性指地形适合于地形高度匹配的程度。不同的地形高度匹配方法对地形特征的要求不同，相同的地形对不同地形高度匹配方法的适配性不同，地形高度匹配系统的性能依赖于其所经过的地形匹配区。地形高度匹配是利用地形高度信息来修正航行器水平位置的信息，平坦的地形和水面包含的高度信息很少甚至几乎没有，所有的地形高度匹配算法在平坦的地形和水面上的定位精度都很差，几乎不能使用。对匹配算法在不同地形上导航性能的分析和地形匹配区的选择一直是地形辅助导航技术研究的重点问题，也是影响地形辅助导航技术广泛应用的重要因素。

(3)地形特征参数的计算方法

设某一地区数字地图 $T(i,j)$代表采样点(i,j)的高程值,其中 $i=1,2,\cdots,m;j=1,2,\cdots,n$。

地形标准差计算公式为

$$\sigma_T = \left(\frac{1}{mn-1}\sum_{i=1}^{m}\sum_{j=1}^{n}[T(i,j)-m_T]^2\right)^{\frac{1}{2}} \tag{10.22}$$

式中,m_T 为全局均值

$$m_T = \frac{1}{mn}\sum_{i=1}^{m}\sum_{j=1}^{n}T(i,j) \tag{10.23}$$

粗糙度计算公式为

$$\sigma_Z = (Q_x + Q_y)/2 \tag{10.24}$$

$$Q_x = E|T(i,j) - T(i,j+1)|$$

$$Q_y = E|T(i,j) - T(i+1,j)| \tag{10.25}$$

标准差 σ_T 主要反映地图元素的离散程度和整个地域总的起伏程度,粗糙度 σ_Z 反映整个地区平均光滑程度,刻划较细微的局部起伏。但是单凭粗糙度与标准差来刻划地形依然不够,显然 σ_T 大,σ_Z 不一定大;σ_T 小,σ_Z 不一定小。定义粗糙度与标准差之比即 σ_Z/σ_T 作为地形起伏特征丰富与否的度量,它比单一的参数更有意义:σ_Z/σ_T 值小,表示采样点间变化较小,但整个区域可能有较大而缓慢的起伏,地形较平滑;σ_Z/σ_T 值大,则表示相邻采样点间变化要比整个区域起伏大。

地形平均相关长度

$$\lambda = (\lambda_x + \lambda_y)/2 \tag{10.26}$$

式中,λ_x 和 λ_y 分别表示 x 和 y 方向的相关长度。

相关长度 λ 是表征地形变化快慢的关键参数:相关长度短,说明数据之间独立性强,地形特征丰富;相关长度长,地形数据相关性强,需要增加供匹配用的测量和基准数据。地形相关长度同采样间隔和数据取值精度有关,同一地区,在采样间隔加密或取值精度提高的情况下相关长度一般变小,这是因为更多的特征未被平滑。

(4)匹配区的选择标准

在地图垂直噪声标准差 σ_N 确定之后,选择匹配区时,至少应满足 $\sigma_T/\sigma_N \geqslant 3$,要想获得更好的匹配结果,需满足 $\sigma_T/\sigma_N \geqslant 4$;粗糙度 σ_Z 作为表征地形相邻两采样点差异程度的统计量,是一个非常重要的地形特征参数,试验证明满足 $\sigma_Z/\sigma_T > 0.2$ 为宜;当 $\sigma_T/\sigma_N > 1$ 时,定位概率达到 0.9 以上,平均定位误差半径小于 200 m,有利于匹配性能的改善。综上所述,可以构造一个逻辑函数 G,作为地形匹配区的选择准则函数

$$G = [\sigma_T/\sigma_N > 5] \cap [\sigma_Z/\sigma_T > 0.2] \cap [\sigma_Z/\sigma_N > 1] = \begin{cases}\text{Ture}\\ \text{False}\end{cases} \tag{10.27}$$

式中，σ_T 和 σ_Z 为地图地形特征参数，σ_N 为地图垂直噪声标准差。

(5)典型海底地形辅助导航算法分析

ICP算法(Iterative Corresponding Point)是由 Besl 和 McKay，Chen 和 Medioni 以及 Z.Zhang 同期提出的一种图像对准算法，这种算法一经提出，就在图像对准、位置估计等图像处理算法领域受到了广泛关注，因为ICP算法可以完全基于几何形状、颜色或者格网等进行处理，它不需要事前确定对应点，算法不断重复(初始)运动变换—确定对应关系—求运动变换的过程，逐步改进运动的估计。美国和法国在1997年开始启动的合作研究UUV非传统导航(NTN)项目中采用ICP算法作为基本的匹配算法。

ICP算法的基本算法描述如下：

①从数据形态(data shape)中抽取出来的 N_p 个点 $\{\boldsymbol{p}_i\}$ 构成的点集 P 和从模型形态(Model Shape)(有 N_x 个支持的几何原型：点、线或三角形)构成的点集 X 给定；

②设置迭代的初值 $P_0=P$，设初始变换为 T_0(包括旋转和平移)且 $k=0$。下列步骤 a,b,c 和 d 循环迭代直至收敛到一个公差 τ。

a.计算最近点：$Y_k=C(P_k,X)$；

b.计算对准：$(T_k,d_k)=Q(P_k,Y_k)$；

c.应用对准：$P_{k+1}=T_k(P_k)$；

d.当均方差变化低于一个预先设置的门限 $\tau>0$ 时停止迭代，τ 用以确定对准的精度：$d_k-d_{k+1}<\tau$。

基于ICP算法的水下潜器地形辅助导航系统的基本原理是：水下潜器在航行过程中，参考导航系统会给出一系列航迹点的值 $(\varphi_{Ni},\lambda_{Ni})$，$i=1,2,\cdots,n$，并由测深传感器获得相应点的海底水深值 h_i。导航设备误差和漂移以及其他未知因素和随机环境的影响将使测量航迹 $(\varphi_{Ni},\lambda_{Ni})$，$i=1,2,\cdots,n$ 与真实航迹 (φ_i,λ_i)，$i=1,2,\cdots,n$ 之间存在差别，利用实时测量的水深数据在一个事先存储的数字地图上进行匹配定位，可以估计水下潜器的实际航迹进而校正它的位置误差。

采用地形匹配的基本匹配单元为等值线，这里给出的方法就是基于等值线的ICP算法。采用ICP算法在等值线上寻找最小度量意义下的全局最优值，即最终的匹配对准值。

基于ICP算法的地形匹配基本遵循"初始对准－寻找对应关系(最近点)－求解使得目标函数最小的变换－应用变换"的循环过程。如图10.14所示：

a.参考导航系统提供载体航迹测量的 N_p 个位置值 $(\varphi_{Ni},\lambda_{Ni})$，$i=1,2,\cdots,N_P$，实时测深传感器提供相应点的水深值 h_{Ni}，即数据形态 $\{P\}$ 已知，并且从已知参考数字地图中抽取相应的等值线集 C。

b.选择初始对准集，也就是设置迭代的初值 $\{P_0\}$。步骤c,d,e和f循环迭代直至达到最终的迭代终止条件。

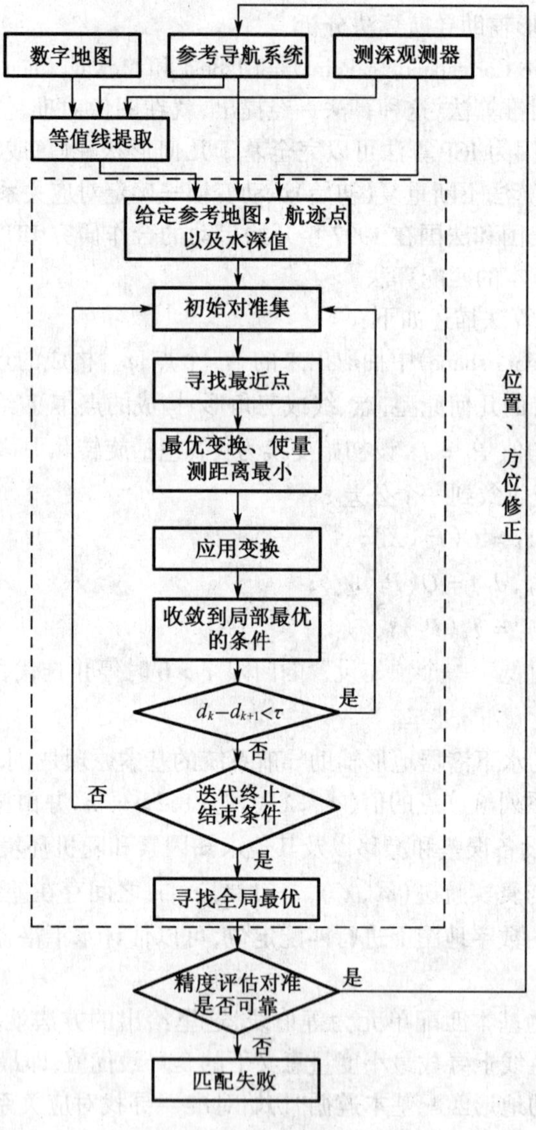

图 10.14　水下潜器地形匹配导航流程图

Fig.10.14　The process of terrain aided navigation

c.每一个数据点 p_i 在其等值线上寻找最近点，记这些点为 y_i，假设 y_i 对应于 p_i 的相应等值线点。

d.寻找变换 T，使集合 $Y = \{y_i\}$ 与集合 $P = \{p_i\}$ 之间量测距离最小，也就是使下面的目标

函数最小:

$$d_k(C,TP) = d(Y,TP) = \sum_{i=1}^{N_P} \omega_i \| y_i - Tp_i \|^2$$

e.将集合 P 变换到集合 TP,即 $P_{k+1} = TP_k$;

f.判断是否满足 $d_k - d_{k+1} < \tau$,如果满足则说明目标函数的变化非常小,进行下一步寻找最优变换的过程;

g.判断是否满足最终的迭代终止条件,如果满足便退出;

h.进行精度评估,判断对准是否可靠,如果可靠则将估计的值用以校正参考导航系统;否则认为匹配失败。

③实例仿真

本节给出了一个例子以更好的说明基于 ICP 算法的地形匹配工作原理。考虑一载体以图 10.15 中所示的航迹航行(航迹是任意设定的),在 5 个点测量了地形水深值分别为(900,880,860,840,820),图中示出了载体的实际航迹(粗虚线表示)和水深测量点以及 5 个水深值对应的等值线,预设的测量航迹由实际航迹加上 10°航向误差以及某些平移矢量形成。从图 10.15(a)中可以看出,当对预设的航迹使用 ICP 算法时,几次迭代后就逐渐收敛到实际航迹,所有的迭代路径都在图中画出。图 10.15(b)还详细画出了第一次迭代的细节,从预设的 5 个航迹点开始,寻找到在对应等值线上的最近点(用小方块表示)。值得注意的是最近等值线点的弯曲形状同实际航迹和测量航迹不相似,然而进行刚性变换后的航迹跟实际航迹形状是一致的,并且显而易见的是,在变换收敛到最优匹配的过程中,最近等值线点构成的形状与实际航迹会越来越相似。

④基于 ICP 算法的地形匹配系统特点

基于 ICP 算法的地形匹配系统的特点如下:

a.ICP 算法是为了寻求全局意义下最优的对准方法,理论上该系统可以在任何初始位置误差的情况下都能工作;也就是说,只要没有超出数字地图范围的情况下,如果地形特征独特,无论参考导航系统的积累误差有多大,匹配算法都能进行匹配对准。

b.不必对数字地形做预处理,比如平滑等,只要统计的野值点数量趋于零;不需要任何导数估计或局部特征提取。

c.它也是一种后验估计或批处理方法,所以实时性比较差;相对 TERCOM 系统来讲,定位过程中可以作机动航行,但因为是作刚性变换,其对航向误差也比较敏感。

d.本文给出的地形匹配算法主要是基于二维平移和旋转的,实际上,ICP 算法可以进行全六自由度的估计。

e.等值线最近点匹配的最后一次迭代结果可以直接用作检查结果,因为它到等值线上最近点之间的距离可以作为一个副产品(Byproduct)来计算。

f.正是由于第二个特点,使得 ICP 算法在野值点存在的情况下鲁棒性较差。

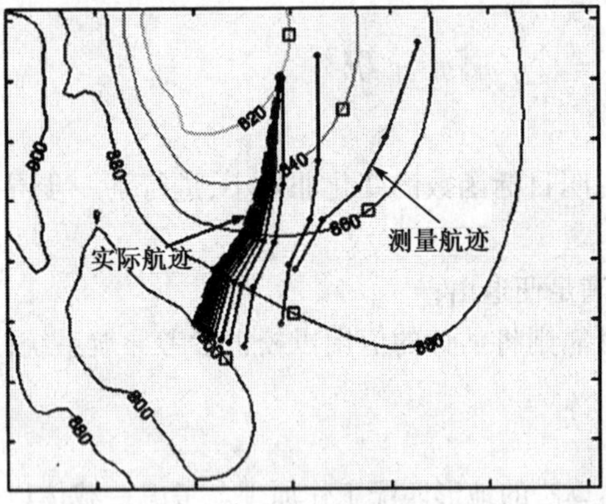

(a)

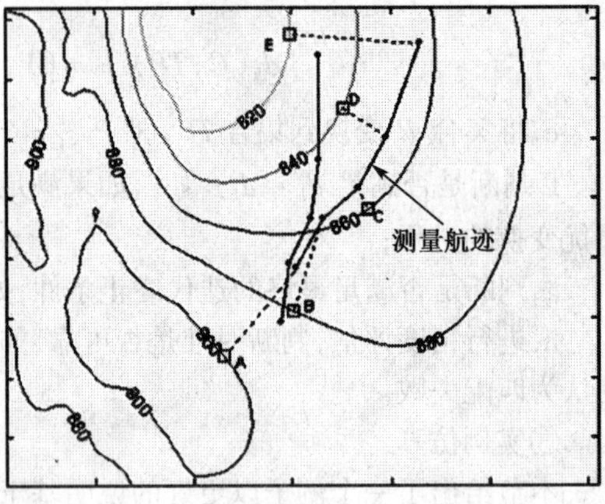

(b)

图 10.15 基于 ICP 算法的地形匹配导航仿真实例

Fig.10.15 Simulation of ICP algorithm in terrain aided navigation

(a)所有迭代的结果;(b)第一次迭代的结果

g. ICP 算法在等值线上寻找最近点的计算量非常大,从而可能在实时应用环境中受到限制。

h. 采用此方法没有完善的理论支持,所以需要做大量的工作。

2.重力辅助导航技术

重力辅助导航技术有两种基本实现方式,一是采用重力传感器的实时测量数据和预先测量的重力数据库,实时修正惯性导航系统中使用的正常重力场模型,降低模型不准确所带来的惯性导航系统误差,其基础是认为惯性元件性能的提高已经使重力场模型误差上升为影响惯性导航系统精度的主要因素;另一种思想是采用重力磁力传感器实时测量和重力磁力数据库进行图形匹配,实时修正导航系统的定位误差,并利用惯性导航系统的误差模型对惯导系统进行实时重调校正,限制惯性导航系统的误差增长。

作为一个新兴的导航概念,水下重力导航主要应用于以惯性导航系统为核心、隐蔽性要求较高、航行距离(时间)长、定位精度要求高的水下航行器。着眼于未来重力磁力导航的应用领域,重力导航技术的主要发展方向体现在重力实时测量仪器、高精度的重力场地图、重力匹配理论与匹配算法等几个方面。

(1)地球重力场

地球重力场是地球固有的物理特性之一,表征地球内部、表面或外部各点所受地球重力作用的空间,它反映地球内部物质分布、运动及其变化状态,并制约地球自身及其邻近空间中的一切物理事件。可用于辅助导航的重力场信息包括重力和重力梯度。

①重力

地球对表面物体具有吸引力,重力加速度是度量地球重力大小的物理量。作用在地球表面任一点的重力是引力和离心力的合力。惯性离心力最大约为重力的 1/300,因此地球的引力方向和重力方向非常接近。作用在单位质点上的重力称为该点的重力场强度,它同重力加速度在数值上相等。在重力测量中,重力加速度是实际所要测定的基本物理量,通常又将重力加速度简称为重力。为了纪念世界上第一个测定重力的意大利物理学家伽利略,将重力的单位 cm/s^2 称为伽(Gal),千分之一伽称为毫伽(mGal)。

②重力梯度

重力梯度定义为重力矢量的梯度,表征重力矢量空间变化率,它直接反映地球表面形状和地质密度的分布状况。重力梯度测量能显示出地质结构的微小差异,对重力的高频信息短波分量(主要产生于地下密度的扰动和地表形状)十分敏感。在地球表面,设 x,y,z 为当地地理坐标系坐标轴方向,重力矢量沿平行于坐标轴的每一个方向均有一个梯度。

数学上,重力加速度可以表示为

$$\boldsymbol{g}=\begin{bmatrix} g_x \\ g_y \\ g_z \end{bmatrix}$$

其中,g_x,g_y,g_z 分别为重力矢量在 x,y,z 轴上的分量。

重力梯度表示为

$$\Gamma=\frac{\mathrm{d}\boldsymbol{g}}{\mathrm{d}\boldsymbol{e}}=\begin{bmatrix} \frac{\partial g_x}{\partial x} & \frac{\partial g_x}{\partial y} & \frac{\partial g_x}{\partial z} \\ \frac{\partial g_y}{\partial x} & \frac{\partial g_y}{\partial y} & \frac{\partial g_y}{\partial z} \\ \frac{\partial g_z}{\partial x} & \frac{\partial g_z}{\partial y} & \frac{\partial g_z}{\partial z} \end{bmatrix}=\begin{bmatrix} \Gamma_{xx} & \Gamma_{xy} & \Gamma_{xz} \\ \Gamma_{yx} & \Gamma_{yy} & \Gamma_{yz} \\ \Gamma_{zx} & \Gamma_{zy} & \Gamma_{zz} \end{bmatrix}$$

式中,$\boldsymbol{e}$ 为位置矢量,$\Gamma_{ij}(i,j=x,y,z)$为梯度张量的分量,表示重力分量 g_i 在 j 方向上的斜率。重力梯度共有 3×3 个张量,梯度张量单位为 Eötvös,1 Eötvös $=10^{-9}\ s^{-2}$。

(2)重力实时测量仪器

重力场测量主要包括重力梯度测量和重力测量两大类,相对应的重力测量仪器分别为重力梯度仪和重力仪。重力梯度仪测量重力位二阶导数几何张量,表征重力的三维空间变化特征;重力仪测量重力场的场强即重力加速度,表征重力场的垂向变化特征。对于海洋重力仪而言,舰船运动、摇摆及升沉给重力测量敏感器带来很多附加误差,如由舰船运动产生的哥氏加速度、离心加速度的 Eötvös 误差、纵横摇产生的交叉耦合误差、垂向加速度误差等。这些问题在重力仪中通过不同机理和结构的设计(如轴对称、双摆杆、强阻尼等)来解决,或采用软件方法通过实时计算给予补偿,重力仪向外提供的是经过修正的重力异常值。国外海洋重力仪技术现已比较成熟,在平静海面测量精度一般可达到 0.2~0.5 mGal,水下环境比较稳定,可达到较高的测量精度,已能够应用于重力辅助导航系统之中。

(3)导航重力图

重力导航技术最吸引人之处无疑是其无需建造或设置人工信标,所采用的重力场是地球固有的物理信息特征,并以这些物理信息的空间差别为“信标”,构造重力图,实现载体定位。重力图是重力数据库的一种可视化表示,一般用网格方式描述,随空间位置变化的离散重力值可以是重力异常值,也可以是重力梯度张量值。目前,重力测量有卫星测高反演数据、航空测量延拓数据和海洋重力仪测量数据,其覆盖范围、测量精度、分辨率和覆盖频段均不同。前两种方法测量效率高、速度快但分辨率和精度较低;地面点测效率低、费用高,但可获得很高的分辨率和精度,单一的重力测量设备提供的重力信息对于充分描述真实重力场来说是片面的,必须综合利用各种重力测量手段并借助各种数学统计理论,才能得到所需的导航重力场电子地图。

(4)重力匹配理论与匹配算法

①基于重力梯度的匹配算法

除了利用重力异常辅助定位之外,还可以利用重力位的空间二阶导数即重力梯度。二者在匹配方法上是相通的,只是测量传感器和测量物理量不同。重力梯度测量具有更明显的优势:重力梯度测量对距离和地球深部物质不敏感,其测量结果在合理的精度要求范围内不需要作某些改正;梯度测量对惯性加速度不敏感,不受 Eötvös 效应影响,可以在动基座载体上进行测量,重力梯度比重力异常变化更为明显,具有更高的测量精度;重力梯度具有 5 个独立张量,每个张量可单独用于匹配,与惯导的组合也可选取其中任意一个分量或全部分量作为外部观测信息,观测信息多,具有冗余性、互补性,便于信息融合和故障检测。

②基于重力异常的匹配算法

由于重力辅助导航是以惯性导航信息输出为基础,匹配算法的执行过程始终与惯导的输出信息密不可分、息息相关。因此,惯导输出位置误差的大小对于匹配算法有着重大的影响。目前的重力异常匹配算法主要可分为大初始误差下的搜索模式和小初始误差下的跟踪模式两大类。

a.搜索模式

构造一组并行卡尔曼滤波器形成滤波器阵列,根据惯导位置误差自适应地选取滤波器的个数及间距。利用自回归 *AR* 模型对状态进行建模,通过最佳匹配滤波器判断准则选取模型最匹配的滤波器位置作为导航估计位置。该算法具有在较大的初始位置误差情况下匹配定位的能力,且多重判断准则的使用使算法具有较强的防虚假定位的能力。

b.跟踪模式

跟踪模式下的匹配算法主要采用相关匹配方法。相关匹配方式是通过实际测量序列与数据图中所有可能的基准序列进行相关,计算实测数据和基准序列的相关度,然后将最相关的基准序列对应的位置定位为匹配位置。其中,较典型的是 ICCP(Iterative Closest Contour Point)算法,它是地形轮廓匹配 TERCOM 算法的典型应用。ICCP 算法来源于前面介绍的图形配准 ICP 算法,采用欧氏距离平方最小为目标函数,求得测量航迹与真实航迹之间的最优刚性变换,通过该变换求得校正航迹,实现对测量航迹的校正。

重力信息只能辅助惯性导航系统工作,且只有在重力可匹配区内才能利用该方法进行辅助定位。而实际情况通常是经过较长时间的水下航行后,潜器在进入重力可匹配区之前惯性导航系统的输出位置已经在陀螺漂移、加速度计误差等作用下积累了较大的初始误差。在潜器刚刚进入重力可匹配区时,必须先利用搜索模式的匹配算法使导航系统位置误差降为某个小范围内,才能为跟踪模式下匹配算法的运行提供必要条件,以寻求导航位置误差的进一步降低。

3.地磁辅助导航技术

(1)地球磁力场

地球磁力场也是地球固有的物理特性之一。从地球的两个磁极发出的磁力线,在两极地区是垂直的,到了南北回归线以内的地区,转为平行。在高纬度地区,地球磁力非常强;而在赤道地区,就会弱一些。地磁场有大小和方向,所以是矢量场。地磁场分布广泛,从地核到空间磁层边缘处处存在。

从起源上,地球磁场由三部分组成:基本磁场、地壳磁异常场和变化磁场。其中基本磁场来源于地球的外核(液核),由地壳以下直至地核的物质因素所引起,称为主磁场或基本场,约占地球总磁场的 95%;地壳异常场由地壳以上物质因素引起,称为地壳磁异常场或剩余磁场;变化磁场来源于电离层、磁层以及太阳活动。主磁场为偶极子磁场与非偶极子磁场之和,偶极子磁场类似于一个放置在地心的磁偶极子所产生的磁场,占整个地磁场的 80% 以上,另外还有 10% ~ 15% 的成分不属于偶极子成分,即为非偶极子磁场,也称大陆磁场,与地质变化中的板块结构有关。1960 年国际计量大会决定采用特斯拉(T)作为国际测磁单位,1 高斯 = 10^{-4}特斯拉(T)。地磁场强度很弱,即使在最强的两极其强度也还不到 10^{-4} T,然而地磁场延伸到很远的空间,保护着地球上的生物和人类,使之免受宇宙辐射的侵害。

(2)地磁梯度仪反演磁性目标

自然界的磁现象均可以等效为若干个磁偶极子磁场的叠加,在特定情况下也可以等效为一个磁偶极子,磁偶极子是磁理论研究的最基本单元。水下磁性目标与地磁背景场强度相比小几个数量级。当测量点距离目标足够远时,可将目标视为一个偶极子模型。

为了在一次测量中反演出磁性目标,可以用多个磁强计组合测量地磁梯度。用三维地磁梯度反演磁性目标,可以略去磁矩影响,直接计算磁性目标与探测点的相对位置,还可以消除海洋磁场随时间的变化分量,精确地对水下磁性目标进行识别和分析。

测量地磁场强度的磁力仪可分为绝对磁力仪和相对磁力仪两类。绝对磁力仪测定值的准确度由仪器本身的某些物理常数所确定;相对磁力仪测定值的准确度只有与绝对磁力仪比测后，才能确定。

(3)地磁矢量数据库

水下磁定位必须具备水下三维空间的磁场数据库。根据地球上每一坐标点磁矢量的唯一性，理论上可以描绘全球任何一点的磁矢量信息，得到整个地球的磁矢量图。在工程实现过程中，通过卫星、航空、海洋和基站测量等手段测量地球不同区域的磁矢量，得到相应的经度、纬度和高度，并形成三维立体的网格化、数字化的磁地图。但是，海域水下三维空间的磁场数据库不可能用水下磁场测量的方法获得，用位场延拓的方法可以从海面上部的空间磁场延拓出水下的磁场。

(4)地磁辅助导航算法

地磁匹配技术从根本上讲就是一种数据关联技术，目的是寻找测量航迹和真实航迹之间的关系。可以采用以下几种方案。

①基于等值线约束的地磁匹配(CCM)

等值线约束是指用地磁等值线来辅助确定最优匹配的过程。基于等值线约束的匹配定位可以分为两个阶段：粗匹配和精匹配。粗匹配主要通过等值线约束来压缩匹配的搜索区域，可以通过在起始等值线附近区域移动测量航迹来生成待匹配航迹，从而有效减少算法的计算量；精匹配过程就是要在粗匹配的基础上通过等值线约束来限制匹配过程中惯性导航误差的积累。

②ICP 方法

ICP 算法是一种图像匹配算法，主旨是把惯导的输出航迹和真实航迹看作地磁图上的两条曲线，用迭代算法确定二者之间的刚性变换。其技术途径是寻找误差范围内测量航迹的均方误差最小对应，逐步迭代，直至收敛到最优值。

③组合方法

对改进的相关匹配算法(CCM)和 ICP 算法进行分析可知，相关匹配算法与 ICP 具有一定的互补性，当航向偏差比较大时，相关匹配算法无法适应，但 ICP 算法可以根据初始几个测量点大致确定航向信息。可以把两种方法结合起来使用，即首先由 ICP 确定航向信息，对测量结果进行校正变换，然后再进行相关匹配。

无源导航技术是一种新兴的导航方法，目前普遍认为，地球物理场无源导航只是一种辅助导航手段，必须与惯性导航系统/推算航法相配合，主要用于惯性导航/推位的校正或重调。由于刚刚起步，无源导航技术目前还存在着导航图的预测量、测量仪器、匹配算法等诸多问题，但由于其无源特性，已经显示出巨大的生命力。

附录

船舶导航术语
(Terminology for Marine Navigation)

中英文对照表

A

Absolute delay	绝对延迟
Acceleration error	加速度误差
Accelerometer	加速度计
Acoustic correlation log	声相关计程仪
Acoustical depth finder	回声测深仪
Aerodrome location beacon	机场位置灯信标
Aeronautical light	航空灯
Air data system	大气数据系统
Air navigation	航空导航
Air speed	空速
Air traffic control	空中交通管制
Airborne autonomous integrity monitoring(AAIM)	飞机自主完好性监视
Airborne Doppler radar	机载多普勒雷达
Air-derived navigation date	空中导出导航数据
Airport surface detection equipment(ASDE)	场面探测雷达
Airport surveillance radar(ASR)	机场监视雷达
Air-route surveillance radar(ARSR)	航路监视雷达
Air-speed indicator(ASI)	空速表
Alignment	对准
Almanac	天文年历,历书
Altitude	海拔高度
Amplifer(AMP)	放大器
Angle of cut	交角

Angular accelerometer	角加速度计
Angular displacement sensitivity	航道角位移灵敏度
Antenna effect	天线效应
Antispoofing(A-S)	反欺骗
Apogee	远地点
Apparent horizon	表面水平线
Apparent vertical	表观垂线
Approach lights	进场灯
Approach navigation	进港导航
Approach path	进场路径
Area navigation	区域导航
Artificial horizon	人工水平仪
Assisted GPS(AGPS)	受辅助的 GPS
Assumed position	假定位置
Astrocompass	天文罗经
Astrotracker	星体跟踪仪
A-trace	A-迹线
Attitude	姿态
Attitude-heading reference system	航姿基准系统
Aural direction finder	音响测向仪
Automatic dependent surveillance broadcast(ADS-B)	广播自动相关监视
Automatic direction finder(ADF)	自动测向仪
Automatic flight control system(AFCS)	自动飞行控制系统
Automatic radar plotting aids(ARPA)	自动雷达标绘仪
Autopilot	自动操舵仪
Autopilot coupler	自动操舵仪耦合器
Availiability of Navigation System	导航系统的可用性
Azimuth	方位
Absolute log	绝对计程仪

B

Back course	反向航道
Back front course sector	反向航道扇区
Ballistic deflection error	冲击位移误差

Barometric altimeter	气压高度表
Base line	基线
Baseline delay	基线延迟
Basic repetition frequence	基本重复频率
Bathythermograph	水深温度计
Beacon	信标
Beam center	波束中心
Beam error	波束误差
Beam width	波束宽度
Bearing	方位
Bearing distance heading indicator(BDHI)	方位距离首向指示器
Bearing error	方位误差
Bearing error curve	方位误差曲线
Beijing-54 coordinate system	BJ-54 坐标系
Bend	航道弯曲
Bend amplitude	航道弯曲幅度
Bend frequency	航道弯曲频率
Bend reduction factor	航道弯曲递减因子
Blind-flying instrument	盲目飞行仪表
Blinking	闪烁
Blur	模糊度
Boresighting	轴线对准
Boundary lights	边界灯
B-trace	B-迹线
Buoy	浮标
C/A Code receiver	C/A 码接收机

C

Carrier phase differential GPS	载波相位差分 GPS
Carrier phase tracking	载波相位跟踪
Ceilometer	云高计
Celestial equator	天赤道
Celestial navigation	天文导航
Celestial navigation periscope	天文导航潜望镜

Celestial theodolite	天文经纬仪
Center line	中心线
Chain	台链
Chart	海图
Chart-comparison unit	地图比较仪
Circle of error	圆误差
Circular probable error(CPE)	圆概率误差
Clearance	余隙
Clearance guidance sector	余隙引导扇区
Clearance sector	余隙扇区
Clinonmeter	倾斜仪
Coarse/acquisition	粗/捕获
Code division multiple access(CDMA)	码分多址
Code phase tracking	码相位跟踪
Code-carrier divergence(CCD)	码-载波发散
Codeless receiver	无码接收机
Coincidence type rangefinder	合象式测距仪
Combination buoy	组合浮标
Combined navigation	组合导航
Compass	罗盘,罗经
Compass bearing	罗方位
Compass course	罗航向
Compass deviation	磁罗经自差
Compass deviation curve	磁罗经自差曲线
Compass heading	罗首向
Compass north	罗北
Compass repeater	复示罗经
Cone of silence	静锥区
Continuous operation reference station(CORS)	连续工作基准站
Control motion noise(CMN)	控制运动噪音
Convergency	收敛
Conversion angle	大圆改正量
Coriolis acceleration	哥式加速度
Coriolis correction	哥式修正

Course	航向
Course deviation indicator	航道偏差指示器
Course line	航线
Course linearity	航道线性度
Course roughness	航道抖动
Course scalloping	航道扇摆
Course sector	航道扇区
Course sector width	航道扇区宽度
Course sensitivity	航道灵敏度
Course softening	航道灵敏度弱化
Course width	航道宽度
Course-line deviation	航道线偏差
Coverage sector	覆盖扇区
Craft	运载体
Cross correlation	互相关
Cross-band transponder	跨波段应答器
Curve of constant bearing	等方位线

D

Danger buoy	危险浮标
Dead reckoning navigation	推算导航
Decca	台卡
Decision gate	决断门
Declination	赤纬
Declinometer	磁偏计
Decometer	台卡计
Degaussing	消磁
Delay, attenuation and comparsion(DAC)	延迟、衰减和比较
Departure	东西距
Derived envelop	导出包络
Derived pulse	导出脉冲
Deviation curve	磁罗经自差曲线
DF bearing sensitivity	测向方位灵敏度
DF sensitivity	测向灵敏度

Difference in depth of modulation(DDM)	调制度差
Different latitude(D°lat)	纬差
Differential omega system	差分奥米加系统
Differential phase shift keying(DPSK)	差分移相键控
Differential position	差分位置
Digital signal processing (DSP)	数字信号处理
Digital signal processor (DSP)	数字信号处理器
Dimensions of Navigation System	导航的维数
Dip	眼高差
Direction	方向
Displacement sensitivity	航道位移灵敏度
Display	显示
Distance mearsuring equipment(DME)	测距器
Distance Root Mean Square(DRMS), Circular Error Probable(CEP), Spherical Error Probable(SEP)	均方根距离、圆概率误差,球概率误差
DME/P	精密测距器
Doppler log	多普勒计程仪
Doppler navigation	多普勒导航
Doppler navigator	多普勒导航仪
Doppler radar	多普勒雷达
Doppler VOR	多普勒伏尔
Doppler-aiding	多普勒辅助
Double integrating accelerometer	重积分加速度计
Double-integrating gyro	重积分陀螺仪
Drift	偏流
Drift angle	流压角
Drift correction angle	偏流修正角
Dynamically tuned gyro(DTG)	动力调谐陀螺仪

E

Earth-centered earth-fixed coordinate system(ECEF)	地心地固坐标系
Earth-centered inertial coordinate system	地心惯性坐标系
Earth's rate correction	地球速率修正
Echo sounder	回声探测仪

Echo sounding(ES)	回声探测
Electrically suspended gyro(ESG)	静电陀螺仪
Electromagnetic log	电磁计程仪
Electro-magnetic compatibility	电磁兼容
Electromagnetic control compass	电磁控罗经
Electrostatic support accelerometer	静电加速度计
Electrostatically supported gyro	静电陀螺
Enhanced position locating reporting system(EPLRS)	增强型定位报告系统
Equinoctial	天球赤道
Equiphase zone	等相位区
Equisignal localizer	等信号航向信标
Estimated position	估算位置
European geostationary navigation overlay service(EGNOS)	欧洲静地卫星导航重叠服务

F

Fault detection(FD)	故障检测
Federtaed Kalman filter	联邦卡尔曼滤波器
Flag alarm	警旗
Flexure accelerometer	挠性加速度计
Flight instrument system	飞行仪表系统
Floated gyro	液浮陀螺仪
Force balance accelerometer	力平衡加速度计
Free gyro	自由陀螺仪
Free-rotor gyro	自由转子陀螺仪
Frequency division multiple access(FDMA)	频分多址
Front course sector	前向航道扇区

G

Galileo system	伽利略系统
Galileo system time(GST)	Galileo 系统时
Galileo terrestrial reference frame	Galileo 大地基准坐标系
Gas-bearing accelerometer	气浮加速度计
Geocentric latitude	地心纬度
Geocentric vertical	地心垂线

Geodesic	大地线
Geographic information system(GIS)	地理信息系统
Geographic latitude(geodetic latitude)	地理纬度
Geographic vertical	地理垂线
Geoid	大地水准面
Geometric Dilution of Precision(GDOP)	几何精度因子
Geometric inertial navigation system	几何式惯性导航系统
Geometrical factor	几何因子
Geostar/locstar	静地星/定位星
Geostatonary earth orbit(GEO)	地球静止轨道
Ghost signal	交叉干扰信号
Gimbal	常平架
Glide path	下滑道
Glide path angle	下滑角
Glide path sector	下滑道扇区
Glide slope	下滑面
Glide slope sector	下滑道扇区
Glide-slope deviation	下滑位移
Glide-slope-angle	下滑角
Global Navigation Satellite System(GLONASS)	全球导航卫星系统(俄罗斯)
Global navigation satellite system(GNSS)	全球导航卫星系统
Global positioning system(GPS)	全球定位系统
GLONASS satellite navigation system	GLONASS 卫星导航系统
GNSS landing system	GNSS 着陆系统
GPS almanac	GPS 历书
GPS integrity channel(GIC)	GPS 完好性通道
GPS modernization	GPS 现代化
GPS Navigation message	GPS 导航电文
GPS Receiver Application module(GRAM)	GPS 接收机应用模块
GPS time transfer	GPS 授时
GPS time(GPST)	GPS 时
GPS user segment	GPS 用户段
GPS/GLONASS dual-used receiver	GPS/GLONASS 双用接收机
GPS/INS integrated navigation	GPS/INS 组合导航

Gravitational acceleration unit	重力加速度单位
Great circle	大圆
Greenwich hour angle(GHA)	格林尼治时角
Grid	格网
Grid bearing	格网方位
Grid convergence	格网收敛角
Grid course	格网航向
Grid heading	网格首向
Grid navigation	格网导航
Grid north	网格北
Grid variation(grivation)	格网磁差
Ground based augmentation system	陆基增强对准
Ground control approach(GCA)	地面控制进场
Ground control segment(GCS)	地面控制区段
Ground speed	地速
Ground-based navigation aid	陆基导航设备
Ground-derived navigation data	地面导出导航数据
Ground-referenced navigation data	地面基准导航数据
Gyro	陀螺仪
Gyro horizon	陀螺地平仪
Gyro sextant	陀螺六分仪
Gyrocompass	陀螺罗经
Gyrocompass alignment	陀螺罗经法对准
Gyroscope	陀螺仪

H

Half convergency	半收敛角
Half course sector	半航道扇区
Half glide path sector	半下滑道扇区
Hazard beacon	危险灯信标
Hazard buoy	危险浮标
Heading	首向
Head-up display(HUD)	平视显示器
High frequency(HF)	高频(短波)

Hour angle	时角
Hydrophone	水听器
Hyperbolic system	双曲线系统
ILS reference point	仪表着陆系统基准点

I

Inclinometer	两用倾斜仪
Inertial frame coordinate system	惯性坐标系
Inertial measurement unit(IMU)	惯性测量单元
Inertial navigation	惯性导航
Inertial navigation system(INS)	惯性导航系统
Inertial reference system	惯性基准系统
Inertial space	惯性空间
Initial alignment	初始对准
Initial conditions	初始条件
Inner marker	内指点信标
Instrument landing system(ILS)	仪表着陆系统
Instrumental error	仪表误差
Integrated navigation	综合导航
Integrating accelerometer	积分加速度计
Integrity of Navigation System	导航系统的完好性
Intelligent transportion system(ITS)	智能交通系统
Intercept	截距
Intermediate frequency	中频
International atomic time(IAT)	国际原子时
International terrestrial reference system	国际大地基准坐标系
Interrogation	询问信号
Interrogator	询问器
Interrogator-responsor	询问-响应器
Ionospheric error	电离层误差
Isogonal	等磁差线
Isogriv	等格网磁差线

J

Joint tactical information distribution system(JTIDS)	联合战术信息分发系统
Lag	滞后

L

Land navigation	地面导航
Landing aids	着陆设备
Lane	巷
Lane-identification meter	巷识别计
Laser gyro	激光陀螺仪
Latitude error	纬度误差
Leeway angle	风压差(角)
Lighted beacon	灯信标
Lighted buoy	灯浮标
Line of position(LOP)	位置线
Linear accelerometer	线加速度计
Liquid suspension pendulous accelerometer	液浮摆式加速度计
Lobe switching	波瓣转换法
Local area augmentation system(LAAS)	局域增强系统
Local hour angle(LHA)	地方时角
Local level	当地水平面
Local oscillator	本地振荡器
Local vertical	当地垂线
Log	计程仪
Longitudinal axis	纵轴
Loop alignment error	环形天线装调误差
Long range navigation-C(Loran-C)	罗兰 C
Lorhumb line	罗伦线
Low clearance area	低余隙区
Low clearance sector	低余隙点
Low earth orbit	低地球轨道
Mach number	马赫数

M

Machmeter	马赫数表
Magnetic bearing	磁方位
Magnetic compass	磁罗盘
Magnetic compass	磁罗经
Magnetic course	磁航向
Magnetic deviation	磁罗经自差
Magnetic deviation	磁罗盘自差
Magnetic dip	磁倾角
Magnetic heading	磁首向
Magnetic north	磁北
Magnetic suspension accelerometer	磁悬浮加速度计
Magnetic variation	磁差
Magnetometer	磁强计
Manual direction finder	手动测向仪
Marine navigation	船舶导航
Marine sextant	航海六分仪
Maritime differential GPS system	海用差分 GPS 系统
Maritime differential GPS system	海用差分 GPS
Marker	指点信标
Mass-attraction vertical	质量引力垂线
Mast control station	主控站
Master compass	主罗经
Master station	主台
Mean absolute deviation(MAD)	平均绝对差
Mean course error	平均航道误差
Mean glide path error	平均下滑道误差
Mean square deviation(MSD)	均方差
Mean time between failures(MTBF)	平均无故障时间
Mean time between outages(MEBO)	平均停机时间
Medium earth orbit	中地球轨道
MEMS inertial sensor	微机电惯性传感器
Meridian	子午线

Microwave landing system(MLS)	微波着陆系统
Middle marker	中指点信标
Military grid reference system(MGRS)	军用网格基准系统
Military Navigation	军事导航
Minimum glide path	最低下滑道
Minimum reception altitude(MRA)	最小接收高度
MLS approach reference datum	微波着陆系统进场基准点
MLS back azimuth reference datum	微波着陆系统反方位基准点
MLS datum point	微波着陆系统基准点
Monitoring station	监测站
Most probable position	最大概率位置
Moving-base navigation aid	动基导航设备
Moving-base-derived navigation data	动基导出导航数据
Moving-base-referenced navigation data	动基基准导航数据
Multifunction information distribution system(MIDS)	多功能信息分发系统
Multimode Receiver(MMR)	多模式接收机
Multipath	多径传播
Multipath error	多径传播误差
Nationwide differential GPS(NDGPS)	全国差分 GPS

N

Navigation	导航
Navigation coordinate	导航坐标
Navigation grade INS	导航级惯导
Navigation lights	航行灯
Navigation parameter	导航参数
Navigation periscope	导航潜望镜
Navigation System Error(NSE)	导航系统误差
Navigation warfare(NAV WAR)	导航战
Navigational aid	辅助导航设备
Navigational astronomy	导航天文学
Navigational radar	航行雷达
Navigational satellite	导航卫星
Night effect	夜间效应

Nondirectional beacon(NDB)	无方向信标
Non-precision approach	非精密进场
Null	零位
Null-reference glide slope	零基准下滑天线
Number of visible satellites(NVS)	可见卫星数

O

Observer's meridian circle	测者子午线
Obstruction light	障碍灯
Octantal error	八分圆误差
Odolite	自动测角仪
Omega	奥米伽
Omega/Alpha	奥米伽/阿尔法
Omnibearing	全方位
Omnibearing converter	全方位变换器
Omnibearing indicator(OBI)	全方位指示器
Omnibearing selector	全方位选择器
Omnibearing-distance facility	全方位测向测距设备
Omnidirectional range	全向信标
Omnirange	全向信标
On-course curvature	航道曲率
Operating range	工作距离
Optical azimuth device	光学方位仪
Optical figer gyro	光纤陀螺
Optical rangefinder	光学测距仪
Optical tracker	光学跟踪器
Orbit	轨道
Outer marker	外指点信标
P(Y)-code receiver	P(Y)码接收机

P

Parallax in altitude	高度视差
Path	路径
Path following error(PFE)	航道跟随误差

Path following noise(PFN)	航道跟随噪声
Pendulous accelerometer	摆式加速度计
Pendulous gyrocompass	摆式罗经
Pendulous integrating gyro accelerometer	摆式积分陀螺加速度计
Pendulum sextant	摆式六分仪
Percision distance measuring equipment(DME/P)	精密测距器
Perigee	近地点
Periscope	潜望镜
Periscopic sextant	潜望六分仪
Phase code	相位编码
Phase localizer	相位航向信标
Pitch	纵摇
Pitch angle	纵摇角
Pitometer log	水压计程仪
Pizoelectric accelerometer	压电加速度计
Platform erection	平台调平
Platform inertial navigation system	平台式惯性导航系统
Plumb-bob vertical	铅垂线
Polar navigation	极区导航
Polar regions	极区
Polarization error	极化误差
Position	位置
Position differential GPS	位置差分 GPS
Position location reporting system(PLRS)	定位报告系统
Power spectrial density	功率谱密度
Prceision approach and landing	精密进场与着陆
Precision DME	精密测距器
Predictable Accuracy, Repectable Accuracy, Relative Accuracy	预测精度,重复精度,相对精度
Pressure log	水压计程仪
Primary means air navigation system	主要航空导航系统
Prime meridian	本初子午线
Procision approach radar(PAR)	精密进场雷达
Propagation error	传播误差
Proportional guidance sector	比例引导扇区

Proximity effect error	近场效应误差
Pseudo-random noise	伪随机噪声
Pseudo-range	伪距
Pseudorange differential GPS	伪距差分 GPS
Pulse repeat frequcency(PRF)	脉冲重复频率
Pulse-Doppler radar	脉冲多普勒雷达
PVT information	位置、速度和时间信息

Q

Q-correction	北极星高度补偿角
Quadrantal error	象限误差

R

Radar beacon	雷达信标
Radial	径向线
Radio altimeter	无线电高度表
Radio beacon	无线电信标
Radio compass	无线电罗盘
Radio direction finder(RDF)	无线电测向仪
Radio direction finding	无线电测向
Radio frequency	射频
Radio location	无线电定位
Radio magnetic indicator(RMI)	无线电磁指示器
Radio navigation	无线电导航
Radio range finding	无线电测距
Radio-acoustic ranging	无线电-声测距
Radio-beacon buoy	无线电信标浮标
Radiometric sextant	射电六分仪
Random errors	随机误差
Rate gyro	速率陀螺仪
Rate-integrating gyro	速率积分陀螺仪
Receiver autonomous integriy monitoring(RAIM)	接收机自主完好性监视
Reference direction	基准方向
Reference ellipsoids	基准椭球

Reference line	基准线
Reference modulation	基准调制
Refraction error	折射误差
Regional Navigation(RNAV)	区域导航
Relative bearing	舷角
Relative log	相对计程仪
Reliability of Navigation System	导航系统的可靠性
Reply	应答信号
Required navigation performance(RNP)	所需导航性能
Reset on inertial navigation systems	惯性导航系统重调
Responsor	响应器
Reticle	标度线
Rhumb line	恒向线
Roll	横摇
Roll angle	横摇角
Roughness	航道抖动
Runway lights	跑道灯
Runway visual range(RVR)	跑道视距

S

Satellite navigation	卫星导航
Satellite navigation augmention system	卫星导航增强系统
Scalloping	航道扇摆
Schuler tuning	舒勒调谐
Secondary surveillance radar(SSR)	二次监视雷达
Self-contained navigation aid	自主导航设备
Semi-analytic inertial navigation system	半解析式惯性导航系统
Semiautomatic flight inspection(SAFI)	半自动飞行检验
Service area	工作区
Sextant	六分仪
Sideband-reference glide slope	边带基准下滑天线
Sidereal hour angle(SHA)	恒星时角
Single axis accelerometer	单轴加速度计
Single degree freedom gyro	单自由度陀螺仪

Site error	场地误差
Sky-wave contamination	天波干扰
Sky-wave station error	天波同步误差
Sky-wave correction	天波修正
Slant distance	斜距
Slave station	副台
Software radio GNSS Receiver	软件无线电 GNSS 接收机
Sonar	声呐
Sonic depth finder	声波测深仪
Sono buoy	声触发浮标
Sono-radio buoy	声触发浮标
Sound buoy	音响浮标
Space-referenced navigation data	空间基准导航数据
Specific repetition frequence	特殊重复频率
Speed error	速度误差
Stabilized gyrocompass	平台罗经
Stable element	稳定部件
Stable platform	稳定平台
Star chain	星形链
Star tracker	星体跟踪仪
Strapdown inertial navigation system	捷联式惯性导航系统
Supplementary air navigation system	辅助航空导航系统
Surface of position	位置面
Surveillance radar	监视雷达
Synchronization error	同步误差
Synchronous satellite	同步卫星

T

Tacan	塔康(空中导航系统)
Tactical air navigation(TACAN)	塔康(空中导航系统)
Terrain avoidance radar	地形回避雷达
Terrain contour and slope matching	地形轮廓与斜率匹配
Terrain contour matching(TERCOM) and sea bottom profile system	地形轮廓匹配与海底轮廓系统
Terrain error	地形误差

Terrain following radar	地形跟踪雷达
Terrain reference navigation(TRN)	地形参考导航
Terrain reference system(TRS)	地形参考系统
Three axis accelerometer	三轴加速度计
Time dilution of Precision	时间精度因子
Time division multiple access(TDMA)	时分多址
Torquing rate	施矩速率
Towing log	拖曳式计程仪
Track	航迹
Track angle	航迹角
Transfer alignment	传递对准
Transit	子午仪卫星法位系统
Transobuoy	气象转发浮标
Transponder	应答器
Transponder reply efficiency	应答效率
Transverse axis	横轴
Triplet	三角形链
True air-speed indicator	真空速表
True air speed(TAS)	真空速
True bearing	真方位
True course	真航向
True heading	真首向
True north	真北
Twilight	曙暮光
Two axis accelerometer	双轴加速度计
Two degree freedom gyro	二自由度陀螺仪

U – Z

Ultra high frequency	超高频
Ultrasonle depth finder	超声波测深仪
Universal coordinate time(UTC)	协调世界时
Universal transverse Mercator(UTM) coordinate system	通用横向墨卡托坐标系
Vane	风向仪
Variable modulation	可变调制

Vehicle	运载体
Vehicle-derived navigation data	运载体导出导航数据
Vernal equinox	春分点
Vertical axis	垂直轴
Very high frequency	甚高频
Vessel traffic services(VTS)	船舶交通服务
VHF omni directional range(VOR)	伏尔
Vibrating beam accelerometer	振梁加速度计
Vibrating string accelerometer	振弦加速度计
Wide area autmentation system(WAAS)	广域增强系统
Wide area differential GPS(WADGPS)	广域差分 GPS
Wind speed	风速
World geodetic system-84 coordinate system	WGS-84 坐标系
World geographic reference system(GEORFF)	全球地理基准系统
Yaw	偏航
Yaw angle	偏航角
Zenith	天顶
Zone of silence	静寂区

参考文献

[1] 杨晓东,赵琳.舰船导航概论[M].北京:科学出版社,2009.

[2] 周永余,许江宁,高敬东.舰船导航系统[M].北京:国防工业出版社,2006.

[3] 程禄,焦传道,黄德鸣.船舶导航定位系统[M].北京:国防工业出版社,1991.

[4] 赵琳.卫星导航系统[M].哈尔滨:哈尔滨工程大学出版社,2001.

[5] 黄智刚.无线电导航原理与系统[M].北京:北京航空航天大学出版社,2007.

[6] 黄德鸣.神奇的指路魔杖[M].山东:山东教育出版社,2001.

[7] 李跃,邱致和.导航与定位-信息化战争的北斗星[M].2版.北京:国防工业出版社,2008.

[8] 田坦.水下定位与导航技术[M].北京:国防工业出版社,2007.

[9] 孙光圻.中国古代航海史[M].北京:海洋出版社,2005.

[10] 邱志雄.航海概论[M].北京:人民交通出版社,2007.

[11] 张浩.地文航海[M].北京:人民交通出版社.1988.

[12] 丹尼尔·布尔斯廷.发现者[M].上海:上海译文出版社,2006.

[13] 刘兴诗.航海的故事[M].北京:希望出版社,2008.

[14] 吴建华.现代导航信息系统[M].武汉:武汉理工大学出版社,2007.

[15] 阳凡林,康志忠,等.海洋导航定位技术及其应用与展望[J].海洋测绘,2006,26(1).

[16] 杨在金.航海仪器[M].大连:大连海事大学出版社.1998.

[17] 房建成,宁晓琳.天文导航原理及应用[M].北京:北京航空航天大学出版社.2006.

[18] 郭禹.航海学[M].大连:大连海事大学出版社.2005.

[19] 丁勇.航海学[M].大连:大连海事大学出版社.2000.

[20] 张吉平,杨守仁.关于航迹计算中分纬度求经差法[J].大连海事大学学报.2002(8):28.

[21] 钱丽丽.罗兰C导航中定位解算技术的研究[D].西安:西安电子科技大学.2006.

[22] 郑梓祯,刘德耀等.船用惯性导航系统海上试验[M].北京:国防工业出版社,2006.

[23] ZHAO LIN, WASHINGTON Y OCHIENG, MOHAMMED A. Quddus. An Extended Kalman Filter Algorithm for Integrating GPS and Low Cost Dead Reckoning System Data for Vehicle Performance and Emissions Monitoring[J]. Journal of Navigation, 2003, 56(2).

[24] OCHIENG W Y, POLAK J W. POLAK, ZHAO L, ELLIOTT P. Integration of GPS and Dead Reckoning for Real Time Vehicle Performance and Emissions Monitoring [J]. GPS Solutions Journal, 2003, 6(4).

[25] 赵琳,王吓弟,等.联邦滤波器理论及其在组合导航系统中的应用[J].哈尔滨工程大学学报,2000,21(6).

[26] ZHAO LIN, WANG HUI. The Design of A Marine Integrated Navigation Console[J]. The 8th Saint

Petersburg International Conference On Integrated Navigation Systems. Russia,2001.05.
[27] 程建华,赵琳,等.基于惯导系统模型的自对准陀螺测漂方法研究[J].哈尔滨工程大学学报.2006,27(1).
[28] 李宏利.电子海图技术国际标准研究[M].北京:海潮出版社.2005.
[29] 赵玉新,叶华,李磊.电子海图矢量数据交换标准研究动态[J].中国航海,2006(3)..
[30] 赵玉新,李磊等.基于UML的电子海图显示与信息系统设计与实现[J].测绘与空间地理信息,2007,30(5).